Nietzsche & Buddhism

니체와 불교

박찬국 지음

씨아이알

니체와 불교

"이 저서는 2010년도 정부재원(교육과학기술부 학술연구 조성사업비)으로 한국연구재단의 지원을 받아 연구되었음(NRF-2010-812-A00213)."

서문

나는 서양철학, 그 중에서도 특히 실존철학을 주로 연구해 왔지만, 일찍부터 서양철학과 불교를 비교하는 것을 중요한 철학적인 과제 중의 하나로 삼아 왔다. 따라서 서양철학을 공부하면서도 불교 관련 책을 손에서 놓지 않으려고 애썼고 서양철학에서 다루는 문제를 불교는 어떻게 볼 것인지에 대해서 항상 고민해 왔다. 이러한 노력과 고민의 첫 번째 성과는 2010년에 출간된 『원효와 하이데거의 비교연구 - 인간관을 중심으로』로 나타났다. 이제 두 번째 성과로서 『니체와 불교』를 세상에 내놓는다.

니체의 사상과 불교를 비교하는 많은 연구들이 그동안 쏟아져 나왔음에도 불구하고 이러한 연구들에 또 하나의 연구를 덧붙이게 된 것은 그동안의 연구들에 대한 불만 때문이었다. 그동안의 연구들은 니체의 사상과 불교를 유사한 것으로 보는 것이 대부분이었으며, 양자의 차이를 지적하는 연구들도 불교에 대한 니체의 비판을 답습하는 것에 그치거나 니체의 사상과 불교 사이의 차이를 선명하면서도 구체적으로 드러내지 못했다고 생각한다.

이 연구는 니체의 사상과 불교 사이에 존재하는 일정한 유사성을 인정하면서도 이러한 유사성을 넘어서 두 사상 사이에 존재하는 본질적인 차이와 각각이 추구하는 이상의 차이를 선명하면서도 구체적으로 드러내려고 했으며, 이와 함께 독자들을 이 둘 중의 어느 것을 택할 것인가라는 고뇌 앞에 서게 하려고 했다. 이 점에서 이 연구는 니체와 불교의 비교연구사에서 유례가 없는 것이라고 생각한다. 그러나 이는 이 연구가 극히 도발적인 성격을 갖는다는 것을 의미한다. 니체와 불교에 관심을 갖는 분들이 이러한 도발을 기꺼이 수용하면서 많은 가르침을 주실 것을 기대해마지 않는다.

끝으로 원고를 꼼꼼히 읽고 교정해 준 제자 손경민과 정지훈, 이 책을 아름답게 만들어 주신 정은희 선생님, 출판계의 어려운 상황에서도 원고를 흔쾌히 받아주신 씨아이알 출판사의 김성배 사장님과 직원 여러분께 깊은 감사를 드린다.

2013년 5월 박찬국

차례

- 서문   4

Ⅰ. 서론
1. 니체와 불교의 유사성   12
2. 니체와 불교의 차이   18
3. 국내외의 연구동향에 대한 비판적 검토와
   본 연구의 방향과 의의   25
4. 이 글의 내용에 대한 소개   34
5. 서론을 맺으면서   37

Ⅱ. 니체와 불교의 공통된 문제 의식
: 고통과 염세주의의 극복

1. 니체의 철학과 염세주의의 극복   49
   - (1) 초기 니체의 철학적 문제의식   49
     - 1) 쇼펜하우어의 염세주의   49
     - 2) 초기 니체의 철학적 문제의식   52
     - 3) 초기 니체의 불교에 대한 평가   57
   - (2) 후기 니체와 힘에의 의지의 철학   64
     - 1) 힘에의 의지와 행복   66

2) 이원론적인 금욕주의와 무를 열망하는 의지　　69
　　3) 후기 니체의 불교 비판　　71
　　4) 힘에의 의지를 건강하면서도 기품 있게 실현하는 방식　72
　　5) 니체 철학의 지향점　　74
　　6) 힘에의 의지와 염세주의의 극복　　76
　2. 불교와 고통과 염세주의의 극복　　78
　　(1) 불교의 문제의식　　78
　　(2) 고통의 원인으로서의 허구적인 자아에 대한 집착　　81
　　(3) 고통의 극복　　87

Ⅲ. 니체의 불교 해석과 평가

　1. 위생법으로서의 불교　　95
　2. 기독교와 불교의 대비　　99
　3. 진리와 객관성에 대한 불교와 기독교의 입장 차이　104
　4. 위생법으로서의 니체의 철학　　107
　5. 예수와 부처의 동일성　　110
　6. 니체가 불교에서 미래철학의 가능성을 발견했다고 보는
　　 연구경향에 대한 비판적 검토　　118

Ⅳ. 니체의 불교 해석과 평가에 대한 비판적 고찰
: 고통의 문제를 중심으로

1. 세 번째 주장의 정당화 :
   불교 역시 '위대한 고통'을 감수할 것을 요구한다.   133
2. 두 번째 주장의 정당화 :
   불교는 모든 고통이 아니라 갈애와 집착에서 비롯되는
   고통만을 제거하고 부정하려고 한다.   136
3. 첫 번째 주장의 정당화 : 불교는 삶과 현실 자체가 아니라
   갈애와 집착에 의해서 규정되어 있는 왜곡된 삶과 현실만을
   부정하려고 한다.   139

Ⅴ. 니체와 불교의 사회사상과 각각이 지향하는 인간상과 덕들의 차이

1. 니체와 불교의 사회사상의 차이   150
2. 니체와 불교가 지향하는 인간상과 덕들의 차이   153
   (1) 불교가 지향하는 인간상과 덕에 대한 니체의 견해의
       비판적인 검토   153
   (2) 니체와 불교가 지향하는 인간상의 차이   163
   (3) 니체와 불교가 지향하는 덕들의 차이   176
   (4) 힘에의 의지를 강화할 것인가 갈애를 포기할 것인가   181
3. 인간의 존엄성에 대한 니체와 불교의 입장 차이   184

Ⅵ. 영원회귀와 열반

1. 니체의 열반 이해에 대한 비판적 검토   195
2. 극단적인 니힐리즘과 그것의 극복으로서의
    영원회귀사상   202
    (1) 실험적인 사상으로서의 영원회귀사상   202
    (2) 영원회귀사상과 초인   210
    (3) 유희로서의 세계   212
    (4) 창조적인 정신으로서의 아이의 정신   215
3. 불교의 열반사상   219
    (1) 윤회설과 불교의 근본정신   219
    (2) 영원회귀사상과 열반사상의 유사성   222
4. 영원회귀사상과 열반사상의 차이   227
    (1) 니힐리즘의 극복방식에서의 차이   228
    (2) 세계관의 차이   234
5. 이 장을 맺으면서   240

Ⅶ. 자기극복에 대한 니체와 불교의 사상에서 보이는 유사성과 차이

1. 자기극복에 대한 니체의 사상   246
    (1) 자기극복의 병적인 형태로서의 금욕주의   246
    (2) 자유와 주체 개념에 대한 니체의 사상   248
       1) 전통적인 자유의지 개념에 대한 비판   249
       2) 니체의 자유개념   252
       3) 정념의 지배와 승화   259
       4) 주체에 대한 니체의 새로운 해석   263

2. 불교와 자기극복 266
　(1) 불교와 자기극복 266
　(2) 의식, 말나식, 아뢰야식 271
　(3) 전식득지(轉識得智)로서의 자기극복 277
　(4) 마음의 정화로서의 자기극복 283
3. 자기극복에 대한 니체와 불교의 사상에서 보이는
　유사성과 차이 289

Ⅷ. 니체의 종교관에 대한 비판적 검토
: 프롬의 종교관과의 비교를 통해서

1. 종교의 전개과정에 대한 프롬의 견해 :
　기독교를 중심으로 303
2. 프롬과 니체의 견해 비교 308
3. 로마의 정신인가 예수와 부처의 정신인가 316
　(1) 기독교 신비주의의 정신 317
　(2) 그리스·로마문명에 대한 프롬의 견해 320

Ⅸ. 맺으면서

● 참고 문헌 334

I

서론

1 니체와 불교의 유사성

 삶의 분명한 사실로서 누구도 부정할 수 없는 것은 우리는 태어나서 늙고 병들고 죽는다는 단적인 사실이다. 이러한 현실을 생각하면 누구나 불안과 허망함에 사로잡힐 수밖에 없다. 이러한 사실은 인간뿐 아니라 동물들도 겪는 것이지만 이러한 사실을 의식하고 문제로 여기면서 고뇌하는 것은 인간에게만 가능하다.
 이렇게 탄생에서 죽음에 이르는 자신의 삶에 대해서 전체적인 조망을 갖고 그것이 내던져 있는 불가항력적인 생성 소멸의 사실을 의식하는 것을 우리는 시간의식이라고 부를 수도 있을 것이다. 이러한 시간의식을 니체는 '흘러가 버린 과거'(Es war)에 대한 의식이라고 불렀다. 시간은 우리의 의지와 상관없이 흘러가 버린다. 우리는 과거의 일에 대해서 아무리 회한을 품어도 과거를 어찌할 수 없다. 미래의 시간도 마찬가지다. 미래는 가능성과 희망의 공간인 것 같지만 그러한 미래도 얼마 있지 않아 우리가 어찌할 수 없는 과거가 되어 버린다. 그리고 우리는 이렇게 미래에서 밀려와서 과거로 흘러가는 생성 소멸의 현실 앞에 무력하게 던져져 있다는 사실을 의식하면서 무력감과 공허감에 사로잡히게 된다.
 서양의 정신계를 규정해 온 플라톤 이후의 전통형이상학과 기독교는 인간을 이렇게 근저로부터 규정하고 있는 무력감과 공허감에서 벗어나려는 몸부림이었다. 다만 그것들은 이데아의 세계라든가 피안에 존재하는 신이라는 허구적인 관념에 호소함으로써 그러한 무력감과 불안에서 벗어나려고 했다. 그것은 시간과 생성의 세계를 가상으로 보고 시간과 생성에서 벗어나 있는 영원불변한 피안의 세계를 실재라고 보면서 이러한 세계로의 귀환을 확신함으로써 생성 변화하는 시간과 생성의 세계에서 느끼는 무력감과 불안에서 벗어나려고 하는 것이다. 따라서 플라톤 이후의 서양철학과 종교는 세계를 피안과 차안으로 나누는 이원론에 의해 규정되어 있다.

플라톤주의는 또한 인간을 영원불멸한 단순한 실체로서의 이성과 사멸할 몸으로 구성되어 있는 것으로 보며 인간은 순수한 이성을 통해서 영원불변의 이데아를 통찰하고 그것과 하나가 될 수 있다고 본다. 그리고 이러한 이원론은 중세 기독교에서 보다 첨예한 형태로 나타나게 된다. 기독교의 이원론에서 인간은 순수한 영혼과 죄로 가득 찬 몸으로 구성되어 있는 것으로 간주되는 동시에, 세계 역시 눈물의 골짜기로서의 차안과 신이 지배하는 지복의 세계인 피안으로 구성되어 있는 것으로 간주된다. 플라톤주의적인 이원론만 하더라도 몸과 현실 세계를 죄에 가득 찬 것으로 보지 않았고 감각적인 쾌락에 탐닉하는 것도 죄가 아닌 어리석음으로 보았지만, 기독교는 몸과 세계 자체를 죄에 가득 찬 것으로 보면서 감각적인 쾌락 자체도 죄로 보게 된다.

니체는 이러한 이원론이 서양의 근대철학까지도 규정하고 있는 것으로 본다. 예를 들어 근대철학의 비조인 데카르트는 세계를 순수한 정신적인 실체와 물질적인 연장으로 이루어진 것으로 보고 있으며, 칸트만 해도 인간은 도덕률에 따르는 순수한 양심과 이기적인 자연적인 기질로 구성되어 있다고 보는 것이다. 아울러 차안과 피안의 이원론은 근대에 들어와서는 사회주의나 공산주의 그리고 무정부주의나 민주주의와 같은 이념들에서 보듯이 자유와 평등이 보장되는 이상사회와 소외된 현실 사이의 이원론으로 대체된다. 즉, 차안이 피안을 지향한다고 보는 목적론 대신에 세계와 인류의 역사가 미래의 이상사회를 지향하면서 나아간다고 보는 진보의 목적론이 들어서게 되는 것이다.

이러한 이원론적인 인간관과 세계관에 따르면, 인간의 본질은 순수하고 단일한 실체인 영원불멸한 영혼 내지 이성에 존재하며 이와 함께 인간은 신의 명령이나 순수한 양심의 명령에 따를 수 있는 자유의지를 갖는다. 그리고 그러한 이원론은 인간은 이러한 자유의지를 발동하여 신체적인 본능과 충동도 부정하고 제거해야 한다고 주장한다. 따라서 그것은 금욕주의적 성격을 갖는다.

이상과 같은 이원론이 서양철학의 핵심을 지배하는 한, 플라톤 이후의 서양철학은 불교와 대립적인 성격을 갖게 된다. 이는 불교는 세계를 피안과 차안으로 나누는 이원론을 부정할 뿐 아니라 자아를 색수상행식(色受想行識)이라는 오온(五蘊)의 집합으로 볼 뿐 생성 소멸하는 몸에서 독립해 있는 순수하고 단일한 실체로서의 영원불변한 영혼이란 관념을 부정하고 있기 때문이다. 또한 불교는 이원론적인 인간관에 입각한 금욕주의적이고 절대적인 자유의지와 같은 관념도 부정하고 있다. 불교는 감각적인 충동에 우리 자신을 내맡기는 방종도 금하지만 자연스런 감각적인 충동을 억압하고 제거하려고 하는 금욕주의도 인정하지 않기 때문이다.

더 나아가 불교는 불순한 감각적 충동이 몸에서 비롯된다고 보지 않는다. 오히려 불교는 마음이 맑지 못하면 육신도 탁해지고 마음이 청정해지면 육신도 청정해진다고 보면서, 우리의 육신이 만약 탁한 상태로 있다면 그 원인은 육신이 아니라 마음에 있다고 보는 것이다. 따라서 불교는 마음의 정화를 통해서 육신을 정화하는 것을 목표하지 육신을 억압하려고 하지 않는다.

이원론에 의해서 규정되고 있는 서양철학과 불교 사이에는 공통적인 지반이 전적으로 결여되어 있었기에 양자 간의 대화는 그동안 수행되기 어려웠다. 특히 불교는 기독교의 인격신이라는 관념과 이 세계가 이러한 신에 의해서 창조되었다는 관념을 전혀 받아들이지 않기 때문에, 서양철학중에서 기독교적인 성격이 강한 철학사조와 불교 사이의 대화는 불가능했다고 할 수 있다.

그러나 니체의 철학은 서양철학을 근저에서 규정하고 있는 이원론적인 사고방식과 그에 입각한 영원불변의 순수한 실체로서의 영혼과 자유의지라는 관념, 인격신과 신의 피조물로서의 세계라는 관념들을 근본적으로 부정하면서 불교와 유사한 입장에 도달하게 된다. 실로 니체와 불교는 영원불변의 실체는 인정하지 않고 모든 것이 생성하고 있다고 보며 우리가 흔히 영원불변의 실체와 절대적인 자유의지를 상정하는 것은 주어와 술어로 이루어진 언어구조 때문이라고 보고 있다. 양자 사이에 존재하는 이러한 공통적인 지반으로 인해서 니체와 불교 사이에는 그 전의 서양철학과 불교 사이에는 가능하지 않았던 대화의 가능성이 열리게 된다.

니체와 불교 사이의 근친성은 이와 같이 양자가 비이원론적인 입장을 취하고 있다는 점에서뿐 아니라 양자의 문제의식에서도 잘 나타난다. 니체는 서양의 전통적인 형이상학이 단순히 이론상의 오류를 범하고 있을 뿐 아니라 그러한 오류에 의해서 인간의 삶을 병들게 만들었다고 보고 있다. 따라서 니체는 전통형이상학이 범하고 있는 오류를 폭로하고 극복함으로써 인간의 삶을 건강하게 만드는 것을 목표하고 있다. 이와 마찬가지로 불교도 우리가 세계와 대립되고 다른 인간들과 비교대상이 되는 자기라는 실체가 있다고 착각하면서 그것에 집착하는 것이 모든 고통의 원인이라고 보면서 그러한 오류와 그로 인한 고통에서 벗어난 건강한 삶을 회복하는 것을 목표하고 있다.

서양의 역사를 지배한 것은 신이나 피안 혹은 영원불변의 순수한 영혼과 같이 인간의 상상물에 불과할 뿐 실제로 존재하지도 않는 허구였다. 그러나 사람들은 이러한 허구를 숭배하는 데 자신의 사고와 행위의 모든 힘을 쏟았다. 물론 사람들은 이러한 허구에 대한 믿음과 숭배를 통해서 시간과 생성의 한가운데에서 느끼는 무력감과 불안에서 어느 정도 벗어날 수는 있었다.

그러나 그 대신에 사람들은 피안에 가기 위해서는 차안의 세계를 부정하고 몸과 감성적인 욕망을 억압해야 한다고 믿었다. 이와 함께 사람들은 자신의 모든 힘을 현세와 자신의 자연스런 욕망을 부정하고 억압하는 데 쏟을 뿐 아니라 그러한 욕망에 이끌리는 자신을 죄인으로 여기면서 자책하고 자학하는 데 쏟아 붓는다. 자신의 힘을 외부로 쏟으면서 생성 변화하는 세계와의 대결 속에서 자신을 강화하고 완성시키는 데 쓰여야 할 힘이 현세에 대한 부정 속에서 자신의 내면에만 향하게 되면서 자신을 공격하고 억압하는 데 쓰이는 것이다. 이런 의미에서 니체는 서양의 역사를 인간이 자신의 힘을 스스로를 공격하고 억압하는 데 소모시켜 온 자기 파괴와 생명 부정의 역사였다고 본다.

불교 역시 니체와 마찬가지로 사람들이 자신의 의지와는 상관없이 생성 소멸하는 세계의 한가운데에서 자신이 무력하게 늙어가고 죽어가고 있다는 데에 대해서 두려움을 느끼면서 자신을 어떻게든 영속적인 존재로 만들려고 하는 것에 모든 고통의 원인이 있다고 보았다. 일차적으로 사람들은 세계 내에서 자신의 지위를 공고하게 하기 위해서 재산이나 명예와 같은 세속적인 수단들에 의존한다. 그리고 그것들을 획득하고 지키기 위해서 온갖 노고를 다하며 보다 많은 재산과 보다 높은 명예를 얻기 위해서 다른 사람들과 투쟁하고 갈등한다.

그런데 사람들이 재산이나 명예와 같은 것들이 무상한 것이라는 사실을 깨닫게 되면, 사람들은 자신 가운데 영원불변한 실체로서의 영혼이 있다거나 이러한 영혼이 직접적으로 교통할 수 있는 영원불변의 절대자가 있다고 믿으면서 그것들에 의지하려고 한다. 그리고 이러한 영원불변의 실체와 절대자에 접근하기 위해서 그것을 방해한다고 생각하는 몸을 학대하게 된다. 깨달음을 얻기 전의 부처 역시 이러한 이원론에 빠져서 온갖 고행을 하면서 자신의 몸을 학대한 적이 있었다.

따라서 불교는 사람들이 재산이나 명예와 같이 무상한 것들을 영원한 것으로 착각하고 집착하면서 겪게 되는 고통이나 영원불변의 순수한 실체로서의 영혼이나 절대자를 믿으면서 허구적인 평안을 얻는 대가로 자신의 몸을 학대하는 고통에서 사람들을 구하려고 한다. 이 점에서 니체와 불교는 비이원론적인 입장을 취하고 있다는 점에서뿐 아니라 문제의식 면에서도 서로 많이 근접해 있다. 니체의 철학과 불교 모두 이원론적인 도식에 입각하지 않고 인간과 세계를 고찰하면서 인생고(人生苦)의 문제를 해결하려는 사유방식들인 것이다.

2 니체와 불교의 차이

 이처럼 니체와 불교 사이에는 상당히 큰 유사성이 존재함에도 불구하고 니체는 불교에 대해서 궁극적으로는 부정적인 평가를 내리고 있다. 니체는 실로 불교가 인격신 따위를 끌어들이지 않고 고통의 원인과 극복방안에 대해서 실증적으로 탐구하고 있다는 점에서 기독교보다 우월한 종교로 본다. 그렇지만 니체는 결국은 불교 역시 기독교와 마찬가지로 허무주의적이며 데카당한 종교로 평가하고 있다. 여기서 허무주의적이라는 것은 불교와 기독교 양자가 현실을 고통에 가득 찬 부정적인 것으로 보면서 내면적인 황홀경이나 피안으로 도피하고 있다는 의미이며, 데카당하다는 것은 양자가 모두 생명력의 약화와 퇴화에서 비롯된 것이면서 또한 그것을 신봉하는 자들의 생명력의 약화와 퇴화를 초래하고 있다는 것을 의미한다.
 주지하듯이 니체 철학의 중심 개념은 힘에의 의지다. 따라서 니체는 고통을 극복할 수 있는 궁극적인 길로서 힘에의 의지를 건강하게 만드는 것을 제시하고 있다. 이에 반해 불교는 우리가 보통 자신의 자아라고 생각하는 것에 대한 집착을 버리는 것을 제시하고 있다.
 니체가 말하는 힘에의 의지는 외부의 것을 동화하면서 자신의 힘을 증대시킴으로써 정신적으로든 물질적으로든 자신이 지배할 수 있는 영역을 최대한 확장하려는 충동이다. 니체는 모든 현상들을 이러한 힘에의 의지로부터 설명하려고 한다. 니체 이전의 철학은 모든 사고나 행동을 그것들이 도덕적으로 선하냐 그렇지 않느냐에 따라서 평가하고 설명하려고 했지만,

니체는 그것들이 건강한 힘에의 의지에서 비롯된 것이냐 아니냐에 따라서, 그리고 우리의 힘을 강화하느냐 그렇지 않느냐에 따라서 평가하고 설명하려고 하는 것이다.

그런데 주위의 세계를 동화하고 정복하면서 성장해 가는 힘에의 의지는 다양한 방식으로 나타날 수 있다. 그것은 원초적으로는 자신보다 육체적으로 연약한 자들을 괴롭히는 식으로 나타날 수 있지만 다른 한편으로는 다른 사람들을 정신적으로 감복시켜서 자신을 따르게 하는 식으로도 나타날 수 있다. 즉, 힘에의 의지는 가장 천박한 형태에서부터 가장 세련된 형태에까지, 단순한 육체적 학대나 잔인한 정복에서부터 이성적인 설득에 이르기까지 다양한 형태로 나타날 수 있다.

Ⅱ장 이후의 본론에서 자세하게 보겠지만 필자는 힘에의 의지가 나타나는 방식을 니체는 크게 건강한 방식과 병적인 방식으로 나누고 있다고 생각한다. 기독교를 비롯한 서양의 전통형이상학과 종교는 병적인 힘에의 의지의 표현이다. 다시 말해서 그것들은 고통과 투쟁에 의해서 점철된 대지의 삶을 흔쾌하게 짊어질 수 있는 힘을 결여하고 있는 병들고 허약한 자들의 정신상태의 반영에 불과하다.

그리고 이와 동일한 맥락에서 니체는 불교도 힘에의 의지가 나타나는 병적인 방식으로 보고 있다. 불교는 니체가 보기에 생로병사의 현실이 두려워 내면적인 정적이나 황홀경으로 도피하려는 철학이다. 또한 니체는 불교는 현세에서 사람들이 겪는 고통을 전생에서 범한 죄에 대한 과보라고 봄으로써 생성에서 무구(無垢)한 성격을 박탈하고 있다고 본다. 기독교가 현세에서 인간이 겪는 고통을 인간이 에덴동산에서 범한 원죄 탓으로 보면서 생성 소멸하는 현실을 죄에 물들어 있는 것으로 보는 것과 마찬가지로, 불교 역시 생성 소멸하는 현실을 무구한 것으로 보고 있지 않다는 것이다.

이런 의미에서 니체는 불교를 생성 소멸하는 세계를 흔쾌하게 긍정할 힘을 상실한 피로하고 병든 힘에의 의지에서 비롯된 것으로 보았다. 단적으로 말해서 니체에게 불교는 실로 불교가 태동할 당시에 지배적인 종교였던 브라만교와 기존의 가치를 부정하는 니힐리즘이기는 하지만 이러한 니힐리즘은 힘의 약화와 피로에서 비롯되는 수동적 니힐리즘이다. 니체는 수동적 니힐리즘에 대해서 이렇게 말하고 있다.

"정신력의 하강과 퇴행으로서의 허무주의 : 수동적 니힐리즘으로서. 이것은 약함의 징후일 수 있다. 정신력이 지칠 대로 지쳐버리고 소진되어서 이제까지의 목표들이나 가치들이 그것에게 부적합하게 되고 더 이상 신뢰받지 않게 될 수 있다. 이러한 상태에서는 (모든 강한 문화가 근거하고 있는) 가치들과 목표들의 종합은 해소되어 버리고 개별적인 가치들이 서로 전쟁을 벌이면서 해체된다. 원기를 북돋우고, 치료하고, 안정시키고, 마취시키는 모든 것이 종교적 · 도덕적 · 정치적 · 미적 등으로 다양하게 위장하고서 전면에 부각된다."[*1]

인용문에서 보는 것처럼 니체는 수동적 니힐리즘은 정신력이 지칠 대로 지쳐버리고 소진되어서 모든 강한 문화가 근거하고 있던 목표들이나 가치들을 수행할 능력을 상실해 버릴 때 생겨난다고 보고 있다. 이때 사람들은 기존의 가치를 더 이상 믿지 않게 되면서 삶에는 아무런 의미도 목표도 없다고 생각하게 된다. 정신의 피로와 함께 가치들의 무정부상태가 초래되는 것이며 사람들은 이러한 혼란에서 벗어나기 위해서 내면의 황홀경이나 사람들을 도취시키는 갖가지 종교적 · 정치적 · 예술적 마취제들로 도피하게 된다.

---

1 | F. Nietzsche, *Nachgelassene Fragmente Herbst 1887 bis März 1888*, 15쪽. 본 연구에서 인용할 니체의 저서들은 번역본들이 아닌 한 모두 Nietzsche Werke, Kritische Gesamtausgabe 판본에 의한 것이며 원서의 제목을 그대로 썼다.

위의 인용문에서 니체는 불교를 직접적으로 거론하고 있지는 않지만 불교가 말하는 열반도 결국은 원기를 북돋우고 치료하고 안정시키는 마취제와 같은 것이라고 보고 있다고 할 수 있다. 심지어 니체는 불교를 수동적인 니힐리즘의 가장 대표적인 형식이라고까지 말하고 있으며,[2] 열반을 향한 불교도의 갈망은 허무에의 갈망에 지나지 않는다고까지 말하고 있다. 이와 함께 니체는 불교가 당시의 지배적인 종교였던 브라만교와 그것이 내세운 예식들을 신봉하지 않게 된 것은 정신력의 성장과 강화에서 비롯된 것이라기보다는 정신력의 약화와 피로에서 비롯된 것이라고 보는 것이다.[3]

이러한 수동적인 니힐리즘에 대해서 니체는 능동적 니힐리즘을 대립시키고 있으며 서양의 전통철학과 종교에 대한 자신의 비판은 이러한 능동적 니힐리즘의 성격을 갖고 있다고 본다. 능동적인 니힐리즘(Der aktive Nihilismus)은 정신력이 강화되고 성장하면서 기존의 가치들이 그것의 강화와 성장을 방해하기 때문에 그것들을 능동적으로 공격하는 것이다.

"상승된 정신력의 징후로서의 허무주의 : 능동적 니힐리즘으로서. 이것은 강함의 징후일 수 있다. 정신력은 기존 목표들('확신들'과 신조들)이 그에게 더 이상은 적합하지 않게 될 정도로 증대할 수 있다. [······] 이러한 허무주의의 반대는 더 이상 공격하지 않는 지친 허무주의일 것이다."[4]

이렇게 니체는 불교가 당시의 지배적인 종교와 가치들을 비판한 것은 정신력이 피로하고 지치게 되었기 때문이라고 보는 반면에, 자신이 서양의 지배적인 종교인 기독교와 그것에 입각한 가치를 비판한 것은 정신력

---

2 | F. Nietzsche, *Nachgelassene Fragmente Herbst 1887 bis März 1888*, 15쪽 참조.
3 | 니체, 『선악의 저편 · 도덕의 계보』, 니체 전집 14권, 김정현 옮김, 책세상, 2002, 361쪽 참조.
4 | F. Nietzsche, *Nachgelassene Fragmente Herbst 1887 bis März 1888*, 14쪽 이하.

이 강화되고 증대되었기 때문이라고 보고 있다. 이런 맥락에서 니체는 불교가 유럽보다 2500년 전에 이미 인격신 따위를 부정하는 정신적 진보를 이루었지만 유럽에 필요한 것은 정신력이 피로하고 약화되었기 때문에 기존의 가치를 파괴하는 '인도적인 불교'가 아니라 정신력이 강화되었기 때문에 파괴하는 '유럽적인 불교'라고 말하고 있다. 그리고 니체는 인도적인 불교가 기존의 가치를 파괴하면서 현실에 대한 염세주의에 빠지면서 단순히 내면적인 평안으로 도피하는 반면에, 유럽적인 불교는 그 어떤 고통에도 불구하고 현실을 흔쾌하게 긍정할 정도로 건강한 생명력에 넘치는 삶을 준비한다고 말하고 있다.

불교를 수동적 니힐리즘으로 보면서 자신의 철학은 능동적 니힐리즘으로 보는 니체의 이러한 파악이 타당하다면 니체와 불교 사이의 대립은 니체 스스로가 인정하고 있는 것처럼 결정적인 것이 된다. 그러나 니체와 불교의 비교연구에서 대표적인 연구서들을 발표한 Freny Mystry와 Robert G. Morrison을 비롯한 많은 연구자들이 불교에 대한 니체의 평가는 불교에 대한 오해에 입각한 것이라고 보았으며, 필자 역시 그렇게 본다.

더 나아가 Mystry와 Morrison을 비롯한 많은 연구자들은 불교에 대한 니체의 비판을 오해로 보는 것을 넘어서 니체와 불교 사이에는 비이원론적인 사유방식과 문제의식 면에서의 유사성을 넘어서 구체적인 내용 면에서도 본질적인 유사성이 존재한다고 보았다. 즉, 그들은 니체와 불교는 본질적으로 동일한 덕과 인간상을 지향할 뿐 아니라 불교의 연기설과 니체의 실체부정 사이에 밀접한 관계가 있다고 보았다.

필자 역시 니체와 불교 사이에는 비이원론적인 사유방식과 문제의식 면에서 일정한 유사성이 존재한다는 사실을 인정한다. 그럼에도 불구하고 필자는 구체적인 사상내용 면에서는 양자 간에는 유사성보다는 차이가 더 근본적이라고 생각한다. 이는 무엇보다도 '힘에의 의지가 발휘되는 건강한 방식'으로 니체가 염두에 두고 있는 것을 철저하게 파헤쳐보면 그것은 불교가 지향하는 삶의 이상과 양립할 수가 없기 때문이다.

보다 구체적으로 말하자면 니체는 초기에서부터 후기로 갈수록 그리스인들의 삶을 건강한 힘에의 의지가 발휘되는 대표적인 방식으로 보았으며 특히 후기에는 그리스인들의 삶 못지않게 로마인들의 삶을 건강한 삶의 전형으로 보았다. 그리고 이 경우 니체가 그리스인들과 로마인들이 구현한 덕이라고 보았던 것은 불교가 지향하는 덕은 아닌 것이다.

니체는 그리스인들과 로마인들이 구현했던 덕을 '긍지, 거리를 두는 파토스, 멋진 야수성, 호전적이고 정복적인 본능, 열정과 복수와 책략과 분노와 관능적인 쾌락과 모험과 인식의 신격화'에서 찾고 있다.[*5] 이러한 덕들은 서양에서 기독교가 지배적인 것이 되면서 망각되고 있는 남성적이고 귀족적인 덕들이다. 이에 반해 불교가 내세우는 덕들은 니체가 내세우는 것과는 달리 부드러운 덕이다. 불교는 긍지나 타인을 앞서려는 거리두기의 파토스(Pathos der Distanz)가 아니라 하심(下心), 멋진 야수성과 호전적이고 정복적인 본능 대신에 자비, 열정 대신에 항상 청정한 마음, 책략 대신에 진실됨, 분노 대신에 이해와 용서, 관능적인 쾌락 대신에 열반의 평정, 모험 대신에 조용한 명상, 존재자들을 지배하는 방법에 대한 인식 대신에 존재자들의 성장을 돕는 지혜를 주창한다.

그리고 우리가 구현해야 할 덕이 무엇인지에 대한 니체와 불교의 이러한 입장 차이에 상응하여, 모든 것들에게 고귀한 불성이 존재한다고 보는 불교가 사해동포주의적이고 평등주의적인 성격을 갖는 반면에 니체는 사해동포주의와 평등주의를 약하고 지친 힘에의 의지에서 비롯되는 것으로 보면서 배격하고 있다.[*6]

---

5 | 니체, 『유고 1887년 가을-1888년 3월』, 니체 전집 20권, 백승영 옮김, 책세상, 2004, 481쪽.

6 | 니체는 민족주의를 배격하지만 그렇다고 해서 사해동포주의를 추구하는 것은 아니며 유럽적인 규모의 통일을 지향하고 있을 뿐이다. 이런 의미에서 Mervyn Sprung은 이렇게 말하고 있다.
"니체의 초유럽적 시각은 [유럽을 넘어서기보다는] 유럽적이었다." Mervyn Sprung, "Nietzsche's Trans-european Eye", in *Nietzsche and Asian Thought*, Chicago and London, University of Chicago Press. 1996, 83쪽.

실로 니체와 불교는 초월적인 인격신 따위를 끌어들이지 않고 인간 심리의 작동방식에 대한 냉정한 관찰에 입각하여 인간이 느끼는 고통의 원인을 파헤치고 그것을 극복하는 방법을 강구하고 있다는 점에서는 동일하다. 본론에서 상세하게 보겠지만 양자 사이의 이러한 동일성은 불교를 기독교와 대비하면서 니체 자신도 인정하고 있는 것이다. 그러나 이것을 제외하고는, 고통의 원인과 그것의 극복 방법에 대한 니체와 불교의 사상을 비롯하여 연기설을 중심으로 하는 불교의 세계관과 영원회귀설을 중심으로 하는 니체의 세계관 사이에는 외관상의 유사성 이면에 미묘하면서도 근본적인 차이가 존재한다. 더 나아가 필자는 양자 사이에 유사하게 보이는 것들도 이러한 차이로 인해서 서로 다른 뉘앙스와 의미를 갖게 된다고 생각한다.

단적으로 말해서 필자는 니체와 불교 사이에는 비이원론적인 사유방식과 문제의식 면에서는 유사성이 성립하지만 구체적인 사상내용에서는 본질적인 차이가 존재한다고 생각한다. 니체와 불교 사이에는 구조적인 측면에서는 유사성이 존재하지만 그것을 채우는 구체적인 내용면에서는 근본적인 차이가 존재하는 것이다. 따라서 그동안 많은 연구자들이 양자 사이에서 유사성을 보았던 대부분의 것들 이면에는 실질적으로 무시될 수 없는 차이가 존재한다. 예를 들어 많은 연구자들이 니체의 현실 긍정과 선불교를 비롯한 대승불교의 현실 긍정 사이에서 그리고 니체의 창조적인 유희의 정신과 불교의 무아 정신 사이에서 본질적인 유사성을 보았지만, 필자는 이런 것들 사이에 보이는 유사성은 사실은 피상적인 것이고 이러한 유사성은 실질적으로는 본질적인 차이에 의해서 철저하게 규정되어 있다고 보는 것이다.

3 국내외의 연구동향에 대한 비판적 검토와 본 연구의 방향과 의의

　니체와 불교 사이에는 비이원론적인 사고방식과 문제의식 면에서 유사성이 존재하면서도 니체가 궁극적으로는 불교를 비판적으로 평가하고 있을 뿐 아니라 양자 사이에는 실로 무시할 수 없는 차이도 존재하기 때문에, 니체와 불교를 비교하는 그동안의 연구들도 서로 대립되는 두 가지 방향에서 행해져 왔다. 그 하나는 불교에 대한 니체의 부정적인 평가에도 불구하고 니체와 불교 사이의 근친성과 유사성을 강조하는 방향이며, 다른 하나는 양자 사이의 차이를 강조하는 방향이다. 그런데 이렇게 양자 사이의 차이를 강조하는 방향은 다시 둘로 나뉠 수 있다. 그 하나는 불교를 수동적 니힐리즘으로 보는 불교에 대한 니체의 부정적인 평가를 그대로 수용하는 방향이며, 다른 하나는 불교에 대한 니체의 부정적인 평가를 불교에 대한 오해에서 비롯되는 것으로 보면서도 니체와 불교 사이에 근본적인 차이가 있다고 보는 동시에 더 나아가 불교 입장에서 니체 철학의 한계를 비판하는 방향이다.

　따라서 니체와 불교를 비교하는 그동안의 연구는 다음과 같이 세 종류로 대별될 수 있다.

　첫째, 니체와 불교 사이의 유사성을 강조하는 연구.
　둘째, 불교에 대한 니체의 부정적 평가를 그대로 수용하면서 니체와 불교 사이의 차이를 강조하는 연구.

셋째, 불교에 대한 니체의 부정적 평가를 불교에 대한 오해에서 비롯된 것으로 보면서도 니체와 불교 사이의 차이를 강조할 뿐 아니라 불교 입장에서 니체의 사상이 갖는 한계를 드러내면서 비판하고 있는 연구.

니체와 불교 사이의 유사성을 강조하는 첫 번째 범주에 속하는 글에는 다음과 같은 것들이 있다.

박경일의 「탈근대 담론들에 나타나는 관계론적 패러다임들과 불교의 공」, 「불교, 니체, 그리고 포스트모더니즘」, 「니체와 불교 : 비교방법론 서설」, 이주향의 「니체와 예수, 그리고 금강경 : 실체성 부정에 관한 고찰」, 곽만연의 「불교의 공사상과 니체의 니힐리즘의 현대적 의의」, 김정현의 「니체와 불교의 만남-니체의 불교 이해 및 서양적 무아(無我)사상을 중심으로」, M. D. Faber의 "Back to a Crossroad: Nietzsche, Freud, and the East", 이진우의 「니체와 동양 허무주의 : 영원회귀인가 아니면 운명의 사랑인가」, Freny Mystry의 *Nietzsche and Buddhism: Prolegomena to a Comparative Study*와 Robert G. Morrison의 *Nietzsche and Buddhism, A Study in Nihilism and Ironic Affinities*, Michael Skowron의 *Nietzsche·Buddha·Zarathustra - eine West-Ost Konfiguration*, Purushottama Bilimoria의 "Nietzsche as 'Europe's Buddha and 'Asia's Superman", Guy Welbon의 *The Buddhist Nirvana and its Western Interpreters*, R. Okochi의 "Nietzsches Amor fati im Lichte von Karma des Buddhismus", 닛타 아키라(新田 章)의 「ヨーロッパの佛陀' 對 'インドの佛陀'」.

이러한 글들은 다시 세 종류로 나뉠 수 있다.

그 하나는 곽만연, 김정현, 이진우와 M. D. Faber의 글들로, 이것들은 니체와 불교 사이의 유사성을 강조할 뿐만 아니라 자신의 사상을 '유럽의 불교'나 '불교의 유럽적 형태'라고 부르는 니체의 말을 근거로 하여 니체가 불교를 능동적인 니힐리즘으로 간주하면서 불교에서 미래 철학을 위한 하나의 가능성을 발견했다고 보고 있다.

다른 하나는 Freny Mystry와 Robert G. Morrison, Purushottama Bilimoria, 닛타 아키라의 글들로, 이것들은 니체가 불교를 처음부터 끝까지 수동적인 니힐리즘으로 간주하면서 부정적으로 평가했다고 보면서도 불교에 대한 니체의 이러한 평가를 불교에 대한 오해에 입각한 것으로 보면서 양자 사이에는 현저한 유사성이 존재한다고 본다.

나머지 하나는 박경일, 이주향 그리고 Michael Skowron, R. Okochi의 글들로, 이것들은 불교에 대해서 니체가 취하는 입장은 논외로 하면서 단지 양자 사이의 유사성을 주장하고 있을 뿐이다.

그러나 이상과 같은 차이에도 불구하고 그것들 모두는 니체와 불교 사이에 근본적인 유사성이 존재한다고 보고 있다는 점에서는 동일하다. 이들의 이러한 입장은 '니체가 불교를 제대로 이해했더라면 자신이 말하는 초인과 부처는 동일한 존재라는 사실을 인정하게 되었을 것'이라는 Morrison의 말에서 대표적으로 집약되고 있다고 생각된다.*7

불교를 수동적 니힐리즘으로 보는 불교에 대한 니체의 부정적인 평가를 그대로 받아들이면서 니체와 불교 사이의 차이를 강조하는 두 번째 범주에 해당하는 글로는 국내에서는 성진기의「니체와 불교」와 정영도의「니체의 힘에의 의지에서 본 기독교와 불교의 Realität」가 있으며, 국외에서는 유다 유타카(湯田豊)의『ニーチェと佛敎(니체와 불교)』와『ブツダ vs. ニーチェ(붓다 대 니체)』, Arthur W. Rudolph의 "Nietzsche on Buddhism, Nihilism and Christianity", Jim Hanson의 "Searching for the Power–I:

---

7 | Robert G. Morrison, *Nietzsche and Buddhism, A Study in Nihilism and Ironic Affinities*, Oxford& New York, Oxford University Press, 1997, 225쪽 참조.

Nietzsche and Nirvana"이 있다.*8

불교에 대한 니체의 부정적 평가를 불교에 대한 오해에서 비롯된 것으로 보면서도 니체와 불교 사이의 차이를 강조할 뿐 아니라 불교 입장에서 니체의 사상이 갖는 한계를 드러내면서 비판하고 있는 세 번째 범주에 해당하는 글로는 Soraj Hongladarom의 "The Overman and the Arahant: Models of Human Perfection in Nietzsche and Buddhism", David Loy의 "Beyond good and evil? A Buddhist Critique of Nietzsche", Bret W. Davis의 "Zen after Zarathustra: The Problem of Will in the Confrontation between Nietzsche and Buddhism", 아베 마사오(阿部正雄)의 「선과 니체」가 있다.

이상의 세 가지 종류의 글들 외에 넷째로 불교에 대한 니체의 비판을 비판적으로 검토하면서 불교에 대한 니체의 비판이 오해에 입각하는 것이라는 것을 밝히면서도 두 사상의 유사성이나 차이에 대해서는 이렇다 할 입장을 표명하고 있지 않는 글들이 있다. 이러한 글들로는 정철호의 「허무주의에 대한 니체와 초기 불교의 연관성」, Moad Omar, "Dukkha, Inaction, and Nirvana: Suffering, Weariness, and Death? - A Look at Nietzsche's Criticisms of Buddhist Philosophy", Benjamin A. Elman, "Nietzsche and Buddhism", Jared Lincourt, "Revaluating Nietzsche and Buddhism: Active and Passive Nihilism"이 있다.

이상에서 보듯이 니체와 불교에 대한 비교연구사에서 양자 사이의 유사

---

8 | 이 중에서 Jim Hanson의 글은 니체와 불교 사이에 상당한 유사성이 존재한다고 보고 있다는 점에서 첫째 범주에 속하는 다른 글들과는 구별된다. 그럼에도 불구하고 그는 불교가 현실 변혁에 대해서 극히 소극적이라고 비판하면서 불교를 니체의 능동적인 의지의 철학에 의해서 보완해야 한다고 보는 점에서, 근본적으로는 불교에 대한 니체의 부정적인 평가를 수용하고 있다고 볼 수 있다.

성을 강조하는 글들이 절대적인 다수를 차지하고 있다. 이러한 글들은 니체의 초인과 부처를 궁극적으로 동일한 것으로 보고 있는바, 필자는 이러한 입장과 비판적으로 대결하면서 니체와 불교 사이에는 근본적인 차이가 존재한다는 사실을 드러내려고 한다.

그렇다고 해서 필자는 두 번째 범주에 해당하는 글들의 저자들인 성진기나 정영도 그리고 유다 유타카와 Arthur W. Rudolph처럼 불교에 대한 니체의 부정적인 평가를 그대로 수용하지는 않을 것이다. 필자는 니체와 불교 사이의 유사성을 강조하는 연구자들 중에서 불교에 대한 니체의 부정적인 평가를 비판적으로 검토하고 있는 Freny Mystry와 Robert G. Morrison 그리고 Moad Omar, Purushottama Bilimoria, 닛타 아키라에 못지않게 불교에 대한 니체의 부정적인 평가는 불교에 대한 오해에서 비롯된 것이라고 본다. 그럼에도 불구하고 필자는 니체와 불교 사이에는 유사성보다는 차이가 더 근본적이라고 본다.

이 점에서 필자는 크게는 세 번째 범주에 해당하는 글들의 저자들과 입장을 함께한다고 볼 수 있다. 실로 필자는 세 번째 범주에 해당하는 글들은 불교에 대한 니체의 이해와 평가를 오해라고 보면서도 양자 간에 존재하는 차이에 주목하고 있다는 점에서 니체와 불교의 관계에 대해서 가장 균형 있고 심도 있는 연구 자세를 보여주고 있다고 생각한다.

그러나 세 번째 범주에 해당하는 지금까지의 글들은 주로 니체의 영원회귀사상이나 힘에의 의지라는 개념을 주요한 실마리로 하면서 니체의 초인은 아직 자아에 대한 집착을 버리지 못한 인간이라는 사실을 입증하는 데 집중함으로써, 니체와 불교 사이에 존재하는 차이를 구체적이면서도 선명하게 드러내고 있지는 않다고 여겨진다.

즉, Soraj Hongladarom은 불교의 아라한과 니체의 초인을 비교하면서 불교의 아라한이 자아에 대한 환상과 집착을 완전히 버린 자인 반면에 니체의 초인은 자아에 대한 환상을 완전히 버리지 못한 자라고 보고 있는 바, 그 근거를 니체가 영원회귀사상에서 영원히 회귀하는 동일한 자아를 상정하고 있다는 데서 찾고 있다. 이와 함께 그는 니체의 초인은 자아라는 개념의 허구성에 대한 니체의 주장에도 불구하고 다른 인간들과 비교되는 자신의 자아가 일상적인 인간의 자아보다도 더 위대한 것이 되기를 바라고 있다고 비판하고 있다.[9]

David Loy 역시 니체의 영원회귀사상을 주로 검토하면서 니체는 매 순간의 가치를 그것이 영원히 되돌아오게 하는 것에 의해서만 긍정할 수 있다고 말하면서, 니체는 영원한 존재라는 개념의 환상을 꿰뚫어보면서도 여전히 생성에서 일종의 영원한 존재를 찾으려고 하고 있다고 비판하고 있다.[10]

Soraj Hongladarom과 David Loy와는 달리 아베 마사오는 니체의 힘에의 의지를 비판적으로 검토하면서 니체가 말하는 힘에의 의지는 보다 강한 힘을 끊임없이 추구하는 힘이기 때문에 선불교에서 말하는 것과 같이 '쉬는 마음'이 아니며 따라서 니체가 말하는 생성의 무구는 참된 의미의 무구와 청정(淸淨)이 아니라고 비판하고 있다.[11]

그러나 아베 마사오의 경우는 힘에의 의지라는 개념에 대해서 상세하게 천착하지 않은 채 상당히 단도직입적으로 그것에는 무언가를 추구하는 마음이 여전히 남아 있다고 서술하는 것에 그치고 있으며, Soraj Hongladarom과 David Loy도 영원회귀사상에 대한 니체의 진술 중에서 자신의 논지를 뒷받침할 수 있는 것들만을 실마리로 하여 자신들의 논지를 전개하고 있기 때문에 이들의 연구가 갖는 한계는 상당히 분명하다고 생각된다. 아울러 Bret W. Davis의 글도 니체의 의지 개념을 주로 검토하

---

9 | Soraj Hongladarom, "The Overman and the Arahant: Models of Human Perfection", *Asian Philosophy*, Vol. 21, No. 1., 2011, 59쪽 이하 참조.

10 | David Loy, "Beyond good and evil? A Buddhist Critique of Nietzsche", *Asian Philosophy*, Vol. 6. No. 1., 1996, 39쪽 이하 참조.

11 | 아베 마사오(阿部正雄)·히사마쯔 신이찌(久松眞一), 『선과 현대철학 - 선의 철학적 자리매김은 가능한가?』, 변선환 엮음, 대원정사, 1996, 231쪽.

면서 아베 마사오와 거의 동일한 논지를 전개하고 있을 뿐이다.

그런데 필자는 니체의 영원회귀사상이나 힘에의 의지라는 개념은 니체가 그것에 대해서 말하는 구절 중 어떤 것을 주요한 실마리로 삼느냐에 따라서 여러 가지로 해석될 수 있다고 생각한다. 특히 힘에의 의지라는 개념은 모든 현상들에 다 적용되기 때문에 심지어 불교가 말하는 열반까지도 힘에의 의지가 가장 최고로 구현된 상태라는 식으로 해석될 수도 있다. 또한 영원회귀사상도 어떤 때는 과학적 가설로서 제기되기도 하고 어떤 때는 문자 그대로의 의미에서 모든 것이 반복해서 일어난다는 사상으로서 제기되기도 하며, 어떤 때는 창조적인 생성을 가리키는 사상으로서 제기되기도 하기 때문에 상당한 다면성을 가지고 있다. 따라서 니체의 힘에의 의지 개념과 영원회귀사상을 중심으로 하여 니체와 불교를 서로 비교할 경우 그러한 비교는 양자 간의 차이를 선명하게 드러내기 어렵다고 생각한다.

이런 의미에서 필자는 영원회귀사상이나 힘에의 의지라는 개념보다는 니체의 사회사상과 이상적인 인간이 구현해야 할 덕들과 성격에 대한 니체의 구체적인 진술을 실마리로 삼으면서 니체와 불교 각각이 지향하는 이상적인 사회상과 인간상 및 덕들을 서로 비교할 때, 양자 간의 차이가 보다 분명하면서도 구체적으로 드러날 수 있다고 생각한다. 이는 니체가 자신의 사회사상이나 이상적인 인간상과 이러한 인간이 갖추어야 할 덕들에 대해서는 상대적으로 구체적이면서도 선명하게 자신의 생각을 개진하고 있다고 여겨지기 때문이다. 더 나아가 필자는 이런 식의 비교를 토대로 할 때에만, 니체의 영원회귀사상이나 힘에의 의지라는 개념에 담겨 있는 근본정신과 불교의 근본정신 사이의 차이도 보다 분명하게 드러난다고 생각한다.

니체와 불교 사이의 관계에 대한 저간의 연구사에서는 필자가 여기서 시도하는 것처럼 양자의 사회사상과 니체와 불교 각각이 지향하는 덕들과 인간상을 비교하는 것에 기초하여 양자의 사상이 갖는 차이를 드러낸 적은 없었다. 이 점에서 필자의 연구는 크게 보면 세 번째 범주에 속하는 연구이지만 니체와 불교의 비교연구사에서 새로운 의미를 갖는다고 생각한다.

아울러 세 번째 범주에 속하는 지금까지의 연구들도 힘에의 의지 개념이나 영원회귀사상을 중심으로 하여 니체와 불교 사이의 차이를 드러내는 데 그쳤을 뿐이지, 양자 사이에 어떤 점에서 유사성이 성립하는지 그리고 유사하게 보이는 것들도 양자 사이에 존재하는 근본적인 차이에 의해 어떤 식으로 서로 다른 뉘앙스를 갖게 되는지 등에 대해서는 검토한 적이 없었다. 이에 반해서 본 연구는 양자의 사유방식과 문제의식에서 보이는 유사성을 드러내는 동시에, Freny Mystry나 Robert G. Morrison과 같이 양자 사이의 유사성을 강조하는 연구자들이 양자 사이의 유사성을 발견하고 있는 문제들, 즉 자기극복의 문제나 자유의지 혹은 실체부정의 문제, 현실긍정의 문제 등과 관련해서도 양자 사이에 존재하는 미묘하면서도 근본적인 차이를 드러내려고 한다.

따라서 본 연구는 니체와 불교 사이에 존재하는 차이에 근본적으로 주목하면서 양자 사이에 존재하는 구조적인 유사성과 아울러 내용상의 차이를 '종합적으로' 검토하는 것을 일차적으로 목표한다. 그런데 이러한 연구는 단순히 니체와 불교 사이의 관계를 객관적으로 드러내겠다는 학문적인 의미를 넘어서 더욱 중차대한 의미를 갖는다.*12 이는 우리가 니체와 불교 사이의 유사성을 넘어서 양자 사이의 차이를 강조하게 될 경우 우리는 불가피하게 니체와 불교 사이에서 어떤 사상을 택할 것인가라는 문제에 부

---

12 | 또한 본 연구는 작금의 정신계에서 유행하고 있는 해체론적인 사유가 니체의 사상과 불교를 근본적으로 동일한 것으로 보면서 그것들에 입각해서 자신을 정당화하려는 경향을 비판하는 의미를 갖는다고 할 수 있다. 해체론과 니체와 불교를 동일한 사태를 지향하는 것으로 보는 대표적인 연구자는 박경일이다. 박경일의 다음 논문들을 참고하라. 「불교, 니체, 그리고 포스트모더니즘」(『동서비교문학저널』 제2호, 한국동서비교문학학회, 1999), 「탈근대 담론들에 나타나는 관계론적 패러다임들과 불교의 공」(『인문학연구』, 제2호, 경희대학교 인문학연구소, 1998), 「니체와 불교 : 비교방법론 서설」(『동서비교문학저널』, 제5호, 한국동서비교문학학회, 2001), 「니체와 불교 그리고 해체철학」(『불교평론』 제9호, 불교시대사, 2001).

덮히게 되기 때문이다.

다시 말해서 필자는 니체와 불교 사이에 존재하는 근본적인 차이는 우리로 하여금 불가피하게 니체와 불교 사이에서 어느 하나를 선택하도록 강요한다고 생각한다. 그러나 이러한 선택은 단순히 두 사상 중에서 자신의 마음에 드는 하나를 택하는 차원의 문제가 아니라 그 중의 어떤 것이 인생고(人生苦)를 해결하는 데 더 설득력을 갖느냐는 중차대한 문제다. 따라서 니체의 사상이나 불교가 여전히 수많은 사람들에게 호소력을 갖고 있는 현실에서, 양자 사이의 차이를 드러내는 작업은 수많은 사람들이 자신의 인생행로를 결정하는 데 지대한 의미를 가질 수 있는 것이다.

4 이 글의 내용에 대한 소개

이상과 같은 문제의식 아래 본 연구는 니체와 불교의 차이에 주목하면서 양자의 유사성과 차이를 다각도로 조명할 것이지만, 그 이전에 불교에 대한 니체의 이해와 평가를 먼저 비판적으로 고찰할 것이다. 이는 이러한 비판적인 고찰을 토대로 해야만 양자 사이의 공정한 비교가 가능하게 되기 때문이다. 이런 맥락에서 본 연구는 구체적으로 다음과 같은 내용을 갖게 될 것이다.

Ⅱ장에서 필자는 우선 니체와 불교 각각의 문제의식과 핵심사상을 살펴볼 것이다. 이러한 고찰은 니체와 불교 양자를 관통하는 근본적인 문제의식을 고통과 염세주의의 극복으로 보면서 이들이 어떠한 방식으로 고통과 염세주의를 극복하려고 하는지를 살펴보는 방식으로 행해질 것이다. 아울러 여기서는 니체가 초기에서 후기에 이르는 그의 사유도정에서 불교에 대해서 어떠한 입장을 취하고 있는지를 살펴볼 것이다. 그리고 이상의 고찰을 토대로 하여 니체와 불교 사이에 존재하는 문제의식과 사유방식 면에서 어떠한 유사성이 존재하는지를 고찰할 것이다.

Ⅲ장에서는 불교에 대한 니체의 입장이 가장 상세하고 종합적으로 나타나 있는 『안티크리스트』를 중심으로 하여 니체의 불교 해석과 불교 비판을 비판적으로 고찰할 것이다. 이러한 고찰은 니체의 불교 해석과 평가를 정리한 후 그것이 어떤 점에서 정당하고 어떤 점에서 불교를 오해하고 있는

지를 파악하는 방식으로 행해질 것이다.

Ⅳ장에서는 불교가 현실의 고통을 두려워하면서 내면의 황홀경으로 도피하고 있다는 니체의 비판을 비판적으로 고찰할 것이다. 여기에서 필자는 불교가 모든 종류의 고통이 아니라 갈애와 집착에서 비롯된 고통만을 부정한다는 사실과 불교 역시 니체와 마찬가지로 현실의 고통을 긍정할 수 있는 정신력의 고양을 지향한다는 사실을 분명히 하고자 한다. 불교에 대한 니체의 이해와 평가에 대한 이러한 비판적인 검토는, 한편으로는 불교에 대한 니체의 부정적인 평가를 그대로 수용하고 있는 두 번째 범주에 해당하는 글들에 대한 비판이기도 하며, 다른 한편으로는 Freny Mystry와 Robert G. Morrison처럼 불교에 대한 니체의 부정적인 평가가 불교에 대한 오해에 입각하고 있음을 밝히면서 불교의 근본정신을 밝히고자 했던 연구자들의 연구 성과를 수용하고 발전시키는 것이라고 볼 수 있다.

Ⅴ장에서는 양자의 사회사상과 니체와 불교 각각이 지향하는 덕들과 인간상을 고찰할 것이며 이러한 고찰을 토대로 하여 니체와 불교 사이에는 넘어설 수 없는 차이가 있다는 것을 드러낼 것이다.

Ⅵ장에서는 니체의 영원회귀사상과 불교의 열반사상을 비교하면서 양자의 유사성과 차이를 드러내고자 한다. 여기에서는 우선 니체의 영원회귀사상과 불교의 열반사상 사이에 존재하는 일정한 유사성을 드러낸 후, 이렇게 유사하게 보이는 점들도 니체와 불교 사이에 존재하는 근본적인 차이로 인해서 서로 다른 뉘앙스와 의미를 갖게 된다는 사실을 보여주고자 한다.

Ⅶ장에서는 인간의 자기극복이라는 주제와 그와 연관된 여러 주제들을 다룰 것이다. 니체와 불교가 제시하는 자기극복 방법, 자기극복을 위해서 전제되어야 하는 자유와 주체라는 개념에 대한 니체와 불교의 견해 등이 다루어질 것이다. 여기서도 우선 양자 사이에 존재하는 일정한 유사성을 드러낸 후 그렇게 유사하게 보이는 점들도 양자 사이에 존재하는 근본적

인 차이로 인해서 서로 다른 뉘앙스와 의미를 갖게 된다는 사실을 보여줄 것이다.

Ⅷ장에서는 니체의 불교 해석과 평가의 근저에 놓여 있는 종교관을 프롬의 종교관과 대비하면서, 종교와 서양역사의 본질에 대한 니체의 견해와는 전적으로 다른 견해가 존재할 수 있다는 사실을 보여주고자 했다. 이와 동시에 니체의 종교관을 불교를 최고의 인본주의적 종교로 보는 프롬의 견해와 대비함으로써 니체가 주창하는 그리스 · 로마의 정신과 불교의 정신 사이의 본질적인 차이를 분명히 드러내려고 했다.

Ⅸ장에서는 니체와 불교의 비교연구사에서 본 연구가 갖는 근본적인 특징과 의의를 정리해 보았다. 그리고 니체의 철학이 가질 수 있는 현실적이고 생산적인 의의를 드러낸 후 니체의 정신과 불교의 정신 사이의 대립이 갖는 성격을 마지막으로 다시 한 번 분명히 밝혔다.

5 서론을 맺으면서

'미세한 차이를 알아차리는 것이 지혜의 척도'라고 말한 사람은 정작 니체였다. 니체는 이렇게 말하고 있다.

"매개자에 대한 반대 – 확고한 입장의 두 사상가를 매개하려는 자는 '평범'한 안목 밖에 갖고 있지 않다. 그는 유일무이의 것을 볼 수 있는 안목을 결여하고 있다. 유사성과 동일성을 쉽게 단정하는 것은 허약한 눈의 특징이다."[*13]

이런 맥락에서 필자는 니체와 불교 사이의 유사성을 주장하는 연구들은 양적인 면에서 니체와 불교의 비교연구사에서 압도적인 다수를 차지하고 있지만 그것들은 양자 사이에 존재하는 유사성의 이면에 존재하는 근본적인 차이를 꿰뚫어 보는 안목을 결여하고 있는 것은 아닌가라고 의심한다. 따라서 이 연구는 니체와 불교의 비교연구사에서 주도적인 지위를 점하고 있던 연구방향을 정면에서 거스르면서 니체와 불교 사이의 근본적인 차이를 선명하게 드러내려고 한다.

물론 앞에서 말한 것처럼 니체와 불교 사이에는 비이원론적인 사유방식과 문제의식 면에서 상당한 유사성이 존재하는 것도 사실이다. 그런데 니

---

13 | F. Nietzsche, *Fröhliche Wissenschaft*, 228번.

체와 불교 사이에는 이렇게 유사한 점도 상당히 존재하기에 양자 사이의 대결은 오히려 더욱 치열한 것이 될 수 있고 또한 되어야 한다. 많은 연구자들이 니체와 불교 사이에 존재하는 일정한 유사성 때문에 성급하게 니체와 불교의 근본적 동일성을 주장했지만, 정작 니체 자신은 그러한 유사성 때문에 오히려 불교와 치열하게 대결하면서 그것을 극복하는 것을 자신의 사상적 과제 중의 하나로 삼았다.

본론에서 상세하게 살펴보겠지만 니체는 전통적인 이원론이 붕괴된 현실에서 유럽인들에게 불교는 매력적인 대안으로 떠오를 수 있다고 우려했다. 즉, 니체는 기독교의 붕괴와 함께 의미공백과 가치공백이 유럽을 지배하고 있는 현실에서 그 어떤 초월적인 인격신 따위도 끌어들이지 않고 인간의 마음을 냉정하게 분석하면서 내면의 평안을 실현할 수 있는 길을 제시하고 있는 불교가 유럽인들을 매료시킬 수 있다고 걱정했던 것이다. 그리고 니체는 당시의 유럽에서 쇼펜하우어의 철학이 유행하고 있다는 사실에서 불교적 정신이 실질적으로 유럽인들을 매료시키기 시작하고 있다는 증거를 보았다.

이런 맥락에서 필자는 후기의 니체가 자신의 철학을 '유럽의 불교'라고 불렀던 것은, 니체와 불교 사이의 유사성을 강조하는 연구자들 중 일부가 주장하는 것처럼 니체가 자신과 불교 사이에 존재하는 상당한 유사성을 인정했기 때문만은 아니라고 본다.[*14] '유럽의 불교'라는 표현은 한편으로는 자신과 불교 사이에 존재하는 일정한 유사성을 인정하면서도 다른 한편으로는 불교가 유럽을 지배하게 되는 것을 경계(警戒)하는 표현이기도 하다.

'유럽의 불교'는 한편으로는 인도의 불교처럼 인격신 따위를 끌어들이지 않고 인간의 마음을 실증적으로 냉철하게 탐구하지만, 다른 한편으로는

---

14 | 이러한 연구자들의 주장에 대한 소개와 그에 대한 비판은 이 연구의 Ⅲ장 7절에서 행해지고 있다.

인도의 불교와는 달리 고통과 투쟁으로 점철되어 있는 현실에서 내면적인 평안으로 도피하는 것이 아니라 그 현실을 흔쾌하게 긍정하는 불교라는 것이다. 따라서 니체는 미래의 유럽에 필요한 것은 인도식의 불교가 아니라 유럽식의 불교라고 보고 있다. 자신의 사상을 '유럽의 불교'라고 부르는 니체의 표현을 니체 자신이 불교와 자신 사이의 유사성 내지 동일성을 인정했다는 증거로 끌어들이는 일부 연구자들은 '유럽의 불교'라는 표현에서 '불교'라는 단어에 방점을 찍지만, 니체는 '유럽'과 '불교' 양자에 방점을 찍고 있는 것이다. 그리고 그 경우 '불교'는 현실과 인간에 대한 실증적인 고찰방식을 가리키는 것이며 '유럽'은 인도식 불교와는 다른 니체 자신의 독자적인 사상내용을 가리키고 있는 것이다.

니체와 불교 사이에는 일정한 유사성이 존재하기 때문에 오히려 우리는 양자 사이에 넘어설 수 없는 차이가 존재하지 않는지를 더 철저하게 검토해야 한다고 생각한다. 필자는 우리가 살아야 할 길로서 니체가 제시하는 길과 불교가 제시하는 길 사이에는 근본적인 차이가 존재한다고 본다. 외람된 말이 되겠지만, 니체와 불교의 관계에 대한 지금까지의 연구들 중 어떤 연구도 본 연구만큼 불교에 대한 니체의 비판에 맹목적으로 추종하지 않으면서도 니체와는 다른 관점에서 니체와 불교 사이의 차이를 선명하게 드러낸 적은 없었다고 생각한다.

이렇게 양자 사이의 차이를 강조한다고 해서 필자가 니체가 제시하는 길이나 불교가 제시하는 길 중 어느 하나가 옳고 다른 길은 틀렸다고 생각하는 것은 아니다. 물론 필자는 개인적으로 불교가 제시하는 길을 선호하지만 그렇다고 해서 니체가 틀렸고 니체가 제시하는 길이 잘못된 길이라고 생각하지는 않는다. 더군다나 니체가 제시하는 길이 잘못되었기 때문에 불교가 제시하는 길에 의해서 언젠가는 대체될 것이라고 생각하지 않는다. 니체가 제시하는 길은 불교 못지않게 인간에 대한 나름대로의 설득력 있는 파악에 입각한 것이기 때문에 불교와 마찬가지로 앞으로도 계속해서 사람들을 사로잡는 힘을 가질 것이라고 생각한다. 다만, 필자는 니체와 불교는 인간이 구현해야 할 이상적인 삶에 대해서 서로 대립된 견해를 제시하고 있는 바, 우리는 그것들 중에서 어떤 것을 선택해야 할지에 대해서 진지하게 고민해야만 한다는 사실을 보여주고 싶었다.

II

니체와 불교의 공통된 문제의식
: 고통과 염세주의의 극복

사람들은 흔히 불교를 염세주의를 설파하는 종교라고 오해하는 경향이 있다. 사실상 니체마저도 불교를 쇼펜하우어의 철학과 유사한 것으로 보면서 염세주의를 설파하는 종교라고 평하고 있다.[*15] 그러나 필자는 불교가 염세주의를 설파하는 종교가 아니라 니체와 마찬가지로 염세주의의 극복을 지향하고 있다고 생각한다.

불교를 염세주의로 보는 통상적인 선입견은 부처의 가르침의 정수에 해당하는 사성제(四聖諦)의 첫 번째가 일체개고(一切皆苦), 즉 일체가 고통이라고 말하고 있기 때문일 것이다. 그러나 사성제는 그것으로 끝나지 않고 고통의 원인이 갈애(渴愛) 내지 집착에 있다고 말하고 있다. 불교는 모든 것이 인연에 따라서 생성 소멸하고 부침하는 현실 자체가 고통의 원인이라고 보지 않는다. 오히려 불교는 우리 인간이 현실 전체와 대립되고 다른 인간들과 비교되는 자아가 있다고 보면서 그것에 집착하는 것이 모든 고통의 원인이라고 보며, 그러한 자아를 즐겁게 하고 공고하게 만드는 모든 것들을 더 많이 누리고 소유하고자 하는 갈애가 고통의 원인이라고 보는 것이다.

우리 인간은 하이데거가 말하듯이 '세계-내-존재'로서 다른 인간들 그리고 존재자들과 관계하는 식으로만 존재한다.[*16] 그런데 다른 인간들과 존재자들은 우리의 욕망이나 의도를 충족시키기 위해서 존재하는 것은 아니다. 그것들은 우리의 욕망이나 의도와 무관하게 움직인다. 그 이전에 우리의 육신뿐 아니라 우리의 마음마저도 우리 뜻대로 움직이지 않는다. 모든 것들은 불교식으로 말해서 인연에 따라서 생성하고 소멸한다. 그것들

---

15 | F. Nietzsche, *Fröhliche Wissenschaft*, 346번 참조.
16 | '세계-내-존재'란 하이데거의 개념으로 하이데거는 인간이 세계와 불가분리의 관계 속에서 산다는 사실을 가리키기 위해서 '세계-내-존재'란 표현을 사용했다. 하이데거의 '세계-내-존재' 개념에 대해서는 M. Heidegger, *Sein und Zeit*, Tübingen, 1972, 53쪽 이하 참조.

은 무상한 것이다. 따라서 이렇게 우리 마음대로 되지 않는 세계의 한가운데에서 우리는 항상 불안해 할 수밖에 없다.

이러한 불안감에서 벗어나기 위해서 우리는 그러한 무상한 것들을 우리 뜻대로 지배하고 소유함으로써 세계 내에서의 우리의 지위를 가능한 한 안락하고 공고한 것으로 만들려고 한다. 더 구체적으로 말해서 우리는 돈이나 권력 혹은 명예 등에 의지하면서 그것들에 의해서 주어지는 즐거움과 힘을 가능한 한 증대시키고 영속시킴으로써 자신의 지위를 안락하면서도 공고한 것으로 만들려고 하는 것이다. 그러나 그러한 시도들은 결국은 모두 도로에 그친다. 이런 의미에서 부처는 인생은 고통이라고 설파한다.[17]

따라서 우리는 일체가 고라는 불교의 가르침을 삶에는 오직 고통밖에 없으며 기쁘거나 즐거운 상태는 없는 것이라고 해석해서는 안 된다.[18] 불교는 우리가 현재 행복하더라도 그러한 행복은 대부분의 경우 우리가 통제하지 못하는 외적인 조건들에 의해서 주어지는 무상한 것인데 우리는 그것들에 집착하고 그것들을 영속적인 것으로 만들려고 하면서 결국에는 고통에 빠지게 된다는 것이다. 다시 말해서 불교는 우리가 무상한 것들에 대한 집착을 버리지 못하는 한에서 인생은 고통스럽다고 보는 것이며, 우리가 집착을 버리는 순간 인생은 더 이상 고통이 아니라고 보는 것이다.

따라서 불교는 인연에 따라서 생성 소멸하는 세계에서 안심입명을 얻는 길은 우리가 세계와 대립하고 다른 사람들과 비교되는 '나'라는 하나의 실체가 있다는 생각에서 벗어나는 길밖에 없다고 본다. 불교는 이러한 생각은 실로 우리가 떨쳐버리기 극히 어려운 생각이지만 하나의 착각이라고

---

17 | 타카미 타이슈(田上太秀) 역시 불교에서 말하는 '苦'란 '우리 뜻대로 되지 않는다'는 의미를 내포하고 있다고 말하고 있다. 타카미 타이슈(田上太秀), 『석존의 마음 사람의 마음 - 원시불전 석존의 비유와 설화』, 법련화 옮김, 해뜸, 1990, 17쪽 참조.
18 | 이와 관련하여 Morrison은 불교심리학에서 논해지는 121개의 의식 상태에서 63개가 즐거운 기분에 의해서 수반되며 오직 세 개만이 고통에 해당되고 나머지 55개는 즐겁지도 고통스럽지도 않은 것이라는 사실을 지적하고 있다. Robert G. Morrison, *Nietzsche and Buddhism, A Study in Nihilism and Ironic Affinities*, 34쪽 이하 참조.j

보며 이러한 착각이야말로 모든 고통의 원인이라고 본다. 이런 의미에서 불교는 우리에게 통상적으로 자신의 자아라고 생각하면서 집착하는 자아를 포기하는 마음의 전환을 요구하는 것이지, 우리가 자아라고 집착하는 것을 영속적으로 존재하게 할 수 있는 방책을 알려주려고 하지 않는다.

물론 우리가 세상과 대립되는 자아에 대한 집착을 버릴 때에도 세상은 여전히 인연에 따라서 생성 소멸한다. 그러나 이 경우 우리는 세상과 대립하는 자아에 더 이상 집착하지 않기 때문에, 세상은 덧없이 생성 소멸하면서 우리의 존재를 위협하는 것으로 나타나지 않는다. 우리가 우리 자신을 세상과 대립하는 자아와 동일시할 경우에만 우리는 생성 소멸하는 세계의 한가운데에서 우리의 삶이 덧없이 태어났다가 사라지는 것으로 생각하게 되는 것이다. 그러나 우리가 세계와 대립하고 다른 사람들과 비교되는 자아에 대한 집착을 버릴 때 불교는 세계가 더 이상 모든 것들이 단순히 맹목적으로 생성 소멸하는 덧없는 세계가 아니라 모든 것이 서로를 돕는 상의상자(相依相資)의 아름다운 세계로서 나타난다고 본다. 이러한 생각은 모든 것이 서로 조응(照應)하면서 인드라의 망을 이루고 있다는 화엄의 사상과 '번뇌세상 자체가 열반세상'이라는 선불교의 가르침에서 가장 분명하게 제시되고 있다.

이런 맥락에서 불교는 염세주의의 종교가 아니라 오히려 염세주의의 극복을 지향하는 종교라고 할 수 있다.

불교와 마찬가지로 니체 철학의 궁극적인 목표는 청년 시절의 니체 자신뿐 아니라 당시 유럽인들이 빠져 들고 있었던 염세주의의 극복이라고 볼 수 있다. 니체는 젊은 시절 쇼펜하우어의 철학을 접하면서 염세주의에 빠진 적이 있었다.

니체는 이러한 염세주의는 당시의 유럽이 처한 니힐리즘의 상황, 즉 기존의 신은 죽었지만 아직 새로운 신은 부상(浮上)하지 않은 상황과 밀접한 연관을 갖는다고 보았다. 니체는 근대인들이 처해 있는 이러한 니힐리즘의 상황을 '신은 죽었다'는 충격적인 말로 표현했다.*19 이 경우 신이 죽었다는 것은 서양의 인류가 그동안 신봉했던 초감성적이고 영원한 가치들을 근대인들이 더 이상 믿지 않게 되면서 그것들은 이제 사람들을 사로잡는 힘을 완전히 상실하게 되었다는 것을 의미한다.*20 근대과학의 발달과 함께 세계는 이데아나 신과 같은 초감성적인 개념들에 의거하지 않고서도 설명될 수 있다는 사실을 사람들은 발견하게 되었다. 그리고 인류학이나 역사학의 발달과 함께 사람들은 다른 지역의 사람들이 기독교를 믿지 않고서도 얼마든지 신의 벌을 받지 않고 잘 살아 왔다는 사실을 발견하게 되었다. 이에 따라서 근대인들은 그 어떠한 초감성적인 가치들도 믿지 않게 되었다.

니체는 이러한 상태, 즉 기존의 가치가 힘을 상실했으나 이를 대신할 새로운 가치가 아직 나타나지 않은 상태를 중간상태(Zwischenzustand)라고 부르고 있다. 사람들이 보통 니힐리즘이 지배하는 상태라고 부르는 것은 이러한 중간상태를 의미한다. 중간상태는 긍정적인 의미와 부정적인 의미를 동시에 갖는다. 즉, 그것은 한편으로는 사람들이 초감성적인 가치를 더 이상 믿지 않게 됨으로써 서양의 전통형이상학과 기독교를 규정하고 있던 금욕주의적인 이원론의 굴레에서도 벗어나게 되었다는 것을 의미한다. 그러나 다른 한편으로 그것은 기존의 초감성적인 가치들이 모두 허구로 드러났지만 그것들을 대신할 어떠한 가치도 나타나지 않은 상황에서 사람들이 염세주의적 허무주의에 사로잡히게 되는 상황을 의미한다. 다시 말해서 생성 소멸하는 현실에 방향과 의미를 부여하던 초감성적인 가치들이 붕괴하면서 사람들은 아무런 의미도 목적도 없이 생성 소멸하는 지상의 삶만을 현실로 인정하면서, 인생도 아무런 의미도 목적도 갖지 않고 결국은 죽음을 향해서 치달리는 것에 불과하다고 생각하는 염세주의에 사로잡

---

19 | F. Nietzsche, *Fröhliche Wissenschaft*, 125번 참조.
20 | F. Nietzsche, *Der Wille zur Macht*, 2번 참조.

히게 되는 것이다. 니체는 조만간에 이러한 염세주의가 유럽을 지배할 수 있다고 보았으며 쇼펜하우어 철학의 유행은 그러한 가능성을 입증하는 것이라고 보았다.

이 점에서 니체는 염세주의의 극복을 니체 자신뿐 아니라 당시의 유럽 전체가 직면하고 있는 과제라고 보았다. 따라서 이렇게 유럽적인 차원에서 염세주의를 극복하고 건강한 생명력이 넘치는 삶과 문화를 건설한다는 것이 니체 철학의 궁극적 목표라고 볼 수 있으며, 이러한 목표는 니체가 29세라는 약관의 나이에 쓴 처녀작 『비극의 탄생』에서부터 이미 분명하게 드러나고 있다. 그리고 염세주의를 극복하려는 니체의 노력은 모든 것이 아무런 목적도 목표도 없이 영원히 다시 반복된다고 하더라도 자신의 삶과 세계를 흔쾌하게 긍정하겠다는 영원회귀와 운명애의 사상에서 정점에 달하고 있다.

그런데 불교든 니체든 염세주의의 극복을 지향하지만 그러한 극복은 염세주의를 통과하는 극복이라는 점에 유의할 필요가 있다. 불교는 현실에서 주어지는 즐거움에 탐닉하면서 삶의 순간순간에 이미 죽음이 와 있다는 사실을 망각하는 사람들에게 일체가 무상하다는 사실을 상기시키고 있다. 마찬가지로 니체 역시 이원론적인 전통형이상학과 종교를 극복하기 위해서는 어떤 의미에서는 염세주의가 중간상태로서 필요하다고 본다. 또한, 니체에게서 염세주의는 당시의 인간들이 빠져 있던 소시민적인 안락함이 갖는 허구성을 폭로하는 의미도 갖고 있었다. 니체는 소시민적인 안락함을 추구하는 근대인들이 그러한 소시민적인 안락이라는 것이 끊임없이 생성 소멸하는 세계 안에서 언제든지 사라질 수 있다는 사실을 절실히 깨닫는 것이 필요하다고 보았다. 이와 함께 니체와 불교는 사람들이 자신들이 살고 있는 일상적인 삶의 무상함과 허망함을 뼈저리게 경험할 것을, 즉 염세주의를 온몸으로 통과할 것을 촉구하고 있는 것이다.

그러나 니체와 불교가 우리가 집착하는 일상의 안락함이 험한 파도가 치는 바다 위의 조각배처럼 불안정한 것이라는 사실을 굳이 상기시키는 것은 단순히 우리를 염세주의에 빠뜨리기 위해서가 아니다. 오히려 그것은 우리로 하여금 그러한 일상의 안락에 대한 집착에서 벗어나게 하면서 우리 자신 안에 잠재되어 있는 보다 높은 삶의 가능성을 구현하도록 촉구하기 위해서이다.[21] 일상의 안락에 대한 집착은 우리가 갖는 보다 높은 삶의 가능성을 망각하게 하는 것이기에, 그러한 보다 높은 삶의 가능성을 일깨우기 위해서는 우선적으로 그러한 집착을 깨뜨려야만 하는 것이다. 니체와 불교는 세계가 덧없고 무의미하게 생성 소멸한다고 보는 염세주의를 일상의 즐거움에 탐닉하면서 그 어두운 면을 간과하는 낙천주의나 이원론적인 허구에 입각하여 죽으면 천국에 가게 되리라고 믿는 낙관주의보다는 세계의 실상을 보다 깊이 성찰하고 있다고 평가하고 있지만, 양자에게는 염세주의는 종착지가 아니라 어디까지나 통과점에 불과한 것이다.

따라서 니체가 근대의 말세인들(die letzten Menschen)이 집착하는 소시민적인 안락을 포기하고 위험하게 살 것을 촉구할 경우 이는 Ernst Jünger와 같은 사람이 오해한 것처럼 전쟁터에 나가서 전사로 살라는 의미는 아니다.[22] "존재로부터 최대의 풍요와 최대의 향락을 얻는 비결은 바로 위험하게 사는 것이기 때문이다! 너희들의 도시를 베스비오스 화산 위에 세우라!"는[23] 니체의 말은 소시민적인 안락에 대한 집착에서 벗어나 우리 자신에게 잠재된 보다 높은 삶의 가능성과 보다 큰 행복을 구현할 수 있는 길을 모색하라는 것을 의미한다. 이와 마찬가지로 불교가 일체가 무상이고 고통이라고 말하는 것은 일상에서 주어지는 소소한 행복과 즐거움의 허망함과 이원론적인 세계가 약속하는 피안세계의 허구성을 깨닫고 우리

---

21 | 인간에게 깃들어 있는 이러한 위대한 잠재성을 불교에서는 불성이나 여래장 혹은 진여심이라고 부르고 있다.
22 | Ernst Jünger는 독일의 소설가이자 문필가로 니체에게 감화받아서 학교를 그만두고 10대의 나이로 아프리카에 있는 프랑스의 외인부대에 입대했다.
23 | F. Nietzsche, *Fröhliche Wissenschaft*, 283번.

안에 존재하는 참된 정신적인 가능성과 참된 행복을 구현하라는 것을 의미한다.

그리고 니체와 불교가 사람들로 하여금 염세주의를 통과하면서 구현할 것을 촉구하는 보다 높은 삶의 가능성이란, 세계를 즐거운 것과 괴로운 것으로 나누면서 즐거운 것은 껴안고 그렇지 않은 것은 배척하는 삶이 아니라 그것들을 모두 껴안고 긍정하는 풍요로운 생명력이 넘치는 삶이다. 위에서 보는 바와 같이 니체와 불교 사이에는 문제의식과 문제를 극복하는 방식에 있어서 현저한 유사성을 보인다. 물론 이러한 유사성에도 불구하고 필자가 서론에서 거듭 언급한 것처럼 양자 사이에는 근본적인 차이가 존재한다. 그러나 일단 여기에서는 이러한 차이를 상론하기 전에 니체와 불교의 핵심사상을 고찰하면서 이들 사이에 성립하는 구조적 유사성을 드러내는 것에 집중할 것이다.

1 니체의 철학과 염세주의의 극복

(1) 초기 니체의 철학적 문제의식

1) 쇼펜하우어의 염세주의

니체가 염세주의 철학자 쇼펜하우어에게서 깊은 영향을 받았다는 사실은 잘 알려져 있다. 그리고 니체의 불교 이해 역시 쇼펜하우어의 불교 이해에 상당한 영향을 받고 있다.[24]

청년 석가가 생로병사의 현실을 목격하게 되면서 삶의 본질을 고통으로 보게 된 것과 마찬가지로, 17세의 쇼펜하우어는 아버지를 따라서 유럽을

---

[24] 물론 이는 니체가 단지 쇼펜하우어만을 통해서 불교를 접하게 되었다는 것은 아니다. 실로 Jared Lincourt, Benjamin A. Elman, Heinrich Dumoulin과 같은 연구자들은 불교에 대한 니체의 이해가 전적으로 쇼펜하우어에 의거한 것으로 보고 있다. Jared Lincourt, "Revaluating Nietzsche and Buddhism: Active and Passive Nihilism", http://organizations.oneonta.edu/philosc/papers09/Lincourt.pdf, 2쪽 이하 참조, Benjamin A. Elman, "Nietzsche and Buddhism", *Journal of the History of Ideas*, Vol. 44(4), 1983, 674쪽 이하 참조. 더 나아가 Jared Lincourt는 쇼펜하우어의 이러한 영향과 불교에 대한 당시의 자료 부족으로 니체가 불교의 본질을 정확하게 파악할 수 없었다고 말하고 있다. Jared Lincourt, 위의 글, 3쪽 참조.
그러나 니체의 불교 이해는 단지 쇼펜하우어에 의해서만 영향을 받은 것은 아니었다. 니체는 불교를 쇼펜하우어와 쇼펜하우어 숭배자였던 자신의 친구 Paul Deussen을 통해서 접했을 뿐 아니라 당시에 나와 있었던 불교 소개서들을 통해서 접할 수 있었다. 니체가 읽었을 것으로 추정되는 책들로는 Hermann Oldenberg의 『부처 : 그의 생애, 가르침, 공동체』 *Budda: sein Leben, seine Lehre, seine Gemeinde*(1881)과 Carl. F. Koeppen의 『부처의 종교』 *Die Religion des Buddhas*(1857-1859, I, II권), Max Müller의 *Selected Essays* 1권과 2권이 있다. 유다 유타카(湯田豊), 『ニーチェと 佛敎』, 世界聖典刊行協會, 1987, 225쪽 참조.
더 나아가 Johann Figal은 니체가 이미 김나지움을 다니던 시절부터 인도사상에 접했다고 보고 있으며, 본에서 대학을 다니던 시절에 이미 강의 등을 통해서 불교에 접했다고 보고 있다. 그는 그 시절에 니체가 불교에 대해서 남긴 메모를 소개하고 있다. 이 메모에서 니체는 불교에 대해서 이렇게 말하고 있다.
"불교는 범신론적인 니힐리즘에로 훨씬 더 깊이 침잠하고 있다. 열반의 목표는 적멸이다." Johann Figal, "Nietzsche's Early Encounters with Asian Thought", in: Graham Parkes. Ed.(1996), *Nietzsche and Asian Thought*. Chicago and London, University of Chicago Press, 59쪽 참조.

여행하는 중 인생의 비참한 면들을 목격하면서 인생을 고통에 가득 찬 것으로 보게 된다. 그리고 그는 이렇게 삶 자체가 고통이라고 보면서 기독교에서 벗어나게 된다. 그는 고통에 가득 찬 이 세계는 이른바 자비로운 하느님에 의해서 창조된 것일 수는 없으며 오히려 자신의 피조물들이 겪는 고통을 보면서 즐거워하는 악마의 작품이라고 생각하게 된 것이다.

그런데 쇼펜하우어는 인간이 겪는 모든 고통은 궁극적으로는 인간의 삶을 근저에서 규정하고 있는 맹목적인 의지 내지 욕망에서 비롯된다고 보았다. 쇼펜하우어에 따르면 인간은 자신이 통제할 수 없는 무한한 욕망의 굴레 아래 있다. 인간의 삶에서는 어떤 욕망이 일시적으로 충족되어도 다시 새로운 욕망이 샘처럼 솟아난다. 따라서 인간의 욕망을 충족시킨다는 것은 사실상 밑 빠진 독에 물 붓기나 마찬가지다. 욕망이 충족되지 않는 동안에 우리는 결핍감에 시달리면서 고통을 느끼는데, 인간은 항상 무한한 욕망에 의해서 지배되고 있기에 삶은 항상 고통 속에 있게 된다.

더 나아가 우리가 살고 있는 이 세계는 인간뿐 아니라 살아 있는 모든 것들이 자신의 욕망을 채우기 위해서 서로 투쟁하는 세계다. 모든 생물들은 자신의 몸을 자유롭게 움직일 수 있는 공간과 먹을 것을 둘러싸고 싸운다. 초식동물은 식물을 먹이로 삼고 육식동물은 다른 동물을 먹이로 삼으며, 인간은 가장 위험한 무기인 지성을 이용하면서 식물과 동물을 먹이로 삼는 한편 다른 인간을 자신의 욕망충족을 위한 수단으로 삼기 위해서 투쟁한다. 우리가 세계의 도처에서 보는 것은 오직 투쟁과 갈등뿐이다.[25] 따라서 쇼펜하우어는 이 세계는 존재할 수 있는 세계 중 최악의 세계라고 보았다.

쇼펜하우어는 인간의 고통은 결국 우리가 통제하지 못하는 무한한 욕망에서 비롯되는 것으로 보았기 때문에, 고통에서 벗어나는 길을 욕망을 부

---

25 | Arthur Schopenhauer, *Die Welt als Wille und Vorstellung I*, Zweiter Teilband, Werke in Zehn Bänden, Zürich, 1977, 387쪽 이하.

정하고 제거하는 데서 찾고 있다. 그렇게 욕망을 부정하고 제거하는 수단으로서 쇼펜하우어는 금욕주의적인 고행을 들고 있다.*26 그리고 그러한 고행으로 그는 생존에의 욕망에 해당하는 식욕을 억제하는 조식(粗食)과 종족을 번식하려는 욕망인 성욕을 억제하는 정결(貞潔), 그리고 자신만의 이기적인 번영을 꾀하는 탐욕을 억제하는 청빈(淸貧)을 들고 있다. 쇼펜하우어는 이렇게 욕망을 부정함으로써 그것의 속박에서 벗어나 있는 상태가 바로 진정한 의미의 자유라고 보고 있다.

그런데 이러한 금욕주의적인 욕망부정 내지 의지부정도 결국은 의도적으로 추구되는 것이기에, 쇼펜하우어는 금욕주의적인 의지부정은 의지와 욕망이 완전히 사라진 진정한 의미의 자유의 상태는 아니라고 말하고 있다. 의지와 욕망이 완전히 사라진 무의 상태는 그러한 금욕주의적 의지마저도 사라진 상태에서 흡사 외부에서 주어지는 것처럼 우리에게 돌입해 온다. 그것은 '갑작스런 은빛 섬광'처럼 예기치 않게 발생한다. 쇼펜하우어는 이렇게 의지와 욕망이 온전히 사라진 상태가 예기치 않은 순간에 주어지는 것이 불교에서 깨달음 내지 열반이라고 부르는 것이라고 말하고 있다. 따라서 쇼펜하우어가 말하는 의지와 욕망이 완전히 사라진 무의 상태는 아무것도 존재하지 않는 공허의 상태가 아니라 신비주의적인 정적의 상태이다.*27

그리고 쇼펜하우어는 불교야말로 의지가 완전히 사라진 열반에서 궁극적인 구원을 찾고 있다는 점에서 기독교보다 더 심원한 종교라고 보았다. 쇼펜하우어식의 이러한 불교 이해를 근본적으로 수용하면서 니체는 불교는 삶의 의지를 포기하고 내면의 황홀경으로 도피하는 종교라고 보게 된다.*28

---

26 | Arthur Schopenhauer, *Die Welt als Wille und Vorstellung I*, Zweiter Teilband, Werke in Zehn Bänden, Zürich, 1977, 484쪽 이하 참조.
27 | Arthur Schopenhauer, 위의 책, 474쪽 참조.
28 | 거듭 말하지만 이는 니체의 불교 이해가 단지 쇼펜하우어에 의해서만 규정되었다는 것을 의미하지

2) 초기 니체의 철학적 문제의식

쇼펜하우어는 철학의 근원은 우리가 세계 안에 존재하는 고통과 악을 바라보면서 느끼는 경이감이라고 보았다. 인간을 포함한 모든 것들이 살기 위해서 발버둥치지만 결국은 죽는다는 사실이나, 죽기 이전의 삶도 한 없는 욕망과 결핍감에 시달리고, 그러한 욕망을 채우기 위해서 서로 투쟁하고 갈등하는 삶에 지나지 않는다는 사실이야말로 우리로 하여금 인생과 세계의 본질에 대해서 의혹을 품게 하면서 철학적 성찰을 하도록 가장 강하게 자극한다는 것이다.

그런데 '삶이 고통으로 점철되어 있고 결국은 죽음으로 끝난다'는 냉엄한 사실에 대한 인식과 이러한 사실을 우리가 어떻게 받아들일 것인가라는 문제의식은 니체의 철학적 사유도정도 처음부터 끝까지 규정하고 있다. 원래 고전문헌학자였던 니체를 철학의 길로 이끌었던 동기는 쇼펜하우어가 말하고 있는 것처럼 우리의 삶을 근저에서 규정하고 있는 고통과 죽음에 대한 인식이라고 할 수 있는 것이다. 그리고 그것은 부처가 왕자의 신분을 버리고 구도자의 길을 걷게 된 동기와 동일하다.

니체가 쇼펜하우어의 주저인 『의지와 표상으로서의 세계』를 읽은 것은 그가 아직 대학생 때였다. 그는 며칠 동안을 밤을 새워 가면서 이 책에 몰입했고 그 후 한동안 염세주의에 빠졌다. 니체의 철학은 궁극적으로는 인

는 않는다. 많은 연구자들은 실로 불교가 말하는 열반을 무에로의 소멸로 해석하고 열반에 대한 불교의 열망을 무에 대한 열망으로 보는 니체의 견해의 원천을 흔히 쇼펜하우어의 불교 해석에서 찾고 있다. 이에 반해서 F. Mystry는 니체는 쾨펜의 영향을 받고서 열반을 영혼의 총체적인 소멸, 무에로의 소멸로 해석하게 되었다고 보고 있다. 쾨펜의 『부처의 종교, *Die Religion des Buddhas*』 (1857-1859. I, II권)는 니체가 처음 읽었던 불교 소개서였는데, 여기서 쾨펜은 열반을 영혼의 총체적인 소멸, 무에로의 소멸로 해석하고 있다. 이 점에서 Mystry는 쾨펜의 책이 열반에 대한 불교의 열망을 무에 대한 열망으로 보는 니체의 해석의 원천이라고 보고 있다. Freny Mystry, *Nietzsche and Buddhism: Prolegomena to a Comparative Study*, Berlin & New York, W. de Gruyter, 1981, 52쪽 이하 참조.

더 나아가 Mystry는 니체의 불교 이해에 영향을 주었던 H. Oldenberg나 M. Müller는 깨달은 자가 죽음과 함께 육신에서 벗어나게 되는 무여열반(無餘涅槃)의 상태도 총체적인 소멸이 아니라 어떤 근원적인 상태로 되돌아가는 것으로 보고 있으며, 이러한 견해는 쇼펜하우어의 견해와 유사하다고 보고 있다. 이에 대해서 니체는 무여열반을 총체적인 소멸로 본다. 이 점에서 Mystry는 니체가 쇼펜하우어의 불교 이해를 오해하고 있다고 말하는 셈이다. Freny Mystry, 위의 책, 56쪽 참조.

생을 고통에도 불구하고 기쁘게 받아들이려는 긍정의 철학으로 귀착되지만, 그의 사유도정은 처음부터 끝까지 삶의 본질을 고통으로 보는 염세주의와의 대결이라고 할 수 있다.

염세주의와 대결한다는 그의 문제의식은 그의 처녀작인 『비극의 탄생』에서부터 첨예하게 나타나 있다. 니체는 이 책에서 그리스 비극의 기원과 그것의 본질적인 성격에 대해서 고찰하면서, 그리스 비극은 당시의 그리스인들이 뼈저리게 절감하고 있었던 삶의 잔혹함과 무상함, 단적으로 말해서 염세주의에 대한 대결의 산물이라고 보고 있다.

니체가 그리스 비극의 본질을 궁극적으로는 염세주의와의 대결에서 찾고 있다는 사실은 『비극의 탄생』 신판에 덧붙인 새로운 제목에서도 단적으로 드러나고 있다. 초판의 제목이 『음악정신으로부터의 비극의 탄생』이었던 반면에, 신판에는 『비극의 탄생 또는 그리스문명과 염세주의』라는 새로운 제목을 붙이고 있는 것이다. 초판의 제목이 니체가 당시 바그너의 음악에서 재현되고 있다고 본 그리스적인 음악정신을 강조하고 있는 반면에, 신판의 제목은 염세주의라는 계기를 강조하고 있는 것이다.

니체는 그리스인들은 그 어떤 민족보다도 삶의 고통에 대해서 예민한 감각을 가지고 있었으며 낙천주의적이기보다는 염세주의적이었다고 보았다. 이 점에서 니체는 그리스인들의 정신을 '조용한 위대성과 고귀한 소박성'에서 찾고 있는 빙켈만식의 전통적인 고전문헌학에 대해서 비판적인 입장을 취하고 있다.[29] 니체는 자신의 견해를 뒷받침하는 예로서 저 유명한 실레노스의 말을 인용하고 있다. 손을 대는 것마다 황금으로 바뀌게 되었다는 미다스 왕이 디오니소스의 시종인 현자(賢者) 실레노스에게 인간에게 가장 좋고 가장 훌륭한 것이 무엇인지를 물어 보았을 때 실레노스는 이렇게 답했다.

---

29 | 니체, 『비극의 탄생』, 박찬국 옮김, 아카넷, 2007, 247쪽 참조.

"하루살이 같은 가련한 족속이여, 우연과 고난의 자식들이여, 그대는 왜 나에게 그대가 듣지 않는 것이 그대에게 가장 복된 일인 것을 말하도록 강요하는가? 가장 좋은 것은 그대가 절대로 이룰 수 없는 것이다. 그것은 태어나지 않는 것이며 존재하지 않는 것이고 무로 존재하는 것이다. 그러나 그대에게 차선의 것이 있다면 그것은 바로 죽는 것이다."[*30]

니체는 실레노스의 이러한 염세주의는 당시의 그리스인들의 일반적인 의식을 반영하고 있다고 본다. 그러나 그리스인들은 삶의 고통과 고뇌를 인정하면서도 인생에 대해서 체념하지 않고 오히려 염세주의를 극복하려고 했다. 니체는 그리스 시대에 화려하게 꽃을 피웠던 다양한 예술은 염세주의를 극복하려는 시도였으며 이러한 시도는 그리스 비극에서 정점에 달했다고 본다.

니체는 전쟁과 폭력, 노예제도와 같은 잔인한 제도에 의해서 점철된 이러한 세계를 살 만한 의미와 가치가 있는 세계로 변용하는 데에는 다양한 방법이 있을 수 있다고 보았다. 이러한 다양한 방법은 크게는 대지와 몸을 경멸하면서 인간을 허약하고 병들게 만드는 방식과 대지와 몸을 긍정하면서 인간을 강건하게 만드는 방식으로 나뉠 수 있다.

니체는 일찍부터 대지와 몸을 경멸하게 하면서 인간을 허약하고 병들게 하는 대표적인 방식으로 이원론에 입각한 기독교를 들고 있다.[*31] 그런데 인간을 병약하게 만들면서 염세주의를 극복하는 기독교와는 달리, 그리스인들은 이 현실세계의 욕망과 본능을 긍정하고 신성한 것으로 변용시키면서 인생의 고통과 염세주의를 극복했다. 니체는 그리스인들이 이렇게 현실세계를 긍정하면서 염세주의를 극복한 방식에는 세 가지가 있다고 본

---

30 | 니체, 『비극의 탄생』, 박찬국 옮김, 아카넷, 2007, 72쪽 이하.
31 | 물론 니체는 『비극의 탄생』 초판에서는 기독교에 대해서 아무런 언급도 하지 않고 있다. 그러나 재판에 부친 「자기비판의 시도」에서는 이 저술의 주요한 집필 동기 중의 하나가 기독교에 대한 비판이었음을 밝히고 있다. 니체, 위의 책, 29쪽 참조.

다. 그 첫 번째는 아폴론적인 예술이고, 두 번째는 디오니소스적 예술이며, 세 번째는 아폴론적 예술과 디오니소스적 예술의 결합으로서 비극예술이다. 니체는 소크라테스가 개척한 학문의 길도 염세주의를 극복하려는 하나의 방법으로 보지만 이러한 학문은 염세주의의 진정한 극복이 아니라 오히려 인간을 병약하게 만드는 것으로 보고 있다.

'아폴론적인 것'은 조각이나 건축과 같은 조형예술이나 서사시와 같은 예술의 근본원리이며, '디오니소스적인 것'은 서정시나 음악과 같은 비조형적인 예술의 근본원리다. 이러한 두 예술 원리는 인간의 근본충동 내지 근본의지와 밀접한 연관을 갖는다. '아폴론적인 것'은 꿈에의 충동과 연관되어 있으며, '디오니소스적인 것'은 도취에의 충동과 연관되어 있다.[*32]

니체는 그리스인들이 창조해낸 올림포스 신들의 장려한 모습을 아폴론적인 예술을 대표하는 것으로 보고 있다. 그런데 이러한 올림포스 신들은 우리가 흔히 신들의 속성으로 알고 있는 사랑과 자비 그리고 도덕적인 고상함이나 정의만을 표현하고 있는 것이 아니다. 그들은 오히려 거만하고 승리감에 차 의기양양한 존재들일 뿐이며 선악의 피안에 존재한다. 그들은 우리의 통상적인 선악 개념으로 볼 때는 악이라고 간주되는 행위도 서슴없이 행한다. 예를 들어 제우스는 못말리는 바람둥이다. 따라서 올림포스 신들은 이 세계에 존재하는 현상들과 인간의 정념들을 죄악시하지 않고 신성화하고 있다. 다시 말해서 그리스인들은 아폴론적인 예술을 통해서 현실로부터 올림포스 신들의 세계라는 피안의 세계로 도피하지 않고 자신들이 살고 있는 세계와 인간의 자연스런 충동들을 신성한 것으로 긍정하고 있는 것이다.[*33]

니체는 그리스인들이 올림포스 신화의 형태로 창조한 신들의 장엄한 형상은 그들이 임의로 지어낸 것이 아니라 아마도 꿈속에서 보았을 것이라

---

32 | 니체, 『비극의 탄생』, 박찬국 옮김, 아카넷, 2007, 51쪽 이하 참조.
33 | 니체, 위의 책, 71쪽 이하 참조.

고 추측하고 있다. 인간은 꿈속에서는 완벽한 예술가가 된다. 인간은 꿈속에서 아름다운 형상 외에 끔찍하고 추한 형상도 만들어내지만, 이러한 형상들은 현실에서보다도 훨씬 완벽하고 극적인 성격을 갖는다. 따라서 우리는 꿈을 꾸면서 그 속의 형상들이 가상이라고 어렴풋하게 느끼면서도 그러한 형상을 바라보는 데서 쾌감과 기쁨을 느낀다. 아폴론신은 꿈속의 형상이 갖는 이러한 완벽함, 절도와 균형을 상징한다. 니체는 이러한 사실을 "아폴론이 성난 눈으로 불쾌하게 바라볼 경우에도 신성한 아름다운 가상이 그에게 서리어 있다"고 말하고 있다.[34] 니체는 아폴론적 예술은 이렇게 우리가 꿈속에서 아름다운 가상을 만들어서 관조하면서 쾌감을 맛보려는 '꿈에의 충동'에 입각해 있다고 본다.

아폴론적 예술에 반해서 디오니소스적인 예술인 음악은 개체들의 세계의 근저에 있는 통일적인 세계의지 자체를 표현한다. 그것은 우리를 세계의지 자체와 하나가 되게 함으로써 개체들의 세계의 덧없음에서 벗어나게 한다. 니체는 이러한 디오니소스적인 예술은 모든 인간에게 존재하는 도취에의 충동에 뿌리박고 있다고 본다. 우리에게는 술의 힘이나 축제의 분위기에 빠짐으로써 자신을 망각하고 만물과 하나가 되고 싶은 충동이 있다. 니체는 이러한 충동을 디오니소스적인 충동이라고 부르고 있다. 사람들은 도취상태에서 노래하고 춤추면서 자신을 만물이 하나가 되는 공동체의 일원이라고 느끼게 되고 최고의 건강한 생명력을 맛보게 된다.[35]

니체는 그리스인들이 디오니소스 축제 때 빠졌던 도취와 광란은 최고의 기쁨과 슬픔의 혼합이란 성격을 갖는다고 보고 있다. 그들은 자연이 여러 개체로 분열되는 것에 대해서 탄식하면서 그러한 분열을 만물과의 신비적인 합일을 통해 극복함으로써 황홀경에 빠진다. 이러한 디오니소스적인 도취에 빠질 때 사람들은 아폴론적인 질서와 차별의 세계는 사실은 디오

---

34 | 니체, 『비극의 탄생』, 박찬국 옮김, 아카넷, 2007, 56쪽 참조.
35 | 니체, 위의 책, 58쪽 이하 참조.

니소스적 세계를 은폐하고 있는 것뿐이라는 사실을 감지할 수 있게 된다.

그런데 니체는 현실세계를 긍정하면서 그것을 아름다운 것으로 변용하는 최고의 방식을 그리스 비극으로 본다. 니체에게 비극은 '디오니소스적인 것'과 '아폴론적인 것'의 결합이다.[36] 비극에서 '디오니소스적인 것'이 관객들을 세계의지와 하나가 되는 상태로 몰아가는 음악이라면 '아폴론적인 것'은 배우들의 연기와 대사를 통해서 표현되는 서사적인 이야기다. 배우들의 연기와 대사는 음악을 인간의 구체적인 행위와 말로 표현하는 음악의 가시적인 이미지다. 비극이나 음악극을 보는 관객들은 자신을 비극적인 주인공, 예를 들면 지크프리트라는 아폴론적 형상과 동일시하지만 동시에 이러한 비극적인 주인공을 영원한 디오니소스적인 세계의지가 취하는 하나의 일시적인 형상이라고 느끼게 된다. 따라서 관객들은 주인공의 몰락에도 불구하고 모든 것의 본질이자 근원은 영원하며 자기 자신도 영원한 것으로 경험한다. 즉, 관객들은 삶을 모든 현상의 변화에도 불구하고 결코 파괴되지 않는 강력하고 즐거움이 가득한 것으로 경험하는 것이다.

3) 초기 니체의 불교에 대한 평가

니체는 『비극의 탄생』에서 염세주의를 극복하는 세 가지 길, 즉 아폴론적인 길과 디오니소스적인 길, 그리고 양자를 결합한 비극의 길이 그리스인들에게서 모두 나타나고 있다고 보면서도, 그러한 길 각각을 전형적으로 구현한 민족으로서 로마인과 인도인, 그리스인을 제시하고 있다.[37]

니체는 사람들이 디오니소스적 충동에 사로잡히게 되면 개체들 간의 아폴론적 질서를 추구하는 정치에 대한 무관심을 넘어서 정치에 대해서 적개심까지 갖게 되는 식으로 정치적 본능이 침해된다고 보고 있다. 따라서 니체는 디오니소스적 황홀 상태를 지향하는 민족은 필연적으로 인도의 불

---

36 | 니체, 『비극의 탄생』, 박찬국 옮김, 아카넷, 2007, 63쪽 참조.
37 | 니체, 위의 책, 252쪽 이하 참조.

교에 빠지게 된다고 보고 있다. 불교는 염세주의를 이겨내기 위해서 시간과 공간과 개체를 초월한 저 희귀한 황홀경을 필요로 한다는 것이다.

이와는 반대로 정치적 충동, 즉 아폴론적 충동에 대한 무조건적 긍정으로부터 출발한 민족은 필연적으로 극단적인 세속화의 길로 빠져든다. 이는 아폴론적인 충동은 개별자들을 인정하고 승화하려는 충동이고 국가와 향토애는 개인적인 인격을 인정하지 않고서는 존재할 수 없기 때문이다. 니체는 디오니소스적인 충동에 의해서 제어되지 않은 아폴론적인 충동을 가장 전형적으로 구현한 민족은 로마인이라고 본다. 로마인들은 디오니소스적인 충동은 별로 갖지 못하고 아폴론적인 충동만을 가지고 있었기 때문에 세계정복을 통해서 세계제국을 건설하는 세속적인 욕망의 길로, 다시 말해 세계 내의 개별자들을 일정한 아폴론적 위계질서 안으로 편입하는 길로 나아가게 되었다는 것이다.

니체는 그리스인들은 이러한 인도의 길과 로마의 길을 넘어서 제3의 형식인 비극의 길을 고안해 내는 데 성공했다고 보고 있다. 니체에 따르면 그리스인들에게는 아폴론적 충동도 강했지만 디오니소스적인 충동도 다른 민족들에 비해서 훨씬 강력했다. 따라서 그리스인들은 미다스왕의 물음에 대한 실레노스의 말에서도 볼 수 있었던 것처럼 다른 민족들보다도 훨씬 더 강력한 고뇌에의 능력을 가졌다. 이러한 고뇌란 세계의 분열과 개별적인 모든 사물들의 사멸에 대한 고뇌인 바, 디오니소스적인 합일에의 욕구가 강한 민족일수록 그러한 고뇌도 크기 때문이다. 따라서 그리스인들은 인도인들과 마찬가지로 "소위 세계사라는 것의 무시무시한 파괴충동과 자연의 잔혹성을 꿰뚫어 보고 있었고 의지에 대한 불교적 부정을 동경할 수 있는 위험에 처해 있었다."*38

그러나 그리스인들은 디오니소스적인 충동 못지않게 아폴론적인 충동도

---

38 | 니체, 『비극의 탄생』, 박찬국 옮김, 아카넷, 2007, 115쪽.

강력하게 가지고 있었다. 따라서 그들은 불교처럼 의지와 욕망 그리고 경험적인 현실에 대한 부정으로 나아가지 않고, 디오니소스적인 합일을 추구하면서도 경험적인 현실세계를 긍정하는 방향으로 나아갔으며 페르시아 전쟁에서 승리할 수도 있었다.

그리스인들이 비극을 창시했던 시기는 페르시아 전쟁에서 승리한 시기와 동일하거니와 그들은 디오니소스적인 황홀경을 향한 충동과 아폴론적인 정치적 충동 모두가 강력했기 때문에, 디오니소스적인 충동에만 사로잡혀 황홀한 명상에 탐닉하거나 아폴론적인 충동에만 사로잡혀 세속적인 힘과 명예를 위해서 자신을 소진하지도 않았다. 그 대신에 그들은 삶에 디오니소스적 활기를 불어넣어주면서도 동시에 아폴론적인 관조적 기분에로 이끄는 저 훌륭한 혼합인 비극을 창조하였다. 이 경우 비극은 그리스인들의 민족생활 전체를 자극하고 정화하고 내면을 발산시키는 거대한 힘으로 작용했다. 이 점에서 니체는 그리스인들을 각각 그 자체로서는 극히 커다란 화(禍)를 잉태하고 있는 두 민족성인 인도인들의 민족성과 로마인들의 민족성을 매개하고 종합하는 자로서 보고 있다.

이상의 서술에서 우리는 니체가 자신의 처녀작인 『비극의 탄생』에서 불교를 어떻게 평가했는지를 보게 된다. 즉, 니체는 불교가 개별자들로 이루어진 현실세계를 부정하고 그러한 현실에서 도피하면서 만물이 혼융일체가 되는 일종의 디오니소스적인 황홀경만을 추구하는 방향으로 나갔다고 보는 것이다.

그런데 니체는 『비극의 탄생』 초판이 출간되고 14년이 흐른 후에 나온 신판에 붙인 「자기비판의 시도」라는 제목의 서문에서는 인도인들이 현실도피적인 불교의 길을 걷게 된 것은 약화된 힘에의 의지, 즉 약화된 생의 본능에서 비롯된다고 보고 있다.[39] 그리고 인도인들과는 달리 그리스인

---

39 | 니체, 『비극의 탄생』, 박찬국 옮김, 아카넷, 2007, 14쪽 참조.

들이 가혹함과 고통에 차 있는 경험적인 현실세계를 긍정하는 길로 나아간 것은 그리스인들에게 존재했던 강건한 힘에의 의지, 즉 강건한 생의 본능에서 비롯된다고 보고 있다. 즉, 초기의 니체는 인도인들이 현실도피적인 불교의 길을 걷게 된 원인이 아폴론적 충동은 약했던 반면 디오니소스적 충동만이 강했던 것에 존재한다고 보았던 반면에, 후기의 니체는 그 원인이 인도인들의 허약한 힘에의 의지에서 비롯된다고 보고 있는 것이다.

이렇게 볼 때 불교를 현실도피적인 것으로 보는 니체의 평가는 초기나 후기나 변하지 않았으면서도, 불교가 그러한 길을 걷게 된 원인에 대한 파악에서는 초기의 니체와 후기의 니체가 상당히 다른 면모를 보여주고 있다고 할 수 있다.

후기의 니체는「자기비판의 시도」에서 염세주의를 약함의 염세주의와 강함의 염세주의로 나누면서 약함의 염세주의는 인도인들과 니체 당시의 유럽인들에게서 보이는 '몰락, 퇴폐, 실패, 지치고 약화된 본능의 표시'라고 보고 있다. 이러한 약함의 염세주의는 경험적인 현실세계가 보이는 잔혹함과 고통을 두려워하고 현실 자체를 고통으로 보면서 내면의 황홀경으로 도피한다.

약함의 염세주의에 반해서 강함의 염세주의는 현실세계가 고통과 잔혹함에 차 있다는 사실을 인정하지만 그러한 현실에서 도피하지 않고 그러한 현실을 긍정하며 심지어 그러한 고통과 잔혹함을 자신의 힘을 시험해 볼 수 있는 호적수(好敵手)로서 요구한다. 니체는 이러한 강함의 염세주의는 '행복과 넘쳐나는 건강 그리고 생의 충만함'에서 비롯된다고 보고 있다.[40] 이러한 염세주의는 우리의 공포를 불러일으키는 것을 적으로서 만나기를 원하는 도전적인 용기, 즉 자신의 힘을 시험해 볼 수 있는 호적수로서 만나기를 원하는 용기로 가득 차 있다. 니체는 이러한 강함의 염세주

---

40 | 니체,『비극의 탄생』, 박찬국 옮김, 아카넷, 2007. 14쪽 참조.

의는 그리스인들에게서 볼 수 있다고 말하고 있다. 그리스인들은 고통을 자신의 힘을 강화하기 위한 계기로 생각하면서 고통을 요구하고 그것과 대결함으로써 자신을 강화하는 것과 아울러 그렇게 강화된 상태를 행복으로 생각했다는 것이다.

이 점에서 후기의 니체는 그리스 비극의 기원도 디오니소스적인 충동과 아폴론적 충동의 결합을 단서로 하여 설명하기보다는, 그리스인들의 강건한 힘에의 의지가 '삶의 근저에 놓여 있는 모든 공포스러운 것, 악한 것, 수수께끼 같은 것, 파괴적인 것, 불길한 것'을 요구한다는 사실을 단서로 하여 설명하고 있다. 즉, 그리스 비극은 고통과 고난을 자신이 대결해야 할 호적수로서 요구하는 기쁨과 힘 그리고 넘쳐흐르는 건강과 과도한 충만에서 유래한 것이라고 보고 있는 것이다.

이와 함께 니체는 비극에 대한 자신의 파악은 비극에 대한 쇼펜하우어의 파악과는 전적으로 지반을 달리 한다고 보고 있다. 쇼펜하우어는 비극의 본질이 세계와 인생이 우리가 집착할 만한 것이 못 된다는 사실에 대한 통찰을 전한다는 데 있다고 보았다. 즉, 비극은 우리를 체념으로 이끈다는 것이다. 이에 반해서 니체는 그리스 비극은 우리를 체념으로 이끄는 것이 아니라 현실이 고통과 가혹함으로 가득 차 있음에도 불구하고 그러한 현실을 긍정하는 것으로 이끈다고 본다.[41]

앞에서 이미 본 것처럼 그리스 비극에 대한 후기 니체의 이러한 평가는 『비극의 탄생』과 대립된 것이 아니라 『비극의 탄생』에서도 이미 간취할 수 있다. 그러나 『비극의 탄생』을 쓸 당시의 니체는 디오니소스적인 황홀경에 대한 평가에 있어서 아직은 양가(兩價)적인 입장을 취하고 있는 것 같다. 니체는 당시에는 쇼펜하우어와 바그너의 사상적 영향 아래 있었기 때문에 한편으로는 디오니소스적인 황홀경과 도취를 긍정적으로 파악하고 있다.

---

41 | F. Nietzsche, *Götzen-Dämmerung*, 119쪽 참조.

니체는 그것을 현실세계에서 보이는 존재자들 사이의 분열과 갈등을 해소하고 치유하는 것으로 보고 있는 것이다. 니체는 이렇게 말하고 있다.

"디오니소스적인 것의 마력 아래서는 인간과 인간의 결합만이 다시 회복되는 것이 아니다. 소외되고 적대시되어 왔거나 억압되어 온 자연도 자신의 잃어버린 탕아(蕩兒)인 인간과 다시 화해의 축제를 벌이게 된다. 대지는 자신의 선물들을 보내고 암벽과 사막의 맹수들이 온순하게 다가온다. 디오니소스의 수레는 꽃과 화환으로 뒤덮이고 그 멍에를 지고 표범과 호랑이가 걸어간다. [……] 이제 노예는 자유민이다. 이제 곤궁과 자의(恣意), '뻔뻔스런 작태'가 인간들 사이에 심어놓은 완강하고 적대적인 모든 제한이 파괴된다. 세계의 조화라는 복음 속에서 사람들은 이제 이웃과 결합하고 화해하며 융합하고 있다고 느낄 뿐 아니라, 마야의 베일이 갈기갈기 찢어져 신비로운 근원적 일자(das Ur-Eine) 앞에 펄럭이고 있는 것처럼 이웃과 하나가 되고 있다고 느끼는 것이다."[*42]

그러나 디오니소스적인 충동이 우세했던 인도인들과 불교에 대한 평가에서도 볼 수 있는 것처럼 다른 한편으로 니체는 디오니소스적인 황홀경과 도취를 부정적으로도 평가하고 있다. 이러한 외관상의 모순을 해결하기 위해서 우리는 니체가 디오니소스적 황홀경이 아폴론적 충동에 의해서 전혀 제어되지 않고 나타날 때는 부정적으로 평가하지만 그것이 아폴론적 충동에 의해서 제어될 때는 긍정적으로 평가하고 있다는 식으로 해석할 수도 있을 것이다. 실로 니체는 그리스인들의 경우에는 디오니소스적인 충동이 우세한 가운데서도 아폴론적인 충동이 견제를 하고 있었기 때문에 디오니소스 축제도 소아시아의 다른 나라들에서처럼 음욕과 잔인함이 난

---

42 | 니체, 『비극의 탄생』, 60쪽 이하.

무하지 않았다고 말하고 있다.*43 따라서 이와 동일한 맥락에서 우리는 니체가 인도인들에서는 아폴론적인 충동이 약했기 때문에 디오니소스적인 충동이 내면의 황홀경으로의 도피로 나타났다고 보고 있다고 할 수도 있을 것이다.

그러나 『비극의 탄생』에서만 해도 니체는 바그너의 음악극을 그리스 비극의 재현이라고 평가하고 있다. 실로 후기의 니체는 바그너의 음악은 아폴론적인 절제와 균형을 상실한 낭만주의적인 도취에로 사람들을 도피하게 한다고 보면서 그것을 불교가 사람들을 내면의 황홀경으로 도피하게 하려는 것과 본질적으로 동일하다고 본다.*44 그렇지만 『비극의 탄생』에서 바그너는 최대의 찬사를 받고 있다. 이런 의미에서 초기의 니체는 바그너의 음악에서 보이는 만물과의 도취적인 합일을 긍정적으로 보고 있다고도 평가할 수 있다. 바로 이러한 이유로 니체는 나중에 덧붙인 「자기비판의 시도」에서 자신의 처녀작에 대해서 많은 불만을 쏟아놓고 있는 것이다.*45 니체의 가장 큰 불만은 그 책이 도취와 열광을 높이 평가하는 낭만주의적인 성격을 띠고 있다는 점일 것이다.

이러한 사실을 염두에 둘 때 『비극의 탄생』은 아직 니체의 입장이 분명하게 정리된 책은 아니라고 생각한다. 후기 니체는 모든 현상들을 설명할 수 있는 원리인 힘에의 의지에 의거하면서, 디오니소스적인 황홀경에 대한 자신의 부정적 입장을 분명하게 표명하게 된다. 니체는 후기로 갈수록 도취와 정열을 중시하는 낭만주의를 폄하하면서 절도와 균형을 중시하는 고전적인 태도를 더 높이 평가하게 되는 것이다. 이와 동시에 『비극의 탄생』에서 니체는 로마인들을 아폴론적인 정치적 충동이 유난하게 강력했다고 보면서 평가 절하했던 반면에, 후기로 갈수록 그리스인들 못지않게 로

---

43 | 니체, 『비극의 탄생』, 65쪽 참조.
44 | F. Nietzsche, *Götzen-Dämmerung*, 124쪽 참조.
45 | 니체, 『비극의 탄생』, 19쪽 참조.

마인들을 긍정적으로 평가하고 있다.*46 심지어 후기의 니체는 이렇게 말하고 있는 것이다.

"나는 그리스인들에게 그것에[로마인들로부터 받는 인상에] 유사한 강력한 인상을 전혀 받지 않는다. 직설적으로 솔직히 말하자면 그들은 우리들에게 로마인들이 갖는 의미를 가질 수 없다. 그리스인들로부터는 배울 것이 없다."*47

(2) 후기 니체와 힘에의 의지의 철학

위에서 본 것처럼 니체가 후기에 전개하는 철학은 『비극의 탄생』에서 전개하는 철학과 일정한 연속성과 함께 비연속성을 갖는다고 볼 수 있다.

양자 사이에 존재하는 비연속성은 첫째로, 후기의 니체가 세계와 인생의 현상들을 아폴론적인 원리와 디오니소스적인 원리로 설명하려고 하지 않고 힘에의 의지라는 하나의 원리로 설명하고 있다는 데 있다. 니체는 힘에의 의지 자체를 디오니소스적인 것으로 보고 있으며 이 경우 아폴론적인 것은 이러한 힘에의 의지가 자신의 강화와 고양을 위해서 그때마다 건립하는 가치라고 보고 있는 것이다. 이와 함께 후기의 니체는 그리스인들

---

46 | 이러한 경향은 니체 말년의 저작인 『안티크리스트』에서 분명하게 나타난다. 여기서 니체는 이렇게 말하고 있다.
"…… 그리스인들은 왜 존재했던가? 로마인들은 왜? - 박학한 문화를 위한 모든 전제 조건, 모든 과학적 방법들이 이미 그곳에 있었으며, 책을 잘 읽을 줄 아는 저 위대하고 비길 데 없는 기술이 이미 확립되어 있었다. - 문화적 전통, 학문의 통일을 위한 전제 조건은 이미 확립되어 있었다. 자연과학은 수학과 역학에 연대하면서 최선의 길을 걷고 있었다. - 사실에 대한 감각, 모든 감각 중에서 가장 나중에 개발된 가장 가치 있는 그 감각은 이미 수백 년의 전통을 가진 여러 학파들을 거느리고 있었다! [……] 그리스인들이! 로마인들! 고결한 본능과 취미, 방법적 탐구, 조직과 통치의 천재, 인간의 미래에 대한 신념과 의지, 모든 감각에 로마제국이라는 눈에 보이는 형태로 나타난 모든 것들에 대한 위대한 긍정, 단순한 기술이 아니고 현실, 진리, 삶이 된 위대한 양식이. [……]"
F. Nietzsche, *Der Antichrist*, 59번.
47 | F. Nietzsche, *Götzen-Dämmerung*, 149쪽. 물론 이 경우 니체가 염두에 두고 있는 그리스인들은 소크라테스나 플라톤과 같은 이상주의자들이다. 이에 대해서 니체는 투키디데스와 같은 현실주의자는 로마인들과 마찬가지로 높이 평가하고 있다.

을 특징짓는 현상으로서 그들이 가장 건강하고 강력한 힘에의 의지를 가지고 있었다는 사실을 들고 있다.

초기의 니체와 후기의 니체 사이에 존재하는 비연속성의 두 번째로, 『비극의 탄생』에서는 니체가 쇼펜하우어 철학의 영향을 받아서 현상계의 이면에 존재하는 하나의 형이상학적인 실체로서 세계의지를 상정하고 있는 것에 반해서 후기의 니체는 이러한 형이상학적인 실체를 인정하지 않고 있다는 데 있다. 니체는 다수의 힘에의 의지들이 존재한다고 보는 것이며 그러한 것들의 이면에서 그것들을 규정하는 궁극적이고 통일적인 근원과 같은 것을 인정하지 않는다.[*48]

이에 반해서 양자 사이의 연속성은 첫째로는 니체가 후기에 전개하는 철학도 『비극의 탄생』과 마찬가지로 염세주의의 극복을 근본적인 문제의식으로 갖고 있다는 데 있다. 앞에서 언급한 것처럼 후기의 니체는 『비극의 탄생』 신판의 서문인 「자기비판의 시도」에서 자신은 생성 변화하는 현실로부터 내적인 황홀경으로 도피하려는 쇼펜하우어나 불교식의 약함의 염세주의에 대해서 현실의 고통과 고난을 요구할 정도로 현실을 긍정하는 강함의 염세주의를 설파하려 한다고 말하고 있는 것이다. 이러한 사실은 니체가 고통으로 점철되어 있고 결국은 모든 것들이 사멸하게 되는 현실에서 우리가 빠지기 쉬운 염세주의를 어떻게 극복할 것인지를 여전히 자신의 중심적인 문제로 삼고 있다는 것을 보여준다.

양자 사이의 연속성은 둘째로는, 후기의 니체는 세계와 인생의 모든 현상들을 아폴론적인 원리와 디오니소스적인 원리로 설명하려고 하지 않고 힘에의 의지라는 하나의 원리에 입각하여 설명하려고 하고 있지만 후기 니체가 염세주의를 최종적으로 극복한 이상적인 인간으로 제시하는 인간상은 어떤 의미에서 아폴론적인 원리와 디오니소스적인 원리를 함께 구현

---

48 | Wolfgang Müller-Lauter, "Nietzsches Lehre vom Willen zur Macht", in: *Über Werden und Wille zur Macht*, Berlin, New York, 1999, 39쪽 이하 참조.

한 자라고 볼 수 있다는 점에 존재한다.

즉, 후기의 니체는 이상적인 인간 중의 하나로 괴테를 들고 있지만 그 경우 괴테는 전체를 긍정하면서도 현실에서 도피하지 않는 인간으로 그려지고 있다. 괴테가 전체를 긍정하고 있다는 점은 그에게서 디오니소스적인 합일이 구현되고 있다는 것을 의미하며, 괴테가 현실에서 도피하지 않고 현실적인 삶에 적극적으로 참여했다는 점은 그에게서는 또한 아폴론적인 원리도 구현되고 있다는 것을 의미한다.[*49]

그러나 후기의 니체가 이상적인 인간들이 구현하고 있는 것으로 보고 있는 디오니소스적인 합일은 전체를 긍정하고 모든 인간을 포용하는 것을 의미하지만, 그것은 『비극의 탄생』에서 말하는 것과 같은 황홀경과 도취라기보다는 어떠한 곤경과 어려움에 직면해서도 현실을 냉철한 정신을 가지고 긍정하는 아폴론적인 절도와 균형 그리고 우아함과 기품이 우세한 합일의 상태라고 볼 수 있다.

『비극의 탄생』에 대해서 니체의 후기 사상이 갖는 이러한 연속성과 비연속성을 염두에 두면서, 우리는 후기의 니체가 염세주의를 어떻게 극복하려고 하는지를 살펴 볼 것이다. 후기의 니체는 힘에의 의지라는 원리에 입각하여 염세주의라는 문제와 대결하려고 한다.

1) 힘에의 의지와 행복

아리스토텔레스의 말을 굳이 빌릴 것도 없이 우리 인간은 궁극적으로 행복을 희구한다. 그런데 이러한 행복이 무엇이고 그것을 어떻게 얻을 수 있는지에 대해서는 철학자들 사이에 다양한 의견이 존재한다. 현대인들은 흔히 행복을 감각적 쾌감과 동일시하는 경향이 있는 반면에, 니체는 행복을 힘의 감정이라고 말하고 있다. 니체는 우리 인간의 가장 근본적인 욕망

---

49 | 괴테에 대한 니체의 평가에 대해서는 F. Nietzsche, *Götzen-Dämmerung*, 145쪽 참조.

은 힘을 갖기를 바라고 자신이 힘을 가지고 있음을 느끼고 싶어 하는 욕망으로 보고 있다. 이러한 욕망을 니체는 힘에의 의지라고 부르고 있거니와, 이러한 욕망이 만족될 때 우리는 행복을 느낀다고 본다.[50] 단적으로 말해서 니체는 힘이 고양되고 강화되는 상태가 행복이라고 보는 것이다.

니체는 힘에의 의지에 대해서 다음과 같이 말하고 있다.

"힘을 축적하고자 하는 의지는 삶의 현상, 양육, 생식, 유산 – 사회, 국가, 관습, 권력에 특수한 것이다. 이러한 의지가 화학의 주요한 원인이라고 가정할 수 있을까? 그리고 우주적 질서의 원인이라고? 그것은 단지 에너지 보존만이 아니라 에너지 사용의 최대 경제성이기도 하다. 그리하여 유일한 실재란 모든 힘의 중심에서 보다 강력하게 성장하고자 하는 의지가 아닌가. 자기 보존이 아니라 동화하고 지배하고 성장하고 보다 강해지려는 의지로서 말이다."[51]

"정신의 목표는 새로운 '경험'을 자기 것으로 동화시키는 것이며, …… 성장하는 것, 좀더 정확하게 말해 성장의 느낌, 힘이 커졌다는 느낌을 갖는 것이다."[52]

단적으로 말해서 힘에의 의지는 외부의 세계를 동화하고 지배하면서 성장하고 강해지려는 의지이다. 니체는 이러한 힘에의 의지가 인간을 포함한 모든 존재자들의 행동을 근본적으로 규정하고 있다고 본다.

따라서 니체는 힘에의 의지가 없을 것처럼 보이는 연약하고 힘없는 사람들조차도 자신들이 얕볼 수 있고 힘을 발휘할 수 있는 대상을 찾는다고 보

---

50 | F. Nietzsche, *Der Antichrist*, 2번.
51 | F. Nietzsche, *Der Wille zur Macht*, 689번.
52 | F. Nietzsche, *Jenseits von Gut und Böse*, 230번.

고 있다. 이런 의미에서 니체는 하인에게도 힘에의 의지가 있다고 보는 것이다.[*53] 하인은 자신보다 더 강한 자에게 굴복하여 그로부터 신임을 얻음으로써 자신보다 더 약한 자에게 군림하려고 한다는 것이다. 아우슈비츠 강제수용소의 유대인들 내에서도 독일 간수에게 아부함으로써 다른 유대인들에게 군림하려는 사람들이 있었다. 또한 니체는 동일한 조직체에 속하는 사람들은 서로를 동등하게 대하더라도 다른 조직체에 대해서는 그것을 압도하고 지배하려는 충동을 갖는다고 본다. 고대의 게르만족이나 아리안족은 자신들끼리는 서로 우의를 다졌으면서도 다른 부족들을 잔인하게 정복하는 금발의 야수들이었다. 이렇게 조직체 내부의 개인들이 서로에게 삼가는 행위를 다른 조직체에 대해서는 서슴없이 행할 때 그 조직체는 살아 있는 것이 된다.[*54]

힘에의 의지가 구현되는 방식에는 여러 가지가 있지만 니체는 그러한 방식들을 크게 병적인 방식과 건강한 방식으로 구별하고 있으며, 건강한 방식을 다시 야만적인 방식과 우아하고 고귀한 방식으로 구별하고 있다고 할 수 있다. 이는 다윈이나 쇼펜하우어가 의지의 존재방식으로 오직 생존에의 의지 하나만을 인정하는 것과 대조된다.

이러한 방식들 중에서 니체가 가장 문제 삼고 우려하는 것은 힘에의 의지를 충족시키는 병적인 방식들이며, 이러한 방식들은 모두 생성 소멸하는 현실로부터의 도피에 의해서 특징지어진다. 니체는 이렇게 현실로부터 도피하는 방식으로 힘에의 의지를 충족시키는 대표적인 방식이 바로 플라톤 이후 서양철학과 종교를 규정한 이원론이라고 본다. 앞에서 이미 살펴본 것처럼 이원론은 힘에의 의지를 충족시키는 하나의 특유의 방식이지만, 그것은 인간을 초감성적인 것이라는 허구에 의존하는 허약한 존재로 만드는 동시에 끊임없이 죄의식에 사로잡혀 자신을 학대하는 병적인 존재

---

53 | F. Nietzsche, *Nachgelassene Fragmente Juli 1882 bis Winter 1883/84*, 479쪽 참조.
54 | F. Nietzsche, *Jenseits von Gut und Böse*, 259번 참조.

로 만든다.

따라서 니체는 힘에의 의지를 만족시키는 병적인 방식보다는 힘에의 의지를 야만적이고 폭력적으로 발휘하는 방식이 차라리 더 낫다고 보았다. 이는 이러한 야만적이고 폭력적인 방식은 인간들을 위축시키고 병들게 하지는 않기 때문이다. 이러한 야만적이고 폭력적인 방식은 니체가 『도덕의 계보학』에서 금발의 야수라고 불렀던 고대 아리안족이 타 민족을 거리낌 없이 침략하고 지배하는 데서 전형적으로 나타나고 있다.[55] 그러나 니체는 그러한 방식을 종국적인 것으로 보지 않고 힘에의 의지를 실현하는 건강하면서도 세련되고 우아한 방식이 있을 수 있다고 본다.

아래에서는 우선 힘에의 의지를 구현하는 병적인 방식에 대한 니체의 비판을 먼저 살펴본 후에, 힘에의 의지를 구현하는 건강한 방식에 대해서 살펴보겠다.

2) 이원론적인 금욕주의와 무를 열망하는 의지

이원론에 입각하여 지상의 삶과 신체적인 욕망을 무시하고 폄하하면서 이른바 영원불변한 순수한 천상의 삶과 신에 의존함으로써 삶에 의미와 안정성을 부여하려는 삶의 태도를 니체는 금욕주의적인 이상으로 부르고 있다.[56]

니체는 이상과 같이 몸과 본능, 충동을 죄악시하고 부정하는 금욕주의는 '무를 열망하는 의지'에 의해서 규정되고 있다고 보고 있다. 금욕주의는 "인간적인 것에 대한 증오, 동물적인 것에 대해서는 더 한 층의 증오, 물질적인 것에 대해서는 더 한 층의 증오, 이성과 관능에 대한 공포, 행복과 아름다움에 대한 공포, 모든 가상과 변화와 생성과 죽음과 욕망 자체로부

---

55 | F. Nietzsche, *Zur Genealogie der Moral*, Erste Abhandlung, 6번 참조.
56 | F. Nietzsche, 위의 책, Dritte Abhandlung, 1번 참조.

터 도망하려는 열망"이다.*57 이 모든 것이 의미하는 것은 허무에의 열망이며 삶에 대한 혐오다.

그러나 의지는 의미를 바라기에 이렇게 허무한 의미에라도 집착하려고 한다. 이는 삶의 의미야말로 인간에게 끊임없이 변화하는 세계 안에서 자신감을 갖고서 살아갈 수 있는 힘을 가장 크게 부여하는 것이기 때문이다. 삶의 의미는 세계에 대한 포괄적인 전망을 제공함으로써 우리의 삶에 안정되고 공고한 지반을 제공하며 이와 함께 우리의 힘에의 의지를 강력하게 충족시킨다.

이와 관련하여 니체는 인간은 의미와 목표를 추구하는 동물이라고 말하고 있다.*58 인간은 자신의 삶이 어떤 의미와 목표를 갖는가라는 문제로 괴로워하는 유일한 동물이다. 다른 동물들은 본능적인 욕구만 만족되면 자신의 삶에 만족하면서 건강하게 살아간다. 이에 반해 인간은 자신의 본능적인 욕구가 충족되어도 삶의 의미가 없으면 우울해하고 자살을 할 수도 있지만, 의미만 있으면 어떠한 고통도 감당해 낼 수 있다. 수많은 사람들이 기독교는 자신에게 삶의 의미를 준다고 생각했기에 순교의 고통을 감당해 내었다. 니체는 이와 관련하여 인간은 용감하고 괴로움에 익숙한 동물이기에 고통 자체를 거부하지 않는다고 말하고 있다. 고통 자체의 의미만 부여되면 인간은 고통을 바라고 고통을 찾기까지 한다는 것이다.*59

니체는 이러한 금욕주의에 의해서 삶에서 우리가 경험하는 고통과 불쾌감은 완화되었을지도 모르지만 인간은 향상된 것이 아니라 길들여지고 연약해졌으며, 용기를 잃고 섬약해졌다고 말하고 있다. 그리고 그는 이러한 길들임은 인간에게 큰 손상을 입혔다고 보고 있다. 속죄나 고행은 인류에

---

57 | F. Nietzsche, *Zur Genealogie der Moral*, Dritte Abhandlung, 28번 참조.
58 | F. Nietzsche, 위의 책, Dritte Abhandlung, 1번 참조.
59 | 니체는 이렇게 말하고 있다. "가장 용감하고 고통에 익숙한 동물인 인간은 고통 그 자체를 부정하는 것은 아니다 : 인간에게 고통의 의미나 고통의 목적이 밝혀진다고 한다면, 인간은 고통을 바라고 고통 자체를 찾기도 한다. 지금까지 인류 위로 널리 퍼져 있던 저주는 고통이 아니라 고통의 무의미였다." 니체, 『선악의 저편 · 도덕의 계보』, 니체 전집 14권, 김정현 옮김, 책세상, 2002, 540쪽.

게 많은 부정적인 결과를 초래했다. 니체에 의하면 무서운 간질병이나 마비 증세와 만성우울증, 죽음을 열망하는 집단적인 증후군 등이 금욕주의의 결과다. 따라서 니체는 금욕주의만큼 유럽인의 건강과 인종적인 힘에 파괴적인 영향을 미친 것은 없다고 본다.

니체는 금욕주의적 이상인 천상의 세계나 이데아의 세계 그리고 그것들로부터 규정된 도덕규범을 제외하고서는 유럽인들은 이제까지 어떠한 의미도 지니지 못했다고 보고 있으며, 나중에 보겠지만 그에 대한 대안으로서 초인이라는 의미를 제시하고 있다.

3) 후기 니체의 불교 비판

그런데 니체는 금욕주의에는 위에서 본 이원론처럼 인간의 욕망과 충동을 죄악시하거나 경멸하지는 않지만, 욕망과 충동이 인간을 불행으로 몰고 간다고 보면서 그러한 욕망과 충동을 잠재움으로써 내면적인 마음의 평안을 구하려는 형태가 있을 수 있다고 본다. 이러한 방식은 욕망을 죄악시하지는 않지만 욕망을 가능한 적게 하고 소박한 것으로 만들려고 한다. 이는 에피쿠로스가 말하는 것처럼 행복은 욕망에 반비례하고 우리는 욕망을 적게 하면 할수록 쉽게 만족할 수 있기 때문이다. 욕망이 적으면 우리는 극히 소박한 것으로도 얼마든지 만족을 얻을 수 있는 것이다. 이러한 종류의 금욕주의는 어떤 욕망을 우리가 받아들일 경우 그것은 끊임없이 새로운 욕망을 낳기 때문에 욕망을 가능하면 최소화하고 잠재우는 것이 좋다고 본다.

니체는 금욕주의의 대표적인 것으로 쇼펜하우어의 철학과 불교, 에피쿠로스의 철학을 들고 있다. 그리고 니체는 쇼펜하우어나 불교, 에피쿠로스가 추구하는 이러한 내면적인 평안을 최면상태와 유사한 것으로 본다. 그러한 철학을 신봉하는 사람들은 사랑하지도 미워하지도 않으며, 무관심하고, 복수도 하지 않고 부자도 되려고 하지 않는다. 그러한 감정과 노력은 우리의 내면적인 평안을 깨뜨리기 때문이다.*60

니체는 이러한 종류의 내면적인 평안은 최면적인 무의 상태이고 가장 깊은 잠의 휴식이며 고통이 부재한 상태라고 본다. 그리고 니체는 이러한 상태는 고통받는 자와 삶의 의지가 약화되어 있는 자들이 이상으로 여기는 상태이고, 이들은 이러한 최면적인 휴식 상태를 최상의 선이자 신적인 것으로 여긴다고 말하고 있다. 다시 말해서 이들은 진정한 생명이 사라진 일종의 무(無)의 상태를 신이라고 부르고 신을 무라고 부른다는 것이다. 이런 맥락에서 니체는 이렇게 내면적인 평안으로 도피해 들어가는 것도 이원론적인 금욕주의와 마찬가지로 무를 열망하는 의지에 의해서 규정되어 있다고 본다.

4) 힘에의 의지를 건강하면서도 기품 있게 실현하는 방식

금욕주의를 위와 같이 비판하고 있지만 그렇다고 해서 니체가 본능과 욕망을 마음대로 분출하는 방종을 주창하는 것은 아니다. 방종과 방탕은 금욕주의와 마찬가지로 하나의 극단이다. 니체는 절도를 가르친다. 니체는 욕망과 본능의 근절이나 무분별한 승화가 아니라 절도 있는 승화를 설파하고 있는 것이다. 성욕을 예로 든다면 정신이 관능적인 욕정을 제거하고자 할 경우 그것은 더욱 음란해질 뿐이다. 관능적인 행위를 하지 않더라도 우리의 머릿속은 온갖 음탕한 생각으로 가득 차게 된다. 따라서 니체는 관능적 욕구의 제거가 아니라 관능을 사랑으로 승화하는 것을 지향해야 한다고 말하고 있다.*61

이런 맥락을 고려해 볼 때 우리가 니체의 힘에의 의지를 단순히 다른 인간들을 지배하려는 의지로 보아서는 안 된다는 사실이 드러난다. 니체가

---

60 | F. Nietzsche, *Zur Genealogie der Moral*, Dritte Abhandlung, 17번 참조.
61 | F. Nietzsche, *Götzen-Dämmerung*, 78쪽 참조.

보기에는 네로, 칼리굴라, 연산군 같은 사람은 외적으로는 지배자이지만 자신의 정념들을 통제하지 못하는 천민이었다. 이렇게 세속적으로는 힘을 쥐고 있지만 정신적으로는 천민인 인간들이 지배하게 되었을 때 사람들은 왕이나 귀족보다도 서민이나 민중이 더 고귀한 존재라고 생각하게 되는 것이다. 이러한 비판은 현대의 자본주의 사회에 대해서도 해당할 것이다. 현대의 지배자들이라 할 수 있는 부유층이나 기업경영자들 중 많은 사람들이 물신이나 향락의 노예가 되어 있다. 이들은 외적으로는 다른 사람들 위에 군림하지만 물질과 향락에 대한 자신의 욕망은 제어하지 못하고 있다.

니체가 지향하는 이상적인 인간은 묵묵히 자신의 정념들의 주인이 되어 충만하고 자유로운 자아를 즐길 줄 아는 인간이며, 니체는 이러한 인간을 고귀한 인간이라고 부르고 있다. 고귀한 인간이란 자신의 다양한 충동들에 대해서 적절한 지배력을 소유하고 있어서 내적으로 평온하고 자신에 대해서 긍지를 갖고 있는 자이다. 그는 이렇게 자신에 대해서 긍지를 갖고 있기에 구태여 외부에 자신을 그럴 듯하게 포장하면서 타인들을 압도하려고 할 필요를 느끼지 않는다. 그는 자신의 충동을 지배할 수 있는 힘이 있기에 매사에 유연하고 여유있게 행동한다. 그는 보통 사람들이 공포를 느낄 수 있는 상황에서도 공포감에 대한 지배력을 소유하고 있기 때문에 유머와 재치를 잃지 않는다. 그는 어떠한 상황에서도 모든 것에 자신을 열고 그 모든 것을 자신의 성장에 필요한 방식으로 적절하게 수용한다.

이러한 사람은 이미 충만한 힘을 가지고 있기에 자신의 넘치는 힘을 타인들에게 나누어준다. 그러나 그 경우 그는 준다는 의식도 없이 자신의 힘을 나누어준다. 자신의 힘을 나누어준다는 의식이 수반된다는 것은 자신의 힘을 나누어주면서도 아깝다고 생각하는 의식이 남아 있다는 것을 의미한다. 그리고 아직 그 힘이 충일하지 않을 경우에만 우리는 다른 사람들에게 자신의 힘을 나누어주면서도 아깝다는 생각을 하는 것이다.

아울러 대부분의 사람들은 자신의 힘을 다른 사람들에게 나누어주면서 어떤 우월의식을 느끼고 그러한 우월의식을 향유하기 위해서 나누어주지만 고귀한 인간은 자신의 넘치는 힘을 주체하지 못해서 나누어줄 뿐이다. 그는 그 자체로 모든 고통과 간난을 넘어서 우뚝 서 있기에 굳이 남에게 도움을 베푼다는 행위의 도움을 빌어서 자신의 우월의식을 느끼려고도 하지 않는다. 고귀한 인간이 남에게 주는 도움은 타인의 고통과 슬픔을 함께 한다는 식의 감상적인 연민에 입각한 도움이 아니라 어떠한 고통 속에서도 자신은 의연할 정도로 강한 인간이 자신의 넘치는 힘을 나누어주는 것에 불과하다.

5) 니체 철학의 지향점

니체의 사상이 궁극적으로 지향하는 것은 무엇일까? 혹자는 니체가 다양성과 차이를 주창한다고 하고[62] 혹자는 니체가 삶에 대한 디오니소스적인 긍정을 말한다고 한다.[63] 이러한 견해들이 틀린 것은 아니지만 니체 철학이 전체적으로 지향하는 것을 제대로 짚어낸 것은 아니라고 생각한다.

니체의 철학을 전체적으로 볼 때 니체가 궁극적으로 지향한 것은 대중과 민주주의가 지배하게 되면서 망각되어 가고 있는 귀족적인 덕들을 다시 회복하는 것이었다고 생각된다.[64] 다양성과 차이를 존중하는 것도 그리고 삶에 대해서 디오니소스적 긍정을 취하는 것도 니체가 구현하려고

---

62 | 주로 Gilles Deleuze와 Deleuze의 영향을 받은 Pierre Klossowski와 Nehamas와 같은 사람들이 그렇게 주장하고 있다. 다음 글들을 참조할 것.
질르 들뢰즈, 『철학의 주사위』, 신범순·조영복 옮김, 인간사랑, 1994.
Pierre Klossowski, "Nietzsche's Experience of the Eternal Return", in: *Nietzsche: Critical Assessments* II. edited by Daniel W. Conway, London, 1998.
알렉산더 네하마스, 『니체, 문학으로서의 삶』, 김종갑 옮김, 책세상, 1994.

63 | 백승영, 『디오니소스적 긍정의 철학』, 책세상, 2005, 105쪽 이하 참조.

64 | Georg Simmel이나 R. C. Solomon과 같은 사람들이 필자와 동일한 입장을 취하고 있다. 다음 논문들을 참고할 것.
Georg Simmel, "The Morality of Nobility", in: *Nietzsche: Critical Assessments* III. edited by Daniel W. Conway, London, 1998.
R. C. Solomon, "A More Severe Morality: Nietzsche's Affirmative Ethics", in: Charles Guignon(edited), *The Existentialists - Critical Essays on Kierkegaard, Nietzsche, Heidegger, and Sartre*, Lanham · Boulder · New York · Toronto · Oxford, 2004.

한 귀족적인 덕들의 예라고 생각한다. 바로 이 때문에 니체는 자신의 철학을 브란데스가 '라디칼한 귀족주의'라고 규정했을 때 그러한 규정을 흔쾌히 받아들일 수 있었다.

니체가 생각하는 이러한 귀족적인 덕이란 기독교에 의해서 이미 어느 정도 침윤된 서양 중세의 기사도적인 덕이 아니라 고대 그리스와 로마의 귀족적인 덕이다. 이러한 덕은 다른 인간들에 대한 따뜻한 동정과 같은 서민적인 덕보다는 자신에 대한 절제와 자기 자신, 자신과 동급인 동료들에 대한 긍지 그리고 어떠한 고통과 난관에도 불구하고 삶과 인생을 의연하게 긍정하는 강건한 정신력과 같은 덕이다. 니체가 이러한 덕을 주창하는 것은 이러한 덕이 그 자체로서 추구해야만 하는 선이기 때문이 아니라 이러한 덕을 실현하는 것만이 우리에게 정신적으로 건강한 삶을 부여하기 때문이다.

니체는 세계를 피안과 차안으로 나누는 플라톤적인 형이상학과 기독교의 지배 이래로 서양인들의 삶은 병적이고 천박하게 되었다고 본다. 이러한 현실은 플라톤적인 형이상학과 기독교가 붕괴한 현대에서도 마찬가지다. 플라톤적인 형이상학이나 기독교는 피안이나 피안의 신에게 의존한 반면에, 현대인들은 국가나 이데올로기 혹은 물신(物神)에 의존한다. 플라톤적인 형이상학이나 기독교가 지배했을 때 사람들은 현실에서 자신들이 느끼는 비참함을 피안에 대한 열렬한 희구에 의해서 극복하려고 했다면, 현대인들은 자신들이 느끼는 비참함을 국가나 이데올로기 혹은 물신에 대한 열렬한 의존을 통해서 극복하려고 한다.

이에 반해서 기품이 있는 자는 어떠한 어려운 상황에서도 피안이나 국가 혹은 이데올로기나 물신과 같이 자기 외부의 것에 의존하지 않고 자신의 힘으로 우뚝 서 있으면서도 쾌활함과 밝음을 유지한다. 이런 맥락에서 니체는 가장 강한 인간의 전형으로 괴테를 꼽고 있다.[65] 이는 흔히 강한 인

---

65 | F. Nietzsche, *Götzen-Dämmerung*, 145쪽 참조.

간으로 진시황이나 칭기즈칸처럼 다른 사람들에게 자신의 의지를 폭력적으로 강요하는 사람들을 떠올리는 우리들의 예상과는 전혀 다른 것이다.

6) 힘에의 의지와 염세주의의 극복

행복을 힘에의 의지의 고양에서 찾는 니체의 견해는 현대 기술문명의 근저에 깔려 있는 사고방식과 전면에서 대립된다고 할 수 있다. 현대 기술문명은 인간의 불행은 주로 외적인 환경에서 온다고 본다. 따라서 현대 기술문명은 인간에게 고통을 주는 모든 외적인 조건들을 제거하려고 한다. 예를 들어서 그것은 모든 병뿐 아니라 가능하면 죽음마저도 제거하려고 하며 기아나 전쟁을 없애려고 한다.

니체는 처녀작인 『비극의 탄생』을 쓸 당시부터 과학과 기술의 발달이나 사회의 개혁을 통해서 인간의 고통과 고뇌를 극복할 수 있다고 보지 않았다. 니체의 이러한 생각은 『비극의 탄생』에서는 소크라테스의 지성주의에 대한 비판으로 나타나고 있다. 니체는 소크라테스가 근거율과 인과율에 따라서 모든 것을 해명할 수 있다고 믿었다고 보았으며, 이러한 지성주의가 그리스인들을 사로잡으면서 그리스 비극은 사라지게 되었다고 보았다.[66]

근거율과 인과율에 입각하여 존재의 비밀을 다 파헤칠 수 있다고 볼 경우 인간은 존재를 대상화하면서 자신을 주체로서 내세운다. 그러나 이때 인간의 지성은 사실은 존재에 대해서 자신의 알량한 사고도식을 강요하고 있을 뿐이며 존재 자체를 파악하는 것은 아니다. 따라서 니체에 따르면, 인식과 의식의 힘을 강조하는 소크라테스의 지성주의는 존재의 깊이를 알려고 하지 않는 천박한 수사학적 변론술에 지나지 않는다. 아울러 이러한 지성주의의 특징을 초기의 니체는 낙관주의와 민주주의와 평등주의에

---

66 | 니체, 『비극의 탄생』, 191쪽 이하 참조.

서 찾는다. 민주주의와 평등주의는 인간이 자신의 이성이 납득할 수 있는 방식으로 사회를 개혁함으로써 고통과 고뇌에서 벗어날 수 있다는 믿음에 입각해 있다.*67

그러나 니체는 과학이든 기술이든 그리고 민주주의든 평등주의든 인간이 처해 있는 근원적인 상황, 즉 모든 것이 죽음과 함께 끝나는 생성 소멸의 세계를 어떻게 할 수 없다고 보았다. 그것들이 인간의 고통과 고뇌를 다 해결할 수 있다고 보는 것은 신이나 절대정신이 인간의 고통과 고뇌를 다 해결해 줄 것이라고 믿는 것 못지않게 하나의 착각에 지나지 않는다.

따라서 니체는 삶에는 고통이 불가피하다고 본다. 삶은 병과 늙음, 죽음으로 점철되어 있으며 인간들 간의 갈등은 불가피하다. 니체는 삶의 이러한 근본적인 상황에서 행복을 얻는 길은 자신의 내적인 힘을 강화하는 것이라고 본다. 이러한 내적인 힘은 고통 앞에서도 의연할 수 있는 힘이고 오히려 고통과의 대결을 통해서 자신을 고양하고 강화하는 힘이다. 그러한 내적인 힘은 자신이 부딪힌 어떠한 고난과 고통에도 불구하고 자신의 운명을 흔쾌하게 긍정하고 사랑하는 힘이다. 니체는 인간의 불행과 염세주의를 극복하는 길을 외적인 상황을 개선하는 것에서보다는 우리 자신의 내적인 힘을 고양시키는 것에서 찾고 있는 것이다.

아래에서 보겠지만 필자는 이러한 니체의 사유방향은 불교에 대한 니체의 비판과 우리가 나중에 상론하게 될 니체와 불교 사이의 차이에도 불구하고 어떤 면에서는 불교와 상당한 유사성을 갖는다고 생각한다. 불교 역시 니체와 마찬가지로 인간의 고통은 신이나 과학과 기술의 힘에 의해서 극복될 수 없다고 보며, 고통은 고통마저도 연기세상의 한 사건으로 보면서 평정한 마음으로 수용하는 정신으로 우리의 정신이 강화되고 정화되는 것에 의해서 극복될 수 있다고 본다.

---

67 | 니체, 「비극의 탄생」, 24쪽 참조.

2 불교와 고통과 염세주의의 극복

(1) 불교의 문제의식

후기의 니체는 유럽인들은 근대에 들어와서 비로소 이원론적인 형이상학이나 기독교의 지배에서 벗어났지만 부처는 이미 2500년 전에 인격신이나 영원불변의 신이나 영혼과 같은 관념들을 허구로 보았다고 말하면서 부처를 높이 평가하고 있다.[68] 이와 함께 니체는 부처 당시의 인도가 니체 당시의 유럽보다도 훨씬 더 정신적으로 진보했다고 보고 있다. 실로 부처는 오직 제행무상(諸行無常)의 현실만을 인정하면서, 기독교처럼 만물을 창조하는 신에 입각하여 세계를 설명하려고 하지 않고 오직 세계의 현상들에 대한 냉철한 관찰에 입각하여 설명하고 있다.

불교는 세계의 모든 것은 12처에 포섭된다고 본다. 12처란 눈과 색, 귀와 소리, 코와 냄새, 혀와 맛, 몸과 촉감, 의지와 법이다.[69] 이것들은 이 열두 가지 이외의 것은 존재하지 않고 모든 것이 그 속에 들어간다는 의미에서 처라고 불린다. 우리 인간이 경험하는 세계의 모든 것이 안이비설신의(眼耳鼻舌身意)라는 인식기관[內入處]과 색성향미촉법(色声香美触法)이라는 인식대상[外入處]으로 되어 있다. 우리 인간은 안이비설신의에 들어오는 것만을 지각하고 인식할 수 있으며 그러한 것들만이 인간의 세계를 형성한다.

---

68 | 니체, 『아침놀』, 96번 참조.
69 | 『한글 아함경』, 고익진 편역, 311쪽 참조.

이 점에서 불교는 니체가 말하듯이 최초의 실증주의적인 종교라고 할 수 있다.[70] 불교는 인간에 의해 지각되고 인식되지 않는 것은 일단 존재하지 않는다고 보며 수행에 의해서도 입증될 수 없는 인간의 인식범위를 넘어선 초월적인 실재는 존재하지 않는 것으로 간주한다. 따라서 불교는 생성 변화하는 세계의 이면에 있는 브라만이나 생성 변화하는 우리의 몸과 마음의 이면에 있는 아트만과 같은 관념들을 허구적인 관념으로 보면서 그 실재성을 부인하는 것이다.

또한 불교는 모든 것이 12처에 포함될 수 있다고 보는 한편 우리 인간을 오온, 즉 색수상행식(色受想行識)의 구성물이라고 본다.[71] 12처와 오온 중 색, 즉 우리가 지각하는 자연과 인간의 물질적인 부분은 지수화풍(地水火風)으로 구성되어 있다. 즉, 12처 중에서 안이비설신의 오근과 색성향미촉의 오경은 각각 4대로 분석될 수 있다.

12처든 사대든 오온이든 모든 것들은 인연에 따라서 끊임없이 생성 소멸하고 있다. 살아 있는 모든 것은 생로병사에서 벗어날 수 없고 모든 존재는 생주이멸(生住異滅), 즉 생겨나서 머무르고 변화하고 소멸하는 것에서 벗어날 수 없다. 5온 중에서 인간의 정신을 구성한다고 할 수 있는 수상행식, 즉 느끼고(감정, 괴로움, 즐거움, 괴로움도 즐거움도 아닌 것에 대한 감수작용) 생각하고(지각, 표상) 무엇인가를 의도하고(충동, 행위를 발생케 하는 의지작용) 분별하는(넓게는 감각, 지각, 사고작용을 총칭하는 인식작용 일반) 작용들도 무상한 인연들로부터 발생하고 소멸한다. 그렇다고 해서 이러한 생성과 변화가 어떤 목적이나 의미를 지향하는 것도 아니다. 모든 것은 인연에 따라서 생기고 소멸할 뿐이다.

---

70 | 칼루파하나도 부처가 우리가 일상적으로나 명상 속에서 경험할 수 있는 것의 이면에 있는 어떤 신비적인 것을 찾아 헤매는 대신에 대상을 주어진 것으로, 즉 단지 보인 만큼의 것으로, 단지 들린 만큼의 것으로, 단지 사유된 그만큼의 것으로, 단지 의식된 그만큼의 것으로 받아들이라고 충고하고 있다는 사실을 강조하고 있다.
D. J. 칼루파하나, 『인도불교사상』, 김종욱 옮김, 시공사, 1996, 142쪽 참조.

71 | 『한글 아함경』, 448쪽 참조.

이렇게 제행무상의 현실만이 존재함에도 불구하고, 인간에게는 제행무상의 현실에 의해서 영향받지 않는 영원한 행복을 희구하는 욕망이 강하게 존재한다. 부처가 말하는 일체개고는 인간에게 존재하는 이러한 욕망과 제행무상의 현실 사이의 갈등에서 비롯된다.

제행무상이라고도 할 경우의 행은 오온 중의 행온을 가리키는 바, 행온은 무상한 세계 속에서 개체를 영구히 유지하려는 의지적인 작용을 가리킨다. 인간의 정신을 구성하는 수상행식은 개인의 몸을 구성하는 색온에 입각해서 개체를 지속시키려는 정신적 노력이며, 그러한 노력의 중심은 의지적인 작용인 행에 있다. 이러한 행은 무상한 세계 속에서 개체를 영구하게 유지하려고 노력하지만, 개체의 영원한 존속이라는 것은 애초부터 불가능한 것이기 때문에 그러한 노력은 항상 헛된 것으로 끝난다. 그리고 우리가 모든 것의 무상함을 가장 강하게 느낄 때는 우리의 의지적인 노력이 허망하게 끝났을 때이다. 의지적 작용의 허망함이야말로 이렇게 모든 것의 무상함을 가장 잘 실감할 수 있게 하기 때문에 불교는 모든 것의 무상함을 굳이 제행무상이라는 용어로 표현했다고 할 수 있다.

이와 같이 불교는 우리 인간은 우리의 소망과는 상관없이 인연에 따라서 생성 소멸하는 세계에 던져져 있다는 의미에서 일체가 고통이라고 본다. 그런데 이것이 불교가 말하는 것의 전부라면 불교는 문자 그대로 인생의 허망함을 설파하는 염세주의의 철학이라고 보아야 할 것이다. 그러나 불교는 니체와 마찬가지로 삶의 고통과 염세주의에서 벗어날 길이 있다고 본다. 불교는 제행무상과 일체개고를 설파하지만 일체개고에 그치지 않고 이러한 일체개고의 상태가 어디에서 비롯되는지를 철저하게 통찰함으로써 일체개고의 상태를 극복하려고 하는 것이다.

(2) 고통의 원인으로서의 허구적인 자아에 대한 집착

우리는 앞에서 니체가 인간의 고통과 고뇌의 근원을 병약한 힘에의 의지에서 찾고 있다는 사실을 보았다. 인간은 힘에의 의지가 병약한 상태에서 자신이 처해 있는 생성 소멸의 현실을 두려워하면서 영원한 초감성적인 가치들을 만들어 내서 그것에 의존하지만 그것이 다시 족쇄가 되어서 인간을 속박하게 된다. 니체는 그러한 상태가 플라톤 이래 서양인들이 겪어온 고통과 고뇌의 원천이라고 보았다.

그러면 불교는 인간의 고통의 원인이 어디에 있다고 보는가? 불교는 일체를 고통으로 보지만 일체가 고통인 것은 우리가 무상한 것들이 흡사 영원한 것처럼 집착하기 때문이라고 본다. 따라서 우리가 고통에서 벗어나려면 이러한 집착을 버려야 한다고 말한다. 앞에서 이미 언급했지만 불교는 생성 소멸하는 세계나 인생 자체를 고(苦)라고 보지는 않는다. 불교는 생은 무상하다고 말할 뿐이며, 생이 무상하기 때문에 고(苦)라고 말하고 있지는 않다. 이는 니체가 생성 소멸의 세계만이 존재한다고 보면서도 그 때문에 삶은 고통이라고 말하지 않는 것과 마찬가지다.

불교는 고통의 근원을 무상한 생성 자체에서 찾는 것이 아니라 우리가 무상한 것을 무상한 것으로 놓아 버리지 못하고 그것이 영원한 것처럼 그것에 매달리기 때문에 괴롭다고 말한다. 그리고 불교는 무상한 것들에 대한 이러한 집착은, 생성 소멸하는 세계의 한가운데에서 우리가 보존하고 온존시켜야 할 자아가 독자적인 실체로서 존재한다고 생각하는 자아에 대한 착각, 즉 무명(無明)에 입각해 있다고 본다.

우리는 흔히 우리 자신을 세계와 대립되고 다른 인간들과 비교되는 하나의 통일적이고 자유로운 고립된 실체로서의 자아라고 생각한다. 그리고 우리는 이러한 자아가 몸과 마음을 자신의 것으로 소유하면서 자신의 뜻에 따라서 생각하고 행동한다고 생각한다. 그러나 불교는 우리가 통상적으로 몸과 마음의 주체로서의 나라고 생각하는 것은 하나의 상상물일 뿐이라고 본다. 우리가 통일적이고 자유로운 자아라고 생각하는 것은 사실은 신체, 이름, 사회적 지위, 지식, 소유물, 자기 자신에 대해서 갖고 있는 이미지와 타인이 자기에 대해 갖기를 바라는 이미지, 특정한 성격과 가치관, 갖가지 느낌과 생각, 의지 등으로 이루어져 있다. 우리는 자유롭고 통일적인 주체로서 이것들을 자신의 소유물로서 갖고 있고 자기 마음대로 변화시키고 통제할 수 있다고 생각하지만, 그것들은 실은 우리가 통찰하지 못하는 복잡한 인연에 의해서 규정되어 있고 우리의 통제를 벗어나 있다.

보다 자세하게 말하자면, 우리의 몸은 내가 뜻대로 할 수 있는 것이 아니며 우리의 마음에서 일어나는 생각이나 느낌도 내가 뜻대로 할 수 있는 것이 아니다. 일단 우리가 우리 자신의 몸이라고 생각하는 것은 지수화풍(地水火風) 사대가 임시로 화합한 것에 불과하며, 인연에 따라서 생겨나서 늙어가고 사멸하는 것이다. 우리는 병들고 싶어 하지 않지만 병이 들며, 죽고 싶어 하지 않지만 결국에는 죽고 만다. 따라서 우리의 몸은 주체로서의 내가 마음대로 좌지우지할 수 있는 소유물과 같은 것이 아니다.

또한 우리의 거의 모든 생각과 행동은 우리의 성격이나 사회적인 관습과 가치관 그리고 그때마다의 생리적인 상태에 의해서 규정되는데 이것들 역시 우리 자신이 마음대로 할 수 있는 것이 아니다. 따라서 우리에게서 일어나는 거의 모든 생각도 우리가 자발적으로 생각해 내는 것이 아니라 우리가 통제하지 못하는 조건들에 따라서 일어났다가 생겨난다. 우리는 우리가 머릿속에 떠올리는 모든 생각들이 우리의 자발적인 사유에서 비롯된다고 보지만, 조금이라도 명상을 해 본 사람이라면 우리가 통제하지 못하는 온갖 생각들이 우리의 머릿속에서 쉴 새 없이 부침(浮沈)한다는 사실을 잘 알 수 있다. 굳이 명상을 하지 않은 사람이라도 누구나 자신이 떨쳐내고 싶어 하는 기분 나쁜 기억들이나 생각들에 의해 시달린 경험을 가져보았을 것이다.

우리는 종종 생각이 꼬리를 물고 일어난다는 표현을 쓰지만, 이는 생각이 이른바 생각하는 주체인 나에게서 발하는 것이 아니라 인연에 따라서 저절로 일어난다는 것을 의미한다. 따라서 우리가 우리 자신에게 속한다고 생각하는 것은 사실은 자신에 속하는 것이 아니라 인연에 따라서 주어지고 사라지는 것이며 사실은 자신의 통제 범위를 벗어나 있다. 그럼에도 불구하고 우리는 그것을 실체로서의 나에게 속하고 나에게서 발하는 것으로 생각하면서 그것들에 집착한다.

우리가 우리 자신에 속한다고 생각하는 나의 몸이나 성격, 생각이나 느낌도 내 자신이 마음대로 할 수 있는 소유물이 아니라면, 이러한 것들의 외부에 존재하는 현실은 더구나 우리 자신이 마음대로 할 수 있는 것이 아니다. 우리는 돈이나 명예를 갖고 싶어 하지만 우리 뜻대로 되지 않으며, 아름다운 이성을 내 것으로 소유하고 싶어 하지만 그것 역시 우리 뜻대로 되지 않는다.

우리는 고통과 고뇌는 자아의 욕망과 자아의 욕망대로 움직이지 않는 현실 사이의 갈등과 대립에서 비롯된다고 생각한다. 따라서 이러한 갈등과 대립을 제거하기 위해서 우리는 현실에서 자신에게 힘을 부여하는 돈과 명예를 쌓으려고 한다. 그러나 불교는 인간의 고통과 고뇌는 사실은 이러한 자아와 현실 사이의 갈등과 대립 이전에 근본적으로는 하나의 허구적인 자아에 대한 집착에서 비롯된다고 본다. 그리고 돈이든 명예든 모든 외부적인 것들에 대한 집착도 사실은 이러한 자아를 유지하고 강화하기 위한 집착에서 비롯되는 것이라고 본다.

그러나 우리가 자아라고 생각하면서 집착하는 것은 자신의 몸과 마음을 자기 마음대로 좌지우지할 수 있는 자유로운 자아가 아니라 사실은 오히려 특정한 몸과 특정한 성격구조와 이것들에 의해서 규정되어 있는 특정한 의식구조의 화합물일 뿐이다. 따라서 우리는 세상에 대해서 자신을 주장한다고 생각하지만 우리가 세상에 내세우고 있는 것은 이러한 화합물일 뿐이며, 어떤 특정한 몸이며 성격이고 그것들에 의해서 규정되는 어떤 생각들이고 욕심들이다.

따라서 불교는 우리가 흔히 자신의 자아라고 생각하면서 집착하는 것은 사실은 하나의 통일적이고 자유로운 실체로서의 자아가 아니라 인연에 따라서 임시적으로 함께 모여진 것이라고 본다. 즉, 우리가 보통 '나'라고 말하는 것, 다시 말해서 우리가 몸과 마음의 주인이라고 생각하는 나라는 것은 오온이라는 물질적·심적 요소들의 복합체라는 것이다. 우리가 흔히 집착하는 자아란 우리가 과거에 쌓아 온 물리적·정신적 에피소드들의 결합에 불과한 것이다. 그리고 이렇게 오온의 결합체에 불과한 것을 자기라는 하나의 통일적인 개체에 속하는 것으로 생각하면서 그것에 집착하는 것을 불교는 오취온(五取蘊)이라고 한다.[72] 이는 오온을 하나의 고정된 개체로 취착(取着)하고 있다는 것을 의미하며 우리 인간은 우선 대부분의 경우에는 이러한 오취온으로서 존재한다.

이와 같이 우리가 집착하는 자아라는 것이 사실은 오온의 인연화합의 산물에 불과함에도 불구하고 우리는 하나의 통일적이고 자유로운 자아가 존재하고 오온은 이러한 자아에서 비롯되고 속하는 것으로 생각한다. 이와 함께 우리는 이러한 오온의 손상을 자신의 손상과 동일시하면서 애달아한다. 우리는 자신의 몸이 다치면 안타까워하고 또한 자신의 의견이 공격받으면 그러한 의견의 주인인 자신이 공격받았다고 생각하면서 분노한다.

그리고 우리는 이렇게 오온을 자신의 주체적인 자아에 속하는 것으로 보면서 집착할 뿐 아니라 생성 변화하는 세계 안에서 자신의 지위를 공고하게 하기 위해서 재산이나 명예처럼 자신에 속하는 것을 끊임없이 확대하고 그것에 의지하게 된다. 이렇게 우리가 자신에 속하는 것으로 보면서 의지하는 것은, 프롬이 말하는 것처럼 생애의 각 단계마다 달라진다. 어릴

---

72 | 미산, 『미산스님 초기경전 강의』, 명진출판, 2010, 149쪽 참조.

때에 우리는 자신의 육체와 어머니의 유방만을 '가지고' 있을 뿐이다. 그 다음 단계로 우리는 어머니, 아버지, 형제자매, 장난감을 '갖게' 된다. 좀 더 지나면 지식, 직업, 사회적 지위, 배우자, 자녀들 그리고 조국 등을 '갖게' 되며, 그리고 묻힐 곳을 얻고 생명보험에 들며 '유언장'을 작성함으로써 이미 일종의 내세까지도 '소유'하게 된다.*73

이러한 것들은 우리에게 안정된 의지처를 제공하는 것 같지만 이것들 역시 인연에 따라서 생기고 사라지는 것이어서 우리는 그것들을 언제라도 잃어버릴 수 있다. 이렇게 무상한 것임에도 불구하고 그것들을 자신의 소유물로 집착하면서 마음대로 하려고 하고 그것들을 영구하게 유지하려고 하거나 다른 사람들에게 내세우려고 하는 데서 걱정과 두려움을 비롯하여 온갖 고통이 생긴다. 『숫타니파타』에서는 이렇게 말하고 있다.

> "'이것은 내 것'이라고 집착한 그 물건 때문에
> 사람들은 슬피 울고 있다.
> '내 것'이라고 생각한 것은 영원히 내 것일 수 없기 때문이다.
> 이 세상은 끊임없이 변해 가고 있나니
> 이를 알고 어서 구도자의 길을 떠나라."*74

따라서 우리는 자신의 소유물을 늘일수록 자신의 자유가 더 커지고 자신의 처지가 더 안정되게 되었다고 생각하지만 오히려 우리는 그것에 더욱 더 얽매이게 되고 불안하게 된다. 그 경우 우리는 자신을 자신의 소유물과 동일시하면서 자신의 소유물이 잘못되지 않을까 하는 불안에 사로잡히게 되며, 더 나아가 우리는 소유물이 사라지면 자신의 인생도 끝났다고 생각하게 된다. 예를 들어 우리가 자신이 소유하던 기업이 망했다고 자살할 경우 우리는 자신과 이 기업을 동일시한 것이고 이 기업의 소멸을 자신의 소

---

73 | 에리히 프롬, 『소유냐 존재냐』, 김진홍 옮김, 홍성신서, 1977, 138쪽 참조.
74 | 『숫타니파타』, 불전간행회 편, 석지현 옮김, 민족사, 1997, 209쪽.

멸로 생각하는 것이다.

　이상에서 말한 것을 토대로 하여 우리가 흔히 자신의 자아라고 생각하면서 집착하는 것의 본질에 대한 불교의 통찰을 정리해 보면 다음과 같다.

　첫째로, 우리는 흔히 세상과 대립되고 다른 사람들과 비교되는 통일적이고 자유로운 고립된 실체로서의 자아가 있다고 생각하면서 그러한 자아가 몸과 마음을 자신에 속하는 것으로서 소유하고 있으며 모든 생각과 행동의 주인이라고 여긴다. 그리고 우리는 이러한 자아가 영속하기를 바란다. 그러나 불교는 우리가 이렇게 우리의 자아라고 생각하는 것은 사실은 어떤 통일적이고 자유로운 자아가 아니라 특정한 생리적 구조와 특정한 정신적 능력과 자질, 성격, 재산과 명예, 갖가지 느낌과 생각과 의지 등으로 구성되어 있는 화합물에 지나지 않는다고 본다.

　이와 같이 우리가 집착하는 자아는 사실상은 하나의 화합물에 불과하기 때문에 그러한 자아에 집착하면서 그것이 영속하기를 바라는 것은 사실은 화합물에 집착하면서 영속하기를 바라는 것이다. 즉, 우리는 이러한 화합물이 현세에서뿐 아니라 죽음 이후에도 영속하기를 바란다. 그러나 몸의 소멸은 이러한 자아도 확인할 수 있는 것이기에 그러한 자아는 몸의 영속까지는 바라지 않고 영혼의 불멸을 믿으면서 이러한 영혼이 사는 피안과 같은 것을 상상해낸다. 그러나 이것 역시 실질적으로는 어떤 통일적이고 자유로운 실체로서의 자신의 자아가 영속하기를 바라는 것이 아니라 자신이 집착하고 있는 특정한 정신적 능력이나 성격 등이 영속하기를 바라는 것이 된다.

　둘째로, 우리는 흔히 자신에 대한 애착에 가득 차 있지만 우리가 사랑하고 세상에 주장하고 싶어 하는 것은 사실은 어떤 통일적이고 자유로운 자아로서의 자기 자신이 아니다. 그러한 자아라는 것은 하나의 환상에 불과하기 때문이다. 우리가 사랑하고 세상에 내세우고 싶어 하는 것은 우리가 자신의 자아에게 속한다고 생각하는 신체적인 특성이나 정신적 자질이나 능력 혹은 자신의 내부에서 여러 조건에 따라서 일어나는 생각이나 의견 혹은 욕망일 따름이다.

셋째로, 우리는 이른바 우리의 자아를 중심으로 하여 세상을 좋은 자와 나쁜 자, 훌륭한 자와 보잘 것 없는 자로 분별하지만 이러한 분별은 사회가 주입한 가치관이나 자기 자신에게서 일어나는 욕망에 따라서 세상을 바라보는 극히 자의적인 것이다. 이 경우 우리는 하나의 통일적이고 자유로운 자아로서의 자신과 다른 사람의 자아를 비교한다고 생각하지만 그러한 자아는 사실은 하나의 화합물에 불과하기 때문에 사실상 내가 비교하는 것은 그러한 화합물을 구성하는 특정한 요소들, 예를 들어 어떤 신체적인 특성이나 정신적 자질 등이다. 이 경우 우리는 이것들이 다른 사람들의 것보다 우월하다고 생각하면서 교만에 빠지거나 아니면 못하다고 생각하면서 열등의식에 빠진다.

(3) 고통의 극복

우리는 오온이 하나의 자유롭고 통일적인 고립된 실체로서의 자아에 속한다고 생각하면서 그것을 영구히 존속하게 하려고 하지만, 이러한 자아는 사실은 존재하지 않고 실질적으로 존재하는 것은 오온에 불과하기 때문에 우리가 집착하고 영구히 존속하게 하려고 하는 것은 오온이다. 오온은 여러 가지 조건들에 따라서, 다시 말해서 인연에 따라서 오고 인연에 따라서 사라진다. 그것들은 무상하다.

그런데 이렇게 자신의 몸과 성격 그리고 온갖 생각과 욕망의 통일적인 주체가 있다고 생각하는 것은 무엇인가? 그것은 우리의 마음이다. 마음은 자신을 나라는 주체에 속한다고 생각하면서 자아의 유지와 강화를 위해서 자신을 헌신해야 한다고 생각한다. 따라서 이러한 마음은 자신에게서 일어나는 생각이나 욕망을 자아의 자발적인 생각이고 욕망이라고 보면서 그것들에 집착하며, 생각과 욕망의 관철을 위해서 자신의 온갖 에너지를 쏟아 붓는다. 그것은 자신에게서 일어나는 욕망은 세상에서 제일 잘나고 소중한 자신의 욕망이기에 어떻게든 세상에서 관철되어야 한다고 보는 것이다.

이에 반해서 불교는 우리의 마음에서 일어나는 갖가지 생각이나 느낌이 어떤 자유로운 통일적인 자아에서 비롯된 것이 아니라 어떤 생리적인 구조나 성격구조 그리고 자기본위적인 애착심에 의해서 이미 규정되어 있다고 본다. 그러나 다른 한편으로 불교는 우리의 마음은 이러한 사실을 반성할 수 있다고 본다. 즉, 마음은 자신의 대부분의 생각이나 느낌이 우리의 생리적인 구조나 성격구조 그리고 자기본위적인 애착심에 의해서 규정되어 있음을 깨닫고 그것들로부터 거리를 취할 수 있는 것이다.

이렇게 그것들로부터 거리를 취할 수 있기 위해서는 불교는 우리가 흔히 우리의 자아나 자아에 속한다고 집착하는 것이 사실은 우리의 뜻과는 상관없이 인연에 따라서 생겼다가 사라지는 것이라는 사실을 깨달아야 한다고 본다. 그리고 이러한 사실을 깨달을 때 우리는 그렇게 인연에 따라서 오고가는 것들에 대한 집착에서 벗어날 수 있다.

물론 이는 그렇다고 해서 니체가 말하는 것처럼 현실에서 도피하고 일종의 마취상태에 해당하는 내적인 황홀경으로 도피해야 한다는 것은 아니다. 아울러 그것은 우리에게서 일어나는 성욕과 같은 자연스런 욕망들을 억압하고 제거해야 한다는 것은 아니다. 불교는 욕망 자체가 문제가 아니라 우리의 마음이 욕망에 사로잡히는 것이 문제라고 본다. 불교는 욕망이 인연에 따라서 일어나는 것임을 알고 그것을 어떤 자유로운 자아의 욕망으로 고집하지 않을 것을 요구하는 것이다. 욕망이 자아의 것이라고 고집할 경우, 마음은 보통 자신이 속하는 자아가 세상에서 제일 존귀한 존재라는 아만에 사로잡혀 있기 때문에 욕망 역시 소중한 것으로 생각하면서 어떻게든 그것을 세상에 대해서 관철하려고 하며 그러한 욕망이 충족되지 않으면 애달아하고 고통스러워하게 된다.

이에 대해서 욕망이 인연에 따라서 일어나고 사라지는 것임을 알고 욕망을 거리를 두고 바라보면 욕망은 더 이상 우리의 마음을 사로잡지 못한다. 그것은 그야말로 인연이 되어서 일어났다가 사라지고 만다. 따라서 마음은 오히려 자신이 어떤 신체적인 상태나 성격 그리고 자기중심적 애착과 결부된 갖가지 생각이나 욕망에 의해서 규정되고 사로잡혀 있는지를 분명하게 깨달으면 깨달을수록 그것들로부터 자유로워질 수 있다.

그러면 이렇게 몸이나 성격 그리고 자기중심적 애착에 의해서 침윤되어 있는 갖가지 생각이나 욕망에서 벗어날 때 마음은 어떻게 되는가? 그 경우 마음은 니체가 말하는 것처럼 한갓 무가 돼버리는가? 불교는 오히려 그때에만 우리는 우리에게 잠재되어 있던 참된 능력들을 제대로 개화시킬 수 있다고 본다. 그때에만 우리는 다른 사람들이나 존재자들을 무시하지도 않고 질시하지도 않으면서 그 자체로서 볼 수 있는 지혜를 구현할 수 있으며 그것들에 대한 자비심으로 가득 찰 수가 있게 된다는 것이다. 또한 그 경우 우리는 현실에서 내면의 평안으로 도피하는 것이 아니라 오히려 자기중심적인 편견에 의해서 왜곡되지 않은 현실의 실상을 통찰할 수 있다. 이와 함께 우리는 더 이상 현실을 구성하는 인연의 흐름을 자기중심적으로 왜곡하려고 하지 않고 오히려 자신뿐 아니라 모든 것들이 성장하는 방향으로 흐르게 한다.[75]

불교는 이와 같이 고통의 원인과 그것을 극복할 수 있는 방법을 마음 자체에서 찾고 있다. 불교는 괴로움의 원인이 육신에도 그리고 외부세계에

---

[75] 이런 의미에서 한형조는 불교가 공을 말할 때 그것은 우리가 그 안에서 살고 있는 세계가 존재하지 않는 것을 의미하지 않고 '자기 이해와 관심'으로부터의 해방을 의미한다고 말하고 있다. 불교가 말하는 공은 무아와 동의어라는 것이다. 한형조에 따르면 불교 역시 객관적 세계가 존재한다고 보며 다만 불교는 그것에 우리의 자기중심적인 자아를 투사하여 보지 말 것을 강조할 뿐이다.
한형조, 『붓다의 치명적 농담 – 한형조 교수의 금강경 별기』, 문학동네, 2011, 151쪽 이하 참조.

도 존재하지 않고 자기 마음에 있는 만큼 그러한 괴로움에서 벗어날 수 있는 출구도 인격신이나 아니면 재산이나 명예와 같은 외부에 존재하는 것이 아니라 마음에 존재한다고 보는 것이다. 이는 니체가 고통을 극복하는 길을 오직 힘에의 의지를 건강하게 하고 강화하는 데서 찾는 것과 맥을 같이 한다고도 할 수 있다.

이 점에서 니체와 불교 사이에는 고통과 염세주의의 극복이라는 문제의식과 신이나 피안 혹은 유토피아와 같은 외적인 것에 의지하지 않고 인간 자신의 정신의 변화를 통해서 해결하려는 문제해결 방향에서는 부인할 수 없는 구조적 유사성이 존재한다. 니체와 불교 사이에 보이는 이러한 유사성을 우리는 다음과 같이 정리할 수 있을 것 같다.

첫째, 니체와 불교는 초월적인 인격신이나 브라만과 같은 형이상학적 원리에 의거하지 않고 경험과 관찰에 입각하여 고통을 극복하는 길을 모색한다는 점에서 철저하게 현실적이고 실증주의적이다. 니체와 불교는 영원불변의 실체로서의 영혼이나 절대자는 인간이 생성 소멸하는 세계의 한 가운데에서 자신의 안전을 확보하기 위해서 만들어 낸 허구라고 본다.

둘째, 양자는 선악의 피안에 선다. 즉, 그것은 어떤 것이 선이고 악인지는 신적인 계율이나 선험적인 양심에 의해서 고정되어 있는 것은 아니라고 본다. 불교는 우리의 정신적인 건강에 도움이 되는 것은 선하다고 보며 그렇지 못한 것은 악하다고 본다. 이는 니체가 우리의 힘에의 의지를 건강하게 만드는 것은 선한 것이지만 그렇지 못하다고 보는 것은 악한 것이라고 보는 것과 유사하다.

니체와 불교 사이에 보이는 이상과 같은 유사점들은 다음 장에서 보겠지만 니체 자신도 주목하고 인정한 것이다.[76]

---

76 | F. Nietzsche, *Der Antichrist*, 20번 참조.

그 외에 니체와 불교 사이에 보이는 유사점들로 다음과 같은 것들을 제시할 수 있을 것이다.

첫째, 니체와 불교는 인생의 고통을 인간 자신의 힘을 통해서 극복하려고 하지만 근대적인 계몽주의에서 보는 것처럼 자연의 정복이나 현실사회 구조의 변혁보다는 인간 정신의 변화를 통해서 극복하려고 한다. 니체는 사람들로 하여금 고통스런 것으로 보였던 현실을 긍정할 만한 힘을 갖게 함으로써 사람들의 고통을 치유하려고 하는 것이다. 이와 유사하게 불교도 고통의 진정한 극복은 현실의 변혁보다는 우리가 자신의 허구적인 자아에 대한 집착을 버리는 정신적인 변화에 의해서만 가능하다고 본다.

나중에 상세히 살펴보겠지만 니체든 불교든 우리의 정신 상태에 따라서 세계가 달리 나타난다고 보며, 이에 따라서 니체와 불교는 고통의 현실을 궁극적으로 극복하는 유일한 방법은 우리가 우리의 정신을 바꾸는 것이라고 본다. 불교는 일체유심조(一切唯心造)를 주장하면서 세계가 고통으로 보이는 것은 자기중심적인 마음 때문이라고 보고 우리가 마음만 바꾸면 세계는 더 이상 고해세상이 아니라고 본다. 이와 유사하게 니체도 우리가 연약한 힘에의 의지를 강건한 힘에의 의지로 바꿀 때 세상은 그것에 존재하는 고통과 갈등에도 불구하고 숭고하고 완전한 세계라고 본다.

둘째, 니체든 불교든 내세나 유토피아뿐 아니라 그 어떠한 소유물에도 의존하지 않는 독립적인 정신을 지향한다. 즉, 니체와 불교는 우리에게는 그 어떠한 고통도 흔쾌하게 긍정하거나 여여(如如)하게 받아들일 수 있는 무한한 잠재력이 존재한다고 본다.

이렇게 니체와 불교 사이에는 부인할 수 없는 유사성이 존재하지만 이러한 유사성은 일종의 구조적 유사성이며 이러한 유사성의 이면에는 미묘하면서도 근본적인 차이가 존재한다. 그러나 이러한 차이를 살펴보기 전에 Ⅲ장에서는 니체의 불교 해석과 평가를 살펴본 후 Ⅳ장에서는 그것에 대해서 비판적으로 검토하고자 한다. 이러한 비판적 검토의 토대 위에서 V장 이후부터는 니체와 불교 사이의 차이에 대해서 고찰할 것이다.

Ⅲ
니체의 불교 해석과 평가

❁

　우리는 이상에서 삶의 고통과 염세주의를 극복한다는 것을 니체와 불교 양자에게 공통된 문제의식으로 보면서 그러한 문제의식을 중심으로 하여 니체와 불교의 핵심사상을 살펴보았다. 우리는 이와 함께 니체와 불교는 문제의식뿐 아니라 문제를 극복하는 방향에서도 큰 유사성을 갖는다는 사실을 확인할 수 있었다. 그러나 이러한 유사성에도 불구하고 니체는 광기에 빠지기 1년 전에 쓴 『안티크리스트』에서도 여전히 불교를 허무주의적이고 데카당한 종교라고 비판하고 있다. 니체는 자신의 저작들 도처에서 불교에 대해서 산발적으로 언급하고 있을 뿐이지만 『안티크리스트』에서는 그것의 기원과 본질적 성격에 대해서 본격적으로 논하고 있다.[*77] 이 점에서 『안티크리스트』는 불교에 대한 니체의 이해와 평가가 가장 집약적으로 정리되어 있는 책이라고 할 수 있다. 아래에서는 『안티크리스트』를 중심으로 하여 니체가 펼치고 있는 불교 해석과 불교 비판을 고찰해 볼 것이다.

---

[77] | 니체는 *Der Antichrist*의 20, 21, 22, 23번에서 불교를 기독교와 비교하면서 그것의 기원과 본질적 성격에 대해서 규명하고 있다.

1 위생법으로서의 불교

니체는 『안티크리스트』에서 불교를 기독교와 비교하면서 그것의 기원과 본질적 성격에 대해서 규명하고 있다. 니체는 한편으로는 불교를 기독교와 마찬가지로 염세주의적이며 데카당한 종교라고 보면서도[78] 다른 한편으로는 불교가 기독교보다도 훨씬 뛰어난 종교라고 평가하고 있다. 니체는 불교가 기독교보다도 더 뛰어나다고 보는 다음의 두 가지 이유를 들고 있다.

첫째로, 기독교가 인간의 고통이 궁극적으로 원죄로부터 비롯되었다고 보면서 인간의 고통의 원인을 신화적으로 설명하는 것에 반해서 불교는 인간의 고통이 어디서 비롯되었는지를 인간 삶의 현실에 대한 냉정한 관찰을 통해서 해명하려고 한다. 이 점에서 니체는 불교가 기독교보다 훨씬 현실주의적이고 실증주의적이라고 평가한다. 심지어 니체는 "불교는 역사가 우리에게 제시하는 단 하나의 유일한 실증주의적 종교다"라고까지 말하고 있다.[79]

둘째로, 기독교가 선과 악의 기준이 신에 의해서 영원히 불변적으로 정해져 있는 것으로 보는 반면에, 불교는 인간의 고통을 극복하는 데 도움이

---

[78] F. Nietzsche, *Der Antichrist*, 20번 참조.
[79] 위의 책 같은 곳 참조.

되는 행위는 선한 것이고 인간의 고통을 극복하는 데 도움이 되지 않는 행위는 악으로 간주한다.[80] 불교가 갖는 이러한 두 번째 특징은 물론 그것이 갖는 첫 번째 특징인 현실주의적이고 실증주의적인 성격과 밀접한 연관이 있다.

즉, 불교에서는 무엇이 선이고 무엇이 악인지는 신에 의해서가 아니라 인간의 행복과 고통 그리고 행위 사이에 존재하는 인과관계에 대한 엄밀한 관찰에 의해서 정해져야 한다고 보는 것이다. 이와 함께 불교는 우리가 계율들을 지켜야 할 이유를, 그것들이 어떤 인격적인 신에 의해서 주어진 무조건적이고 영원한 명령이라는 데서 찾지 않고 그것들이 고통을 극복하는 데 도움이 된다는 데서 찾는다. 기독교에서는 신의 계율을 지키지 않는 것은 죄가 되지만 불교의 경우에는 계율을 지키지 않는 것은 자신을 더욱 괴롭게 만드는 어리석음이 되는 것이다. 따라서 불교는 신이 정한 율법에 대한 위반으로서의 이른바 '죄'에 대한 투쟁이 아니라 오히려 '고통'에 대한 투쟁을 주창한다.

니체는 이상과 같이 기독교에 비해서 불교를 긍정적으로 평가한 후, 불교가 나타나게 된 생리적인 조건들을 제시하면서 불교의 본질적 성격을 위생학 내지 치료학으로 규정하고 있다.

우선 니체는 불교가 이미 문명이 성숙할 대로 성숙한 당시의 인도 상류사회에서 비롯되었다는 사실에 주목하면서 불교는 개인들의 건강한 본능이 손상을 입고 지나치게 정신적으로 섬세한 감수성이 발달한 생리적인 조건 아래서 생성되었다고 보고 있다.[81]

니체는 어떤 하나의 사건에 대해서 사람들이 느낄 수 있는 고통의 정도는 매우 다양하다고 본다. 동일한 부상이나 상처라 할지라도, 동물들이나

---

80 | F. Nietzsche, *Der Antichrist*, 20번 참조.
81 | 위의 책 같은 곳 참조.

야만적인 상태의 인류 혹은 고도로 문명화된 사회의 인류 각각이 그것에 대해서 느끼는 고통의 정도는 크게 다르다는 것이다. 자연이나 이웃부족과 줄기차게 싸우고 숱한 상처를 입으면서 먹을 것을 마련해야 했던 야만적인 상태의 인류가 대수롭지 않게 넘어갈 상처라도 고도로 문명화된 사회에서 살고 있는 현대인들은 호들갑을 떨면서 고통을 호소하는 것이다. 이와 관련하여 니체는 문명화된 사회의 히스테리컬한 여인이 겪을 수 있는 어떤 자그마한 고통도 수백만 마리의 동물들이 오랜 기간 동안 겪어 온 모든 고통들을 다 합한 것보다 더 클 것이라고 말하고 있다.

이런 맥락에서 니체는 불교가 출현할 당시 인도의 지적인 상류사회는 정신적인 개념작업에 오랫동안 몰입함으로써 어떤 고난에 부딪혀도 그것들을 대수롭지 않게 넘길 정도의 전투적이면서도 강건한 본능을 상실하게 되었고 이에 따라서 그들은 고통을 잘 느끼는 민감한 감수성을 생리적인 조건으로 갖게 되었다고 보고 있다. 단적으로 말해서 니체는 불교는 이미 완숙에 이른 문명에서 정신적으로 피로하게 된 지적인 상류층을 위한 종교라고 보는 것이다. 그들 지적인 상류층은 정신적으로 피로하고 늙어버려서 행동을 기피하고 내적인 평안만을 추구한다는 것이다. 따라서 니체는 불교는 발랄하고 왕성한 정신의 소유자들이 신봉할 만한 종교는 아니라고 말하고 있다.[82]

단적으로 말해서 니체는 불교가 삶에 대한 피로에서 비롯된 종교이고 불교에는 또한 삶에 대한 피로감이 깃들어 있다고 본다. 무엇보다도 니체는 현실과 삶의 본질을 고통으로 보는 불교의 염세주의에서 그러한 피로감의 냄새를 맡는다. 즉, 니체는, 고통으로부터의 해방을 추구하면서 현실을 부정하고 고립된 내면의 평화에로 도피하려고 하는 불교의 밑바닥에는 고통에 대한 두려움이 작용하고 있다고 생각하며 불교가 고통을 이렇게

---

82 | F. Nietzsche, *Der Antichrist*, 22번.

두려워하는 것은 힘에의 의지가 피로해지고 허약해졌기 때문이라고 보는 것이다.

니체는 불교가 나타날 당시의 인도의 지적인 상류층을 규정하고 있던 생리적인 조건 아래에서는 우울증이 쉽게 발생할 수 있다고 보면서 부처의 가르침은 이러한 우울증을 극복하는 데 도움이 되는 위생법적인 성격을 띤다고 본다. 불교는 사람들이 우울증을 극복하고 사람들에게 정신적인 건강함과 밝음을 되찾는 방법을 알려주려고 한다는 것이다. 니체가 불교의 위생법으로 제시하고 있는 것을 우리는 다음 네 가지 정도로 정리할 수 있을 것이다.[*83]

첫째, 외부세계와 단절하면서 개념적인 작업에만 몰두하면 우울증에 걸리기 쉬우므로 골방에서 개념적인 작업에 몰두하지 말고 광활한 대기 속에서 생활할 것.

둘째, 식생활에서의 절제와 선택. 항상 맑은 정신을 유지하는 것을 방해할 수 있는 음식물들, 특히 술에 대한 경계.

셋째, 모든 격정을 금하고 항상 평안하고 밝게 하는 상념들을 가질 것. 자신을 위해서도 타인을 위해서도 번뇌하지 않을 것.

넷째, 복수심, 반감, 원한, 강제 등은 정신적으로 건강하지 못하게 만들므로 항상 선량함과 친절을 유지할 것.

---

83 | F. Nietzsche, *Der Antichrist*, 20번 참조. 닛타 아키라는 니체가 여기서 전개하고 있는 불교 해석을 올덴베르크가 그의 책 *Buddha. Sein Leben, seine Lehre, seine Gemeinde*에서 행하고 있는 불교 해석과 대조하면서 니체의 불교 해석이 올덴베르크의 영향을 크게 받은 것이라는 사실을 보여 주고 있다. 新田 章(닛타 아키라), 「ヨーロッパの佛陀' 對 'インドの佛陀」, 「ニーチエ」, 實存思想論集 IX(제2기 제1호), 理想社, 1994. 73쪽.

2 기독교와 불교의 대비

　더 나아가 니체는 이상과 같이 자신이 위생법으로 해석한 불교에 비추어 기독교를 신랄하게 비판하고 있다. 우리는 이하에서 기독교에 대한 니체의 비판을 불교에 대한 그의 평가와 비교하면서 니체가 불교의 본질적 특성을 어떻게 파악하고 있는지를 보다 분명하게 살펴볼 것이다.

　니체는 기독교는 불교와는 달리 학문을 한 상층계급에서 비롯된 것이 아니라 정복된 자들과 억압받는 자들에게서 비롯되었다고 본다.*[84] 따라서 기독교는 정복자들과 억압자들에 대해서 정복된 자들과 억압받는 자들이 행하는 일종의 정신적인 복수라는 성격을 가지고 있다. 기독교도들은 지상의 지배자들을 사탄으로 생각하면서 이들이 지옥에 떨어질 것이라고 믿으며, 지옥에서 이들이 고통받는 모습을 천국에서 지켜 볼 자신의 모습을 상상하면서 만족해한다.*[85] 아울러 기독교도들은 지상의 지배자들은 '육체'에만 관심이 있는 반면에 자신들은 오직 '영혼'에만 관심이 있다고 말하면서 자신들이 지배자들보다 더 우월하다고 믿는 방식으로 자신들의 힘에의 의지를 만족시킨다.

　이 점에서 니체는, 기독교는 학문에 몰두하면서 객관성을 추구하다가 정신적으로 피로해진 상층계급이 겪고 있던 우울증에 대한 치유책이라는

---

84 | F. Nietzsche, *Der Antichrist*, 21번 참조.
85 | F. Nietzsche, *Zur Genealogie der Moral*, Erste Abhandlung, 15번 참조.

성격을 가지고 있는 불교와는 정반대의 성격을 가지고 있다고 본다. 즉, 니체는 불교는 모든 원한과 적개심으로부터 해방된 쾌활한 상태를 지향하는 반면에, 기독교는 정복된 자들과 억압받는 자들이 자신들을 괴롭히던 자들에 대해서 가지고 있던 원한과 적개심을 반영하고 있을 뿐 아니라 그러한 원한과 적개심을 정당하면서 심화하고 있다고 보고 있다.

니체는 기독교가 갖는 이러한 근본적 성격으로 인해서 기독교는 세부적으로는 다음과 같은 내용과 성격을 갖게 된다고 본다.[*86]

첫째, 기독교는 지배자들이 갖춘 정신, 긍지, 용기, 자유, 정신의 방종, 감각적 향유 등을 증오하며 감각의 기쁨과 지상에서의 기쁨 일반을 증오한다.

둘째, 이와 함께 기독교에서는 이른바 지상에 속하는 모든 것들, 즉 육체와 본능적인 충동은 죄악시되며 이에 따라서 위생이나 목욕을 비롯해서 육체를 돌보는 것은 경멸스런 행위로 간주된다. 따라서 기독교는 자신과 타인들에 대해서 잔인한 면이 있다.

셋째, 기독교에서는 육체와 본능과 끊임없이 투쟁하지만 그것들의 불가항력적인 힘을 경험하기 때문에 사람들은 끊임없이 자신의 죄를 고백하고 자책하고 열정적으로 용서를 간구한다. 불교 사원에는 적정이 지배하는 반면에 기독교에서는 죄를 고백하는 용서를 갈구하는 통곡이 지배한다. 즉, 기독교에서는 불교에서처럼 명랑, 평정, 무욕이 추구되는 것이 아니라 자신들의 죄를 용서해 줄 하느님이라 불리는 권력자를 둘러싼 격정이 부단히 유지된다.

넷째, 불교가 밝은 상념들을 북돋우려고 하는 반면에, 기독교에서는 죄와 지옥의 형벌과 같은 음산하면서도 자극적인 생각들이 전면에 나와 있

---

86 | F. Nietzsche, *Zur Genealogie der Moral*, Erste Abhandlung, 15번 참조.

다. 기독교에서 가장 열렬히 추구되고 가장 높은 이름으로 칭송되는 상태, 이른바 신과 만나는 상태는 간질병적인 상태다. 따라서 기독교에서는 섭생법도 병적인 현상들을 조장하고 신경을 과도하게 자극시키는 방식으로 행해진다.

다섯째, 불교가 광활한 대지를 찾는 반면에, 기독교는 은밀하고 어두운 공간을 찾는다. 기독교에는 공개적인 성격이 결여되어 있다. 이는 기독교에서 죄의 고백이 중요한 역할을 한다는 것과 연관되어 있다.

여섯째, 불교에서는 완전하고 최고의 상태는 인간 자신의 힘으로 도달할 수 있는 것으로 간주되는 반면에, 기독교에서는 최고의 것은 도달 불가능한 것으로 간주되며 신의 선물이나 은총으로 여겨진다.

일곱째, 불교가 자신을 다른 종교에 강요하지 않으려고 하는 반면에, 기독교는 자기와 다른 생각을 가진 자들을 증오하고 박해하려고 한다. 이는 기독교가 인간의 죄를 용서해 줄 유일한 신에 대한 철저한 복종을 주창하기 때문이다. 이에 반해서 불교는 인격신과 같은 관념은 인간이 삶에서 느끼는 불안과 공포를 해소하기 위해서 만들어낸 허구적인 관념으로 본다. 그러나 불교는 경우에 따라서는 이러한 허구가 인간을 정신적으로 건강한 상태로 만드는 데 도움이 될 수도 있다고 보는 점에서 관용적인 종교다. 보다 상세하게 말하자면, 불교는 서방정토에서 인간을 구원하는 아미타불이라는 관념이 허구라고 보면서도, 그러한 관념은 정신력이 약한 많은 사람들이 일정한 단계에까지 그들의 정신력을 강화하는 데 도움이 될 수 있을 것이라고 보면서 그러한 관념을 인정한다. 불교에서 배격하는 것은 그러한 관념의 실재성을 주장하면서 그러한 관념만이 절대적인 진리라고 믿을 것을 강요하는 독단이다. *87

---

87 | 기독교가 갖는 이 일곱 번째 특성에 대한 서술은 필자가 니체의 간략한 언급을 크게 보완한 것이다. 이와 관련하여 니체는 "자신과 타인에 대한 어떤 잔인성, 그것이 기독교적인 것이다. 자기와 다른 생각을 가진 자들에 대한 증오, 박해하려는 의지도 마찬가지다"라고 말하는 데 그치고 있다.
F. Nietzsche, *Der Antichrist*, 21번 참조.

그런데 니체는 로마제국의 공인을 받은 후 게르만족을 비롯한 야만민족들 사이에 퍼지게 된 기독교는 원래의 기독교와는 탄생 배경과 성격을 약간 달리한다고 본다.*88

니체에 따르면 원래의 기독교는 고대 로마제국의 최하층계급에서 탄생했으며 그 계급의 특성을 반영하고 있다. 그러나 기독교가 콘스탄틴 대제에 의해서 공인되고 권력을 장악한 후 보다 큰 권력을 추구하면서 게르만족과 같은 야만민족들 사이로 전파되었을 때 그것이 받아들여졌던 조건은 기독교가 원래 탄생했던 조건과는 전적으로 달랐다. 이 야만민족들은 고대세계의 최하층계급처럼 '지배와 억압에 의해서 삶에 지치고 피폐해진' 자들이 아니라 '강하지만 좌절한' 인간들이었다. 이들은 강했지만 로마제국의 지배 아래서 '자신의 강함을 외부로 발산할 수 없었던' 인간들이었다.

이에 따라서 이들은 자기 자신에 대한 불만과 괴로움으로 시달리고 있었다. 그러나 이러한 불만과 괴로움은, 초기의 기독교인들이나 불교도들의 경우처럼 고통에 대한 지나친 민감성 때문이 아니라 오히려 자신들의 강렬한 힘을 외부로 방출할 수 없었다는 데서 비롯된다. 이때 기독교가 들어와 이들의 강렬한 힘을 그들 자신의 내부로 향하도록 부추기게 된다. 즉, 그들은 기독교의 이원론에 설복되어 자신의 본능과 육체를 악마가 깃들어 있는 것으로 보면서 그것들을 학대하는 데 자신들의 힘을 쏟는다. 그들은 로마제국의 지배 아래서 자신이 내부에서 느끼는 내적인 긴장과 불만을 자신에 대한 적대적인 행위와 생각들의 형태로 방출하는 것이다. 이러한 방식으로 그들은 기독교에 의해서 길들여지며, 기독교는 이러한 야만인들을 지배하고 길들이기 위해서 야만적인 개념들과 가치들을 사용했다. 즉, 기독교는 첫 자식을 제물로 바치는 것, 성찬식에서 피를 마시는 것, 정신과 문화에 대한 경멸, 육체적이거나 비육체적인 형식의 온갖 고

---

88 | F. Nietzsche, *Der Antichrist*, 22번 참조.

문, 어마어마하게 화려한 예배 등을 이용했다.[*89]

　이에 반해서 불교는 냉정하며 객관적이다. 따라서 불교도는 괴로울 때 괴롭다고 말할 뿐이며 자신의 무명으로 인해서 괴롭다고 말할 뿐이다. 그러나 야만인에게는 괴로워하고 고통스러워 한다는 것은 창피한 일이다. 야만인들은 거친 자연과 싸우면서 고통과 괴로움을 우스운 것으로 보았던 오랜 역사를 가지고 있기 때문에 자신들이 고통과 괴로움을 겪고 있다는 사실을 수치스런 것으로 보는 것이다. 따라서 그들의 이 오랜 본능은 자신이 괴로움을 겪고 있다는 사실을 부정하고 묵묵히 인내하라고 가르치며, 설혹 자신이 괴로움을 겪고 있다는 사실을 자신에게 인정하더라도 우선 하나의 해석을 필요로 한다. 즉, 그는 자신이 고통스러워하는 것은 막강한 '악마'에 의한 것이라고 생각하는 것이다. 자신은 전지전능한 신만이 구해줄 수 있을 정도의 악마로 인해 괴로워하는 것이기 때문에 괴로움을 겪는다는 사실을 더 이상 부끄러워할 필요가 없는 것이다.

　기독교의 이러한 방법을 니체는 맹수를 길들이는 방법이라고 본다. 그러나 이러한 방법은 맹수를 길들이되 그것을 병들게 하고 자신을 물어뜯게 하는 방식으로 길들인다.

---

89 | F. Nietzsche, *Der Antichrist*, 22번 참조.

3 진리와 객관성에 대한 불교와 기독교의 입장 차이

불교와 기독교에 대한 이러한 평가에 입각하여 니체는 불교는 피로하고 종말에 달한 문명을 위한 종교이지만, 기독교는 아직 문명의 맹아도 보지 못했다고 말하고 있다. 불교는 고대세계의 최하층계급이나 강하지만 좌절한 야만종족을 위한 종교가 아니라, "노년의 인간들(späte Menschen)을 위한 종교, 선량하고 부드러우며 지나치게 정신화되어 고통에 너무 민감한 종족들을 위한 종교"이며,[*90] "아름다운 저녁, 완성된 감미로움과 온화함"을 표현하는 종교라고 말하고 있다.[*91] 불교는 지나치게 문명화되어 약화된 종족들을 평온하고 명랑한 상태로 인도한다는 것이다.[*92] 이에 대해서 기독교는 로마제국이라는 문명세계에서 문명을 접하지 못한 최하층계급이나 아직 문명에 접한 적도 없는 야만종족들을 병들게 하는 방식으로 문명으로 이끈다.

니체가 기독교가 아직 문명에 접하지 않았다고 보는 것은 기독교는 아직 객관성보다는 믿음을 중시하고 있다고 보는 것과도 밀접한 연관이 있다.

---

90 | F. Nietzsche, *Der Antichrist*, 22번 참조.
91 | F. Nietzsche, *Der Wille zur Macht*, 154번.
92 | 이런 맥락에서 니체는 아직 유럽은 불교를 받아들일 정도로 성숙하지 못했다고 본다. 유럽은 불교가 탄생했을 때의 인도의 지식상류계층처럼 오랜 기간 객관적인 사고에 몰입함으로써 건강하고 야성적인 본능을 상실하면서 민감한 감수성을 갖게 된 상태까지는 이르지 않았다고 보는 것이다. 니체의 이러한 시각에 따르면 최근 유럽과 미국에서의 불교의 광범한 전파도 이렇게 유럽인들과 미국인들의 감수성이 변하고 있다는 데서 찾아야 할 것이다. 서구는 근대과학의 대두와 함께 신이나 죄와 같은 허구적인 개념들을 끌어들이지 않고 세계를 냉정하게 설명하게 되었다. 니체의 입장을 수용할 경우 우리는 이렇게 지적인 객관성을 갖춘 인간들의 수가 증대되고 또한 물질적인 풍요가 증대되면서 서구인들은 고통에 민감하게 되고 불교도들처럼 정신적인 평화와 안정을 추구하게 되었다고 설명할 수 있을 것이다.

불교가 객관적인 탐구를 중시하는 반면에, 기독교는 어떤 것이 참인지 아닌지는 그 자체로는 전혀 중요하지 않으며 그것이 최고의 중요성을 갖는 것은 그것이 참이라고 믿어지는 한에서라고 생각한다. 예를 들어서, 만약 죄로부터 구원받았다고 믿는 데에 행복이 있다면 이를 위해서 필요한 전제는, 자신이 실제로 죄를 지은 자라는 것이 아니라 오히려 자기에게 죄가 있다고 느끼는 것이다. 이렇게 가장 중요한 것이 진리 자체가 아니라 믿음이라면, 이성, 인식, 탐구는 좋지 못한 것으로 취급되어야만 한다. 즉, 진리로 향하는 길은 기독교에서는 금단의 길이 된다.[*93]

니체는 이러한 사실을 기독교의 세 가지 주요 덕목들인 신망애에도 적용한다. 강한 희망은, 우리가 어쩌다가 맛보는 현실적인 어떠한 행복보다도 삶에 훨씬 더 강력한 자극제가 될 수 있다. 자기 자식이 나중에 대통령이 되고 아인슈타인처럼 훌륭한 과학자가 될 것이라는 믿음은, 부모들이 어쩌다가 맛보는 실제의 행복보다도 부모들에게는 더 강한 삶의 자극제가 될 수 있다. 이러한 원리에 따라서 기독교는 고통받는 자들에게 그 어떠한 현실을 통해서도 반박될 수 없고 실현됨으로써 없어질 가능성이 없는 희망인 피안에 대한 희망을 심어줌으로써 그들을 격려하려고 한다. 이에 비해서 불교는 인간이 고통을 맛보고 행복을 느낄 수 있는 조건들을 냉철하게 탐구하면서 사람들로 하여금 행복을 느낄 수 있는 조건들을 현세에서 실현하도록 촉구한다.[*94]

아울러 기독교는 자신이 가장 중요한 덕목으로 꼽는 신에 대한 사랑을 북돋우기 위해서, 실재 자체보다는 어떤 것을 실재라고 믿는 것이 더 중요하다고 보는 기독교도의 근본전제에 따라서 사람들의 은밀한 열정에 호소하는 것을 서슴지 않는다. 신에 대한 사랑이 가능하자면 신은 인격적인 존재라는 성질을 가져야만 한다. 그리고 사람들에게 신의 이미지가 강한 호

---

93 | F. Nietzsche, *Der Antichrist*, 23번 참조.
94 | 위의 책 같은 곳 참조.

소력을 가지려면 그것은 사람들의 가장 밑바닥 본능인 성적인 본능을 자극할 수 있어야 한다. 따라서 신은 젊어야 하며 여성들의 열정을 만족시키기 위해서는 잘생긴 성자인 예수를, 남성들의 열정을 만족시키기 위해서는 마리아 같은 아름다운 성녀를 전면에 내세워야만 한다. 니체는 기독교가 선택한 이러한 신적인 이미지들은, 아도니스 혹은 아프로디테 숭배가 행해졌던 곳에서 기독교가 뿌리를 내리기 위한 중요한 조건이라고 본다.

아울러 기독교는 신에 대한 믿음과 사랑을 더욱 강화하기 위해서 사람들에게 육체적인 정결을 요구한다. 사람들은 성적인 본능이 억제당하기 때문에 신적인 존재를 더욱 더 격렬하게 사랑하고 숭배한다. 즉, 충족되지 않는 성적인 본능과 이에 따른 격렬한 사랑의 마음상태에서 사람들은 사물들을 그것들의 실제와 가장 어긋나게 보게 된다. 그러한 마음상태에서 환상을 만들어 내고 그것을 감미롭고 성스러운 존재로 변용시키면서 그것을 실제적인 존재로 믿는 힘은 정점에 달한다. 그리고 사람들은 이러한 사랑에 빠져 있을 때 더욱 잘 견디며 어떠한 고통도 달게 받아들인다. 사랑의 마음으로 사람들은 삶에서 일어나는 최악의 것도 넘어선다. 이 때문에 기독교는 사람들로 하여금 신을 어떻게든 사랑하게 만드는 것을 가장 중요시했다.

니체는 기독교의 세 가지 덕목인 믿음, 소망, 사랑이 이렇게 객관적인 사고나 관찰보다는 철저하게 허구를 두었음을 드러내고 있다. 니체는 바울과 같은 사람은 이러한 것들을 허구인 줄 알면서도 그러한 허구들을 통해서 대중을 지배하기 위해서 만들어 내었다고 본다. 이런 의미에서 니체는 그러한 세 가지 덕목을 기독교의 세 가지 영리함이라고 부르고 있다. 이에 반해서 불교는 이런 식으로 영리하기에는 너무나 나이가 들었고 너무나 실증주의적이라고 니체는 말하고 있다.[95]

---

[95] F. Nietzsche, *Der Antichrist*, 23번 참조.

4 위생법으로서의 니체의 철학

 니체가 이렇게 『안티크리스트』의 도처에서 불교를 기독교와 비교하면서 불교의 긍정적인 점을 부각시키고 있기 때문에, 사람들은 니체가 자신의 철학적 지향점을 불교의 지향점과 일맥상통한다고 보면서 불교를 전적으로 긍정적으로 보고 있다고 오해할 수 있다. 이러한 오해는 니체의 철학도 불교와 마찬가지로 어떤 의미에서는 위생법이고 치료법이라고도 볼 수 있기 때문에 일부 연구자들 사이에서 상당히 깊게 뿌리내리게 되었다.

 우리가 니체의 문제의식과 핵심사상을 고찰하면서 이미 보았던 것처럼 니체는 그의 사유도정 전체에 걸쳐서 유럽인들이 신체적으로나 정신적으로 건강한 삶을 회복하는 것을 돕는 것을 목표했다. 니체가 그의 사유도정의 처음부터 끝까지 플라톤적인 형이상학과 기독교를 비판했던 것도 그것들이 사실과 부합되지 않는 허구라는 점보다는 인간들이 건강한 삶을 누리는 것을 방해한다고 생각했기 때문이다.

 특히 말년의 니체는 '도덕적인 편견들에 대한 사상'이라고 부제를 붙인 『아침놀』과 『선악의 저편』(1886), 『도덕의 계보』(1887) 등의 일련의 저작에서 플라톤적인 형이상학과 기독교에 의해서 규정되어 있는 서양의 도덕적인 편견들이야말로 인간들의 건강한 삶을 불가능하게 하는 것이라고 보면서 그러한 도덕적 편견들과의 대결을 자신의 과제로 삼았다. 이러한 편견들은 플라톤 이래 유럽의 철학과 종교를 지배해 왔으며, 그것들은 도덕의 기원을 인간들의 감성적인 충동이나 욕구와 같은 경험적인 심리에서 찾는 것이 아니라 이데아의 세계나 아니면 신의 계시 혹은 이른바 선험적인 양심에서 찾는다. 이와 함께 그것들은 인간이 따라야 할 도덕적 규범들은 시대와 상황을 불문하고 무조건적으로 타당한 초월적인 성격을 갖는다고 본다.

니체가 이러한 편견들을 비판하는 것은 그러한 편견들이 사실과 부합되지 않기 때문만이 아니라 그것들이 사람들의 나약함과 비겁함에서 비롯되었다고 보기 때문이다. 사람들이 변화무쌍하고 결국은 죽음으로 끝나는 덧없는 현실을 자신의 힘으로 견뎌나갈 힘을 갖지 못하기 때문에 가공의 신에 의존하는 것과 마찬가지로, 사람들은 변화무쌍한 현실에서 유연하게 대처할 수 있는 건강하고 강인한 힘을 갖지 못하기 때문에 이른바 무조건적인 도덕법칙에 의지하고 집착함으로써 정신적인 안정감을 확보하려고 하는 것이다.

그러나 초월적인 신이나 도덕에 대한 믿음은 사람들에게 일시적으로는 위로를 줄지 모르지만 사람들을 더욱 나약하고 비겁하게 만들 뿐 아니라 더욱 병적으로 만든다. 즉, 덧없이 생성 변화하는 현실에 대해서 사람들이 느꼈던 불안과 두려움은 초월적인 신적인 존재나 절대적인 도덕규범에 의지함으로써 사라지는 것이 아니라 이제는 이것들에 대한 불안과 두려움으로 변형되어 나타난다. 이제 사람들은 자신이 초월적인 신과 양심의 명령을 어기지 않았는지에 대해서 불안해하고 죄책감에 시달리게 되는 것이다.[96]

따라서 니체는 영혼을 근본적으로 치유하는 길은 초월적인 신이나 도덕 그리고 그것에 따르는 순수정신을 상정함으로써 가공의 위안을 제공하는 것이 아니라 인간이 자신의 운명을 스스로 흔쾌하게 짊어지고 긍정할 수 있을 정도로 건강하고 강인한 존재로 변하는 것이라고 본다. 이와 관련하여 니체는 자신을 영혼의 치유사라고 본다. 자신은 인류가 느끼고 있는 고

---

96 | 니체, 『아침놀』, 39번 참조.

통의 근본적인 원인을 탐색하고 그것을 치유할 수 있는 진정한 방법을 모색하는 자라는 것이다.[97]

이런 의미에서 니체는 자신의 철학도 불교와 마찬가지로 일종의 위생법이라는 사실을 인정하지만 그럼에도 불구하고 자신의 위생법은 근본적으로 다른 성격을 갖고 있다고 본다. 즉, 니체는 자신의 위생법은 사람들을 발랄하면서도 강건한 생명력을 갖게 하는 것인 반면에, 불교의 위생법은 피로하고 지쳐버린 사람들을 위로하고 평온하게 하는 위생법에 불과하다고 보는 것이다. 다시 말해서 니체 자신의 위생법은 사람들로 하여금 고통을 오히려 요청할 정도로 강인한 정신으로 고양하는 위생법이라면, 불교의 위생법은 사람들로 하여금 고통을 완화하게 하고 고통을 피하게 하는 방법을 알려주는 위생법이라는 것이다.

---

97 | 니체, 『아침놀』, 52번 참조.

5 예수와 부처의 동일성

『안티크리스트』에서 니체가 불교에 대해서 취하는 궁극적인 입장은 예수에 대한 그의 견해에서 보다 분명하게 드러나고 있다.

앞에서 본 것처럼 니체는 기독교를 불교와 비교하면서 신랄하게 비판하고 있지만, 이러한 기독교는 바울이 해석한 기독교이지 예수가 구현하려고 했던 참된 정신은 아니라고 보았다. 니체가 예수가 구현하고자 했던 참된 정신으로 주장하고 있는 내용을 보면 불교와의 유사성이 눈에 띈다. 니체는 예수가 지향한 삶의 형태는 불교가 지향한 삶의 형태와 본질적으로 동일한 것으로 보고 있으며 더 나아가 그는 예수의 운동을 일종의 불교적 평화 운동이라고까지 말하고 있다.

니체는 특히 예수를 영웅이자 천재로 본 르낭의 해석을 비판하면서 예수의 정신에 대해서 다음과 같이 말하고 있다.[98]

첫째, 예수가 영웅이고 천재라는 르낭의 해석과는 반대로 예수는 자신뿐 아니라 모든 사람이 하느님의 아들이라고 믿었으며 하느님의 아들로서 모든 사람은 동등하다고 믿었다. 또한 예수는 오히려 모든 싸움을 피하고 자신이 투쟁 상태에 있다는 모든 느낌에서 벗어날 것을 가르쳤다. 악에 저항하지 말고 애초부터 저항할 능력조차 갖지 말라는 것이며 그 결과 얻어지는 평화, 온유함, 적의를 갖지 않고 모든 사람을 형제처럼 사랑하는 것

---

[98] F. Nietzsche, *Der Antichrist*, 29번~35번 참조.

에서 영원하고 완전한 행복을 발견하라는 것이다. 따라서 예수는 완전한 행복이 내세에 있다고 말한 것이 아니라 우리의 마음속에 있다고 보았다. '하느님 나라는 너희 안에 있다'는 것이다.

둘째, 이 점에서 니체는 예수는 위대한 상징주의자라고 말하고 있다. 그는 오직 내적 실재만을 실재로서, 즉 '진리'로서 간주했으며 자연적인 것, 시간적인 것, 공간적인 것, 역사적인 것은 모두 상징으로만, 즉 비유를 위한 수단으로만 이해했다. 예를 들어 위에서 본 것처럼 '하느님 나라' 내지 '천국'이라는 것은 마음의 한 상태일 뿐이며 '지상을 넘어서' 존재하는 특정한 공간적인 차원이나 '죽은 후에' 오는 특정한 시간적인 차원과는 전혀 무관한 것이다. 그리고 '신의 아들', '아버지인 신', '천국'은 모두 어떤 심리적 상태를 가리키는 상징이다. '신의 아들'이라는 말은 모든 사물들이 성스럽게 총체적으로 변용되는 지복의 느낌으로 진입하는 사건을 상징하고 있으며, '아버지인 신'이라는 말은 이러한 느낌 자체, 즉 영원과 완성의 느낌을 상징하고 있다.

셋째, '기쁜 소식을 가져온 자'인 예수는 '인류를 구원하기' 위해서가 아니라 어떻게 살아야만 하는가를 보여주기 위해서 십자가 위에서의 죽음을 택했다. 그는 자신에 대한 모든 중상과 탄압에 대해서 저항하지 않았고 분노하지도 않았으며, 자신의 권리를 변호하지도 않았고 오히려 자신을 죽이려는 자들을 사랑했다. 예수가 인류에게 남긴 것은 이러한 삶의 모습이었다.

그러나 니체는 예수의 죽음 이후에 득세하게 된 실제의 기독교는 바울에 의해서 정립된 것이라고 보면서 바울을 예수와 대비해서 다음과 같이 묘사하고 있다.[99]

---

99 | F. Nietzsche, *Der Antichrist*, 41번~47번 참조.

첫째, 예수는 기쁜 소식을 전달했지만 바울은 화음, 즉 나쁜 소식을 만들어 낸 자다.

둘째, 바울은 '기쁜 소식의 전달자'와는 정반대의 유형이었으며, 그는 증오와 증오의 환상, 증오의 냉혹한 논리를 만들어 내는 데 있어서 천재였다.

셋째, 바울이 자신의 증오의 희생물로 삼은 자가 예수였다. 바울은 예수의 삶과 모범, 가르침과 죽음 그리고 복음 전체를 자신이 이용할 수 있는 것으로 만들어 버렸다. 그리고 그는 스스로 초대 기독교의 역사를 날조해 냈다. 그뿐 아니라 이스라엘의 역사가 구세주인 예수의 행위를 위한 전사(前史)로 보이게끔 왜곡했다. 즉, 모든 예언자들이 '구세주'에 대해 이야기하도록 만들어 놓았다.

넷째, 바울은 존재 전체의 중심을 존재의 배후로, 즉 내세의 피안세계로 옮겨 놓아 버렸다. 이에 따라서 그는 예수의 부활을 날조해 내었다. 근본적으로 그는 구세주의 살아 있는 삶을 전혀 이용할 수 없었다.

다섯째, 바울은 힘을 갖고 싶어 했고 이에 따라서 대중을 마음대로 지배하고 가축들로 만들 수 있는 개념과 가르침과 상징만을 이용할 수 있었다. 이러한 개념과 가르침과 상징 중에 영혼불멸과 최후의 심판만큼 좋은 수단은 없었다. 사람들은 최후의 심판에서 지옥에 떨어지지 않기 위해서 신의 권력을 위탁받은 자들인 바울을 비롯한 성직자들의 지배에 복종해야만 했다.

이른바 제도화된 기독교를 실질적으로 건립한 자로 지목되는 바울에 대한 이와 같이 극히 비판적인 서술과 예수에 대한 니체의 묘사는 너무나 대조되기 때문에, 니체가 예수를 극히 긍정적인 것으로 평가하는 것처럼 보일지도 모른다. 사실 예수의 정신과 제도화된 기독교 정신의 차이를 니체가 강조하고 있기 때문에 많은 연구자들이 니체가 예수를 긍정적으로 보았으며 심지어 니체가 말하는 초인은 예수와 동일하다는 어처구니없는 주장을 펴기도 했다.*100 그러나 니체는 예수를 '숭고한 것과 병적인 것과 유치한 것이 기이하게 결합되어 있는 가장 흥미 있는 데카당'이라고 보고 있다.*101

실로 니체는 하느님의 나라를 문자 그대로의 의미에서의 천국에서 찾지 않고 내면적인 평화에서 찾고 있는 예수의 정신이 비롯된 생리적인 조건을 부처의 정신이 비롯된 생리적인 조건과 동일한 것으로 파악하고 있다. 즉, 니체는 예수의 정신도 부처의 정신도 고통과 자극에 대한 지나친 민감성에서 비롯된 것으로 보고 있는 것이다. 그러한 상태는 어떤 것이든 단단한 물체에 닿기만 해도 그리고 그걸 쥐기만 해도 기겁을 하고 움츠러드는, 병적으로 민감한 촉각의 상태와 유사하다. 부처와 예수는 이러한 생리적인 상태로 인해서 모든 현실성을 본능적으로 증오하고 두려워하면서 '붙잡을 수 없는 것', '이해할 수 없는 것'으로 도피하고, 모든 형식, 모든 시간개념과 공간개념, 확고한 모든 것, 관습, 제도, 교회와 같은 모든 것에 대해서 반감을 가지며, 어떠한 종류의 현실도 건드리지 않는 세계인 '내적인' 세계에서 안주하는 것을 지향하게 된다.

또한 니체는 자신을 적대시하는 자들조차도 사랑하라고 하는 예수의 정신 역시 내면적인 평화를 희구하게 되는 생리적 조건과 동일한 조건 아래서 비롯되었다고 본다. 니체는 이렇게 말하고 있다.

---

100 | 물론 니체는 예수의 정신을 바울의 기독교 내지 제도화된 기독교의 정신과 본질적으로 다른 것으로 보면서 예수의 정신을 바울의 기독교나 제도화된 기독교의 정신보다는 긍정적으로 평가하고 있다. 그렇지만 니체가 예수의 정신도 근본적으로 데카당한 정신이며 수동적인 니힐리즘으로 보는 것에는 변함이 없다. 니체가 예수를 제도화된 기독교보다는 나은 것으로 보면서도 궁극적으로는 부정적으로 평가하는 것은, 그가 불교를 제도화된 기독교의 정신보다 우월한 것으로 보면서도 궁극적으로는 부정적으로 평가하는 것이나 마찬가지다. 그럼에도 불구하고 국내에서 행해진 일부 연구들은 니체가 예수를 전폭적으로 긍정하고 있다고 보거나 심지어 예수를 니체의 초인과 동일시하기도 했다. 이러한 해석은 분명히 오류이며 손경민은 「니체의 예수 해석 – 창조의 철학의 관점에서」(『철학연구』, 제107집, 대한철학회, 2008)에서 이러한 해석 방식에 대해서 설득력 있게 비판하고 있다. 그러나 손경민은 니체의 예수 해석에 대해서는 비판적으로 검토하고 있지는 않다.

101 | F. Nietzsche, *Der Antichrist*, 31번 참조.

"현실에 대한 본능적인 증오. 모든 접촉이 너무 강한 자극으로 다가오므로 더는 '접촉'을 원하지 않는, 고통과 자극에 대한 극단적인 감수성의 결과. 모든 종류의 반감, 적개심, 거리감, 경계에 대한 본능적인 배제. 모든 저항, 모든 저항하려는 욕구를 참을 수 없이 불쾌한 것으로 느끼며, …… 누구에게도, 어떤 것에도, 악에게도, 악인에게도 더는 저항하지 않는 것에서 행복을 알고, 사랑을 삶의 유일하고 궁극적인 가능성이라고 아는, 고통과 자극에 대한 극단적인 감수성의 결과. …… 고통에 대한 두려움은 …… 사랑의 종교가 아닌 다른 곳에서는 끝날 수 없다."[102]

니체는 예수가 고통과 자극에 대해서 극단적인 감수성을 가지고 있었기 때문에 고통에서 벗어나기 위해서 역시 극단적인 방법을 사용했다고 본다. 자신을 공격하는 사람에게 저항하거나 자신을 증오하는 사람을 증오하는 것은 우리에게 고통을 불러일으키고 우리를 소모시킨다.[103] 따라서 니체는 예수가 모든 종류의 반감, 적개심 등을 버리면서 자신을 공격하거나 증오하는 사람에 대해서도 그 사람을 불쌍하게 여기고 사랑하는 태도를 취하게 되었다고 보는 것이다.

니체는 여기서 무조건적인 사랑과 무저항을 설파한 예수의 생리적인 상태를 분석하고 있지만 니체는 이러한 예수의 생리적인 상태는 부처의 생리적인 상태라고 보았을 것이다. 왜냐하면 부처도 예수 못지않게 우리를 박해하는 자들에 대한 무저항과 사랑을 설파하고 있기 때문이다. 제자 부르나가 서방 수나아로 가서 가르침을 전파하겠다고 하자 부처는 포악한 수나아 사람들이 너를 죽인다면 어떻게 하겠느냐고 물었고, 다음과 같은

---

[102] F. Nietzsche, *Der Antichrist*, 30번.
[103] 이와 관련하여 니체는 원한이란 감정에 대해서 이렇게 말하고 있다.
"'원한 감정'보다도 더 빨리 사람들을 소모시키는 것은 없다. 노여움, 병적인 예민함, 복수에 대한 강렬하지만 무력한 욕구, 복수에 대한 갈망, 어떤 의미든 간에 독약을 섞는 것 – 이러한 것들은 쇠약한 자에게는 가장 불리한 반응 방식이다. 그러한 반응의 영향은 신경 에너지의 급속한 소모, 유해한 분비의 병적인 증가, 예를 들어서 위장에서 담즙이 병적으로 증가되는 것을 포함한다."
F. Nietzsche, *Der Wille zur Macht*, 204번.

부르나의 대답을 듣고나서야 부처는 부르나가 서방 수나아로 떠나는 것을 허락하였다.

"세존이시여, 만일 서방의 수나아 사람들이 혹 저를 죽인다면 저는 '모든 세존의 제자들은 마땅히 몸을 싫어하고 근심스럽게 여겨, 혹은 칼로 자살하고 혹은 독약을 먹으며 혹은 노끈으로 묶고 혹은 깊은 구덩이에 던져야 할 것입니다. 그런데 저 서방 수나아 사람들은 어질고 착하며 지혜스러워 내 썩어 무너질 몸을 조그마한 방편으로써 곧 해탈하게 한다'고 생각하겠나이다."*104

그러나 니체는 부처와 예수가 설파하는 이러한 온화함과 자비, 사랑은 한없이 작은 고통에 대해서마저도 공포를 느끼는 연약하면서도 극단적인 감수성을 갖는 자들이 자신의 에너지의 소모를 막고 정신적인 평화를 유지하기 위한 건강법에 지나지 않는다고 보는 것이다. 그들은 그렇게 연약하고 극단적인 감수성으로 인해서 모든 혐오, 모든 적의, 한계와 거리에 대한 모든 느낌을 불쾌한 것으로 보면서 악에든 악인에게든 더 이상 저항하지 않고 사랑함으로써 내면의 평화를 유지하려고 한다는 것이다.*105

이런 의미에서 니체는 예수에 대해서와 똑같이 부처에 대해서도 말하고 있다.

"[……] 원한에 대한 투쟁이 모든 불교도의 제일의 과제라고 여겨진다. 왜냐하면 비로소 그와 함께 마음의 평화가 보증되기 때문이다. 해탈하되 원한 없이 하는 것, 이것은 물론 놀랄 정도로 부드럽고 감미로운 인간성 —

---

104 | 『한글 아함경』, 329쪽.
105 | F. Nietzsche, *Ecce homo*, 'Warum ich so weise bin', 6번.

성자 – 를 전제로 한다."*106

　니체는 부처를 예수와 마찬가지로 실로 부드럽고 감미로운 인간성의 소유자, 즉 성자로 보고 있지만 이러한 평가는 부처에게 결코 호의적인 것이 아닌 것이다. 니체는 부처의 힘에의 의지가 너무나 지치고 약해졌기 때문에 원한과 복수의 행위가 자신의 마음의 평화를 깨뜨릴까 두려워하는 인간이 되었다고 보는 것이다. 따라서 니체는 '적의는 결코 적의에 의해서 끝나지 않는다. 호의에 의해서만 적의는 끝날 수 있다'는 부처의 가르침도 *107 '누가 오른뺨을 때리면 왼뺨마저 내밀라'는 예수의 가르침과 마찬가지로 복수할 힘을 상실할 정도로 허약해져 버린 생리적인 조건에서 비롯된 것이라고 말하고 있다.

　더 나아가 니체는 부처가 지향하는 온화함과 친절함이 넘치는 삶이란 당시의 인도에서 삶의 활력을 잃고 나태에 빠져 있던 많은 사람들 내에 이미 퍼져 있었던 삶이고 부처는 이러한 삶을 이상화하면서 그것에 최고의 가치를 부여하고 있을 뿐이라고까지 말하고 있다. 즉, 부처가 제시하고 있는 이상적인 삶의 모습은 나태함으로 인해서 선량하고 무엇보다도 비공격적이며, 마찬가지로 나태함으로 인해서 금욕적이고 욕망 없이 살아가는 그런 유형의 사람들이 살고 있었던 삶이었다는 것이다.*108 더 나아가 니체는 당시의 인도인들이 무기력에 빠지게 된 주요한 이유 중의 하나를 그들이 육식이 아니라 쌀을 주식으로 한 것에서 찾고 있다.*109

　니체는 예수의 정신은 에피쿠로스의 쾌락주의가 숭고하게 발전된 것이라고 본다. 물론 니체는 에피쿠로스주의는 비록 그리스적 생명력과 신경

---

106 | F. Nietzsche, *Der Wille zur Macht*, 204번.
107 | F. Nietzsche, *Ecce Homo*, 'Warum ich so weise bin', 6번 참조.
108 | F. Nietzsche, *Fröhliche Wissenschaft*, 353번 참조.
109 | F. Nietzsche, 위의 책, 134번 참조.

에너지를 상당히 더 갖고 있다는 조건을 붙이고는 있지만, 현실과 정치를 피해서 숲으로 도피할 것을 권유한 에피쿠로스주의 역시 고통과 자극에 대한 지나친 민감성에서 비롯된 데카당한 철학이라고 보고 있는 것이다. 이 연장선상에서 니체는 불교도 에피쿠로스의 쾌락주의가 숭고하게 발전된 것으로 본 것이다.*110

요컨대 니체는 예수의 정신과 불교의 정신은 동일한 생리적인 조건에서 비롯된 것이면서 내면적인 평화에로 도피해 들어가려고 하는 정신이라는 점에서 근본적으로 동일한 것으로 본다. 이 점에서 니체는 '예수의 모습은 인도와는 별로 같은 점이 없는 땅에서 부처의 모습처럼 보인다'고 말하고 있을 뿐 아니라, 예수의 운동을 '불교적인 평화운동'이라고까지 말하고 있는 것이다.

---

110 | F. Nietzsche, *Der Antichrist*, 30번 참조.

6 니체가 불교에서 미래철학의 가능성을 발견했다고 보는 연구경향에 대한 비판적 검토

　불교에 대한 니체의 이러한 부정적인 평가에도 불구하고 니체가 『안티크리스트』를 중심으로 한 몇몇 글들에서 기독교에 비하여 불교를 긍정적으로 평가하고 있기 때문에, 일부 연구자들은 니체가 불교를 긍정적으로 보고 있을 뿐 아니라 더 나아가 불교에서 서양이 앞으로 지향해야 할 미래철학의 어떤 가능성을 보았다는 식으로까지 해석했다. 우리는 이런 식의 해석을 곽만연의 「불교의 공사상과 니체의 니힐리즘의 현대적 의의」, 김정현의 「니체와 불교의 만남—니체의 불교 이해 및 서양적 무아(無我)사상을 중심으로」, M. D. Faber의 "Back to a Crossroad: Nietzsche, Freud, and the East", 이진우의 「니체와 동양 허무주의 : 영원회귀인가 아니면 운명의 사랑인가」에서 볼 수 있다.

　곽만연은 '불교의 유럽적 형태'라는 니체의 말을 근거로 하여 니체가 불교를 능동적인 니힐리즘으로 간주하면서 그동안 유럽을 규정해 온 수동적 니힐리즘에 대한 일종의 초극제로서 이용하려고 하는 것 같다고 해석하고 있다.*[111] 여기서 한걸음 더 나아가 곽만연은 니체가 전통적인 형태의 신과는 다른 새로운 형태의 신을 불교에서 시사받고자 한 철학적 의도가 있었

---

111 | 곽만연, 「불교의 공사상과 니체의 니힐리즘의 현대적 의의」,『니체 철학의 현대적 이해와 수용』, 정영도 외 공저, 세종출판사, 1999, 361쪽 참조.

던 것 같다고까지 추측하고 있다. 무욕 속에서 공의 상태에 도달하는 것이 성불(成佛)을 의미하는 한, 이러한 성불은 니체에게는 힘에의 의지를 구현한 초인이라는 새로운 의미의 신으로 시사되고 있다는 것이다.[112] 김정현 역시 니체는 불교적 사유가 비록 염세주의적이고 허무주의적 요소를 함축하고 있지만 수동적 허무주의를 극복하고 유럽적 사유의 한계를 극복하는 단서를 포함하고 있다고 보았다고 말하고 있다.[113]

그러나 니체가 불교에서 미래철학의 가능성을 발견했다고 보는 이러한 견해를 가장 상세하게 개진하고 있는 사람들은 M. D. Faber와 이진우라고 여겨진다. Faber는 니체는 초기에는 불교에 대해서 극히 부정적인 입장을 취했고『도덕의 계보학』을 쓰던 당시인 1886년~1887년까지만 해도 불교에 대한 부정적인 입장과 긍정적인 입장 사이에서 주저하고 있었지만『안티크리스트』와『이 사람을 보라』를 쓰던 1887년~1888년에는 불교를 완전히 긍정적으로 보게 된다고 말하고 있다. 이와 함께 Faber는 니체가『안티크리스트』에서 불교를 종교라기보다는 위생법으로 보게 된 것은 불교에 대한 니체의 이해가 깊어진 것의 증거라고 보면서 불교에서 니체는 인류의 정신적인 병을 치유할 수 있는 철학을 발견했다고 말하고 있다.[114] 더 나아가 Faber는 니체와 프로이트 그리고 불교를 대조하면서 인간에 대해서 비관적인 전망을 가지고 있었던 프로이트와 달리, 니체는 인간에게는 동물의 흔적이 여전히 남아 있다고 보면서도 소수의 개인들은 인식과 존

---

112 | 곽만연,「불교의 공사상과 니체의 니힐리즘의 현대적 의의」,『니체 철학의 현대적 이해와 수용』, 정영도 외 공저, 세종출판사, 1999, 366쪽 참조. 그러나 다른 한편으로 곽만연은 니체 사상에 대해서 불교가 가지고 있는 강점을 부각시키면서 불교가 철저한 의미에서 '공'의 니힐리즘을 설하는 반면에 니체는 힘에의 의지라든가 초인과 같은 존재, 즉 불교에서 말하는 유(有)의 입장을 주장했다고 본다. 즉, 곽만연은 니체가 말하는 힘에의 의지는 아직 에고이스틱한 성격을 갖고 있으며 그것은 슈바이처가 말하는 '우주적 생명의지'로 순화되어야 한다고 말하고 있는 것이다. 위의 글, 361쪽.
113 | 김정현,「니체와 불교의 만남 – 니체의 불교 이해 및 서양적 무아(無我)사상을 중심으로」,『니체 연구』, 제8집, 한국니체학회, 2005, 67쪽~76쪽 참조.
114 | M. D. Faber, "Back to a Crossroad: Nietzsche, Freud, and the East", *New Ideas in Psychology*, vol. 6. No. 1., 1988, 41쪽 참조.

재의 새로운 차원을 실현할 수 있는 힘을 갖고 있다고 보면서 불교에서 그러한 성장을 도울 수 있는 실천적 방법과 인간이 명랑하고 긍정적인 실존을 성취할 수 있다는 것을 보여주는 적극적인 사례를 발견했다고까지 말하고 있다.[*115]

그러나 필자는 니체의 불교 이해에 대한 Faber의 이러한 해석은 『안티크리스트』에서 니체가 개진하고 있는 불교 해석에 대한 철저한 오독(誤讀)에 입각해 있다고 생각한다. Faber는 니체가 초기에는 불교에 대해서 부정적인 입장을 취했다가 『안티크리스트』에 와서는 긍정적인 입장을 취했다고 보고 있지만, 우리가 Ⅱ장에서 전기와 후기 니체의 핵심사상을 고찰하면서 본 것처럼 사실 니체는 자신의 사유도정의 처음부터 끝까지 불교에 대해서 부정적인 입장을 취하고 있다. 또한 『안티크리스트』에서 보이는 불교에 대한 긍정적인 평가는 불교는 '제도화된 기독교'에 비해서 더 실증적이고 선악의 피안을 넘어서 있다는 것 정도에 불과한 것이며, 그것에서도 니체는 기독교에 대해서 불교가 갖는 차이에도 불구하고 불교는 결국 데카당한 종교라는 입장을 취하고 있다.[*116] 이러한 사실은 이진우의 글에 대한 비판적인 검토와 함께 보다 분명하게 될 것이다.

이진우는 니체가 불교를 이중적으로 평가하고 있다고 본다. 즉, 니체는 한편으로는 불교를 행위보다는 현실도피와 무위를 선호한다는 이유에서 수동적 허무주의라고 비판하면서도 다른 한편으로는 불교에서 서양의 허무주의를 극복할 수 있는 가능성을 발견했다는 것이다. 이진우는 이렇게 말하고 있다.

"니체는 불교를 수동적 허무주의와 능동적 허무주의의 이중적 관점에서 비

---

115 | M. D. Faber, "Back to a Crossroad: Nietzsche, Freud, and the East", *New Ideas in Psychology*, vol. 6. No. 1., 1988. 43쪽 참조.
116 | F. Nietzsche, *Der Antichrist*, 20번 참조.

판적으로 분석함으로써 동양 허무주의의 철학적 지평을 해명했다. 동양 허무주의는 일차적으로 현실을 부정하는 것처럼 보이지만 그 밑바탕에 있는 반(反)형이상학적 요소로 인해 현실을 긍정할 수 있는 미래의 철학으로 발전할 수 있다는 것이다."[117]

이와 함께 이진우는 니체가 서양 허무주의의 마지막 단계에서 '새로운 불교의 개연성'을 언급하고 있다는 사실과 니체가 자신이 허무주의를 극복하기 위하여 발전시킨 영원회귀사상을 '불교의 유럽적 형식'이라고 명명하고 있다는 사실에 주목해야 한다고 말하고 있다.[118] 이러한 사실에 근거하여 이진우는 니체가 불교가 우리가 궁극적으로 도달해야 할 능동적 허무주의의 요소를 내면에 함축하고 있다고 보고 있다.[119]

그러나 필자는 니체가 불교를 이중적으로 평가하고 있다고 보는 이진우의 견해 역시 Faber의 견해와 마찬가지로 니체에 대한 오독에 입각하고 있다고 생각한다. Ⅱ장에서 이미 본 바와 같이 니체는 그의 사유도정의 처음부터 끝까지 불교를 수동적인 니힐리즘으로 보았다. 물론 조금 전에 언급한 것처럼 니체는 불교를 기독교와는 달리 실증적이고 선악을 넘어서 있

---

[117] 이진우, 「니체와 동양 허무주의 : 영원회귀인가 아니면 운명의 사랑인가」, 『니체, 실험적 사유와 극단의 사상』, 책세상, 2009, 383쪽. 이진우는 니체가 불교를 수동적 허무주의로 규정하게 된 근거를 니체가 불교를 베단타 철학과 혼동하는 경향이 있다는 데서 찾으려 하지만, 필자가 보기에 이진우의 이러한 견해는 이진우 자신도 분명히 말하고 있는 것처럼 니체가 불교를 실증주의적이고 현실적인 종교로 보았다는 사실과는 배치된다.(이진우, 위의 책, 367쪽 이하 참조) 니체가 불교를 수동적인 허무주의로 본 것은, 이진우가 말하는 것처럼 불교가 인간과 우주의 신비적 합일을 절대화하면서 생성 소멸하는 삶을 부정하는 베단타의 일원적 형이상학으로 퇴보하기 때문이 아니라 불교가 욕망을 잠재우려고 하면서 고통을 긍정하기보다는 고통으로부터의 해방을 추구하는 금욕주의적인 성격을 갖는다고 보았기 때문이었다. 물론 초기의 니체는 불교를 아폴론적인 현실 참여를 부인하고 디오니소스적인 궁극적인 일자와의 합일에서 비롯되는 황홀경만을 추구하는 것으로 비판하고 있지만(니체, 『비극의 탄생』, 박찬국 옮김, 아카넷, 232쪽 참조) 후기의 니체는 불교의 실증주의적인 성격을 인정하면서 불교가 고통과 욕망에 대해서 도피적이고 소극적인 태도를 취하고 있다는 점에서 불교를 비판하고 있는 것이다.

[118] 이진우, 위의 책, 364쪽 이하 참조.

[119] 이진우는 "니체는 능동적 허무주의의 관점에서 불교를 재해석함으로써 불교가 삶과 현실을 긍정하는 철학이라는 점을 분명하게 보여준다."라고 말하고 있다.
이진우, 위의 책, 376쪽 참조.

는 종교로 긍정적으로 평가하고 있지만, 그렇다고 해서 니체는 불교를 능동적 허무주의로 보고 있지는 않는 것이다. 이는 니체가 초월적인 인격신 따위는 인정하지 않는 쇼펜하우어나 에피쿠로스의 철학을 전통적인 기독교보다는 훨씬 긍정적으로 평가하고 있지만 그럼에도 불구하고 그것들을 수동적인 니힐리즘으로 보는 것과 마찬가지다. 니체에게는 기독교뿐 아니라 불교도 궁극적으로는 연약하고 피로한 생명력에서 비롯된 데카당한 종교에 지나지 않는다.[120]

니체의 이러한 입장은 다음과 같은 글에서 분명하게 드러나고 있다.

"불교에서는 '모든 욕망, 즉 욕정을 일으키고 피를 휘젓는 모든 것은 곧 행위로 이끈다'는 생각이 지배하고 있다. - 그러한 한에서만 악이 경계된다. 왜냐하면 행위 - 이것은 아무런 의미도 갖지 않으며 행위는 생존에 매이게 하지만 생존은 아무런 의미가 없기 때문이다. [……] 그들이 추구하는 것은 비존재(Nichtsein)의 길이며, 이 때문에 그들은 욕정으로부터의 모든 충동을 기피한다. 예를 들어 결코 복수하지 말라! 결코 원수가 되지 말라! - 여기서 최고의 가치척도가 되고 있는 것은 피로한 자의 쾌락주의이다."[121]

위의 인용문에서 보듯이 니체는 불교가 모든 욕망은 행위를, 즉 다음 생의 원인이 되는 업을 일으키지만 이러한 생존은 고통뿐이고 아무런 의미도 갖지 않기 때문에 궁극적으로 생존의 원인이 되는 욕망을 기피하게 된다고 말하고 있다. 따라서 니체는 복수하려는 욕망이나 증오 혹은 원한을 버리라는 불교의 가르침도 용서나 관용 자체가 선이라서가 아니라 복수에의 욕망으로 인해서 다음 세상에서 다시 태어날 수 있다는 우려에서 비롯된 것

---

120 | F. Nietzsche, *Der Antichrist*, 20번 참조.
121 | F. Nietzsche, *Der Wille zur Macht*, 155번.

으로 본다. 이 점에서 니체는 불교의 윤회설과 업설은 지상에서의 삶을 흔 쾌하게 긍정하지 못하는 피로한 자들의 철학이라고 보고 있는 것이다.

니체는 쇼펜하우어의 철학이 유행하던 당시 유럽의 정신적 상황과 불교가 대두하던 당시 인도의 상황이 어떤 면에서 상당한 유사성을 갖는다고 보았다. 니체에 따르면 당시의 유럽인들은 수천 년에 걸친 기독교와 소크라테스적인 주지주의의 지배 아래에서 약해질 대로 약해졌고 피로해질 대로 피로해져 있는 상태에서 기독교와 전통형이상학이 붕괴하면서 가치공백의 상황에 처해 있었다. 니체는 이러한 정신적인 상황은 불교가 대두되던 당시 인도의 상황과 유사하다고 보았다. 당시 인도의 상층계급은 문명의 완숙과 함께 정신적으로 피로한 상태에 있었으며 전통적인 브라만교는 지배력을 상실하고 있었다는 것이다. 이런 의미에서 니체는 이렇게 말하고 있다.

"우리 시대는 어떤 의미에서 부처의 시대가 그랬던 것처럼 성숙하다.(다시 말해서 데카당하다)"[122]

니체는 당시의 유럽인들이 전통형이상학과 기독교를 실질적으로는 더이상 신봉하지 않게 되면서 삶의 의미와 가치를 상실하게 되는 허무주의적인 상황에 처해 있다고 보았다. 따라서 니체는 쇼펜하우어의 철학이나 불교처럼 문화와 지성에 반하지도 않으면서 사람들에게 내면적인 명랑함이나 평안을 제공하는 철학이나 종교가 병들고 피로한 신경에 대한 치유책으로서 사람들의 호응을 얻을 수 있을 것이라고 보았다.[123] 이는 쇼펜하우어의 철학이나 불교는 기독교처럼 인격신과 같은 신화적인 개념을 끌어들이지 않으면서도 이 세계의 현상들을 설명하면서 이 세상에서 우리

---

122 | F. Nietzsche, *Der Wille zur Macht*, 239번.
123 | F. Nietzsche, 위의 책, 240번 참조.

가 겪는 고통에서 벗어날 수 있는 설득력 있는 출구를 제시하는 것처럼 보이기 때문이다. 따라서 니체는 불교에서 미래철학의 가능성을 찾기보다는 오히려 당시의 유럽인들이 자신들이 처한 허무주의적인 상황으로부터의 출구를 불교에서 찾게 되지 않을까 크게 우려하고 있다.

"어떤 사람은 원하지 않은 우울함과 유약함에 빠져 있으며, 거기에 속박되어 유럽은 새로운 불교에 위협받고 있는 것처럼 보인다."[124]

이 경우 니체가 언급하고 있는 새로운 불교는 쇼펜하우어식의 철학을 가리킬 뿐이며 곽만연이나 김정현 그리고 Faber나 이진우가 해석하는 것처럼 니체 당시의 허무주의적인 상황을 극복할 수 있는 새로운 철학을 가리키는 것은 아니다.

니체는 불교가 지향하는 삶은 이미 당시의 유럽인들에게서 보이기 시작하고 있는 말세인들의 삶과 유사하다고 보았다.[125] 니체는 말세인들을 이렇게 묘사하고 있다.

"이 대지는 작아졌으며 그 위로 모든 것을 작게 만드는 말세인이 뛰어다니고 있다.
[……]
그들은 살기 힘든 지역을 버리고 떠나갔다. 따뜻한 기운이 필요했기 때문이다. 사람들은 아직도 이웃을 사랑하며 그들의 몸에 자신의 몸을 비벼댄다. 따뜻한 기운이 필요하기 때문이다. 병에 걸리는 것과 의심을 품는 것

---

124 | 니체, 『선악의 저편·도덕의 계보』, 니체 전집 14권, 김정현 옮김, 책세상, 2002, 162쪽.
125 | 유다 유타카 역시 니체가 비판하는 말세인들의 삶과 불교도들의 삶에서 유사성을 보고 있다.(湯田 豊, 『ニーチェと佛敎』, 世界聖典刊行協會, 1987, 59쪽 참조) 다만 유다 유타카는 불교도들의 삶에 대한 니체의 이러한 묘사를 무비판적으로 받아들이고 있다고 생각된다. Gilles Deleuze 역시 니체가 말하는 말세인과 불교도들을 동일한 것으로 보고 있다. 질르 들뢰즈, 『철학의 주사위』, 신범순·조영복 옮김, 인간사랑, 1994, 262쪽 참조.

이 그들에게는 죄스러운 것이 된다. 그리하여 그들은 아주 조심조심 걷는다. 아직도 돌에 걸리거나 사람에 부딪혀 비틀거리는 것은 바보나 하는 짓거리가 아닌가!

[……]

그들은 아직도 일을 한다. 일 자체가 일종의 소일거리이기 때문이다. 그러면서도 이 소일거리 때문에 몸을 해치는 일이 없도록 조심한다.

이제 그들은 더 이상 가난해지지 않으며 부유해지지도 않는다. 이런 것은 너무나도 귀찮고 힘든 일이다. 아직도 다스리려는 사람이 있는가? 아직도 순종하려는 사람이 있는가? 이런 것들은 너무나도 귀찮고 힘든 일이다.

[……]

이제 인간은 가난하게 되지도 않고 풍요롭게도 되지 않는다. 어느 쪽이든 너무나 힘을 쏟아야 하는 것이다. 누가 지금도 여전히 지배하기를 원하겠는가? 누가 복종하겠는가? 양쪽 모두 너무나 많은 힘을 소모했다.

[……]

'우리는 행복을 발견했다'. 말세인은 이렇게 말하고는 눈을 깜박인다."[*126]

물론 니체는 자신이 말하는 말세인들이 지향하는 삶과 불교적인 삶이 동일하다고 직접적으로 말한 적은 없다. 그러나 불교가 당시의 유럽인들을 사로잡을 수 있다고 보면서 걱정했던 것은 당시의 유럽인들에게서 퍼져나가고 있는 말세인들의 삶이 불교적인 삶과 본질적으로 동일하다고 느꼈기 때문이었을 것이다. 니체가 보기에는 말세인들은 불교도들과 같이 야망이나 패기, 정열을 상실한 채 고통을 두려워하면서 적당한 안락만을 추구하는 인간들이다. 말세인들은 자신의 안락이 손상될까 두려워 서로 공격하지 않고 서로 친절을 베풀며, 권태를 내쫓기 위해서 적당하게 노동을 하

---

126 | 니체, 『차라투스트라는 이렇게 말했다』, 정동호 옮김, 책세상, 2000, 24쪽.

고, 지배도 복종도 부담스런 일이기에 서로 적당히 존중하면서 살아간다.

이러한 사실을 고려해 볼 때, 니체가 불교를 그의 저서의 도처에서 비판하고 있는 것은 단순히 불교 자체가 생명력의 퇴화에서 비롯된 철학이라고 보았기 때문만이 아니라 불교가 당시의 유럽에 퍼져가고 있던 말세인들의 삶에 후광을 부여하면서 그러한 삶의 확산을 크게 조장할 수 있다는 절박한 우려 때문이라고 할 수 있다.

이상에서 분명해지는 것은, 니체가 자신의 철학을 '유럽의 불교'나 '불교의 유럽적 형식'에 해당하는 것으로 말하고 자신을 '유럽의 부처'에 비유하고 있지만 이는 니체가 자신의 철학을 불교의 계승이고 심화라고 보고 있다는 것은 아니라는 사실이다.[127] 실로 니체는 불교가 영원불변의 실체나 절대자를 부정하면서 철저하게 실증적이고 현실적인 입장을 취하고 있기 때문에 자신의 철학이 불교와 유사한 점이 있다고 보면서 자신의 철학을 유럽의 '불교'라고 말하고 있다. 그러나 니체는 자신이 지향하는 '유럽의 불교'와 '불교의 유럽적 형식'은 인도의 불교와는 달리 지상에서의 고통을 흔쾌히 긍정할 뿐 아니라 심지어 요구할 정도로 강인한 정신에 입각하고 있다는 점에서 자신의 철학을 인도의 불교와는 철저하게 대립되는 '유럽의' 불교라고 부르고 있는 것이다. 이러한 사실은 니체의 다음과 같은 말에서 분명하게 드러난다.

"나는 유럽의 부처가 될 수 있을 것이다. 그러나 물론 이 경우 유럽의 부처는 인도의 부처에 대한 대립자일 것이다."[128]

니체는 자신이 목표하는 것은 '건강한 삶의 회복'이지만 불교가 목표하는 것은 '고통으로부터의 해방' 정도에 불과한 것으로 보면서 자신과 불교

---

[127] F. Nietzsche, *Der Wille zur Macht*, 55번 참조.
[128] F. Nietzsche, *Nachgelassene Fragmente Juli 1882 bis Winter 1883/84*, 111쪽.

사이에 분명히 선을 긋는다. 니체가 생각하는 건강함은 고통으로부터 벗어나 단순히 마음의 온유함과 평화를 얻는 것과는 본질적으로 다르다. 니체는 건강한 삶은 단순히 온유함과 내적인 평화가 넘치는 삶이 아니라 오히려 힘이 충만한 삶이라고 보는 것이며, 이러한 삶은 오히려 넘치는 힘 때문에 고통을 요구할 수 있다고 본다.

우리는 이렇게 고통을 요구하는 정신이야말로 니체가 말하는 운명애의 정신이라고 볼 수 있을 것이다. 니체는 안이한 행복의 추구는 인간의 가능성을 잠재우는 기능을 하는 반면에 고통스런 운명을 흔쾌하게 긍정하는 것은 인간을 어떠한 역경에서도 의연한 품위와 긍지를 유지하는 고귀한 인간으로 만든다고 보는 것이며, 이렇게 극복되는 고통의 크기에 비례해서 인간의 강함과 기쁨도 커진다고 보는 것이다. 요컨대 니체는 자신은 이른바 삶에 대한 디오니소스적 긍정을 주창하는 반면에, 불교는 삶에 대한 허무주의적인 부정을 주창하고 있다고 보는 것이다.[*129]

---

129 | 니체 철학이 갖는 이러한 디오니소스적 긍정의 성격에 대해서는 박승영, 『디오니소스적 긍정의 철학』, 책세상, 2005, 108쪽 이하를 참조하라.

IV

니체의 불교 해석과 평가에 대한 비판적 고찰
: 고통의 문제를 중심으로

우리는 이상에서 니체의 불교 해석과 평가에 대해서 살펴보았다. 여기서는 고통의 문제를 중심으로 하여 니체의 불교 해석과 평가를 비판적으로 검토하고자 한다. 고통의 문제를 중심으로 하는 것은 니체가 근본적으로 불교를 현실의 고통이 두려워서 내면적인 평안으로 도피해 들어가는 종교라고 보고 있기 때문이다. 따라서 이러한 니체의 불교 비판이 과연 타당한지를 비판적으로 검토하기 위해서는 불교가 고통에 대해서 어떠한 입장을 취하고 있는지를 중심적으로 고찰할 수밖에 없다.

인도철학과 불교, 니체 철학을 상당히 깊이 있게 연구한 유다 유타카는 불교를 수동적이고 피로한 니힐리즘의 대표로 보는 니체의 비판을 그대로 수용하면서 고통에 대한 입장에서 부처와 니체는 전적으로 서로 대립된 태도를 보인다고 말하고 있다. 그에 따르면 부처는 고통을 두려워하면서 병과 고통이 없는 무병 평안한 상태를 추구하는 반면에 니체는 오히려 병과 고통을 견디고 극복함으로써 보다 큰 힘과 기쁨, 건강을 획득하려고 한다는 것이다.[130] 이와 함께 유다 유타카는 니체는 생성을 긍정하고 사랑하지만 부처는 생성과 삶을 고통스럽고 무가치한 것으로 보면서 부정하고 절멸시키려고 한다고 주장하고 있으며, 부처의 연기설은 경험적인 인격이 어떻게 생성하는지를 보여주는 과정의 철학이지만 그것은 동시에 생성의 프로세스조차 폐기하는 허무주의적인 철학이라고 단정하고 있다.[131]

필자는 인간이 보다 성숙하고 강화되기 위해서 정신적인 것이든 신체적인 것이든 고통이 필요하다는 니체의 말에 동의한다. 인간은 고통과의 대결을 통해서 자신에게 숨어 있던 잠재적인 힘을 일깨우고 보다 강하면서도 깊이 있는 인간이 될 수 있는 반면에, 무사태평과 안일만을 추구하면서

---

130 | 유다 유타카(湯田豊), 『ブッダ vs. ニーチェ』, 大東出版社, 2001. 86쪽 이하 참조.
131 | 유다 유타카(湯田豊), 위의 책, 109쪽, 213쪽, 217쪽, 234쪽 참조.

소극적으로 처신하는 인간은 자신의 잠재적인 가능성과 능력을 개발하지 못하는 범용한 인간이 된다. 따라서 진정으로 강하고 자신의 고양을 원하는 자는 니체가 말하는 것처럼 고통을 두려워하지 않을 뿐 아니라 오히려 그것을 요구한다고도 할 수 있다.

그런데 과연 불교는 니체와 유다 유타카가 보는 것처럼 고통을 그렇게 두려워하고 고통을 부정적인 것으로만 보는가? 그리고 불교는 과연 생성하는 현실과 삶 자체를 고통으로 보면서 그것에서 도피하려고 하는가? 니체와 유다 유타카의 주장에 반(反)해서 필자는 오히려 다음과 같은 주장을 펴고자 한다.

첫째로, 부처가 생성 소멸하는 삶과 현실이 고통이라고 말할 경우에 부처는 니체가 주장하는 것처럼 생성 소멸하는 삶과 현실 자체가 고통이라고 말하는 것이 아니라 갈애와 집착에 사로잡혀 있는 삶만을 고통스런 것으로 보았다. 다시 말해서 부처가 부정하고 가치를 인정하지 않는 것은 삶과 현실 자체가 아니라 갈애와 집착에 사로잡혀 있는 삶과 현실뿐이다.*[132]

둘째로, 부처는 니체가 비판하는 것처럼 고통이 갖는 긍정적인 의의와 가치를 인정하지 않으면서 모든 종류의 고통을 부정하고 제거하려고 하는 것이 아니라 오히려 이러한 갈애와 집착에서 비롯되는 고통만을 극복하려고 했을 뿐이다.

셋째로, 부처는 우리가 이러한 고통을 극복하기 위해서는 갈애와 집착에 의해서 규정되는 삶은 그것이 어떠한 위안과 위로 그리고 일시적인 향락을 제공하더라도 그러한 삶의 본질이 바로 고통이라는 사실을 꿰뚫어보면서 그러한 위로와 위안을 거부하는 '위대한 고통'을 감수해야만 한다고

---

[132] 칼루파하나 역시 부처가 고통의 원인을 오온 자체에서가 아니라 오온을 자아의 소유물로 생각하면서 집착하는 태도에서, 즉 고통의 원인을 현실 자체에서보다도 그것을 대하는 우리의 마음의 태도에서 찾고 있다는 사실을 강조하고 있다. D. J. 칼루파하나, 『인도불교사상』, 김종욱 옮김, 시공사, 1996, 152쪽 참조.

가르치고 있으며, 이와 함께 부처는 니체와 마찬가지로 일정한 고통이 갖는 긍정적인 의의와 가치를 인정하고 있다는 것이다.

* Ⅳ장의 내용은 상당부분 필자의 글 「니체의 불교관에 대한 비판적 검토 - 고통의 문제를 중심으로」(『철학사상』 33호, 2009년 8월)를 다듬은 것임을 밝혀 둔다.

1 세 번째 주장의 정당화
: 불교 역시 '위대한 고통'을 감수할 것을 요구한다.

필자는 우선 세 번째 주장을 정당화하는 데서부터 시작하고자 한다.

불교는 우리가 일상적으로 보통 고통이라고 생각하는 것뿐만 아니라 일상적으로 경험하는 즐거움이나 무사태평한 마음조차도 고통이라고 본다. 그러한 즐거움이나 무사태평한 마음조차도 우리가 예상하지 못하는 조건들에 의해서 언제 부서질지 모르는 무상한 것이기 때문에 그것들에 집착할 경우 곧 실망과 허망함을 맛보게 된다. 따라서 불교는 우리가 보통 경험하는 즐거움마저도 고통으로 본다. 그러나 대부분의 사람들은 이렇게 집착에 사로잡혀 있는 삶 전체가 고통이라는 것을 깨닫지 못하고 그러한 집착의 대상이 제공하는 알량한 쾌락이나 신이나 내세와 같은 허구적인 관념에 의지하여 삶의 실상에 대해서 눈을 감으려고 한다.

이와 함께 불교는 우리가 이러한 상태에서 벗어나기 위해서는 갈애와 집착에 사로잡혀 있는 삶의 본질이 사실상은 고통이라는 사실을 우선적으로 직시해야 한다고 본다. 따라서 불교는 갈애와 집착에 입각한 삶이 제공하는 작은 즐거움이나 쾌락 혹은 전통적인 종교나 신화 등이 제공하는 위안의 허구성을 철저하게 드러내면서, 결국 우리의 삶은 우리가 그것에게 아무리 의미와 목표를 부여하려고 해도 사실은 아무런 의미도 목표도 없이 흘러가는 것일 뿐이라는 사실 앞에 직면하게 한다.

그런데 이러한 사실에 직면하고 그것을 인정하는 것이야말로 '위대한 고통'이라고 할 수 있다. 우리는 앞에서 니체도 인간에게 가장 고통스러운 것은 삶 전체가 무의미하게 나타나는 것이라고 말하고 있다는 것을 보았다. 사람들은 자신의 삶이 의미가 있다고 생각하면 어떠한 고통도 짊어질 수 있다. 그러나 삶이 아무런 의미도 목표도 없이 덧없이 흘러가는 것이라면 우리는 고통을 견디고 짊어질 이유도 상실하게 되는 것이며 바로 이러한 허무주의적 상태야말로 인간에게는 가장 고통스런 상태라는 것이 니체의 생각이었다.

그런데 우리는 그동안 자신이 의지했던 모든 것들의 무상함을 깨달으면서 아무런 의미 없이 흘러가는 생로병사의 현실을 직시하는 '위대한 고통'을 통과함으로써만 우리의 삶과 현실을 여여하게 받아들일 수 있는 새로운 차원의 힘과 건강함을 얻게 된다. 이러한 새로운 차원의 힘과 건강함은 무상한 것들에 대한 집착에 사로잡힌 삶이 기쁨이나 고통이라고 생각하는 것에 직면해서도 들뜨지 않고 항상 평정한 내적인 희열을 잃지 않는 금강심(金剛心)이 갖는 힘과 건강함이다. 다시 말해서 니체 못지않게 불교는 우리에게 잠들어 있는 위대한 잠재적 가능성을 해방하기 위해서는 자신의 삶 전체에 우리가 아무리 가공의 의미와 목표를 덧붙여도 그것은 사실은 아무런 목표도 의미도 없이 죽음을 향해가는 것일 뿐이라는 사실을 꿰뚫어 보는 가장 큰 고통을 감내할 것을 요청하는 것이다.

따라서 필자는 우리가 보통 집착하는 신들이나 재물과 명예와 같은 모든 우상들을 공허한 것으로 부정하는 이러한 위대한 고통은 니체가 말하는 능동적 니힐리즘의 정신에 통한다고 생각한다. 그것은 피로하고 지쳤기 때문에 기존의 허구적인 관념들을 거부하는 것이 아니라 오히려 자신의 성장을 위해서 자신을 옥죄고 있던 허구적인 관념들을 부수고 나가려는 능동적 니힐리즘에 상통한다는 것이다.

이와 함께 니체는 불교도가 고통에 대한 지나친 감수성으로 인해서 너무 쉽게 고통을 느낀다고 보고 있지만 진정한 불교도가 고통으로 여기는 것은 사실은 자그마한 상처나 병 등이 아니라 삶 전체의 무상함이라고 말할 수 있을 것이다. 진정한 불교도는 자그마한 상처에도 호들갑을 떠는 예민하고 섬약(纖弱)한 인간이 아니라 오히려 삶 전체와 세계의 근본적인 무상함과 분열에 대해서 근본적으로 회의를 느끼면서 고뇌하는 정신적 깊이를 갖춘 인간이다.

이 점에서 우리는 불교도야말로 니체가 『비극의 탄생』에서 그리스인들이 다른 민족들에 비하여 유난하게 강하게 갖고 있다고 말하는 '고뇌에 대한 능력'을 가지고 있다고 말할 수 있다. 이렇게 고통을 느낄 수 있는 능력이란 문명화된 사회의 히스테리컬한 여인들의 경우처럼 단순히 사소한 고통에도 민감하다는 것이 아니라 세계가 서로 대립하고 투쟁하는 개체들로 분열되어 있다는 사실과 만물의 사멸성에 대해 고뇌할 수 있는 능력이다. 이런 의미에서 그것은 삶에 대한 피로와 허약함에서 비롯되는 것이 아니라 오히려 키르케고르가 말하는 것처럼 정신적인 깊이에서 비롯된다고 볼 수 있는 것이다.[133]

이러한 사실은 불교가 니체가 주장하는 것처럼 모든 종류의 고통이 아니라 허구적인 자아에 대한 집착과 갈애에서 비롯되는 고통만을 부정하고 제거하려고 할 뿐이지 모든 고통을 부정하려는 것은 아니라는 사실에서 극명하게 드러난다. 우리는 아래에서 그러한 사실을 분명히 하겠지만 그러한 사실이 분명해질 경우 위에서 제기한 세 가지 주장 중에서 두 번째 주장을 정당화한 것이 된다.

---

133 | 키르케고르는 그러한 민감성을 불안이라는 기분으로 보고 있다. 키르케고르는 불안은 인간에게만 고유한 것이라고 보면서 동물은 순전히 감각적인 존재이기에 불안을 알지 못하며 천사 역시 순수한 정신이기에 불안을 알지 못한다고 말하고 있다. 아울러 그는 인간은 불안해하는 법을 제대로 배울 경우에만 정신적으로 성숙할 수 있다고 본다. S. Kierkegaard, *Der Begriff Angst*, Emanuel Hirsch 역, Düsseldorf, 1952, 161쪽 참조.

2 두 번째 주장의 정당화
: 불교는 모든 고통이 아니라 갈애와 집착에서 비롯되는 고통만을 제거하고 부정하려고 한다.

 불교는 깨달은 자라고 하더라도 일단 살아 있는 동안에는 늙고 병들고 죽는 것은 피할 수 없다는 사실을 인정한다. 불교는 이러한 종류의 고통을 부정하고 제거해야 한다고 말하지 않는다. 불교가 부정하고 제거하고자 하는 고통은 갈애와 집착에서 오는 고통이다. 즉, 불교는 생로병사 자체를 부정하는 것이 아니라, 오히려 병들기 싫어서 건강에 집착하거나 늙기 싫어서 젊음에 집착하고, 죽기 싫어서 삶에 집착하는 어리석음에서 비롯되는 고통을 부정하고 제거하려고 하는 것이다.
 다시 말해서 니체가 불교가 성립한 생리적인 조건으로 제시하는 고통에 대한 병적인 민감성은 오히려 불교가 극복하고 초극하려고 하는 상태인 것이다. 즉, 불교는 병을 두려워하면서 소위 몸에 좋은 온갖 보약을 다 먹으려고 하거나 늙는 것이 두려워서 젊음을 유지하려고 발버둥치고, 죽음이 두려워 연명에 급급해하거나 아니면 자신이 죽어서 천국에 갈 것이라는 환상적인 생각으로 자신을 위로하는 갈애와 집착의 정신 상태야말로 우리의 삶이 겪는 모든 고통의 원인으로 보고 있는 것이다. 그리고 필자는 불교는 그러한 정신 상태를 니체와 마찬가지로 허약하고 피로한 정신에서 비롯되는 병적인 상태로 볼 것이라고 생각한다.
 이와 함께 필자는 니체도 모든 종류의 고통을 긍정적으로 보지는 않았으며 니체에서도 고통은 크게 두 가지 종류가 있다고 주장하고 싶다. 첫째로 힘에의 의지가 병들어 있는 자들이 겪게 되는 고통이 있고 두 번째로 건강한 힘의 소유자가 자신의 힘을 발휘하면서 부딪치는 장애와 곤란이 있다. 첫 번째 종류의 고통으로는 예를 들어 기독교를 믿는 사람들이 자신이 천국에 가지 못할까봐 갖게 되는 걱정이나, 돈에 집착하는 사람들이 돈을 많이 벌지 못해서 휩싸이게 되는 고통이 있을 것이다. 두 번째 종류의 고통으로는 예를 들자면 위대한 예술가가 예술작품을 만들면서 자신의 힘을 발휘할 때 겪게 되는 많은 장애와 곤란과 같은 것을 생각할 수 있을 것이다. 이 경우 위대한 예술가라면 그러한 장애와 곤란을 극복하는 가운데 더 강해지고 아울러 그러한 장애와 곤란을 위대한 작품을 만들어내기 위한 계기로 승화하게 될 것이다.

이 두 가지 종류의 고통 중에서 니체는 첫 번째 종류의 고통만을 병적인 것으로 보면서 그러한 고통은 부정하고 제거해야만 한다고 볼 것이다. 이와 마찬가지로 불교도 모든 종류의 고통을 부정적으로 보는 것이 아니라 오히려 중생들의 갈애와 집착으로 인해서 생기는 고통만을 부정하려고 할 뿐이다.

물론 불교는 니체와는 달리 생로병사를 고통으로 보면서 궁극적으로는 그러한 고통의 굴레에서 벗어나는 것을, 즉 윤회에서 벗어나는 것을 목표하고 있다. 그러나 역설적이지만 불교는 이러한 윤회에서 벗어나기 위해서는 생로병사에서 벗어나려는 욕망마저도 버려야 한다고 보고 있다. 즉, 그것은 건강하게 영원토록 살고 싶다는 욕망을 버리고 생로병사를 여여하게 받아들일 경우에만 궁극적으로는 생로병사라는 윤회의 굴레에서 벗어날 수 있다고 본다. 다시 말해서 불교는 생로병사를 고통으로 생각하면서 혐오하는 것이 아니라 그것을 넉넉하게 받아들일 경우에만 생로병사에서 벗어날 수 있다고 보는 것이다.

따라서 불교는 고통을 극복하려고 하지만 불교도 니체와 마찬가지로 고통을 야기하는 것으로 여겨지는 외적인 원인들을 제거함으로써 고통을 제거하려고 하지는 않는다. 불교도 니체와 마찬가지로 사람들이 '늙고 병들고 죽어가는' 고통 자체를 제거하려고 하지는 않는다. 불교는 생로병사의 현실을 바꾸려고 하는 것이 아니라 그러한 현실을 대하는 우리의 태도를 바꾸려고 할 뿐이다. 불교는 무병장수에 집착하면서 생로병사의 현실을 고통으로 여기는 우리의 정신적 태도를 변화시켜서 생로병사의 현실을 여여(如如)하게 받아들일 수 있게 하려고 하는 것이다. 니체가 병약한 힘에의 의지가 건강한 힘에의 의지로 변화됨으로써만 고통이 극복될 수 있다고 보는 것과 유사하게 불교 역시 고통은 탐진치에 사로잡혀 있는 마음이 무탐(無貪)과 자비와 지혜로 가득 찬 마음으로 고양됨으로써만 극복될 수 있다고 본다.

 이러한 사실에서 우리는 불교가 성립한 생리적 조건을 니체처럼 고통에 대한 지나친 민감성에서 찾을 수는 없다는 사실을 다시 한 번 확인하게 된다. 오히려 불교는 지나친 민감성은 일반적인 중생들을 지배하는 병적인 상태라고 보면서 이러한 병적인 민감성의 궁극적인 원인을 탐구함으로써 그것을 극복하는 것을 추구하고 있다. 불교는 생로병사의 고통에 대한 두려움에 사로잡혀 있는 것이 아니라 오히려 생로병사를 두려워하는 마음 자체가 바로 고통의 원인이라는 사실을 통찰할 것을 촉구하는 것이며 그러한 두려움에서 벗어나 생로병사의 현실을 여여하게 받아들이는 정신으로 우리 자신을 고양할 것을 촉구하는 것이다.

3 첫 번째 주장의 정당화
: 불교는 삶과 현실 자체가 아니라 갈애와 집착에 의해서 규정되어 있는 왜곡된 삶과 현실만을 부정하려고 한다.

필자는 이상으로 위에서 제시한 세 가지 주장 중에서 두 번째 주장을 정당화했다고 생각한다. 이제 필자는 이상의 논의를 바탕으로 하여 첫 번째 주장을 정당화하고자 한다. 이상의 논의가 옳다고 한다면 불교는 우리에게 삶과 현실이 괴로운 것으로 나타나는 것은 삶과 현실 자체가 괴로운 것이라서가 아니라 우리가 갈애와 집착에 사로잡혀 있기 때문이라고 본다고 해야 할 것이다. 즉, 불교에 따르면 우리 인간이 괴로운 것은 우리가 자신의 자아를 생성 소멸하는 현실과 대립되는 것으로 보면서 그러한 자아를 생성 소멸의 한가운데에서 유지하고 강화하려고 애쓰기 때문이다.

다시 말해서 삶이 괴로운 것은 삶 자체가 무상하고 생성 소멸하기 때문이 아니라 자신의 허구적인 자아에 집착하면서 그것을 구성하는 무상한 오온을 세상에 내세우려고 애쓰기 때문이다. 따라서 부처는 갈애와 집착을 버릴 것을 요구하는 것이지 생성과 삶 자체를 버릴 것을 요구하는 것은 아니다. 아니 집착을 버리면서도 생성과 삶이 가능하다는 것을 보여준 사람이 바로 부처다.

이와 함께 필자는, 삶이 무상한 것인 한 인간은 고통을 겪을 수밖에 없다는 것이 부처의 기본입장이라는 유다 유타카의 주장에 반대할 수밖에 없다.[134] 오히려 필자는 삶이 무상한 것이어서 우리가 고통을 겪는 것이

---

134 | 유다 유타카(湯田豊), 『ブッダ vs. ニーチェ』, 大東出版社, 2001, 238쪽 참조.

아니라 무상한 삶을 억지로 영원한 것으로 만들고 싶어 하는 우리의 욕망이 우리의 삶을 괴로운 것으로 만든다고 보는 것이 불교의 기본입장이라고 본다. 그런데 부처가 현실이 고통으로 가득 차 있다고 보면서 현실을 부정하고 있다고 보는 유다 유타카도 다른 한편으로는 부처가 추구한 것은 현실을 부정하는 것이 아니라 고통의 지멸(止滅)이었다고 말하고 있다.

> "부처가 살아 있는 것의 절멸과 단절을 선언하고 있다는 어떤 사문들과 바라문들의 비난에 대해서 부처는 자신은 고통의 지멸을 원할 뿐이라고 주장하고 있다."*135

단적으로 말해서 불교가 부정하는 것은 삶과 현실 자체가 아니라 자기 자신을 고립된 실체로 보는 무명과 이러한 무명에서 비롯되는 갈애와 집착일 뿐이다. 그리고 만약에 불교가 삶과 현실을 부정한다면 그것은 그러한 무명과 갈애 그리고 집착에 의해서 왜곡되게 보인 삶과 현실일 뿐이다.

실로 우리는 초기불교에는 니체가 지적하듯이 어느 정도의 현실부정이 존재한다는 것을 인정한다. 초기불교는 집착에 사로잡힌 우리의 일상적 삶만을 윤회의 세계로 본 것이 아니라 생로병사의 현실 자체를 윤회세계로 보면서 갈애와 집착으로 인한 고통과 이러한 고통에 시달리는 일상적인 비본래적 삶으로부터의 해탈을 넘어서 생로병사의 현실로부터 벗어나는 것을 깨달음의 궁극적인 목표로 삼고 있는 것 같기도 하다.

그러나 초기불교에서도 열반을 생명이 완전히 사라지는 적멸로 보지만은 않았다고 할 수 있다. 실로 부처는 우리의 언어구조에 의해서 열반이 어떤 실체적인 것으로 오해되지 않기 위해서 열반에 대해서 적극적으로 표현하지 않았다. 이에 따라 초기불교는 갈애의 소멸 후에 나타나는 현세

---

135 | 유다 유타카(湯田豊), 『ブッダ vs. ニーチェ』, 大東出版社, 2001, 232쪽. 이러한 주장과 함께 유다 유타카는 자기모순에 빠지게 되는 것이지만, 그는 그러한 사실을 미처 깨닫지 못하고 있는 것 같다.

의 삶의 재긍정에 대해서 거의 언급하지 않고 있다. 그리고 열반을 이렇게 긍정적으로 묘사하는 것을 피함으로써 열반이 염세주의적인 단멸론으로 오해되곤 했다. 이런 의미에서 Bret W. Davis는 초기불교에서 열반을 '무조건적인 것'으로 보는 소수의 언급은 매우 중요하다고 보면서 초기불경에 나오는 다음과 같은 구절을 거론하고 있다.

> "오 비구들이여, 태어나지 않고 자라지 않으며 무조건적인 것이 있다. 태어나지 않고 자라지 않으며 무조건적인 것이 없다면 태어나고 자라고 조건 지어진 것으로부터 벗어날 수 있는 어떠한 출구도 없을 것이다."[136]

이 경우 무조건적인 것이란 어떤 절대적인 실체를 가리키는 것이 아니라 외적인 것에 의해서 흔들리지 않고 평정을 지키는 마음이라고 할 수 있다. 그리고 이러한 마음은 상호의존적인 연기의 세계 밖에 존재하는 것이 아니라 그 안에서 지각하고 거주한다.[137] 이와 함께 Bret W. Davis는 초기불교도 본질적으로는 단멸론과 상주론을 넘어서 있으며 대승불교와 마찬가지로 번뇌에 찬 현실에 대한 위대한 부정을 통과하여 그것에 대한 위대한 긍정으로 나아간다고 본다. 이렇게 현세를 부정한다는 점에서 그것은 현세와 분리된 절대적인 영혼을 상정하는 상주론과 통하는 것 같지만, 다시 현세를 긍정한다는 점에서 상주론과는 구별된다.[138]

더 나아가 Soraj Hongladarom은 이른바 초기불교도 현실에 적극적으로 참여하는 역동적인 열반을 지향했다고 말하면서, 그에 대한 증거로 부처는 항상 자신의 제자들에게 깨달음을 얻은 후에 가르침을 퍼뜨릴 것을 요구했다는 사실을 지적하고 있다. 즉, 초기불교도 우리가 자기중심적인 자

---

136 | Walpola Rahula, *What the Buddha Taught*, rev. ed., Bedford: Gordon Fraser, 1967, 37쪽.
137 | Bret W. Davis, "Zen after Zrathustra: The Problem of Will in the Confrontation between Nietzsche and Buddhism", *Journal of Nietzsche Studies 28*, 2004, 97쪽 이하 참조.
138 | Bret W. Davis, 위의 글, 119쪽 참조.

아관념을 갖지 않고서도 다른 존재자들의 이익을 위해서 일할 수 있다고 보면서 자기중심적인 자아관념과 탐진치 삼독에서 벗어난 빈 마음으로 행동할 것을 요구했다는 것이다.*139

이와 관련하여 정철호의 다음과 같은 말에 주목할 필요가 있다.

"인도는 지금까지도 그러하지만 자기에게 주어진 계급에 숙명적이다. 석가는 이러한 내세 중심의 숙명적 삶의 태도를 비판하고, 인간에게는 누구나 깨달음의 가능성이 있고, 또 그러한 점에서 모든 인간은 평등하다고 주장하였다. 그리고 출가 중심의 당시 종교계의 행태를 답습하지 않고, 자기의 생업을 통한 재가 중심의 신앙생활도 적극 장려하였다. 지금 살고 있는 현실을 부정하지 않고, 이 현실적 삶은 자기 혁신의 방법이 숨어 있는 보고라 보았다."*140

이런 의미에서 집착만 버리면 우리가 발을 딛고 서 있는 바로 이 현실이 열반세상이라는 선불교의 입장은, 고통의 원인을 현실 자체에서가 아니라 자기중심적인 자아에 대한 집착에서 찾는 초기불교의 입장의 귀결이라고도 볼 수 있다. 따라서 불교가 전개되는 과정에서 초기불교에 존재하는 어느 정도의 현실 부정이 불교의 근본정신을 반영하는 것인가에 대한 강한 반성이 행해지게 되었다.*141 불교는 그러한 현실부정은 무상한 현실에 대

---

139 | Soraj Hongladarom, "The Overman and the Arahant: Models of Human Perfection", *Asian Philosophy*, Vol. 21, No. 1., 61쪽 이하 참조.

140 | 정철호, 「허무주의에 대한 니체와 초기불교의 연관성」, 『니체 철학의 현대적 이해와 수용』, 정영도 외 공저, 세종출판사, 1999, 157쪽. Mystry 역시 부처가 단멸론과 상주론 양자를 비판한다는 사실을 지적하면서 니체처럼 불교가 절멸상태를 지향한다고 보는 것은 잘못이라고 말하고 있다. Freny Mystry, *Nietzsche and Buddhism: Prolegomena to a Comparative Study*. Berlin & New York, W. de Gruyter, 1981, 48쪽 참조. 부처는 절멸을 주장하더라도 탐진치(貪瞋痴)의 절멸만을 주장할 뿐이지 생각이나 행위 자체의 절멸을 주장하는 것은 아닌 것이다.

141 | 이와 관련하여 Morrison과 같은 연구자들은 대승불교나 선불교에 대해서 보다 깊은 지식을 가지고 있었다면 불교에 대한 니체의 평가는 달라졌을 것이라고 추측할 수 있다고 말하고 있다. Morrison은 니체가 살아 있었을 당시에는 대승불교에 대한 소개가 극히 부족했기 때문에 니체는 대승불교에 대해서는 제대로 알지 못했으며 관심도 없었다고 말하고 있다. 니체의 관심은 주로 불교가 출현하게

한 집착 못지않게 위험한 '공과 무에 대한 집착'이라고 보았던 것이며 무상한 현실에 대한 집착과 무의 중도(中道)를 주창한다. 그러나 우리는 초기불교에도 이러한 중도의 정신이 존재하며 이러한 중도의 정신은 초기불교와 대승불교를 막론하고 불교의 근본정신이라고 보아야 한다고 생각한다.[*142]

불교는 무상한 현실을 벗어날 것을 주창하는 것이 아니라 오히려 무명과 그것에 바탕을 둔 갈애와 집착에서 벗어남으로써 현실을 완전히 새롭게 경험할 것을 주창하는 것이다. 이러한 생각은, '번뇌세상이 바로 열반세상'이라고 주장하면서 열반세상이 번뇌세상을 떠나 따로 존재하는 것이 아니라 우리가 입고 먹고 다른 사람들과 관계하는 '지금 여기'의 자리에 존재한다고 설파하는 선불교에서 극명한 형태로 나타나고 있다. 이 점에서 우리는 불교는 내면으로의 도피를 말하는 것이 아니라 오히려 무명과 갈애와 집착에서 벗어나 삶과 현실을 여실하게 볼 것을 촉구한다고 말할 수 있다.

우리가 그러한 무명과 갈애와 집착에서 벗어날 경우 삶과 현실은 갈애와 집착에 사로잡혀 있을 때처럼 우리가 집착하는 것을 언제든지 소멸시킬 수 있는 위협적이고 고통스런 것으로 나타나는 것이 아니다. 생성 소멸하는 세계로서의 삶과 현실은 우리가 생성 소멸하지 않으려고 하고 이 생성 소멸하는 세계를 자신의 뜻대로 지배하려는 주체로 존재하려고 할 경우에만 '고(苦)'로서 느껴지고 위협적인 것으로 느껴지는 것이다. 이에 반

된 역사적 배경에 집중되어 있으며 따라서 그의 관심도 초기불교에 제한되어 있었다는 것이다.
Robert G. Morrison, *Nietzsche and Buddhism, A Study in Nihilism and Ironic Affinities*, Oxford& New York, Oxford University Press, 1997, 7쪽 참조
니체의 불교 비판을 거의 그대로 수용하고 있는 유다 유타카도 니체의 불교 비판은 주로 테라바다 불교를 중심으로 한 초기불교를 향한 것이었으며 니체는 대승불교는 제대로 알지 못했다고 말하고 있다. 유다 유타카(湯田豊), 『ニーチエと 佛敎』, 世界聖典刊行協會, 1987, 210쪽 참조.

142 | 이러한 사실은 초기불교에서도 부처가 행동 자체를 부정하는 것이 아니라 모든 집착에서 벗어나 항상 여여하게 깨어 있는 평온한 마음으로 분별하고 행동할 것을 촉구하는 데서도 드러난다.
"여섯 가지 떳떳한 행(常行)이 있다. 어떤 것을 여섯이라 하는가. 만일 비구가 눈으로 색을 보고 괴로워하지도 않고 즐거워하지도 않고, 평정한 마음에 머물러 바른 생각과 바른 지혜를 가지며 귀로 소리를, 코로 냄새를, 혀로 맛을, 몸으로 촉감을, 의지로 법을 분별할 때 괴로워하지도 않고 즐거워하지도 않고 평정한 마음에 머물러 바른 생각과 바른 지혜를 가지면, 이것을 비구들의 여섯 가지 떳떳한 행이라 하느니라." 『한글 아함경』, 317쪽.

해서 무명과 갈애와 집착에서 온전히 벗어난 자에게는 동일한 생성 소멸하는 세계라도 이제는 더 이상 두렵고 위협적인 세계로 나타나지 않고 오히려 모든 것들이 상의상자(相依相資)하는 세계로서 나타나게 되는 것이며 우리는 현실을 더 이상 고해세상으로 생각하지 않고 오히려 그것에 대해서 감사의 염(念)마저도 품을 수 있게 된다.

이상과 같은 이유로 우리는 일체가 고(苦)라는 부처의 말과 고통과 현실을 긍정하는 니체의 말을 액면 그대로 평면적으로만 비교하면서 양자의 입장을 정반대의 것으로 보는 유다 유타카와 같은 사람들의 분석은 지나치게 피상적인 것이라고 생각한다.

V

니체와 불교의 사회사상과 각각이 지향하는 인간상과 덕들의 차이

❀

　우리는 이상에서 니체의 불교 해석과 평가에 대해서 비판적으로 검토해 보았다. 이와 함께 우리는 불교에 대한 니체의 부정적 평가를 그대로 수용하고 있는 기존의 연구도 함께 비판한 셈이다.

　불교에 대한 니체의 부정적 평가를 그대로 수용하고 있는 대표적인 글에는 유다 유타카와 성진기의 글을 들 수 있다. 앞에서 본 것처럼 유다 유타카는 불교에 대한 니체의 해석을 부분적으로 오해에 입각한 것으로 보면서도, 초기불교를 고통과 현실을 회피하려고 하는 병약한 힘에의 의지에서 비롯된 것으로 보는 니체의 불교 이해의 핵심은 수용하고 있다. 그리고 성진기는 무엇보다도 불교의 현실도피적인 성격을 강하게 비판하는 방식으로 불교를 수동적인 니힐리즘으로 보는 니체의 불교 해석과 비판을 그대로 수용하고 있다. 성진기는 이렇게 말하고 있다.

"불교의 윤리는 부정적인 윤리다. 포기와 자기희생의 윤리이며 노력과 창조의 도덕은 아니다. 또 고행과 인내의 덕을 가르치며 행동과 일을 가르치지 않는다. 따라서 불교의 윤리는 수도승의 윤리처럼 최종 단계에서 긴장을 해소하고, 힘을 소모하고, 불구로 만들고, 연약하게 만들 수 있는 윤리다. 이런 윤리는 정치적으로 사람을 노예화할 수도 있다. 불의와 폭거에 대한 저항을 금지하고 순종을 설교하기 때문이다. 이 세상의 관심사들, 예를 들면 정치·사회·인간의 문제들에 대해 불교 윤리는 무관심한 편이다. 불교는 현실을 초탈하고 금욕을 앞세우는 경향이 있기 때문에 신자들의 심중에 경건주의와 유사한 공허감을 자아냈고 이로 인해 이 세상은 단지 타락과 죄 그리고 사망의 집이라는 생각을 지니고 있다."[143]

---

143 | 성진기, 「니체와 불교」, 『니체 이해의 새로운 지평』, 철학과현실사, 2000, 466쪽 이하.

성진기의 이러한 비판은, 한편으로는 니체가 불교에서 미래철학의 가능성을 찾았다고 보면서 니체와 불교 사이의 유사성을 강조하면서도 다른 한편으로는 니체의 불교 비판이 현실도피적인 은둔을 즐기는 불교에게 건강한 종교정신을 형성시키는 성찰적 항체를 제공해 줄 수 있을 것이라고 말하고 있는 김정현의 불교 비판과 일맥상통하는 것이라고 생각된다.*144

그러나 우리는 실로 부처는 정치적인 활동은 안했지만 깨달음을 얻은 그 순간부터 죽는 순간까지 수많은 제자들을 교화하는 데 헌신했다는 사실에 주목해야 한다. 아울러 부처는 불교라는 종교의 창시자가 되면서 2500여 년에 걸쳐서 사람들에게 깊은 정신적 감화를 미쳐 왔다는 사실에 주목해야 한다. 이런 점에서 볼 때 필자는 부처는 그 어느 누구보다도 현실에 적극적으로 참여했다고 생각한다. 잘못된 사회구조를 직접적으로 변화시키려는 노력뿐 아니라 사람들이 자신의 정신을 변혁하는 것을 도움으로써 간접적으로 사회구조의 개선에 기여하는 것도 중요한 현실참여의 한 방식으로 보아야 할 것 같다.

앞에서 이미 살펴보았듯이 니체는 불교를 근본적으로 쇼펜하우어의 철학이나 에피쿠로스주의와 동일하게 현실도피를 주창하는 것으로 보았다. 즉, 니체는 불교는 쇼펜하우어의 철학과 마찬가지로 욕망이 지배하는 현실에서 도피하여 내면의 황홀경으로 도피하려고 한다고 보고 있으며, 소수의 마음 맞는 친구들이 시골의 한적한 곳으로 도피하여 우정과 정신적인 평안을 즐길 것을 주창하는 에피쿠로스주의와 마찬가지로 뜻을 같이하는 소수의 사람들이 절간으로 도피하여 사회와 정치를 잊고 정신적인 평안을 즐기려고 한다고 보고 있는 것이다.

그러나 필자는 윤회에서의 탈피를 궁극적 목표로 삼는 초기불교조차도 깨닫지 못한 사람들에 대한 자비를 설파하면서 이들이 깨치도록 도우려고

---

144 | 김정현,「니체와 불교의 만남 – 니체의 불교 이해 및 서양적 무아(無我)사상을 중심으로」,『니체 연구』, 제8집, 한국니체학회, 2005, 91쪽 참조.

한다는 점에서 불교의 근본이념은 에피쿠로스주의나 쇼펜하우어의 철학과는 근본적으로 구별된다고 본다.*145 따라서 부처나 불교가 현실도피적인 은둔을 즐긴다는 통상적인 비판은 잘못된 비판이라고 생각한다. 만약 우리가 현실참여 문제와 관련해서 불교의 약점을 찾는다면, 그러한 약점은 불교의 근본정신이 현실참여에 대해서 부정적이라는 것이라는 데 있는 것이 아니라 불교의 현실참여가 인간의 정신혁명만을 지향하고 있을 뿐 사회구조의 개혁에 대해서는 소극적이라는 데서 찾아야 할 것이다.

불교에 대한 니체의 비판은 많은 경우 불교에 대한 오해에 입각해 있으며 앞에서 살펴본 것처럼 니체와 불교 사이에는 오히려 문제의식뿐 아니라 문제를 극복하는 방향에서도 상당한 유사성이 성립한다. 그러나 니체와 불교 사이에는 이러한 유사성의 이면에 무시할 수 없는 차이가 존재한다. 니체와 불교 사이의 존재하는 근본적인 차이는 니체와 불교 각각의 사회사상과 니체와 불교 각각이 지향하는 인간상과 덕 그리고 인간의 존엄성 문제에 대해서 양자가 취하는 입장에서 가장 분명하면서도 구체적으로 드러난다.

따라서 이 장은 크게 다음과 같은 내용을 갖게 될 것이다.

첫째, 니체와 불교의 사회사상의 차이.
둘째, 니체와 불교가 지향하는 인간상과 덕들의 차이.
셋째, 인간의 존엄성에 대한 니체와 불교의 입장 차이.

우리가 니체와 불교의 사회사상의 차이를 가장 먼저 다루는 것은 이러한

---

145 | 이런 맥락에서 Benjamin A. Elman도 쇼펜하우어와 불교를 구별하고 있다. 즉, 쇼펜하우어는 의지의 부정을 이야기하지만 부처는 의지의 승화를 말하고 있다는 것이다. 더 나아가 그는 쇼펜하우어가 불교를 의지의 부정을 주장하는 것으로 본 것은 19세기 유럽의 불교와 베단타철학에 대한 이해를 반영한 것이라고 말하고 있다. Benjamin A. Elman, "Nietzsche and Buddhism", in: *Journal of the History of Ideas*, 1983년 10월, 676쪽 참조.

사회사상에서 니체와 불교의 차이가 가장 첨예한 형태를 띠기 때문이다. 보통 많은 사상들이 그것들이 갖는 형이상학적 내용이나 인간관에서는 외관상 큰 차이를 보이지 않지만 그러한 사상의 실질적인 내용이 가장 구체적으로 나타나는 사회사상에서는 큰 차이를 보이는 경우가 있다. 필자는 이러한 경우가 바로 니체와 불교의 경우라고 생각한다. 니체와 불교는 각각이 지향하는 사회상에 대한 견해에서 대극적인 입장을 보여주고 있다. 그리고 필자는 니체와 불교 각각의 이러한 이해는 각각이 지향하는 인간상과 덕들 그리고 더 나아가 양자의 세계 이해와 분리될 수 있는 것이 아니라 불가분리하게 얽혀 있다고 생각한다. 따라서 필자는 먼저 니체와 불교의 사회사상의 차이를 살펴 본 후 이를 토대로 하여 양자가 지향하는 인간상과 덕들의 차이와 인간의 존엄성에 대해서 양자가 취하는 입장의 차이를 살펴볼 것이다. 그리고 다음 장들에서는 이러한 고찰을 토대로 하여 양자가 세계 이해와 자기극복의 문제와 관련하여 보여주는 차이를 살펴볼 것이다.

1 니체와 불교의 사회사상의 차이

니체는 모든 존재자들의 근본적인 성격은 힘에의 의지이기 때문에 세상에는 근본적으로 정복과 착취가 존재할 수밖에 없으며 따라서 인간들 간의 대립과 투쟁은 불가피하다고 주장한다. 아니 니체는 정복과 착취는 생의 본질이라고 본다. 생과 생의 유기적인 모든 기관들은 착취이며 낯선 것을 자기 것으로 하는 것이라는 것이다. 따라서 니체는 사회에서 착취적인 성격을 없애자는 말은 생에서 모든 유기적인 기능들을 없애자는 말이나 같다고 말하고 있다.

이와 함께 니체는 유럽에 만연하고 있는 동정의 윤리에 의해서 유럽이 유약하게 되고 무기력한 수동성에 빠지면서 유럽 문명이 몰락할 것을 우려했다. 따라서 니체는 평화주의에 대해서 극히 비판적이었다. 니체는 대립과 투쟁, 갈등이 사라진 세계를 꿈꾸는 평화주의는 힘에의 의지가 규정하는 현실을 보지 못하는 천박한 사상이라고 보았으며, 평화주의자의 국가는 이미 죽어가고 있는 국가라고 본다. 니체는 이렇게 말하고 있다.

> "전쟁은 필수적이다. ― 인류가 전쟁하는 것을 잊어버렸을 때 인류에게 여전히 많은 것(아니면 그때서야 처음으로 많은 것)을 기대하는 것은 망상이며 감상적인 영혼의 특성이다. 당분간은 우리는 지쳐가는 모든 민족에게 야영지의 그 거친 활력, 비개인적인 깊은 증오, 양심에 거리낌 없는 저 냉혹한 살인, 적을 전멸시킬 때 느끼는 저 공통된 조직적인 격정, 대규모

의 상실에 대한, 자신의 존재와 친구의 존재에 대한 저 의연한 냉정함, 둔중한 지진처럼 울리는 영혼의 진동 등은 그 어느 것에 의해서도 대규모의 전쟁이 행하는 것과 같은 정도로 강력하면서도 확실하게 전달될 수 없다. [……] 어떻든 문화는 정열·악덕·사악함 없이는 전혀 살아남을 수가 없다. — 제국을 이룩한 로마인들이 전쟁에 약간 싫증이 났을 때 그들은 사냥이나 검투사들의 싸움, 기독교의 박해에서 새로운 활력을 얻으려고 애썼다. [……]"*146

이렇게 평화주의를 비판하는 것과 동일한 맥락에서 니체는 당시에 퍼져 나가고 있던 민주주의와 사회주의의 조류가 이른바 평등을 실현한다는 명분으로 탁월한 인간들과 탁월한 문화를 억압하면서 유럽인들의 전체적인 하향평준화를 초래할 수 있다고 걱정했다. 니체가 보기에는 사회주의자들은 노동자들로 하여금 자신들의 처지에 만족하지 못하게 하면서 원한과 시기심을 품게 하면서 모든 높은 문화에 대해서도 적개심을 품게 한다. 이와 함께 니체는 『안티크리스트』에서 플라톤과 유사하게 건강한 사회와 보다 높은 문화는 소수인(주로 정신적인 인간들), 질서의 감시자(주로 몸과 기질이 강한 자), 그리고 평균인들의 세 계층으로 이루어지는 것으로 본다.*147

니체는 평등사회가 실현하기 어렵다는 것을 넘어서 그것이 인간들 간의 거리와 그에 따른 거리의 파토스, 즉 선의의 경쟁의식을 제거함으로써 인간들을 하향평준화로 이끌 것으로 본다. 니체는 이 세계는 빼놓을 것이 하나도 없을 정도로 완전하다고 보지만, 이러한 완전함은 불완전한 인간들을 자신의 본질적인 구성부분으로 포함하는 것으로서 완전하다. 니체는 결코 완전하게 될 수 없는 불완전한 자들이 있다고 보며 대다수의 인간들

---

146 | F. Nietzsche, *Menschliches, Allzumenschliches I*, 477번
147 | F. Nietzsche, *Der Antichrist*, 57번 참조.

은 그렇다고 본다. 그리고 이러한 인간들은 노동에 종사함으로써 탁월한 소수가 위대한 문화를 건립하기 위한 지반으로서의 역할을 해야 한다. 이는 높은 문화는 범용한 인간들의 뒷받침을, 즉 육체노동을 전담할 노예계급을 필요로 하기 때문이다.[*148]

이와 같이 니체는 인간들 간의 대립과 투쟁 그리고 갈등이 불가피한 것이고 제거될 수 없다고 보는 반면에, 불교는 그러한 대립과 갈등을 극복할 수 있다고 본다. 불교는 인간들 사이의 대립과 투쟁은 우리가 자기중심성을 버리지 못한 데서 비롯되는 것이라고 보고 있으며 자기중심성을 버릴 경우에는 그러한 대립과 투쟁은 제거될 수 있다고 보는 것이다. 또한 불교는 대립과 투쟁 그리고 갈등의 제거가 인간 사회가 무기력하게 되는 결과를 초래한다고 보지는 않는다. 즉, 불교는 모든 사람들에게 깨달을 수 있는 가능성을 인정하며 누구나 부처가 될 수 있다고 격려하는 것이다. 이와 함께 불교는 평등사회가 실현되기 어렵다는 것을 인정하지만 평등사회를 지향하며 거리의 파토스 대신에 사람들 간에 서로에 대한 존중과 사랑이 지배하기 바란다. 이 점에서 필자는 니체가 불교를 예수의 이념과 마찬가지로 하나의 평화운동으로 본 것은 옳았다고 생각한다. 이에 반해 니체의 힘에의 의지의 철학은 민주주의에 대해서 위계질서를 내세우고 여성적인 유약함에 대해서 남성적인 강함을 내세우는 철학이라고 할 수 있다.

---

[148] F. Nietzsche, *Jenseits von Gut und Böse*, 257번 참조. 물론 니체가 모든 인간이 자기를 극복하고 완성하는 초인이 될 수 있다고 말하는 경우도 있다. 예를 들어서 니체가 「차라투스트라는 이렇게 말했다」를 '모든 사람을 위한 책이면서도 어느 누구를 위한 책도 아니다'라고 말할 때 니체는 모든 사람들에게 초인이 될 수 있는 가능성을 인정하는 것 같기도 하다. 그러나 그가 소수의 초인이 다스리는 사회를 이상적인 사회로 내세울 때 그는 소수의 인간만이 초인이 될 수 있다고 보고 있다.

2 니체와 불교가 지향하는 인간상과 덕들의 차이

우리는 이상에서 니체와 불교의 사회사상의 차이를 살펴보았다. 이러한 차이는 니체와 불교 각각이 지향하는 인간상과 덕들에도 반영되어 있다. 그런데 니체와 불교 각각이 지향하는 인간상과 덕들을 비교하기 위해서는 우선 니체가 불교가 지향하는 인간상과 덕들의 본질을 어떻게 파악했는지를 비판적으로 검토하는 것이 선행해야 할 것이다. 이는 니체가 불교가 지향하는 인간상과 덕들을 극히 부정적으로 파악하고 있는 바, 양자 간의 공정한 비교를 위해서는 니체의 이러한 부정적인 파악이 타당한지를 먼저 검토할 필요가 있기 때문이다.

(1) 불교가 지향하는 인간상과 덕에 대한 니체의 견해의 비판적인 검토

불교가 지향하는 인간상과 덕을 니체가 어떻게 파악하고 있는지는 불교의 자비 개념에 대한 니체의 견해에서 가장 잘 드러난다고 여겨진다.

불교는 모든 종류의 원한이나 복수심을 아집에서 비롯되는 것으로 보면서 버릴 것을 요구하는 반면에, 니체는 원한이나 복수 자체를 부정하지 않는다. 니체는 병적인 원한만을 경계할 뿐이며 건강한 원한이 있을 수 있다고 본다. 복수하기를 원하지만 복수할 용기가 없어서 자신은 선한 인간인 반면에 상대방을 악인으로 단죄하면서 정신적으로 복수하는 것이 바로 병적인 원한이다. 이에 반해 건강한 원한을 갖는 인간은 직접적인 행동에 의해 복수를 행하며 이와 함께 상대방을 악인이라고 단죄하지도 않고 오히려 상대방이 탁월한 인간일 경우에는 그에게 존경심도 가질 줄 안다.

니체가 병적인 복수와 건강한 복수를 구별하면서 이른바 건강한 복수에 대해서는 긍정적으로 보는 반면에, 불교는 모든 종류의 복수에 대해서 부정적인 입장을 취한다. 불교는 우리가 자신에게 위해를 가한 상대방에게 복수를 꾀하기보다는 오히려 자신의 상대방이 갈애와 집착에 시달리는 불쌍한 중생이라고 생각하면서 자비심을 가질 것을 요구한다. 그러나 앞에서 이미 본 것처럼 니체는 이러한 자비심은 힘에의 의지가 허약하고 비겁한 자들이 내면적인 평화를 유지하는 한 방식이라고 보았다.[149] 부처가 사람들에게 보여준 친절함이나 호의는 예수가 보여주었던 사랑과 마찬가지로 자기 자신에 대한 긍지와 사랑 그리고 충일한 기쁨에서 비롯된 것이 아니라, 고통에 대한 감수성이 지나치게 발달한 자가 마음의 평정을 잃지 않기 위해서 행하는 위생법 내지 자위 조치에 불과하다는 것이다.

그런데 필자는 부처의 자비나 예수의 이웃사랑이 비롯된 생리적 원인에 대한 니체의 분석은 잘못되었다고 생각한다. 니체는 예수를 도스토예프스키의 『백치』에 나오는 순진무구하고 여린 마음의 소유자였던 무슈킨 백작을 실마리로 하여 해석하고 있지만, 필자는 예수와 부처는 무슈킨 백작과 같은 사람이 아니었다고 생각한다. 두 사람은 남들이 따라 하기 힘들 정도의 힘겨운 고행을 견뎌낸 강한 의지의 소유자일 뿐 아니라 수많은 제자들과 사람들을 지도할 줄 알았던 강렬한 카리스마를 가졌던 사람이었다.[150] 따라서 니체는 부처를 예수와 마찬가지로 세계에 저항할 힘을 상실한 나약한 힘에의 의지에 의해서 규정되고 있다고 보았지만, 정작 불교에서는

---

149 | 이와 함께 니체는 기독교인이 말하는 이웃사랑도 사실은 이웃을 두려워하기 때문에 이웃이 자신을 사랑하기를 바라는 소망에서 비롯되는 것이라고 보고 있다. 기독교인은 남이 자신에게 손상을 입히지 않을까 하는 두려움 때문에 이웃을 사랑한다는 것이다.

150 | 우리는 특히 신약성서에서 상인들이 성전을 더럽혔다고 분노하면서 상인들을 내쫓는 예수의 모습에서 강한 권위와 카리스마를 경험한다. 이 점에서 니체가 그린 예수상은 어느 정도의 설득력을 가지면서도 예수의 전체상을 제대로 그리고 있지는 않다고 여겨진다.

부처를 우리 내부에서 제멋대로 일어나는 충동과 열정을 제압한 위대한 사나이(大雄)라고 불렀으며 동일한 맥락에서 부처의 육성을 사자후라고 불렀다.

부처는 분명 냉혹한 인간은 아니지만 그렇다고 해서 약한 인간도 아니었다. 부처가 원한을 품지 않는 것은 오히려 자신의 적마저도 감싸 안고 용서할 수 있는 충일한 힘에서 비롯될 수 있는 것이다. 이와 함께 우리는 Hans Küng과 함께 니체에게 이런 의문을 제기할 수 있다.

"나약함이라는 것이 냉혹함에 의해서만 극복될 수 있는가? 중간색이 없고 단계가 없으며 수단 대책이 없는 것일까? 동정·선량·자비·관용·유대·사랑, 이 모든 것이 꼭 나약함이라고 단죄되어야 하는 것일까? 자비 역시 강함에서 오고 동정 역시 충만함에서 오며 선량함 역시 인간의 위대함에서 오지 않던가?"*151

Hans Küng과 마찬가지로 필자도 부처와 예수가 구현했던 자비와 사랑은 자기중심적인 편협한 자아에 대한 집착을 버린 자가 자연스럽게 갖게 되는 내적인 충만한 힘에서 비롯된 것이라고 본다. 부처의 자비든 예수의 사랑이든 이러한 충만한 힘에서 비롯되는 덕이기에 부처와 예수는 현실을 떠나 내적인 평안을 유지하는 데 급급하지 않고 사람들을 깨우치는 데 진력했던 것이다. 불교는 우리가 자기에 대한 집착과 그것에 입각한 갈애를 버릴 경우 니체가 말하는 것처럼 힘에의 의지가 제거된 무의 상태로 돌아가는 것이 아니라 오히려 존재의 충만을 경험하는 것으로 보았으며, 이러한 충만감으로부터만 다른 사람들에 대한 진정한 사랑과 자비가 생길 수 있다고 보는 것이다.

---

151 | 한스 큉, 『신은 존재하는가?』, 성염 옮김, 분도출판사, 1994, 567쪽 이하.

원한은 부처가 말하는 탐진치 삼독 중 진(瞋), 즉 분노에 해당하는 것으로 분노는 정신적으로나 신체적으로 해로운 것이다. 따라서 부처가 원한을 품지 않은 것은 물론 니체가 말하는 것처럼 원한은 마음의 평화를 깨뜨리는 것이기 때문이기도 하지만, 부처는 이미 마음이 조용한 기쁨에 넘치기 때문에 굳이 남에 대해서 원한을 품을 필요가 없었기 때문이다. 그런데 단순히 마음의 평안을 깨지 않기 위해서 원한을 품지 않고 복수를 하지 않는 것과 이미 내면에서 충만한 기쁨을 누리고 있기에 굳이 원한을 품고 복수를 할 필요가 없다는 것 사이에는 큰 차이가 있다.[*152]

단순히 마음의 평안을 깨지 않기 위해서 원한을 품지 않는다는 것은 아직은 상대에 대한 두려움에서 벗어나지 못한 상태일 수 있다. 이 상태에서 우리는 상대에 대해서 자신이 보복할 능력이 없다고 생각하면서 체념하고 단순히 마음의 평안을 얻기 위해서 보복을 단념하게 된다. 이에 대해서 부처는 원한은 다른 인간에 대한 격렬한 애정과 마찬가지로 사실은 자기중심적인 자기에 대한 집착에서 비롯된 것이라고 본다. 다른 인간이 자신에 대해서 해를 입혔다고 생각할 때 우리는 원한을 품으며, 다른 인간을 내 것으로 하고 싶다고 생각할 때 격렬한 애착을 느낀다. 원한은 탐욕과 마찬가지로 자기에 대한 자기중심적인 집착에서 벗어나지 못한 데서 생기는 감정이다. 따라서 부처는 원한이란 오온의 화합에 지나지 않는 것을 고정불변의 자기라고 보는 어리석음의 소산이라고 보며 이러한 어리석음에서 벗어날 때 우리는 굳이 다른 사람을 능가하고 싶은 욕망이 들지 않을 정도의 내적인 충일로 가득 차게 된다고 본다.

따라서 부처가 자신을 박해하려는 사람들에게 저항하지 말고 자신을 증오하는 자들을 자비로 대하라고 가르친 것은, 니체가 주장하는 것처럼 부처가 저항할 힘마저도 상실했기에 저항하려는 욕망이나 행위조차도 자신

---

[152] 유다 유타카도 니체와 마찬가지로 원한을 품지 않은 상태가 보일 수 있는 이러한 두 가지 양상을 구별하지 않고 있다. 유다 유타카, 『불교의 서구적 모색』, 이미령 옮김, 민족사, 1990, 20쪽 참조.

의 내면적인 평화를 어지럽히는 불쾌한 감정으로 여겼기 때문이 아니며 또한 그것들이 우리를 윤회에 빠지게 할 수 있다고 두려워했기 때문도 아닌 것이다.

오히려 부처는 저항이나 보복이라는 행위에서 작용하는 자기주장과 자기애착을 알고 있었고 그러한 저항이나 보복은 결국 인간의 정신적 성장에 도움이 되지 않는다고 보았던 것이다. 또한 부처가 자신을 탄압하는 자들에 대해서 동정과 자비심을 갖는 것은 부처는 그들이 겪고 있는 고통과 고뇌를 꿰뚫어 보고 있기 때문이며 그들 역시 집착과 번뇌 속에서 헤매는 자들임을 알고 있었기 때문이다. 부처는 그들이 자신들이 통제하지 못하는 권력욕과 분노의 노예가 되어 있다는 것을 꿰뚫어 보고 있으며 그들을 그러한 욕망과 분노로부터 벗어나도록 도우려고 한다. 이렇게 볼 때 부처뿐 아니라 예수가 주장한 무저항은 니체가 주장하듯이 힘의 약화와 백치와 같은 순진함에서 비롯되는 것이 아니라 인간들의 고통과 마음의 움직임에 대한 냉철한 통찰과 자신들을 박해하는 자들에 대한 자비심에서 비롯된 것이다.

따라서 우리는 부처라는 인물이 구현한 덕을 대승불교에서 말하는 보살이 구현한 덕과 마찬가지로 지혜와 자비로 집약할 수 있을 것이다.

> "보살은 '지혜'와 '자비'라는 두 가지 모순된 힘을 동시에 갖춘 존재다. 그의 지혜는 '사람을 보지 않고 있는데' 그의 자비는 '사람들을 구제하려고 결심한다'. 이 두 가지 모순되는 태도를 연결시키는 능력이야말로 그의 위대함의 근원이며, 자신과 타인을 구제하는 힘의 원천인 것이다."[*153]

보살이 갖는 지혜라는 것은 사람들이 집착하는 자아가 허구라는 것을 꿰뚫어 본다. 이 점에서 위의 인용문은 '지혜는 사람을 보지 않는다'고 말하

---

153 | E. 콘즈, 『한글세대를 위한 불교』, 한형조 옮김, 세계사, 1990, 180쪽.

고 있다. 보살은 또한 이러한 허구적인 자아의 질곡에 사로잡혀서 고통을 겪고 있는 사람들에게 무한한 연민을 느끼면서 자신의 지혜를 나누려고 한다. 그러나 이러한 연민도 다른 사람들의 고통을 단순히 함께 느끼는 감상적인 연민은 아니다. 그것은 상대방으로 하여금 자신의 잠재적인 불성을 자각하게 함으로써 고통의 상태에서 벗어나도록 돕는 적극적인 연민이다. 이 점에서 불교가 지향하는 자비는 니체가 생각하는 원인애(遠人愛)와 유사한 측면을 갖는다고 할 수 있다.

니체는 그의 저서 도처에서 동정을 비판하고 있지만 동정을 무조건 비판하는 것이 아니라 오직 쇼펜하우어식의 수동적 동정만을 비판하고 있다. 다른 사람이 스스로 일어날 수 있도록 적극적으로 촉구하고 돕는 것이 아니라 단순히 다른 사람들의 고통을 함께 아파하면서 그 사람의 고통을 일시적으로 완화시키는 식으로 돕는 것은 동정을 받는 사람과 동정을 하는 사람 양자의 정신을 약화시킬 뿐이다. 이러한 동정은 도덕적 의무에서 비롯된 것이 아니라 사실은 의지의 연약함에서 비롯되는 하나의 병적인 현상이다. 아울러 그러한 동정은 고통을 자기 성장의 발판으로 이용하면서 극복하는 인간의 잠재적인 능력을 무시하면서 인간을 연약하기 짝이 없는 존재로 보는 인간에 대한 비하(卑下)에서 비롯된 것이다.

니체가 이러한 수동적 동정과 구별하여 추천하고 있는 동정은 멀리 내다보는 동정, 즉 원인애다. 이것은 상대방을 동정하고 돕되 상대방이 자신을 극복하여 스스로 일어날 수 있도록 돕는 동정이다. 이러한 동정은 자기 자신뿐 아니라 다른 사람들도 필요에 따라서는 가혹하면서도 냉혹하게 대한다. 이는 금욕주의적인 이원론에서처럼 신체적인 안락이나 욕망을 악한 것으로 보기 때문이 아니라 그러한 가혹함과 냉혹함을 의연하게 받아들임으로써 인간의 정신은 건강하고 풍요롭게 될 수 있기 때문이다.

또한 이 경우 다른 사람들을 가혹하면서도 냉혹하게 대하는 것은 그들을 비하하고 학대하기 위해서가 아니라 그들이 그러한 곤경과 시련을 이겨나갈 수 있는 내적인 힘을 갖고 있다고 믿기 때문이다. 이 경우 다른 사람들에게 그러한 곤경과 시련을 받아들일 것을 요구하는 것은 다른 사람들에 대한 존경의 표시인 것이다. 이에 반해서 감상적인 연민에서 비롯된 다른 사람들에 대한 호의나 도움은 그 사람들이 그러한 곤경을 스스로 이겨내지 못할 것이라고 생각하면서 사실은 그 사람들을 비하하는 것과 결부되어 있는 경우가 많다. 아울러 연민은 경우에 따라서는 자신도 연민을 받는 사람처럼 될 수도 있다는 동병상련의 느낌에서 비롯되는 경우가 많다. 니체는 이러한 종류의 연민은 사람들을 의기소침하게 만들고 삶의 활력을 빼앗아 간다고 본다.

  부처는 모든 인간들이 스스로 설 수 있는 잠재력을 갖고 있다고 믿었기 때문에 자기 자신뿐 아니라 제자들에게도 가혹하면서도 냉혹하게 대했다고도 할 수 있다. 부처는 하루 한 끼밖에 먹지 않았고, 탁발한 음식이 어떠한 것이든 간에 불평하지 않고 받아들였으며, 편안한 잠자리를 찾지 않았다. 그러면서도 그들은 충일한 힘과 내적인 평정을 누릴 수 있었다. 그리고 부처가 제자들에게도 그러한 생활을 하도록 촉구한 것은 제자들이 그러한 가혹함과 냉혹함을 의연히 받아들일 수 있는 내적인 힘을 가지고 있다고 인정했기 때문이다. 그것은 제자들에 대한 존경의 표시였던 것이다.

  아울러 니체는 타인을 사랑하기 위해서는 그 이전에 자기 자신에 대한 긍지를 갖고 자신을 사랑해야 한다고 보고 있는데, 불교의 깨달은 자가 행하는 이웃사랑도 자기 자신의 풍부한 잠재력에 대한 긍지와 사랑에 입각한 것이라 할 수 있다. 우리는 보통 인간은 이기적인 존재이기 때문에 자신을 당연히 사랑하고 있다고 생각하지만, 많은 경우 우리는 의식적으로든 혹은 무의식적으로든 자기혐오와 자기학대에 빠져 있다.

  우리는 남과 자신을 비교하면서 열등의식에 빠지고 자신의 무능력에 대해서 한탄한다. 아니면 우리는 엄격한 도덕적인 기준에 자신을 비추거나 기독교에서처럼 완전한 존재인 신과 자신을 비교하면서, 자신을 타락하고 악한 존재로 단죄한다. 우리는 이렇게 보통 자신을 사랑받을 가치가 없는 존재로 생각하는 것이다. 이러한 상태에서 우리의 이웃사랑이란 우리가 자신을 사랑받을 가치가 있는 인간으로 만들려는 몸부림이라고 볼 수 있다. 우리는 이웃에게 덕과 동정을 베풂으로써 자신이 선한 존재이고 사랑받을 만한 존재라는 것을 확인하고 싶어 하는 것이다. 그러나 이러한 종류의 사랑은 타인들이 자신이 베푼 사랑에 대해서 감사하고 자신이 선한 사람이라고 칭찬하지 않으면 배신감을 느끼게 된다. 이와 관련하여 니체는 이렇게 말하고 있다.

"사랑하도록 유혹한다. – 자기 자신을 증오하는 사람을 우리는 두려워해야만 한다. 왜냐하면 우리는 그의 분노와 복수의 희생이 될 것이기 때문이다. 따라서 우리는 우리가 어떻게 하면 그로 하여금 자기 자신을 사랑하도록 유혹할 수 있는지를 생각해 보자!"[154]

따라서 자신을 진정으로 사랑하는 자만이 다른 사람을 아무런 대가도 없이 사랑할 수 있다. 니체는 다시 이렇게 말한다.

"자신의 악마를 이웃 속에 들어가게 하지 말라! – 어쨌든 우리의 시대에는, 호의와 친절이 좋은 인간들을 구성하는 요소라는 사실에 동의하자. 다만 이러한 사실에 '그가 우선 자기 자신에 대해서 호의적이고 친절하다는 사실이 전제될 경우에!'라고 덧붙여져야만 한다. 왜냐하면 이것이 전제되지 않으면, 즉 그가 자신 앞에서 도망치고 자신을 증오하고 자신에게 해를 입힌다면, 분명히 그는 좋은 인간이 아니기 때문이다. 그때 그는 자기 자신에게서 도망쳐서 타인들 속에서만 자신을 구원한다. 이러한 타인들은 그가 아무리 호의적으로 보일지라도 해를 입지 않도록 주의하는 게 좋다."[155]

---

[154] 니체, 『아침놀』, 517번.
[155] 니체, 위의 책, 516번.

타인을 행복하게 하기 위해서는 우선 자신부터 진정으로 행복해야 한다. 그리고 이러한 행복은 자기혐오와 자기멸시를 통해서 획득할 수 있는 것이 아니다. 자신에 만족하며 자신에 긍지를 품고 자신을 사랑하는 자만이 행복할 수 있으며 이 행복을 남에게 나눠줄 수 있다. 부처와 같은 사람은 내면에서 행복에 충만해 있었기 때문에 물질적으로는 남에게 구걸해서 먹었지만 수많은 사람들에게 행복을 나눠줄 수 있었다. 부처는 자기혐오에 빠져 있었던 사람이 아니라 인간이 갖는 무한한 잠재력을 구현하면서 기쁨을 누렸던 사람이다. 이런 의미에서 부처는 니체와 마찬가지로 진정한 자기애에 입각한 이타주의를 추구하며, 자신에 대한 사랑과 존경심이 타인에 대한 사랑과 존경심이 되는 상태를 추구한다. 니체는 인간의 풍요로운 잠재력을 구현함으로써 자신을 사랑하고 자신에 대해서 긍지를 갖는 자가 행하는 이웃사랑을 다음과 같이 묘사하고 있다.

"다른 종류의 이웃사랑. – 흥분 잘하고, 소란스러우며, 변덕스럽고, 신경질적인 사람은 커다란 정열을 가진 사람과는 정반대의 사람이다. 이러한 커다란 정열은 조용하고 어두운 화염처럼 내면에 머무르면서 거기에서 뜨겁고 열을 내는 모든 것을 모으면서 그러한 정열의 소유자를 외관상으로는 냉정하고 무관심한 사람으로 보이게 하며 그의 얼굴에 무감동한 표정을 새겨 넣는다. 그러한 사람들에게도 경우에 따라서는 아마도 이웃사랑이 가능하리라. 그러나 그것은 사교적이고 인기영합적인 사람들의 이웃사랑과는 다른 종류의 것이다. 그것은 부드럽고 관조적이며 평정한 친절함이다."[*156]

불교가 설파하는 자비심도 연약한 자들이 자신을 고상한 자로 기만함으로써 자신의 힘을 유지하려는 술책으로 보는 니체의 해석은 우리 인간들의 보통의 심리적인 상태를 실마리로 하고 있다. 대부분의 우리에게 니체

---

[156] 니체, 『아침놀』, 471번.

가 폭로하는 것과 같은 심리적인 상태가 있다는 사실을 우리는 부정할 수 없을 것이다. 그러나 불교는 이러한 보통의 심리적인 상태를 넘어서 우리의 인격이 전체적으로 변화되는 체험이 있다고 보며 우리에게는 그러한 체험을 통해서 모든 것을 다 감싸 안는 정신으로 자신을 변화시킬 수 있는 가능성이 존재한다고 보았다.

우리는 이상에서 불교가 지향하는 인간상과 덕에 대한 니체의 이해와 비판을 비판적으로 검토했다. 우리는 불교가 지향하는 인간상과 덕에 대한 니체의 이해와 비판이 근본적으로 오해에 입각해 있을 뿐 아니라 오히려 어떤 면에서 니체와 불교 사이에는 지향하는 인간상과 덕과 관련하여 상당한 유사성이 존재한다는 것을 볼 수 있었다. 바로 이러한 이유로 Morrison을 비롯한 사람들은 니체와 불교가 지향하는 인간상과 덕들이 동일하다고 보면서 니체가 말하는 초인은 불교의 부처에 해당한다고까지 할 수 있었다.[157]

그러나 필자는 이러한 유사성의 이면에는 본질적인 차이가 존재한다고 생각한다. 단적으로 말해서 니체의 원인애는 사해동포주의적인 것이 아닌 반면에 부처의 자비는 예수의 사랑과 마찬가지로 사해동포주의적인 성격을 갖는다. 바로 이러한 점으로 인해서 니체와 불교 사이에는 외관상의 유사성의 이면에 본질적인 차이가 크게 입을 벌리고 있다고 생각된다. 더 나아가 불교가 모든 사람들에게 불성을 인정하면서 사람들 사이에는 어떠한 위계도 존재하지 않는다고 보는 반면에 니체는 사람들 사이에는 본질적인 위계가 존재한다고 본다. 니체와 불교 사이에 존재하는 이러한 본질적인 차이가 양자가 지향하는 인간상과 덕도 규정하고 있다. 아래에서는 그러

---

157 | Robert G. Morrison, *Nietzsche and Buddhism, A Study in Nihilism and Ironic Affinities*, Oxford& New York, Oxford University Press, 1997, 225쪽 참조. Purushottama Bilimoria와 같은 사람도 부처는 자아의 억압이나 포기가 아니라 자아의 극복을 주장했다고 보면서 당시의 예식주의에 대해서 삶에 대한 열정을 강조하고 자비와 사랑을 설파하는 부처의 이미지는 차라투스트라의 이미지 안에 통합될 수 있다고 보고 있다. Purushottama Bilimoria, "Nietzsche as 'Europe's Buddha and 'Asia's Superman'", in: *Sophia*, 2008, Vol. 47., 369쪽 참조.

한 차이가 양자가 지향하는 인간상과 덕에서 구체적으로 어떻게 드러나는지를 살펴볼 것이다.

(2) 니체와 불교가 지향하는 인간상의 차이

인간의 정신력을 강화하고 풍요롭게 하는 길로서 니체는 힘에의 의지를 강화하는 것을 내세우는 반면에 불교는 우리가 일상적으로 자신의 자아라고 생각하는 것에 대한 집착을 버리는 것을 내세우고 있다. 이러한 차이가 무엇을 의미하는지는 우선 니체가 힘에의 의지를 강화한다는 것으로 무엇을 의미하는지를 분명히 해야 할 것이다. 그리고 이를 위해서는 니체가 어떤 종류의 인간을 강건한 힘에의 의지의 소유자로 보고 있는지를 살펴보는 것이 가장 좋은 길이라고 생각된다. 니체는 이렇게 강건한 힘에의 의지의 소유자를 고귀한 인간이라고도 부르고 있는데 이러한 인간에 대해서 니체는 다음과 같이 묘사하고 있다.

"[……] 그리고 그는 말이 필요할 때와 침묵이 필요할 때를 알고 있으며 스스로를 가혹하고 엄격하게 대하는 데서 기쁨을 느끼며 모든 가혹함과 냉혹함을 존경한다. [……] 이와 같은 유형의 인간은 자신이 동정적인 인간이 아니라는 것을 자랑으로 여긴다. [……] 그런 식의 사고방식을 가진 고귀하고 굳센 인간은 연민이나 타인을 위한 행위나 사심 없는(selbstlos) 행위를 도덕적이라고 규정하는 도덕과는 관계가 멀다. 자신에 대한 믿음, 자신에 대한 긍지, '사심 없는 행위'에 대한 근본적인 적개심과 경멸감 등과 더불어 '온정'과 자비심에 대한 가벼운 멸시와 경계의 태도 등은 모두가 고귀한 도덕의 특질에 속하는 것이다."[*158]

---

158 | F. Nietzsche, *Jenseits von Gut und Böse*, 209번.

앞에서 본 것처럼 이러한 인간상은 어떤 의미에서는 불교가 지향하는 인간상과 유사한 면이 있지만, 이 경우 니체가 염두에 두고 있는 인간상은 불교가 지향하는 종교적인 성자라기보다는 고대 그리스와 로마의 귀족적인 덕들을 구현한 인간이다. 앞에서 이미 언급한 것처럼 필자는 니체가 궁극적으로 지향한 것은 대중과 민주주의가 지배하게 되면서 망각되어 가고 있는 귀족적인 덕들을 다시 회복하는 것이었다고 생각한다. 이러한 덕들은 다른 인간들에 대한 따뜻한 동정과 같은 서민적인 덕보다는 자신에 대한 절제와 자기 자신과 아울러 자신과 동등한 품격을 갖는 동료들에 대한 긍지 그리고 어떠한 고통과 난관에도 불구하고 삶과 인생을 의연하게 긍정하는 강건한 정신력과 같은 덕이다.

필자는 니체가 지향했던 우아하고 기품 있는 고귀한 인간은 아리스토텔레스가 말하는 '긍지에 찬 인간'과 극히 유사하다고 본다. 아리스토텔레스는 '긍지에 찬 인간'을 다음과 같이 묘사하고 있다.

"'긍지에 찬 인간'은 자신이 고귀하고 탁월한 가치를 갖는 인간이라고 생각하는 사람이며 사실 그렇게 고귀한 가치를 갖는 인간이다. [……]
긍지에 찬 사람은 자신이 가장 고귀한 것에 상응하는 가치를 갖는다고 생각하기에 그에게는 외적인 선들 중에서는 오직 하나만이 관심의 대상이 된다. 그것은 바로 명예다. [……]
긍지에 차 있는 인간은 이렇게 명예에 관심을 갖지만 그는 부, 권력 그리고 어떠한 종류의 성공과 실패에 대해서도 그는 자신의 고귀한 품격에 적합하게 태도를 취할 것이다. 성공했다고 해도 그는 지나치게 기뻐하지 않을 것이며 실패했다고 해도 지나치게 슬퍼하지 않을 것이다. 왜냐하면 그에게는 사실은 명예조차도 사소한 것이기 때문이다. 남들의 인정을 받고 안 받고에 좌우되는 것을, 다시 말해서 명예의 노예가 되는 것을 그의 고귀한 품격이 허용하지 않는다. 사람들은 명예를 획득하기 위해서 권력이나 부를 추구하지만, 이 명예조차도 사소한 것으로 생각하는 사람에게는 다른 모든 것들은 어떠한 가치도 갖지 않는 것이다. 따라서 그들은 교만하게 보인다. [……]

긍지에 찬 인간은 극소수의 일만이 자신의 고귀함에 상응한다고 생각하므로 사소한 일 때문에 위험에 뛰어들지 않는다. 그는 위험 자체를 좋아하는 사람은 아니지만 위대한 것을 위해서라면 위험을 두려워하지 않는 사람이다. [……]

긍지에 찬 인간은 높은 위치에 있는 사람들이나 부유한 사람들에게는 위엄 있는 태도를 취하지만 보통 사람들에게는 겸손한 태도를 취한다. 이는 전자에게 우월한 태도를 갖는다는 것은 곤란하며 떳떳한 일인데 반해서 후자에게 우월한 태도를 갖는다는 것은 매우 쉽기 때문이며, 전자에게 당당한 태도를 취하는 것은 천하지 않은데 반해서 하층 사람들에게 그러한 태도를 취하는 것은 마치 약한 사람들에게 완력을 쓰는 것처럼 천하기 때문이다.

그는 자신의 호오(好惡)를 공공연히 표명한다. 왜냐하면 자신의 감정을 숨긴다는 것은 다른 사람들이 자신을 어떻게 생각할 것이냐를 염려하면서 자신의 솔직함을 희생하는 비겁한 짓이기 때문이다."*[159]

'긍지에 찬 인간'에 대한 아리스토텔레스의 이상과 같은 서설은 아리스토텔레스가 살던 당시의 이상적인 그리스 귀족에 대한 현상학적 묘사라고 생각된다. 그리고 니체가 생각하는 초인이 아리스토텔레스가 말하는 '긍지에 찬 인간'과 유사하다는 사실은 다음과 같은 니체의 글에서도 분명하게 드러난다.

---

[159] | 아리스토텔레스, 『니코마코스윤리학』, 1123b-5a, 여기서는 Reclam판, *Nikomachische Ethik*을 참고했다. 필자와 같이 니체가 말하는 초인의 구체적인 모습을 아리스토텔레스가 그리고 있는 '긍지에 찬 인간'에서 찾고 있는 연구자로는 솔로몬이 있다. R. C. Solomon, A More Severe Morality: Nietzsche's Affirmative Ethics, in: Charles Guignon(edited), *The Existentialists - Critical Essays on Kierkegaard, Nietzsche, Heidegger, and Sartre*, Lanham · Boulder · New York · Toronto · Oxford, 2004, 65쪽 참조.

"귀족의 미래. – 고귀한 신분을 가진 사람들의 거동에서는 힘에 대한 의식이 그들의 사지(四肢) 안에서 끊임없이 매력적인 유희를 하고 있다는 사실이 표현된다. 따라서 귀족적인 습관을 가진 인간은 남성이든 여성이든 완전히 탈진한 것처럼 안락의자에 털썩 주저앉는 것을 좋아하지 않는다. 다른 모든 사람들이 자신들을 편안하게 해도 예를 들어 기차를 타고 여행을 할 때 의자에 등을 기대더라도, 그는 그렇게 하지 않는다. 그는 궁정에서 몇 시간씩 서 있어도 피곤하지 않은 것처럼 보인다. 그는 자신의 집을 편안하게 정돈하지 않고 더 커다란(또한 더 키가 큰) 존재의 처소인 것처럼 광대하고 장중하게 만든다. 그는 도전적인 말에 대해서도 침착과 정신의 쾌활함을 잃지 않고 대답한다. 그는 서민들처럼 기가 질리거나 압도되거나 부끄러워하거나 숨이 막히지 않는다. 그는 항상 강한 육체적인 힘을 소유하고 있는 것과 같은 외관을 유지할 수 있다. 이와 마찬가지로 그는 곤경에 처해서도 쾌활함과 친절함을 끊임없이 유지함으로써 자신의 혼과 정신이 위험과 기습을 견뎌낼 수 있다는 인상을 유지하기를 원한다."[160]

아리스토텔레스가 말하는 '긍지에 찬 인간'은 아리스토텔레스가 살던 당시의 그리스 귀족이 지향하던 이상적인 모습이라고 생각된다. 그런데 니체는 그리스인들을 이상적인 인간형으로 제시하고 있을 뿐 아니라 특히 『안티크리스트』에서는 로마인들을 자신이 지향하는 건강한 인간들의 표본으로 내세우고 있는 것 같다.[161] 이와 함께 니체는 기독교에 반하는 덕들로 "긍지, 거리를 두는 파토스, 큰 책임, 원기 발랄함, 멋진 야수성, 호전적이고 정복적 본능, 열정과 복수와 책략과 분노와 관능적 쾌락과 모험과

---

[160] 니체, 『아침놀』, 201번.

[161] F. Nietzsche, *Der Antichrist*, 58번, 59번 참조. 또한 니체는 이렇게 말하고 있다. "인간의 역사 전체를 거쳐 오늘날까지 읽을 수 있는 것으로 남아있는 어떤 저서에 쓰인 바에 의하면, 이 싸움의 상징은 '로마 대 유대, 유대 대 로마'를 의미하는 것이다. : 지금까지 이 싸움보다, 이 문제 제기보다, 이 불구대천의 적의를 품은 대립보다 더 큰 사건은 없었다." 니체, 『선악의 저편·도덕의 계보』, 니체 전집 14권, 김정현 옮김, 책세상, 2002, 386쪽.

인식의 신격화"를 들고 있는데,*162 니체는 이러한 덕들이야말로 바로 니체가 로마인들이 구현했던 덕들이라고 보았을 것이다. 이와 함께 니체는 유럽이 앞으로 계승해야 할 로마문명의 강점으로 "사실에 대한 감각, 고결한 본능과 취미, 방법적 탐구, 조직과 통치의 천재, 인간의 미래에 대한 신념과 의지"를 들고 있다.*163

니체가 강건한 힘에의 의지를 구현한 자들로 보는 인간들의 모습과는 달리, 불교가 말하는 깨달은 자의 모습은 다음과 같다.

"마음을 비워 고요함을 즐기며 함이 없고 욕심이 없으며 [······] 가난하고 불쌍한 이를 가엾게 여기고, 근심하고 슬퍼하는 이를 크게 위로하며 중생을 길러주고 괴로워하는 사람을 구제하며 [······]"*164

불교에서 말하는 깨달은 사람은 명예나 부 등을 무상한 것이라고 생각하기에 그것들에 집착하지 않는다. 물론 아리스토텔레스가 묘사하고 있는 '긍지에 찬 인간'도 명예나 부 등에 흔들리지 않지만 그가 그것들에 흔들리지 않는 것은 그는 자신의 고귀한 품격에 대해서 긍지를 갖고 있는 바 그것들에 의해서 흔들리는 것이 자신의 고귀한 품격에 어울리지 않는다고 생각하기 때문이다.

이에 대해서 불교는 이러한 긍지조차도 하나의 집착으로 볼 것이다. 물론 깨달은 자도 깨달음을 통해서 자기 자신이 완성되었고 최고의 상태로 고양되었다는 긍지를 경험할 수 있지만 이 경우 그는 동시에 자신이 경험하는 불성은 누구에게나 잠재력으로 존재한다는 사실을 경험한다. 따라서 불교의 깨달은 자는 자신이 다른 사람들보다 더 우월하다거나 고귀하다고

---

162 | 니체, 『유고 1887년 가을-1888년 3월』, 니체 전집 20권, 백승영 옮김, 책세상, 2004, 481쪽 참조.
163 | F. Nietzsche, *Der Antichrist*, 59번 참조.
164 | 『한글 아함경』, 고익진 편역, 동국대학교 출판부, 1996, 10쪽.

생각하지 않는다. 그는 자신이 깨친 것은 누구나 깨칠 수 있다고 생각하며, 자신이 깨달았기 때문에 남보다 더 우월하다고 생각하는 것은 아직 허구적인 자기에 대한 집착을 버리지 못한 채 비교의식에 사로잡혀 있는 징표라고 본다. 따라서 불교의 깨달은 자는 아리스토텔레스가 말하는 '긍지에 찬 인간'처럼 '높은 위치에 있는 사람들이나 부유한 사람들에게는 위엄 있는 태도를 취하지만 보통 사람들에게는 겸손한 태도를 취하지 않는 것'이 아니라 모든 사람들을 동일하게 존중하는 태도를 취할 것이다.

니체와 불교 사이에 보이는 이렇게 미묘하지만 중대한 차이는 생성 소멸하는 세계에 대해서 니체와 불교가 취하는 태도에서도 보인다. 실로 대승불교에서 이해하는 부처는 열반을 이 세상이 아닌 다른 세상에서 찾는 것이 아니라 번뇌세상인 윤회의 세계가 바로 열반세상이라고 보는 점에서는 니체와 마찬가지로 이 세상을 긍정한다고도 볼 수 있다.[165]

그러나 이러한 긍정의 태도는 니체의 긍정과는 그 뉘앙스가 사뭇 다르다. 부처는 세계와 대립되는 자아라는 것을 인정하지 않기에 이 세계와의 모든 대결의식에서 넘어서 있다. 부처는 그 어떠한 것에도 흔들리지 않는 평정의 마음으로 세계의 인과적인 흐름을 정관하는 식으로 세계를 받아들일 뿐이다. 이 경우 마음은 생성 소멸에 대해서 자신을 주장하려는 것이 아니라 오히려 세계의 생성 소멸을 여여(如如)하게 평정한 마음으로 받아들이는 거울과 같은 것이 된다. 그것은 하이데거 식으로 말하면 세계의 생성 소멸을 여여하게 반영하는 열린 터(das Offene), 즉 무아(無我) 내지 공(空)이 된다. 이러한 상태를 우리는 다음과 같이 묘사할 수 있을 것이다.

"인간의 마음도 청정무구하며 무심무념으로 자유로이 주위 사물을 대한다. 온갖 상들이 이 맑은 거울에 나타나지만 거울은 그것들에 조금도 흔들

---

[165] Soraj Hongladarom, "The Overman and the Arahant: Models of Human Perfection", *Asian Philosophy*, Vol. 21, No. 1., 2011, 60쪽 참조.

리지 않는다. 즐거움도 괴로움도, 희망도 좌절도, 기쁨도 슬픔도 없다. 오직 텅 비고 맑고 밝은 마음이 덧없이 흐르는 강물처럼 말없이 흐를 뿐이다. 이것이 부처님의 마음이고 이것이 중생의 본래 성품이라는 것이다. 모든 대승 불교 사상, 특히 선불교는 이러한 본래적 마음의 회복을 그 궁극 목표로 삼고 있다."*166

따라서 니체는 강인하고 용감하며 긍지에 찬 정신을 지향하는 반면에, 불교는 자기중심주의에서 벗어난 정신을 지향한다고 할 수 있다. 니체는 세상과 합일된 영혼보다는 세상에 대해서 우뚝 선 정신을 가리키는 반면에, 불교는 고립된 자기를 벗어나 세상과 합일된 정신을 가리키는 것이다. 니체의 정신은 세상의 고통에 대해서 승자가 되었다고 자부하고 자신에 대해서 긍지를 품는 정신이지만, 불교의 정신은 세상의 모든 고통을 중중무진(重重無盡)으로 얽혀 있는 인연에서 비롯된 것으로 보면서 여여(如如)하게 받아들이면서 평정을 유지하는 정신이다.

우리는 부처가 삶을 대하는 태도를 진흙탕 속에서 싹트고 자라지만 결국에는 물 위로 올라가 그것에 의해서 더럽혀지지 않는 연꽃에 비유할 수 있을 것이다.*167 윤회의 세계는 이득과 손실, 호평과 악평, 칭찬과 비난, 행복과 고통과 같은 대조적인 것들에 의해서 규정되지만 깨달은 사람은 그것들에 의해서 흔들리지 않고 청정과 평안을 이룬다.*168 이에 대해서 니체가 말하는 초인이 삶에 대해서 취하는 태도는 험준한 산을 오르고 나서 그 산을 정복한 자가 자신의 강인한 힘을 느끼면서 그러한 산을 흐뭇한 심정으로 내려다보는 것에 비유할 수 있다. 그것은 산의 험준함을 한탄하지

---

166 | 길희성 외, 『오늘에 풀어보는 동양사상』, 철학과현실사, 1999, 46쪽.
167 | 이와 관련하여 '소리에 놀라지 않는 사자와 같이, 그물에 걸리지 않는 바람과 같이, 흙탕물에 더럽히지 않는 연꽃과 같이, 무소의 뿔처럼 혼자서 가라'는 숫타니파타의 유명한 구절을 상기해 보라. 불전간행회 편, 『숫타니파타』, 석지현 옮김, 민족사, 1997, 57쪽 참조.
168 | D. J. 칼루파하나, 『인도불교사상』, 김종욱 옮김, 시공사, 1996, 161쪽, 207쪽 참조.

않고 그 험준함을 가뿐하게 이겨내는 자신의 힘에 긍지를 품으면서 동시에 산의 험준함을 아름다움으로 경험하는 자의 상태라고 볼 수 있다.

니체와 불교 사이의 이러한 차이는 인간이 부딪히는 최대의 장애라고 생각되는 죽음에 대해서 우리가 취해야 할 태도에 대한 양자의 견해에서도 분명하게 드러난다. 니체는 우리가 중병이 들어서 의사나 주위 사람들에게 의존하면서 목숨을 근근히 연명하기보다는 차라리 자살하는 것이 더 낫다고 생각한다. 그는 우리가 죽음 앞에서 우뚝 서기를 바라며 죽음 앞에서 긍지를 잃지 않을 것을 강조한다. 니체는 자살에 대해서 이렇게 말하고 있다.

> "자살은 이성의 승리로서 당연히 외경심을 불러일으킬 일이다. 그리고 그리스 철학의 대가들이나 가장 용기 있는 로마의 애국자들이 자살로 죽음을 택했던 그러한 시대에 자살은 실제로 외경심을 불러일으켰다. 이와 반대로 생의 본래 목적에 더 가까이 다가갈 힘도 없으면서 의사의 불안하게 하는 상담과 가장 고통스런 생활방식에 의해서 목숨을 이어가려는 병적인 욕망은 존경할 만한 일이 아니다."[169]

이에 대해서 불교는 죽음 앞에서 내세워야 할 자기가 없다고 생각하기 때문에 죽음 앞에서 챙겨야 할 승리도 긍지도 없다고 생각하며 죽음을 다른 모든 사건들과 마찬가지로 인연에 따른 것으로 보면서 평온한 마음으로 받아들일 뿐이다. 불교의 입장에서 볼 때 죽음에 대한 공포란 사실은 죽음 자체에 대한 두려움이 아니라 우리의 허구적인 자아와 그러한 자아의 소유물을 잃는 것에 대한 공포에 지나지 않는다. 따라서 우리가 모든 형태의 소유에 대한 갈망과 자아에 대한 집착을 버리게 되면 죽음에 대한

---

[169] F, Nietzsche, *Menschliches, Allzumenschliches I*, Nietzsche Werke, Kritische Geasmtausgabe, Ⅳ 2, 80번.

공포는 사라진다. 이는 우리가 잃어버릴 것이 아무것도 없기 때문이다. 이런 입장에서 불교의 초기경전에서는 이렇게 말한다.

"초대하지 않고 그가 왔고
모르는 사이 그는 갔다.
그렇게 왔고, 그렇게 갔다.
거기에서 무엇을 슬퍼해야 하는가?"[170]

이에 반해서 니체가 죽음 앞에서 우리가 가져야 한다고 말하는 긍지는 죽음에 대한 대결의식과 결부되어 있는 긍지이고 자신이 죽음의 두려움을 극복해냈다는 것에 대한 긍지이다. 니체와 달리 불교는 죽음과 대결하면서 죽음에 대한 두려움을 극복할 것도 없이 죽음을 인연의 흐름으로서 여여하게 받아들이라고 말한다. 니체와 불교 모두 죽음에 대해서 우리가 보통 느끼는 두려움에서 벗어날 것을 주창하기 때문에 죽음에 대해서 양자가 취하는 태도는 동일하게 보이지만 사실상 양자 사이에는 미묘하지만 중요한 차이가 존재하는 것이다.

죽음에 대한 입장에서 니체와 불교가 보이는 이러한 차이는 고통에 대해서 양자가 취하는 태도에서도 보인다. 양자는 고통을 두려워말고 고통을 성숙을 위한 계기로 삼을 것을 주창하고 있기 때문에 고통에 대해서 양자가 취하는 태도는 본질적인 차이가 없는 것처럼 보이지만 이 경우에도 양자 사이에는 미묘하면서도 중대한 차이가 보이는 것이다.

불교는 아래에 우리가 인용하는 『보왕삼매론(宝王三昧論)』에서처럼 우리가 생성 변화하는 세계에 사는 동안에는 피할 수 없는 고통을 깨달음을

---

170 | Petavatthu ed. N. A. Jayawickrama. London: PTS, 1977 Pv. 11쪽(정준영, 『초기불교의 생사관 : 슬퍼할 것도 두려워 할 것도 없다』, 박찬욱 기획/한자경 편집, 정준영 외 공저, 『죽음 : 삶의 끝인가 새로운 시작인가』, 운주사, 2011, 95쪽 이하에서 재인용).

얻기 위한 도구로 삼을 것을 주장한다.

> "1. 몸에 병 없기를 바라지 말라. 몸에 병이 없으면 탐욕이 생기기 쉽나니. 그래서 성인이 말씀하시기를 '병으로써 양약을 삼으라' 하셨느니라.
> 2. 세상살이에 곤란 없기를 바라지 말라. 세상살이에 곤란이 없으면 업신여기는 마음과 사치하는 마음이 생기나니. 그래서 성인이 말씀하시기를 '근심과 곤란으로써 세상을 살아가라' 하셨느니라.
> 3. 공부하는 데 마음에 장애가 없기를 바라지 말라. '장애 속에서 해탈을 얻으라.'
> 4. 일을 꾀하되 쉽게 되기를 바라지 말라. 일이 쉽게 되면 경솔하게 된다.
> 5. 친구를 사귀되 내가 이롭기를 바라지 말라. 내가 이롭고자 하면 의리를 상하게 되나니. '순결로써 사귐은 깊게 하라.'
> 6. 남이 내 뜻대로 순종해 주기를 바라지 말라. 남이 내 뜻대로 순종해 주면 마음이 스스로 교만해지나니. '내 뜻에 맞지 않는 사람들로 원림(園林)을 삼으라.'
> 7. 공적을 베풀려면 과보를 바라지 말라. '덕 베푼 것을 헌신처럼 버리라.'
> 8. 이익을 분에 넘치게 바라지 말라. '적은 이익으로써 부자가 되라.'
> 9. 억울함을 당해 밝히려고 하지 말라. 억울함을 밝히면 원망하는 마음을 돕게 되나니. '억울함을 당하는 것으로 수행하는 본분을 삼으라.'"

불교는 병이나 우리가 살면서 겪게 되는 갖가지 곤란과 억울함, 그리고 공부하는 데 부딪히는 장애, 사람들의 방해가 오히려 우리가 자신의 마음을 깊이 하고 정화하는 데 중요한 계기가 될 수가 있다고 보면서 그것들을 흔쾌하게 껴안으면서 수행의 발판으로 이용할 것을 촉구하고 있는 것이다.

일차적으로 우리는 병과 같은 갖가지 장애에 부딪힐 경우에만 자신의 마음이 어떤 수준에 올라와 있는지를 확인할 수 있다. 즉, 우리가 그러한 장애에 부딪혀서 걱정이나 근심에 혹은 인생에 대한 허무감에 사로잡힐 때 우리의 마음은 외적인 장애에 의해서 흔들리는 연약한 상태에 있다고 할 수 있다. 그러나 이러한 사실을 자각하면서 우리는 그러한 장애들에 의해서 흔들리지 않는 마음을 육성해 나갈 수 있다. 이런 의미에서 우리는 그러한 장애들을 마음을 연마하는 데 중요한 발판으로 사용할 수 있다.

이러한 불교의 입장은 언뜻 보기에는 다음 인용문에서 니체가 피력하고 있는 입장과 동일한 것처럼 보인다.

"[……] 나는 힘에의 의지를, 그것이 얼마나 많은 저항, 고통, 고문에 견디면서 그것들을 자신에게 이롭게 변화시킬 줄 아느냐에 따라서 평가한다. 나는 현실이 악하고 고통스러운 성격을 갖고 있다고 현실을 혐오하지 않는다. 오히려 나는 언젠가는 현실이 지금까지보다도 더 한층 악하고 고통스러운 것이 되기를 희망하고 있다. [……]"*171

그리고 니체는 자신을 오랫동안 괴롭혔던 병이 자신을 깊이 있는 인간으로 만들었다고 말하고 있다.

"[……] 내 오래된 병에 대해서 말한다면, 나는 건강보다는 병에게 말할 수 없이 더 감사하고 있다. 나는 병에게서 나의 '보다 높은 건강'을 전해 받았

---

171 | F. Nietzsche, *Der Wille zur Macht*, 382번. 이와 관련하여 유다 유타카도 니체 철학의 핵심을 '인생의 고통을 자신에게 유리하게 변화시킬 줄 아는 것'에서 찾고 있다. 유다 유타카(湯田豊), 『ニーチエと 佛教』, 世界聖典刊行協會, 1987, 17쪽 참조. 이와 관련하여 니체의 다음 단편도 참고할 만하다.
"그대들은 가능한 한 [……] 고통을 없애려고 한다. 그렇다면 우리는? 우리는 실로 오히려 고통을 증가시키고, 이전보다 더 악화시키고자 하는 것 같다! [……] 고통에 대한 훈련, 거대한 고통에 대한 훈련, 그대들은 바로 이 훈련이 지금까지 인류의 모든 향상을 가능하게 했다는 사실을 아는가? 영혼의 힘을 길러주는 불행 속에서 영혼이 느끼는 긴장, 거대한 파멸을 목도하는 영혼의 전율, 불행을 짊어지고, 감내하고, 해석하고, 이용하는 영혼의 독창성과 용기, 그리고 깊이, 비밀, 가면, 정신, 간계, 위대함에 의해 영혼에게 부여된 것, 이것은 고통을 통해, 거대한 고통에 대한 훈련을 통해 영혼에게 부여된 것이 아닌가? 인간 안에는 피조물과 창조자가 통일되어 있다. [……]"
Nietzsche, *Jenseits von Gut und Böse*, 225번.

다. 이러한 건강은 병이 말살시켜 버리지 못한 모든 것들에 의해서 오히려 더욱 강해지는 건강을 말하는 것이다! – '나는 병에게서 나의 철학도 얻어 내었다 ……'. 고통이야말로 정신의 최후의 해방자다. […] 그런 고통이 우리를 '개선시키는지'는 의심스럽다. 그러나 나는 고통이 우리를 '심오하게' 한다는 것을 안다. […] 우리가 고통 앞에서 허무 속으로, 말없는, 경직되고 무감각한 자기 포기, 자기 망각, 자기 말소 등으로 움츠려들지만 않는다면, 우리는 심오해진다."

"[……] 건강한 사람은 병을 인생을 살기 위한, 아니 풍요로운 생을 살기 위한 자극제로 수용할 수 있다."*172

이렇게 병이나 고통을 우리가 자신의 성장을 위한 발판으로 활용해야 한다고 보는 점에서 니체와 불교 사이에는 유사성이 성립하지만, 그럼에도 양자 사이에는 다시 간과할 수 없는 차이가 존재한다. 부처는 인간을 비롯한 유정(有情)들, 즉 감각적인 능력을 갖는 존재들이 겪는 생로병사의 고통 자체를 니체처럼 '고통이야말로 정신의 해방자'라는 방식으로 찬양하지는 않았으며, 고통스러운 것은 고통스러운 것으로 인정하고 있다. 예를 들어 부처는 늙음에 대해서 이렇게 말하고 있다.

"그리고 늙음의 고통을 말하는 것은 무엇 때문인가. 늙음이란 또 무엇인가. 이른바 저 모든 중생의 무리들은 늙기 때문에 머리는 희고 이는 빠지며, 젊음은 날로 쇠한다. 허리는 굽고 다리는 휘어지며, 몸은 무겁고 피는 머리로 올라 지팡이를 짚고 다니며, 살은 쭈그러들고 피부는 늘어나 주름살은 얽은 것 같으며, 모든 감각기관은 낡고 얼굴빛은 추악하다. 이것을

---

172 | F. Nietzsche, *Ecce homo*, 'Warum ich so weise bin', 6번.

늙음이라 한다."*173

다시 말해서 불교는 니체가 우리가 나중에 살펴보게 될 영원회귀사상과 운명애의 사상에서 말하는 것처럼 고통이 '다시 거듭되기'를 원하지는 않는다. 물론 불교는 그렇다고 해서 우리가 생로병사의 고통을 혐오하면서 염세주의에 빠져야 한다고 말하지는 않는다. 불교는 우리가 고통에 대해서 찬양도 혐오도 아닌 중도 자세를 취해야 한다고 보며, 그것에 대해서 항상 마음의 평정을 유지해야 한다고 말할 뿐이다. 부처는 이렇게 말한다.

"비구들이여,
그러나 잘 배운 성스러운 제자는 육체적으로 괴로운 느낌을 겪더라도
근심하지 않고 상심하지 않고 슬퍼하지 않고 가슴을 치지 않고
울부짖지 않고 광란하지 않는다.
그는 오직 한 가지 느낌, 즉 육체적 느낌만을 경험할 뿐이며
결코 정신적인 느낌은 겪지 않는다."*174

따라서 우리 인간이 살고 있는 세계를 대하는 태도 면에서 니체와 불교 사이에는 상당한 유사성이 존재하지만 또한 무시할 수 없는 차이도 존재한다고 보아야 할 것이다. 니체는 고통에 대한 긍정을 말하지만, 불교는 모든 고통을 인연에 따라서 생겨나서 소멸하는 것으로 여여하게 바라볼 것을 요구하는 것이다.

---

173 『한글 아함경』, 489쪽.
174 『상윳따 니까야』, 434쪽~438쪽(미산, 『미산스님 초기경전 강의』, 명진출판, 2010, 199쪽에서 재인용).

(3) 니체와 불교가 지향하는 덕들의 차이

이러한 차이와 함께 니체와 부처가 지향하는 구체적인 인간상에도 차이가 나타나게 된다. 니체는 자신이 지향하는 인간상을 다음과 같이 묘사하고 있다.

"강인하며 용감한 그리고 광포한 영혼을 즐기는 것, 조용한 시선과 흔들리지 않는 발걸음으로 삶을 살아가는 것, [⋯⋯]."

니체는 이렇게 강인하고 용감하며 광포한 정신을 지향하지만 불교는 자기중심주의에서 벗어난 정신을 지향한다. 단적으로 말해서 니체가 힘의 약화냐 아니면 힘의 강화냐를 문제 삼는 반면에 부처는 자기애냐 자기애의 초극이냐를 문제 삼는다. 이와 함께 양자가 중시하는 덕들은 중요한 차이를 보이게 된다.

니체는 기독교에 의해서 짓눌려진 힘에의 의지를 다시 건강하게 회복하는 것을 지향하기 때문에, 강한 힘에의 의지의 소유자에게 자기를 버릴 것을 요구하지 않으며, 자신을 철저하게 낮추는 것이 아니라 자신의 능력과 자격에 합당한 긍지를 가질 것을 요구한다. 따라서 니체의 글의 상당 부분에서는 근대의 말세인들을 비롯한 저열한 인간들에 대한 경멸이 피력되고 있다.[175]

이에 대해서 불교는 긍지보다는 자신을 철저하게 낮추는 하심(下心)을 요구하고 있으며 니체가 긍정적으로 평가하고 있는 카이사르나 나폴레옹과 같은 사람은 아직 다른 누구보다도 자아에 대한 집착을 버리지 못한 사

---

175 | 이와 관련하여 니체는 고귀한 인간에 대해서 이렇게 말하고 있다.
"대체로 그는 '올려다' 보기를 좋아하지 않으며 다만 느긋하게 똑바로 앞을 바라보거나 내려다 볼 뿐이다. 그는 자신이 높은 곳에 있음을 알고 있다." F. Nietzsche, *Jenseits von Gut und Böse*, 265번.

람들로 볼 것이다.*176 또한 불교는 깨달음을 자랑하거나 다른 인간들을 아직 깨닫지 못한 인간들로 경멸하는 것 역시 다른 인간들과 자신을 비교하는 의식을 버리지 못했다는 것, 즉 다른 인간들과 비교대상이 되는 허구적인 자아에 대한 집착을 버리지 못했다는 징표로 볼 것이다.*177 불교에서는 깨달은 자는 십우도(十牛圖)의 마지막 단계인 입전수수(入鄽垂手)의 단계에서 보는 것처럼 자신의 깨달음을 드러내지 않고 세상 속에서 사람들 사이에서 묻혀서 지내야 한다고 본다.

이렇게 불교는 자신에 대한 긍지가 아니라 자신을 한없이 낮출 것, 즉 하심(下心)을 요구하지만 그렇다고 해서 그것은 우리가 자신을 비하하고 학대해야 한다는 것은 아니다. 그것은 오히려 우리가 보통 자랑하는 모든 것들이 무상하고 무의미한 것들이라는 사실을 깨닫고 그것들을 자랑하지 말라는 것이다. 그것들을 자랑하는 것은 그것들에 여전히 집착하고 있다는 것을 의미하며 그러한 집착은 인간을 다시 고통으로 몰아넣는 것이다.

이에 반해서 니체는 사람들의 힘에의 의지는 서로 간의 선의의 경쟁을 통해서 강화될 수 있다고 보았으며, 또한 이러한 선의의 경쟁을 통해서 위대한 문화가 형성될 수 있다고 보았다. 실로 니체는 그리스인들이 찬란한 문화를 건립할 수 있었던 요인을 그들 사이에 존재했던 선한 에리스(Eris), 즉 선의의 경쟁심에서 찾고 있다. 그리고 니체가 그리스인들을 지배한 이러한 선의의 경쟁심을 실마리로 하여 힘에의 의지에 관한 자신의 사상을 발전시켰다는 것은 주지의 사실이다.

---

176 | 나폴레옹에 대한 니체의 긍정적 평가에 대해서는 F. Nietzsche, *Zur Genealogie der Moral*, Erste Abhandlung, 16번 참조. 여기서 니체는 프랑스혁명의 긍정적 의의는 프랑스혁명을 계기로 하여 나폴레옹 같은 인물이 출현할 수 있었다는 데 있다고 말하고 있다. 니체는 나폴레옹과 함께 정치적 귀족주의와 고귀한 이상이 다시 회복되었다고 말하면서 나폴레옹을 비인간이자 초인간이라고 부르고 있다.

177 | Arthur W. Rudolph 역시 자신의 미덕은 숨기고 죄는 드러내 보인다는 불교의 하심에 대한 니체의 비판에서 니체와 불교 사이의 중요한 차이를 보고 있다. Arthur W. Rudolph, "Nietzsche on Buddhism, Nihilism and Christianity", *Philosophy Today* 13: 1., 1969, 37쪽 참조.

"그리스의 예술가들, 예를 들어 비극작가들은 승리를 위하여 창작했다. 그들의 예술 전체는 내기 없이는 생각될 수 없다 : 헤시오도스(Hesiodos)의, 훌륭한 에리스(Eris)라는 명예심이 그들의 천재성에 날개를 달아주었던 것이다."[178]

니체는 이렇게 선의의 경쟁심을 문화발전의 동력으로 생각하지만 불교는 그러한 경쟁심마저도 자신을 다른 인간들과 대립되는 것으로 생각하는 주객분리에 사로잡혀 있는 것으로 보면서 극복할 것을 요구한다. 불교는 선의의 경쟁심을 포함하여 자신을 내세우고 싶어 하는 모든 열정과 충동을 우리를 고통스럽게 하는 갈애로 보면서 제거할 것을 요구하는 것이다. 이에 반해서 니체는 모든 종류의 열정과 충동 내지 갈애를 다 긍정하는 것은 아니지만, 다른 사람보다도 자신을 더 우월한 존재로 고양시키면서 자신에 대해서 긍지를 갖고 싶어 하는 갈애는 긍정하고 있다.

물론 불교도 깨달음을 향한 갈애와 다른 사람들보다 더 깨닫겠다는 거리의 파토스가 깨달음을 위한 수행의 추동력이 될 수 있다는 사실을 인정한다. 따라서 불교도 일정한 단계에서는 그것이 필요하다고 본다. 그러나 불교는 궁극적으로는 깨달음을 향한 갈애마저도 놓아 버릴 것을 요구하며, 남보다 더 깨닫겠다는 열망과 같은 '거리의 파토스'마저도 버릴 것을 요구한다. 더 나아가 불교는 허구적인 자기에 대한 집착을 넘어섰다는 징표를 우리가 모든 것에 대해서 일체감과 자비심을 느끼는 것에서 찾고 있다.

따라서 불교가 내세우는 덕들은 니체가 내세우는 덕들과는 달리 부드러운 덕들이다. 불교는 긍지나 거리의 파토스가 아니라 하심(下心), 멋진 야수성과 호전적이고 정복적인 본능 대신에 자비, 열정 대신에 항상 청정한 마음, 책략 대신에 진실됨, 분노 대신에 이해와 감싸안음, 관능적인 쾌락

---

[178] | 니체, 『인간적인 너무나 인간적인 I』, 170번.

대신에 열반의 평정, 모험 대신에 조용한 명상, 존재자들을 지배하는 방법에 대한 인식 대신에 존재자들의 성장을 돕는 지혜를 주창한다.

단적으로 말해서 불교가 지향하는 덕은 네 개의 무량한 마음(四無量心)인 자(慈)·비(悲)·희(喜)·사(捨)이다. '자'는 자애와 사랑의 마음이며 '비'는 연민과 보살핌의 마음이고, '희'는 중생의 기쁨을 함께 기뻐하는 마음이며 '사'는 모든 것을 있는 그대로 수용하여 좋고 나쁨에 휘둘리지 않는 평정의 마음이다.[179] 그러나 니체가 보기에는 부처가 주창하는 이러한 덕들은 기독교가 주창하는 덕들과 마찬가지로 남성적인 생명력이 거세되어 버린 덕들이다.[180]

이와 관련하여 우리는 니체와 불교가 부정하는 악덕들은 많은 것들이 서로 겹치지만 어떤 악덕들을 더 큰 악덕으로 보느냐라는 점에서는 차이가 있다고 생각한다. 불교는 자기중심적인 성격이 보다 강한 것들을 보다 큰 악덕으로 경계하는 반면에, 니체는 인간의 생명력을 보다 크게 갉아먹는 것들을 보다 큰 악덕으로 간주한다. 단적으로 말해서 불교는 악(惡)함을 더 경계하는 반면에, 니체는 약(弱)함을 더 경계하는 것이다.[181] 따라서 불교는 탐욕과 분노를 가장 큰 악덕으로 경계하는 반면에, 니체는 오히려 현실을 악하고 고통스러운 것으로 혐오하는 염세주의나 자신을 학대하는 죄의식과 같은 것을 보다 큰 악덕으로 간주할 것이라고 생각한다.[182]

이런 맥락에서 우리는 또한 니체와 불교 양자가 '준다는 의식 없이 주는 사랑'을 이야기해도 이 경우 양자가 염두에 두고 있는 것은 미묘하면서도 중대한 차이를 갖는다는 것을 잊어서는 안 된다. 불교에서 깨달은 자는 다

---

179 | 미산, 『미산스님 초기경전 강의』, 361쪽 이하 참조.
180 | F. Nietzsche, *Der Wille zur Macht*, 204번 참조.
181 | 니체는 괴테가 나폴레옹이라는 인물이 갖는 의의를 제대로 통찰했다고 보면서 괴테가 약함만을 제외하고서는 아무것도 금지되지 않는 인간을 염두에 두고 있었다고 말하고 있다.
F. Nietzsche, *Götzen-Dämmerung*, 145쪽 참조.
182 | 물론 이는 니체가 탐욕과 분노를 긍정하고 불교가 염세주의나 죄의식을 긍정한다는 것은 아니다. 여기서는 다만 니체와 불교 각각이 어떤 것을 보다 큰 악덕으로 삼는가를 문제 삼고 있을 뿐이다.

른 사람들에게 준다는 의식 없이 주어도 사람들에 대한 진정한 자비와 사랑으로 차 있다. 그러나 니체의 경우에 힘에의 의지가 강한 자는 다른 사람들에게 아낌없이 주지만 다른 사람들에 대한 자비와 사랑 때문에 주는 것이 아니라 자신의 힘이 단순히 넘쳐흘러서 줄 따름이다. 다만 이 경우 수혜를 받는 사람이 수혜를 베푸는 사람이 사랑의 마음으로 준다고 착각할 따름이다. 니체의 이러한 생각은 다음 인용문에서 분명하게 나타나 있다.

"천재란 – 그의 업적을 통해서나 그의 행위를 통해서나 – 필연적으로 낭비하는 자이다. 그의 위대성은 그가 자신을 탕진한다는 사실 속에 있다. …… 자기 보존의 본능은 말하자면 활동이 중지되어 있다. 그로부터 흘러넘쳐 나오는 에너지의 압도적인 압력이 그와 같은 신중함과 사려를 허용하지 않는 것이다. 사람들은 그것을 '희생'이라고 부른다. 사람들은 그 점에서 그의 '영웅성'과 자신의 안락에 대한 무관심, 이념과 대의명분, 조국에 대한 그의 헌신을 찬양한다. 그러나 그것은 다 그릇된 생각들이다. …… 천재는 흘러나오고 넘쳐흐르며 자신을 탕진하고 자신을 아끼지 않는다. – 천재는 필연적으로, 숙명적으로, 그리고 강물이 자신도 모르게 둑을 터뜨리듯이 아무런 생각 없이 그렇게 하는 것이다."[183]

"[……] 충만한 느낌, 힘이 넘쳐흐르는 느낌, 팽팽한 긴장에서 오는 행복감, 선사하고 베풀려는 풍요의 의식이 그러한 도덕의 전면에 드러나 있다. – 고귀한 인간도 역시 불행한 자를 돕기도 하지만 그것은 연민 때문이 아니라 자신의 넘쳐흐르는 힘이 낳은 충동 때문이다. [……]"[184]

이 경우 니체가 염두에 두고 있는 사람은 카이사르나 나폴레옹 혹은 괴

---
[183] F. Nietzsche, *Götzen-Dämmerung*, 140쪽.
[184] F. Nietzsche, *Jenseits von Gut und Böse*, 209번.

테와 같은 사람일 것이다. 많은 사람들이 카이사르나 나폴레옹 혹은 괴테로 인해서 어떤 형태로든 간에 은혜를 입었을지 모르지만 이들은 다른 사람들에 대한 사랑 때문에 그것을 베푼 것은 아니었다.

(4) 힘에의 의지를 강화할 것인가 갈애를 포기할 것인가

니체가 말하는 힘에의 의지에 해당하는 것을 불교에서 굳이 찾는다면 갈애가 될 것이다. 우리 인간에게는 다양한 욕망들이 있다. 명예에 대한 욕망도 있고, 돈에 대한 욕망도 있으며, 권력에 대한 욕망도 있고 이성(異性)에 대한 욕망도 있다. 그런가 하면 인간에게는 이러한 모든 세속적인 욕망에서 벗어나 깨달음을 얻고 싶어 하는 욕망이 있다. 그러한 모든 욕망을 불교에서는 갈애라고 한다.

니체는 이러한 갈애가 근본적으로 추구하는 것은 힘의 고양이자 강화라고 보았다. 이에 대해서 불교에서는 이러한 갈애가 근본적으로 추구하는 것은 어떠한 조건에서도 흔들리지 않는 영원한 행복이라고 볼 것이다. 그러나 니체가 말하는 힘의 고양과 강화도 결국은 어떠한 조건에서도 흔들리지 않을 정도의 강한 힘을 추구한다고 볼 수 있기 때문에 니체가 말하는 힘에의 의지와 불교가 말하는 갈애는 결국 동일한 것을 추구하는 것처럼 보인다. 이 때문에 Morrison은 니체가 말하는 힘에의 의지나 불교의 갈애를 플라톤의 에로스와 비교하면서 이 세 가지가 동일한 것을 지향하고 있다고 보았다.[185] 그러나 세부적으로 볼 때 양자 간에는 큰 차이가 있다. 그리고 이러한 차이는 미묘한 것이지만 근본적이면서도 본질적인 차이일 수 있다.

---

185 | Robert G. Morrison, *Nietzche and Buddhism, A Study in Nihilism and Ironic Affinities*, 132쪽 이하 참조.

니체는 고통의 극복을 위해서는 힘에의 의지의 포기가 아니라 오히려 힘에의 의지의 강화와 고양이 필요하다고 말한다. 이에 대해서 불교는 집착과 갈애의 포기를 말한다. 이 점에서 니체는 불교가 모든 욕망의 포기를 말하는 쇼펜하우어의 철학과 다를 바 없다고 보았다. 그리고 니체는 이렇게 모든 욕망을 버리는 상태를 인간이 아무런 욕심도 정열도 갖지 않는 일종의 식물상태로 되돌아가는 것이라고 본다.

그러나 앞에서 이미 본 것처럼 불교는 일종의 식물상태로 되돌아가는 것을 목표하는 것이 아니라 인간에게 존재하는 지혜와 자비라는 잠재적인 능력을 개화시키는 것을 목표한다. 불교의 이러한 입장에서 볼 때 니체가 힘에의 의지의 강화라고 본 것은 자기 애착의 강화에 지나지 않는다. 오히려 부처는 진정한 힘은 우리가 그러한 자기애착을 버리는 데서 비롯되는 것으로 본다.

니체는 인간들 간의 대립과 갈등의 원인을 존재자들의 근본성격이 힘에의 의지라는 데서 찾으면서 존재자들이 겪는 고통의 원인도 그것들의 힘에의 의지가 약하다는 데서 찾고 있다. 따라서 니체는 우리가 고통에서 벗어날 수 있기 위해서는 고통을 흔쾌하게 긍정할 뿐 아니라 심지어 요구할 정도로 강해져야 한다고 본다. 그리고 니체는 우리가 이렇게 고통을 흔쾌하게 요구하면서 그것과 대결하는 가운데 보다 더 강해질 수 있다고 본다.

이에 대해서 불교는 인간들 간의 대립과 갈등의 원인을 인간에게 존재하는 허구적인 자아에 대한 애착에서 찾는다. 사람들 간의 모든 분노와 증오는 자기집착에 입각한 주객분리에 입각한 것이다. 이와 함께 불교는 고통의 원인도 그러한 자기집착에서 찾고 있다. 더 나아가 불교는 이렇게 자기에 집착하면서 다른 존재자들에 대해서 대립과 갈등을 느끼는 것 자체가 고통이라고 보는 것이다. 이와 함께 부처는 이렇게 다른 자기들과 대립되고 그것들에 내세워야 할 어떤 고립된 자기가 있다는 생각에서 벗어날 것을 요구한다. 따라서 불교는 고통을 요구하고 고통과 대결할 것도 없이 우리가 허구적인 자기집착을 버리는 바로 그 순간에 우리는 이미 고통에서 벗어나게 된다고 본다.

3 인간의 존엄성에 대한 니체와 불교의 입장 차이

앞에서 언급한 것처럼 니체는 힘에의 의지가 발현되는 방식을 크게 병약한 방식과 건강한 방식으로 나누면서 다시 건강한 방식을 건강하면서도 야만적인 방식과 건강하면서도 우아한 방식으로 나누고 있다.

병약한 방식은 세계를 초감성적인 세계와 감성적인 세계로 나누면서 자신의 감성적인 부분을 죄악시하고 억압하는 방식으로 자신의 힘을 강화하려고 한다. 이러한 방식은 자신을 초감성적인 것과 동일시함으로써 어떤 영원한 안전을 확보하려고 하지만 끊임없이 죄의식에 사로잡혀 있다. 힘에의 의지가 자신을 발산하는 건강하면서도 야만적인 방식은 타인들을 정복하고 학대하는 방식으로 자신의 힘을 마음껏 발산하면서 우월감을 만끽하는 것이다. 이는 칭기즈칸이나 니체가 『도덕의 계보학』에서 말하는 금발의 야수들이 자신의 힘을 추구하는 방식이다.[186]

이에 대해서 힘에의 의지가 건강하면서 우아한 방식으로 자신을 발산할 경우 그것은 다른 사람들을 정복하는 것이 아니라 자신의 넘치는 힘을 타인들에게 준다는 의식도 없이 나누어준다. 그렇게 건강하고 우아한 방식으로 힘에의 의지를 발산하는 자는 그 자체로 모든 고통과 간난을 넘어서 우뚝 서 있기에 남에게 도움을 베푸는 행위를 통해서 우월의식을 확보하려고도 하지 않는다.

---

186 | F. Nietzsche, *Zur Genealogie der Moral*, Erste Abhandlung, 11번 참조.

그런데 힘에의 의지의 고양과 강화만이 목표라면 우리는 왜 건강하면서도 우아한 힘에의 의지를 지향해야 하는가? 병약한 힘에의 의지를 우리가 택해서는 안 되는 이유는 힘에의 의지만을 원리로 하는 니체의 철학적인 틀 내에서도 분명하다. 그것은 우리를 병들게 하고 약하게 하기 때문이다.

그러나 우리가 건강하면서도 야만적인 힘에의 의지를 지향해서는 안 되는 이유는 니체 철학의 틀 내에서는 분명하지 않다. 건강하면서도 우아한 힘에의 의지든 건강하면서도 야만적인 힘에의 의지든 그것들이 추구하는 것은 모두 자신의 힘의 강화와 고양뿐이다. 따라서 우리는 니체 철학의 틀 내에서는 다른 부족이나 민족을 정복하고 착취하는 금발의 야수를 비난할 이유는 아무것도 없다. 왜냐하면 이들 역시 힘의 강화와 고양을 느끼고 있기 때문이다.

물론 니체 철학의 틀 내에서도 그들이 느끼는 힘은 최고의 힘이 아니라고 평가할 수는 있을 것이다. 니체 철학의 틀 내에서도 사람들은 다른 사람을 단순히 물리적 힘으로 압도하는 것을 넘어서 그 사람을 정신적으로 설복시켜서 그로부터 존경을 받게 될 경우 더욱 큰 힘을 느끼게 될 것이라고 할 수 있기 때문이다. 그러나 금발의 야수와 같은 자들이 힘이 약한 저열한 인간들의 존경 따위는 무가치하기 때문에 자신은 그들의 존경을 바라지 않고 그들을 강압적으로 굴복시키는 것으로 만족한다고 말할 경우, 니체 철학의 틀 내에서는 그들을 비난하고 비판할 이유는 없다.

그럼에도 불구하고 니체가 우리가 건강하면서도 야만적인 방식이 아니라 건강하면서도 우아한 방식으로 힘에의 의지를 고양시키고 강화시켜야 한다고 주장하려면, 니체는 인간의 존엄성을 상정하면서 우리가 인간의 존엄성을 최우선적으로 존중해야 한다고 전제해야만 한다. 병약한 힘에의 의지를 지향하는 자들은 자신들의 존엄성을 망각하고 자신들의 삶을 병약한 채로 방치해 두는 자들이며, 건강하면서도 야만적인 힘에의 의지를 지향하는 자들은 타인들의 존엄성을 망각하고 자신의 힘만을 추구하는 자들이다. 니체가 단순히 힘에의 의지가 나타나는 다양한 방식들을 서술하는 것을 넘어서 우리가 어떤 특정한 형태의 힘에의 의지를 지향해야 한다고 주장하려면, 니체는 불가피하게 힘에의 의지와는 다른 원리를 끌어들여야 하는 것이다.

그러한 원리는 모든 인간이 존엄한 자라는 것, 그리고 모든 인간이 존엄한 자이기에 자신의 잠재력을 건강하게 실현하면서 행복하게 살 수 있어야 한다는 것이다. 이러한 원리는 힘에의 의지와는 아무런 상관이 없는 개념이다. 오히려 니체 자신은 인간의 존엄성이라는 관념을 '신 앞에서 모든 인간이 평등하다'는 기독교적인 관념에서 비롯된 것으로 본다. 그리고 그러한 관념은 기독교의 다른 관념들과 마찬가지로 힘이 약한 자들이 강한 자들을 세뇌시켜서 강한 자들로 하여금 자신들을 정복하지 못하게 하는 것과 아울러 강한 자들이 약한 자들을 정복하고 싶은 마음을 갖게 될 경우 강한 자들로 하여금 죄책감에 빠지게 만들기 위한 관념이다.

그러나 니체가 우리가 건강하면서도 우아한 방식으로 힘에의 의지를 구현할 것을 촉구할 경우, 니체는 우리가 단순히 자신의 힘의 고양과 강화만을 추구해서는 안 되고 인간의 존엄성을 고려해야 한다고 말하고 있는 셈이다. 물론 니체는 자신은 그렇게 말하고 있지는 않다고 주장할 것이다. 니체의 힘에의 의지의 철학은 어디까지나 자연주의의 입장에 서 있는 철학이다. 다윈의 진화론이 모든 존재자는 생존을 추구한다고 말하는 것과 마찬가지로 니체는 모든 존재자들은 자신들의 힘의 고양과 강화를 추구한다고 말하고 있을 뿐이다. 이 점에서 니체는 인간과 동물 사이에는 아무런 본질적인 차이가 없다고 보면서, 인간이 추구하는 덕들도 모두 동물적인 기원을 갖는다고 말하고 있다.

이러한 자연주의적인 입장에서는 인간의 존엄성이라는 관념이나 인간의 존엄성을 존중해야 한다는 관념은 나올 수 없다. 사실 인간의 존엄성이라는 것은 우리가 관찰할 수 있는 어떤 성질이 아니다. 이에 반해서 인간들이 생존을 추구한다든가 힘의 고양과 강화를 추구한다든가 하는 것은 우리가 얼마든지 관찰할 수 있는 현상이다.

물론 사람들은 인간들이 그래도 다른 인간들의 존엄성을 인정하는 경향이 있다는 사실을 관찰할 수 있다고 말할지 모른다. 그러나 우리는 이러한 사실도 얼마든지 다윈이나 니체처럼 생존에의 의지나 자신의 힘의 고양과 강화를 위한 것으로 환원할 수 있다. 다윈의 입장에서는 우리가 다른 인간의 존엄성을 존중하는 것은 사실은 상대방에 대한 적의를 없앰으로써 자신의 생존에 유리하게 하려는 시도라고 해석할 수 있다. 그리고 니체의 입장에서는, 우리가 다른 인간의 존엄성을 존중하는 것은 사실은 우리가 힘이 약한 상태에서 상대방을 공격하지 못하는 자신의 비겁함을 호도하기 위한 자기기만이라고 해석할 수 있다. 우리는 사실은 힘이 없어서 상대방을 공격하지 못하면서도 자신이 상대방의 존엄성을 존중하는 인간이기 때문에 공격하지 않는다는 식으로 자신을 미화한다는 것이다.

니체는 자연을 지배하고 있는 것은 힘에의 의지이고 모든 자연 현상은 이러한 의지의 표현이라고 본 것처럼 인간의 삶도 이러한 자연적인 힘에의 의지의 표현이라고 보았다. 자연에서 사자가 사슴을 잡아먹는 것을 우리가 악하다고 할 수 없는 것처럼, 강한 자가 약한 자를 지배하는 것은 자연적인 힘에의 의지의 표현으로서 선악의 피안에 있다는 것이다.

그러나 앞에서 말했듯이 니체의 이러한 자연주의적인 입장에서는 우리가 우아하면서도 건강한 힘에의 의지를 추구해야 한다는 어떠한 당위적인 명령도 끌어낼 수 없다. 그러한 당위적인 명령은 어디까지나 인간의 존엄성이라는 비자연주의적인 관념을 전제해야 하며, 인간은 단순히 자신의 생존이나 힘의 강화와 같은 자연적인 현상을 넘어서 인간의 존엄성이라는 초감성적인 가치를 존중할 수 있고 또한 존중해야만 하는 초월적인 존재라는 사실을 상정해야만 한다.

니체가 주장하듯이 우리의 삶이 단순히 힘의 강화를 목표하는 것이라면 괴테의 삶과 칭기즈칸의 삶 사이에는 본질적인 차이가 없다. 이들의 삶은 자신들의 힘을 추구하는 다른 방식일 뿐이다. 그럼에도 다른 한편으로 니체는 칭기즈칸의 삶보다는 괴테의 삶을 더 고귀한 것으로 보고 있다. 이러한 모순을 극복하자면 니체는 힘의 강화라는 기준을 넘어서 보편적인 선(善)의 관점을 전제해야 하며 모든 존재자들을 그 자체로 고귀한 것으로 보는 입장을 취해야 한다. 그러나 니체는 강한 의지와 약한 의지 사이의 대립을 인정해도 선한 의지와 악한 의지 사이의 대립을 인정하지 않는다.

앞에서 언급한 것처럼 후기의 니체는 로마의 정신뿐 아니라 마키아벨리의 『군주론』까지도 높이 평가하고 있다.[187] 더 나아가 니체는 유럽인들의 힘의 고양을 위해서 아시아 지역의 이른바 후진적인 민족을 지배하고 자연을 지배하는 것이 필요하다고 말하고 있다.

> "인류는 자연 지배를 통해서 필요한 것보다 더 많은 힘을 획득하게 될 것이다. 예술작품을 창작하는 대신에 사람들은 자연을 수백 년의 노동을 통해서 아름답게 완성할 것이다. 건축의 시대가 올 것이고 로마인들처럼 거대한 건축물을 건립할 것이다. 그리고 이를 위해서 사람들은 아시아의 후진적인 민족들을 노동자로 사용할 것이다. 이러한 미래를 준비하기 위해서 우리는 불만분자들이나 염세주의자들을 제거해야만 한다."[188]

이 인용문의 말미에서도 암시되고 있지만, 니체는 힘에의 의지가 병들어 있는 자들의 제거를 요구하고 있다. 니체는 이들에 대해서 연민을 품으면서 이들의 생존을 인정하는 것은 몰락할 운명에 처한 것을 온존시킴으로써 도태의 법칙인 진화의 법칙이 작용하는 것을 방해하면서 삶 자체를

---

187 | F. Nietzsche, *Götzen-Dämmerung*, 150쪽 참조.
188 | F. Nietzsche, *Nachgelassene Fragmente Anfang 1880 bis Frühjahr 1881*, 465쪽.

음산하면서도 의문스럽게 보이게 만든다고 본다.*189 니체가 힘에의 의지가 병들어 있는 자들로 염두에 두고 있는 사람들은 기독교인들, 불교도들, 모든 종류의 염세주의자들과 평등주의자들이다.*190

니체와 달리 불교는 모든 사람들에게 소중한 불성이 존재하며 따라서 모든 사람들은 그 자체로 선한 것으로서 우리의 존중을 요구한다고 본다. 심지어 불교는 인간뿐 아니라 동물과 같은 모든 유정(有情)들에도 불성이 존재한다고 보면서 그것들을 존중할 것을 요구한다. 이러한 불성은 그것이 아직 실현되지 않고 잠재되어 있는 상태라도 그 자체로 고귀한 것이다.

따라서 니체가 주창하는 노예제도나 자연지배는 불교가 받아들일 수 없는 것이다. 불교는 니체가 말하는 문화의 건립과 같은 것도 인간의 행복을 위해서 본질적인 것은 아니라고 보며 더군다나 그러한 문화의 창조를 위해서 다른 사람들을 노예로 부려도 된다는 생각은 도저히 받아들일 수 없다. 따라서 부처는 사회적인 불평등에 대해서 저항하고 그것을 변혁하려고 하지는 않았지만, 적어도 자신의 교단에서는 신분이나 성별의 차이를 인정하지 않았다. 아울러 부처는 절망하는 자들, 괴로워하는 자들에 대한 무한한 연민을 가졌으며 그들이 약하다고 해서 몰락해도 좋다고 보지는 않았다.

---

189 | 또한 F. Nietzsche, *Der Antichrist*, 2번을 참조할 것.
190 | 이 점에서 Nolte와 같은 사람은 최근에 유행하는 니체에 대한 긍정적인 평가들을 회의적인 시각으로 보고 있다. 최근에 니체는 '훌륭한 유럽인'(der gute Europäer), '계몽주의자', '관점주의의 발견자', '포스트모더니즘의 선구자', '친유대주의자'(der Philosemit), '반독일인'(der Antideutsche) 등으로 평가되고 있지만, Nolte가 보기에 적어도 『안티크리스트』를 쓸 당시의 니체는 이른바 힘에의 의지가 병든 자들에 대한 몰살을 통한 세계구원의 사상을 설파하면서 그러한 과업을 맡을 '생명의 당'(die Partei des Lebens)의 창건을 주창했다. 이 점에서 Nolte는 나치의 반유대주의는 니체의 파괴사상에 못미친다까지 말하고 있으며 니체는 마르크스와 더불어 20세기에 전개된 이데올로기적인 내전을 선취한 지적인 선구자라고 평가하고 있다.
Ernst Nolte, *Nietzsche und der Nietscheanismus*, Frankfurt/Main · Berlin, 2000, 8쪽 참조.

VI

영원회귀와 열반

니체의 사상 중에서 영원회귀사상은 불교의 열반사상, 특히 그 중에서도 선불교를 중심으로 한 대승불교의 열반사상과 큰 유사성을 갖는다고 할 수 있다. 이에 따라 많은 연구자들이 니체의 영원회귀사상을 용수의 중관사상이나 선불교에서 말하는 열반사상 내지 깨달음에 관한 사상과 유사한 것으로 보았다.*191 물론, 문자 그대로의 의미로 파악될 경우 모든 것이 동일하게 회귀한다는 것을 의미하는 영원회귀사상은 불교의 윤회사상과

---

191 | 유다 유타카는 그의 책 『ニーチェと佛教』에서 많은 오류를 범하고 있지만, 불교에서 니체의 영원회귀사상과 비교될 수 있는 것은 윤회설이 아니라 열반에 대한 설이라고 보고 있다는 점에서는 필자와 의견을 함께 하고 있다. 그는 불교에서 '가장 심연의 사상'은 윤회설이 아니라 윤회로부터의 해탈을 의미하는 열반에 대한 설이라고 보며, 따라서 열반에 대한 설이야말로 니체에서 '가장 심연의 사상'인 영원회귀설과 비교될 수 있는 것이라고 말하고 있다. 유다 유타카(湯田豊), 『ニーチェと佛教』, 184쪽 참조.
유다 유타카뿐 아니라 이진우도 니체의 영원회귀사상과 불교의 열반사상 사이에 유사성이 존재한다고 본다. 이진우는 니체는 불교의 윤회사상을 적극적으로 재해석함으로써 이 세계를 긍정할 수 있는 새로운 철학을 제시한다고 보면서 이렇게 말하고 있다.
"…… 불교적 무, 즉 열반을 원한다는 것은 곧 영원회귀를 인정하고 삶에 충실하다는 것을 의미한다. 이렇게 니체는 불교의 윤회사상을 거꾸로 재구성함으로써 불교의 열망이 욕망과 고통으로부터 해방된 초월적 세계가 아니라 삶을 현실 속에서 실현할 수 있는 자기 극복임을 암시하고 있다."
이진우, 「니체와 동양 허무주의 : 영원회귀인가 아니면 운명의 사랑인가」, 『니체, 실험적 사유와 극단의 사상』, 책세상, 2009, 381쪽.
Guy Welbon도 니체의 영원회귀설과 불교의 윤회설 사이에 일정한 유사성을 인정하는 것과 동시에 니체의 차라투스트라와 모든 중생들이 해탈할 때까지 해탈을 미루는 불교의 보살과 유사한 것으로 본다. Guy Welbon, *The Buddhist Nirvana and its Western Interpreters*, Chicago, 1968, 185쪽 이하 참조.
Benjamin A. Elman도 니체와 나가르주나를 비교하면서 양자는 니힐리즘과 영원주의라는 양극단을 넘어서려고 하고 있다고 보면서 니체의 영원회귀사상과 불교의 열반 개념 사이의 유사성을 주장하고 있다. Benjamin A. Elman, "Nietzsche and Buddhism", *Journal of the History of Ideas*, 1983. 10월, 682쪽 참조.
그 외에 Bret W. Davis, Nishitani Keiji, Freny Mystry, Robert G. Morrison도 니체의 운명애와 영원회귀사상에서 불교의 열반 개념과의 유사성을 보고 있다. Bret W. Davis, "Zen after Zarathustra: The Problem of Will in the Confrontation between Nietzsche and Buddhism", *Journal of Nietzsche Studies* 28, 2004, 89쪽 참조. Nishitani Keiji, *The Self-Overcoming of Nihilism*(Albany: SUNY Press, 1999, 180쪽 참조. Robert G. Morrison, "Nietzsche and East Asian Thought: Influences, Impacts, and Resonances", in *The Cambridge Companion to Nietzsche*, ed. Bernd Magnus and Kathleen M. Higgins(Cambridge: Cambridge University Press, 1996), 373쪽 참조. 심지어 Freny Mystry는 니체의 영원회귀사상이 Hermann Oldenberg 의 『부처: 그의 생애, 가르침, 공동체, *Budda: sein Leben, seine Lehre, seine Gemeinde*』의 영향을 받았다고까지 보고 있다. Freny Mystry, *Nietzsche and Buddhism: Prolegomena to a Comparative Study*. Berlin & New York, W. de Gruyter, 1981, 140쪽 이하 참조.

비교되기도 한다.*192 그러나 필자는 다른 많은 연구자들과 마찬가지로 영원회귀사상과 비교될 수 있는 불교 사상은 열반 내지 깨달음에 관한 사상이라고 생각한다. 이는 영원회귀를 긍정하는 정신의 상태야말로 니체에게는 염세주의와 니힐리즘을 궁극적으로 극복하는 최고의 상태이기 때문이며, 불교에서 염세주의와 니힐리즘이 극복되는 사건에 해당되는 것은 열반 내지 깨달음이기 때문이다.

앞에서 보았지만 니체에게는 힘에의 의지가 자신을 구현하는 다양한 방식이 있다. 즉, 그것에는 건강한 방식들도 있지만 병적인 방식들도 있다. 힘에의 의지를 구현하는 건강한 방식들 중에서 니체는 영원히 회귀하는 세계를 긍정하는 정신의 상태야말로 힘에의 의지가 가장 건강하게 구현되는 상태라고 본다. 이 점에서 영원회귀를 긍정하는 정신의 상태는 힘에의 의지가 구현되는 여러 방식들 중에서 독보적인 지위와 의의를 갖는다고 할 수 있다. 그리고 이와 관련하여 필자는 실로 니체가 말하는 영원회귀를 긍정하는 정신의 상태와 불교에서 말하는 깨달음의 상태 사이에 상당한 유사성이 존재한다는 것을 인정한다. 특히 니체가 영원회귀를 긍정하는 정신의 상태를 창조적인 아이의 정신과 같은 것으로 볼 때 그것은 선불교를 비롯한 대승불교가 말하는 깨달음의 상태와 큰 유사성을 갖게 된다.

그러나 양자 사이에는 니체와 불교의 다른 사상들에서와 마찬가지로 유사성 못지않게 근본적인 차이가 존재한다. 실로 니체의 사상은 다면적인 얼굴을 갖지만 그럼에도 불구하고 그것에 일정한 연속성과 일관성이 존재한다는 것을 부정할 수 없기 때문에, 니체와 불교의 사회사상과 양자가 지향하는 인간상이나 덕에서 보이는 차이는 니체의 영원회귀사상과 불교의 열반사상에도 반영되어 있다. 따라서 필자는 여기에서 영원회귀사상과 불교의 열반 사이에 존재하는 유사성과 차이가 무엇인지를 분명히 드러내려

---

192 | 영원회귀사상을 윤회설과 비교하고 있는 연구로는 R. Okochi, "Nietzsches Amor fati im Lichte von Karma des Buddhismus", in: *Nietzsche-Studien*, Band 1, 1972, Berlin · New York가 있다.

고 한다.

필자는 이것들 사이에 성립하는 유사성은 그것들 모두가 현실긍정과 창조적인 유희의 정신을 주창한다는 일종의 형식적 유사성이며, 그러한 유사성의 근저에는 간과할 수 없는 내용상의 차이가 있다는 사실을 드러낼 것이다. 즉, 그것들 각각이 현실을 긍정하는 구체적인 방식과 그것들 각각이 주창하는 창조적인 유희는 근본적으로 다른 성격을 갖는다는 사실을 보여줄 것이다.

아울러 영원회귀사상과 불교의 열반사상 사이에 존재하는 유사성과 차이점에 대한 고찰은 니체와 불교의 세계관의 유사성과 차이점에 대한 고찰로 자연스럽게 연결될 것이다. 이는 영원회귀의 세계는 힘에의 의지가 최고도로 고양된 상태에서 경험된 세계의 모습이기 때문에 영원회귀사상에는 니체가 세계의 실상이라고 보는 것이 가장 잘 표명되어 있다고 할 수 있으며, 또한 불교에서도 깨달음의 상태에서 세계의 실상이 드러난다고 보기 때문이다.

따라서 여기서 우리는 니체가 말하는 영원회귀를 긍정하는 정신 상태와 불교가 말하는 깨달음의 정신 상태를 비교하는 것을 넘어서, 영원회귀사상에 표현되고 있는 세계와 불교가 말하는 깨달음의 상태에서 드러나는 세계 사이의 유사성과 차이도 함께 논하게 될 것이다. 이와 관련해서도 필자는 니체와 불교는 똑같이 세계의 완전성을 말한다는 점에서는 동일하지만 그렇게 완전한 세계가 구체적으로 어떻게 나타나는지는 서로 다르게 이해하고 있다는 사실을 보여줄 것이다.

1 니체의 열반 이해에 대한 비판적 검토

니체가 말하는 것처럼 불교가 말하는 깨달음, 즉 열반이 삶에 피로하고 지친 자들이 생성 소멸의 세계로부터 내적인 도취나 황홀경으로 도피하는 것에 지나지 않는다면 양자를 비교하는 것은 무의미할 것이다. 이 경우 우리는 불교를 부정하고 니체를 택할 수밖에 없을 것이다. 그러나 필자는 불교의 열반 개념에 대한 니체의 이러한 파악은 잘못된 것이라고 생각한다. 따라서 니체의 영원회귀사상과 불교의 열반 개념을 공정하게 비교하기 위해서도 일차적으로 열반 개념에 대한 니체의 이해와 비판을 우선 비판적으로 검토하면서 불교의 열반 개념을 분명히 제시하는 것이 필요하다.

니체는 불교의 열반을 내적인 도취나 황홀경으로의 도피라고 볼 뿐 아니라 그것을 "최면적인 무(無)의 감정, 가장 깊은 잠의 휴식, 간단히 말해서 고통의 부재"라고까지 보고 있다.[193] 아울러 니체는 이러한 내적인 도취나 황홀경은 염세주의를 극복하기는커녕 오히려 더욱 심화시킨다고 보았다. 니체는 특히 『아침놀』의 단편 50번에서 그와 같은 주장을 펴고 있는데 그의 주장을 다음과 같이 정리할 수 있을 것이다.

첫째, 숭고하고 황홀한 순간을 맛보는 인간들은 그러한 순간이 도덕적인 것이든, 종교적인 것이든, 예술적인 것이든 그러한 체험 속에서 자신들

---

193 | F. Nietzsche, *Zur Genealogie der Moral*, Dritte Abhandlung, 17번.

의 신경을 소모적으로 낭비하기 때문에 일상적으로는 비참하고 무력한 기분에 사로잡혀 있다. 그러나 이들이야말로 자신을 지배하지 못하고 자신을 완전히 상실할 때에야 비로소 쾌감을 맛보는 자들이다.

둘째, 그러나 그들은 황홀한 순간을 본래의 자기이자 자신들의 참된 생명이라고 생각하면서 저 비참하고 무력한 느낌을 '자기 외부', 즉 자신의 환경과 자신의 시대에 의한 것으로 생각하면서 자신이 사는 세계에 대한 복수심에 불탄다. 이에 따라서 그들은 도취의 순간만을 현실 내지 실재로 인정하고 일상적인 세계는 현상 내지 가상으로 생각한다.

셋째, 이와 함께 이들 열광적인 술고래들은 도취가 인생의 정수(精髓)라는 믿음을 사람들 사이에 심으면서 이 세상에 대한 염세주의를 부추김으로써 인류에게 많은 해악을 끼쳤다.

어느 누구도 종교적 도취에 대해서 이렇게까지 신랄하게 말하기는 어려울 것이지만, 다른 단편에서도 니체는 유사하게 말하고 있다.

"영혼을 치유하는 새로운 의사들은 어디에 있는가? – 사람들은 인생은 근본적으로 고통에 가득 차 있다고 믿는다. 그런데 위안이라는 약이야말로 인생이 그러한 근본 성격을 갖게 된 원인이다. 인간의 가장 큰 병은 그들이 병들을 이겨내는 것을 통해서 생겼다. 그리고 치료제라고 생각되었던 것이 장기적으로는 그것에 의해서 고쳐져야 할 것보다도 더욱 악성의 병을 만들어 내었다. 무지하기 때문에 사람들은 순간적인 효과는 있지만 마비시키고 도취시키는 약, 이른바 위안이 치료의 힘을 갖는다고 생각했다. 더 나아가 사람들은 이러한 즉각적인 진통효과로 인해 오히려 고통이 전반적으로 심각하게 악화되는 결과가 자주 초래된다는 사실을 깨닫지 못했다. 즉, 병자들은 도취의 부작용, 나중에는 도취를 더 이상 맛볼 수 없고 더 나중에는 불안, 신경장애, 불건강과 같은 짓누르는 감정 때문에 고통을 받아야만 했다는 사실을 사람들은 깨닫지 못했다. 어느 정도까지 병이 깊어지면 사람들은 더 이상 회복하지 못했다. 이러한 상태를 야기한 것은 영혼의 의사들, 즉 일반적으로 신뢰받고 숭배되었던 사람들이었다."*[194]

이 잠언에서 니체가 말하려고 하는 것도 우리는 다음과 같이 정리할 수 있을 것이다.

첫째, 사람들은 인생이 고통이라고 여기면서 이러한 고통을 위로할 약을 만들어 낸다. 이러한 약으로 니체가 염두에 두고 있는 것은 기독교가 말하는 내세 내지 피안이나 불교나 예수가 말하는 내면의 평화다.

둘째, 그런데 이러한 위안이 오히려 사람들의 삶을 더욱 고통스럽게 만들었다. 이는 사람들은 그러한 위안이 제공하는 도취와 황홀경으로 인해서 현실을 더욱 더 고통으로 여기고 혐오하게 되었기 때문이다.

셋째, 사람들은 나중에는 도취를 더 이상 맛볼 수 없게 되면서는 신경장애나 불안 증세를 보이게 되었다. 이는 사람들이 자신의 이성적인 의지력에 의존하지 않고 도취에 의존했기 때문에 현실을 견뎌낼 힘을 더욱 상실하게 되었고 그 결과 도취의 약발이 떨어지게 되면 당연히 도취에 의존하기 전보다 더욱 신경불안 증세에 시달릴 수밖에 없기 때문이다.

우리는 여기서 니체가 말하고 있는 사태를 마약 중독이나 알코올 중독과 비교해 볼 수 있을 것이다. 사람들은 인생이 괴롭다고 생각하면 마약에서 일시적으로 위로를 찾게 될 수도 있지만 마침내는 마약에 중독되면서 더욱 더 큰 고통을 당하게 된다. 사람들은 마약에 의해서 황홀경을 맛보게 되면 그 황홀경과 현실을 비교하면서 현실을 더욱 더 괴롭고 혐오스러운

---

[194] | 니체, 『아침놀』, 52번.

것으로 여기게 된다. 그러나 이제 그는 자신의 이성적인 의지력으로 현실의 고통을 타개할 수 없게 되었기 때문에 마약의 약발이 떨어지게 되면 마약에 의존하기 전보다도 훨씬 더 큰 신경장애와 불안에 시달리게 된다.

이상에서 볼 수 있듯이 니체는 종교적인 황홀경이나 도취가 사람들에게 미치는 영향을 부정적으로 보고 있을 뿐 아니라 그러한 체험을 종교에서 말하는 것처럼 신적이고 절대적인 차원이 인간에게 개시되는 체험이라고 보지 않는다. 니체는 그러한 경험은 일상적인 인간들이 현실에서 자신들이 경험하는 불안을 잊기 위해서 만들어 내는 작위적이고 허구적인 것에 불과한 것으로 본다. 따라서 그러한 체험을 통해서 인간의 정신은 고양되지 않고 오히려 약화되고 의존적인 것이 된다는 것이다.

그러나 종교적 신비 체험은 니체가 비판하는 것처럼 항상 사람들의 이성과 의지를 마비시키는 형태로만 나타나는 것은 아니다. 니체와 달리 프롬과 같은 사상가는 신비 체험 중에는 사람들에게 인간에게 잠재되어 있던 신적인 가능성이 개시되는 진정한 의미의 종교적인 황홀경과 도취가 있을 수 있다고 생각한다. 아울러 그는 이러한 체험을 통해서 사람들은 약화되고 의존적인 인간이 되는 것이 아니라 오히려 이성적인 자각과 사랑의 마음으로 가득 찬 새로운 인간존재로 태어난다고 본다.

즉, 니체가 프로이트와 마찬가지로 종교적인 체험이 사람들을 혼미하게 하면서 사람들의 이성과 독립심을 마비시킨다고 보는 것에 반해서, 프롬은 진정한 의미의 종교적 신비 체험에서는 전체(the All)와의 합일이 이루어지면서도 오히려 개인의 개성과 자각이 심화된다고 보는 것이다. 이 점에서 프롬은 종교적 신비 체험을 알코올이나 마약 등에 의한 현실도피와 단호하게 구별하고 있다.[*195] 신비 체험에서는 우주와 하나가 되면서도 자아의식과 통찰력이 극도로 강화된다. 그것은 자신의 완전한 개성에 대한

---

195 | 이와 관련하여 에리히 프롬, 『인간과 종교』, 최혁순 옮김, 한진출판사, 1981, 90쪽~91쪽을 참조. 또한 박찬국, 『에리히 프롬과의 대화』, 철학과현실사, 2001, 226쪽 이하 참조.

체험이면서도 자신의 존재와 세계 전체의 궁극적 근거에 대한 체험이기도 하다. 그것은 자기 자신이 완성되었음을 느끼는 자긍심의 경험이면서도 자기 자신이 우주라는 베옷 안의 한 올의 실에 지나지 않는다고 느끼는 겸손의 경험이기도 하다. 그것은 이러한 모순된 경험들의 긴장된 일치이다.

이러한 긴장된 일치 때문에 종교적 체험에서는 명징한 의식과 각성과 아울러 자신이 우주와 하나가 되어 있다는 안정과 평화가 동시에 존재한다. 따라서 프롬은 이러한 신비 체험을 비합리적인 종교 체험으로 보는 일반적인 견해와는 달리 신비 체험이 고도의 합리성을 갖는다고 말하고 있다.

물론 프롬은 이러한 체험을 인간 외부에 존재하는 어떤 신적인 힘이 인간에게 자신을 개시한 것이라고 보지 않는다. 오히려 프롬은 이러한 신비 체험을 인간의 폐쇄적이고 이기주의적인 자아를 부수면서 우리가 그동안 의식하지 못했던 우리들의 무한하고 선한 잠재력이 터져 나오는 체험으로 본다. 이때 우리는 자신의 신적인 본질을 깨닫게 되면서 그동안 은폐되어 있었던 자신의 신적인 본질이 실은 자신의 진면목이었다는 사실을 자각하게 된다. 이와 동시에 우리는 자신에 대해서 무한한 긍지와 함께 기쁨을 느끼면서도 모든 만물에 대한 사랑이 넘치게 된다.

그러나 이렇게 선한 잠재력이 일깨워진다는 것은 니체가 비판하는 것처럼 세계에서 고립되어 단순히 자신의 내면적인 평화를 즐기는 상태에 머무는 것이 아니라 세계에 대해서 새로운 관계를 맺는 존재로 다시 태어나는 것을 의미한다. 즉, 이러한 선한 잠재력이 우리에게 일깨워질 때 우리는 새로운 눈과 새로운 귀로 세계와 접하게 되며 모든 사람 및 사물과 새롭게 관계하게 된다.

물론 그렇다고 해서 프롬이 모든 종류의 황홀경과 도취를 긍정하는 것은 아니다. 그 역시 니체가 비판하는 허구적인 종교적인 도취와 황홀경이 있을 수 있다고 생각한다. 무엇보다도 프롬은 기성종교의 영향력이 상실된 공백을 돈이나 소비에 의한 도취 그리고 정치적인 이데올로기들에 의한 도취가 대신 메우고 있다고 진단하고 있다. 적어도 이 점에서 프롬은 니체와 동일한 주장을 하고 있다고 볼 수 있다.

프롬과 마찬가지로 필자는 불교가 말하는 열반은 니체가 비판하는 것처럼 이성과 의지가 마비되는 상태를 의미하지 않는다고 본다. 오히려 불교가 말하는 열반은 모든 존재자들과의 분열과 갈등이 해소된 상태이면서도 마음의 각성이 최고도에 달한 상태다. 즉, 그것은 마음이 '또랑또랑 깨어 있는 상태'이기도 하다.[196] 아울러 불교는 내적인 황홀경에 잠겨 있는 것만을 지향하지 않는다. 불교는 깨달음의 세계를 일상적인 세계와 구별하면서 깨달음의 세계 안에 안주하려는 것을 깨달음에 대한 집착으로 보면서 깨달음이 아직 덜 완성된 것으로 보는 것이다.[197] 그것 역시 분별과 집착에 아직 사로잡혀 있는 상태이기 때문이다.

이와 함께 불교는 니체가 말하는 것처럼 내면적인 정적 속에만 빠져 있을 것을 권장하는 것이 아니라 오히려 자기중심적인 자아를 버린 가운데 모든 욕망과 행위를 내라고 말하고 있다.[198] 즉, 불교는 모든 마음의 움직

---

196 | E. 콘즈, 『한글세대를 위한 불교』, 22쪽.
197 | 이런 의미에서 용수는 이렇게 말하고 있다.
"윤회와 열반 사이에는 조금도 차별이 없고, 열반과 윤회 사이에도 전혀 차별이 없다. 열반의 한계가 곧 세간의 한계이니, 양자 사이에는 털끝만큼의 차이도 없다."
용수, 『중론』, 25: 19, 20(김종욱, 『용수와 칸트』, 운주사, 2002, 116쪽에서 재인용)
198 | 폴 윌리엄스와 앤서니 트라이브는 모든 업, 즉 행위를 그쳐야 한다고 본 종파는 불교가 아니라 자이나교였다고 보고 있다. 자이나교는 업, 즉 행위를 자아를 타락시키고 윤회의 사슬에 묶어두는 더러운 물질과 유사한 것으로 보면서 모든 업을 나쁜 것으로 보았으며, 궁극적으로 우리가 행위하기를 그쳐야 한다고 보았다. 더 나아가 폴 윌리엄스와 앤서니 트라이브는 모든 행위를 그쳐야 한다는 이러한 사상은 자발적으로 성스럽게 아사한다는 자이나교의 사상과 결부되어 있다고 보았다. 이와 함께 그들은 부처는 업과 관련하여 의도를 중시하면서 업의 굴레에서 벗어나기 위해서는 '내적인 청정', 즉 심적인 수행이 필요하다고 본 점에서 당대 인도의 사상들과는 전적으로 달랐다고 말하고 있다. 폴 윌리엄스 · 앤서니 트라이브, 『인도불교사상』, 안성두 옮김, 도서출판 씨아이알, 2011, 102쪽 참조.
田上太秀 역시 불교와 자이나교가 영혼과 신체를 각각 달리 이해함으로써 윤회의 근원인 번뇌의 본질을 달리 이해하게 되었다고 본다. 자이나교에서는 우주의 성립요소를 영혼과 비영혼으로 구분하면서 영혼을 불멸의 원리로 내세워 신성시하고 청결한 것으로 생각한 반면에 육체는 불결한 물질로서 영혼에 부착되어 있다고 생각했다. 이에 따라서 자이나교에서는 번뇌를 외부로부터 불결한 신체를 통해서 영혼으로 침입하는 것으로 보았으며 이는 자연스럽게 외부와의 접촉을 막는 것으로 나갈 수밖에 없었다. 이에 반해 불교는 절대적이며 불변적인 실체로서의 영혼을 인정하지 않았기 때문에, 마음은 맑아질 수도 탁해질 수도 있다고 보았으며 육체 역시 마찬가지로 보았다. 인간의 마음 쓰기에 따라서 마음은 선도 되고 악도 되며, 정결하게 될 수도 있고 부정하게 될 수도 있

임이나 행위를 중단할 것을 촉구하는 것이 아니라 금강경에서 말하는 것처럼 '그 어떤 것에도 머무르지 말고, 다시 말해서 집착하지 말고 마음을 내라'(應無所住而生起心)고 말하고 있는 것이다. 깨달은 자는 자신의 에너지를 자기중심적인 생각들을 키우고 강화하면서 그것들을 세상에 관철하는 데 사용하지 않고 자신이 처해 있는 그때마다의 상황에 적합하게 행동한다. 깨달은 자는 그때마다의 상황에서 그 상황에 관련되어 있는 자신과 아울러 다른 모든 사람들이 정신적으로 성장할 수 있는 방향으로 행동하는 것이다.

> "'자아란 없다'를 지적으로 확신하는 것에 만족하지 않고 불교도는 삶에 대한 전혀 새로운 태도를 겨냥한다. 나날이 부딪치는 일상의 책무와 번거로운 일 사이에서 자아가 없는 듯이 행동하기를 배워야 하는 것이다."[199]

이상에서 우리는 불교의 열반 개념에 대한 니체의 비판이 오해에 입각하고 있다는 것을 보았다. 이것으로 불교의 열반 개념과 니체의 영원회귀사상을 비교할 수 있는 최소한의 공정한 토대가 마련되었다고 생각된다. 아래에서는 먼저 니체의 영원회귀사상을 살펴본 후 이것을 다시 불교의 열반 개념과 비교할 것이다.

다. 따라서 불교에서는 번뇌가 외계에서 침입한다고 보지 않고 도리어 사람의 악행에 의해서 번뇌가 생겨나며, 그것이 신체로부터 밖으로 새어 나오는 것이라고 가르쳤다. 인간이 마음을 악하게 쓰면 거기서 번뇌가 생겨 밖으로 흘러나온다는 것이다. 타카미 타이슈(田上太秀), 『석존의 마음 사람의 마음 – 원시불전 석존의 비유와 설화』, 법련화 옮김, 해뜸, 1990, 147쪽 이하 참조.

199 | E. 콘즈, 『한글세대를 위한 불교』, 22쪽, 44쪽.

2 극단적인 니힐리즘과 그것의 극복으로서의 영원회귀사상

(1) 실험적인 사상으로서의 영원회귀사상

영원회귀사상은 근대인이 봉착하고 있는 위기인 니힐리즘을 극단적으로 밀고나가면서 그것에서 벗어날 수 있는 모든 종류의 전통적인 출구를 봉쇄하려는 하나의 실험적인 사상이다. 이러한 사상이 갖는 실험적인 성격은 니체의 다음 단편에서 가장 잘 드러나 있다.

"최대의 무게 – 어느 날 혹은 어느 밤, 한 악마가 가장 적적한 고독 속에 잠겨 있는 너의 뒤로 슬그머니 다가와 이렇게 말한다면 너는 어떻게 말할 것인가? '네가 현재 살고 있고 지금까지 살아왔던 생을 다시 한 번, 나아가 수없이 몇 번이고 되살아야 한다. 거기에는 무엇 하나 새로운 것은 없을 것이다. 일체의 고통과 기쁨, 일체의 사념과 탄식, 너의 생애의 크고 작은 모든 일이 다시 되풀이되어야만 한다. 모든 것이 동일한 순서로 말이다. 이 거미도 나무들 사이로 비치는 달빛(月光)도, 지금의 이 순간까지도 그리고 나 자신도. 존재의 영원한 모래시계는 언제까지나 다시 회전하며 그것과 함께 미세한 모래알에 불과한 너 자신 역시 같이 회전할 것이다.' 너는 땅에 엎드려 이를 악물고서 그렇게 말한 그 악마를 저주하지 않을 것인가? 아니면 너는 그 악마에게 '너는 신이다. 나는 이보다 더 신적인 말을 들은 적이 없다!'라고 대답할 그런 엄청난 순간을 체험한 적이 있었던가?

이러한 사상이 너를 지배하게 된다면 그것은 현재의 너를 변화시킬 것이고 아마 분쇄해 버릴 것이다. 그리고 모든 일 하나하나에 대해서 행해지는 '너는 이것이 다시 한 번, 또는 수없이 계속 반복되기를 원하느냐?'라는 질문은 가장 무거운 무게로 너의 행위 위에 놓이게 될 것이다. 아니면 이 최종적이요 영원한 인증(認證)과 봉인(封印) 그 이상의 어느 것도 원하지 않기 위해서 너는 너 자신과 인생을 사랑해야만 할 것인가?"[200]

"악마가 …… 이렇게 말한다면"이라는 말이 시사하는 것처럼 니체는 여기서 영원회귀사상이 현실을 반영하는 사상이라고 말하는 것이 아니라 하나의 사상적인 실험이라고 말하고 있다. 그런데 이러한 사상적인 실험이 의도하는 것은 무엇일까? 일차적으로 그것은 인간에게 구원을 약속하는 피안이나 유토피아와 같은 것을 상정하는 모든 종류의 목적론을 파괴하는 것을 의도한다. 영원회귀사상은 세계는 의미도 목적도 없이 영원히 회귀한다고 보면서 모든 종류의 목적론적인 출구를 봉쇄해 버리는 것이다.

영원회귀의 세계는 불교가 말하는 제행무상의 세계이며 모든 것이 아무런 목적도 의미도 없이 인연에 따라서 생겨나서 사라지는 세계다. 다만 영원회귀사상은 세계를 모든 것이 아무런 목적도 의미도 없이 동일하게 동일한 순서로 일어난다고 봄으로써 세계가 갖는 무상한 성격을 극단으로까지 밀고 나간다는 데에 특색이 있다. 시대적인 상황과 관련하여 말하자면 그것은 근대인이 처한 니힐리즘의 상황을 극단화한 것이다. 니체에게 신이 죽은 근대의 현실은 우리를 생성 소멸하는 현실 앞에 직면하게 하는바, 영원회귀사상은 모든 것이 동일하게 회귀한다고 봄으로써 근대인들이 처한 니힐리즘의 상황을 영구화하며 니힐리즘을 극단으로까지 몰고 나가고 있다. 이런 의미에서 영원회귀사상을 니체는 '니힐리즘의 극한적 형식'

---

200 | F. Nietzsche, *Fröhliche Wissenschaft*, 341번.

이라고도 부른다.*201

그리고 니체는 이러한 영원회귀사상, 다시 말해서 우리가 현실에서 겪는 모든 질병과 고통 그리고 갈등이 아무런 의미도 갖지 못한 채 무한히 반복된다는 사상이야말로 우리가 받아들이기 가장 어려운 사상이라고 본다. 이는 누구든 미래에도 지금까지의 삶이 반복되기를 기대하기보다는 지금까지의 삶보다도 더 나은 삶을 기대하기 때문이다.

그러면 니체는 영원회귀사상에 의해서 니힐리즘을 극단화하면서 왜 우리를 생성 소멸하는 적나라한 현실 앞에 세우는가? 그것은 우리가 그러한 적나라한 현실을 긍정하고 흔쾌하게 받아들이는 식으로만 최고의 힘을 구현할 수 있기 때문이다.

니체는 힘에의 의지는 항상 자신을 유지하고 강화할 가치를 정립하고 그것에 의거하는 방식으로만 자신을 유지하고 강화할 수 있다고 본다. 따라서 니체는 플라톤의 이데아나 기독교의 인격신과 같은 기존의 최고의 가치들 역시 힘에의 의지가 자신을 강화하고 고양시키기 위해서 만들어 낸 허구라고 보고 있다. 그러한 초감성적인 가치들에 의존해서 인간들은 생성 소멸하는 현실 속에서 자신의 안전과 가치를 확보하려고 한다. 즉, 니체는 힘에의 의지만을 진정한 실재로 보면서 신이라는 관념을 비롯한 모든 관념들은 이러한 힘을 실현하기 위한 도구적인 것으로 보는 것이다. 이와 함께 니체는 모든 관념들이 얼마나 가치가 있는지는 그것들이 인간의 힘을 강화하는 데 얼마나 기여하느냐에 따라서 평가되어야 한다고 본다. 따라서 니체가 기독교나 서양의 전통형이상학을 비판할 경우 그는 그것들이 허구이기 때문에 비판하기보다는 그것들이 인간의 힘을 약하게 하고 병들게 한다고 보기 때문에 비판하고 있다.

니체는 이제는 인류는 자신의 힘을 강화한다는 목적 아래 자신이 신봉

---

201 | F. Nietzsche, *Der Wille zur Macht*, 55번.

할 관념들, 즉 가치들을 정립해야 한다고 본다. 그동안의 역사에서 그러한 가치들은 임의로 형성되었지만 이제 인류는 치밀한 실험을 통해서 다양한 가치들의 유효성을 검토하고 형성해야 한다는 것이다. 니체는 이러한 사고전환을 가치전환(Umwertung)이라고 말하고 있다. 이러한 가치전환이란 이데아나 신과 같은 전통적인 피안적인 초감성적인 가치 대신에 민주주의나 사회주의와 같은 새로운 가치들을 내세우는 것이 아니라 가치들의 본질에 대한 규정이 변화되고 가치정립의 원리가 변화한다는 것을 의미한다. 이제 니체는 가치정립의 새로운 원리를 지상의 모든 존재자의 근본 성격으로서의 힘에의 의지에서 구하는 것이며, 힘에의 의지를 강화하는 것은 가치가 있는 것으로 보지만 그렇지 않은 것은 무가치한 것으로 보는 것이다.

이와 같이 힘에의 의지가 모든 가치들의 근원일 경우, 우리가 추구해야 할 궁극의 가치는 힘에의 의지를 최고도로 실현하는 가치가 아니면 안 된다. 그것은 힘에의 의지를 약화하거나 병들게 하는 게 아니라 그것으로 하여금 자신을 고양하도록 내모는 가치가 아니면 안 된다. 이러한 가치는 초감성적인 신이나 이데아 혹은 미래에 구현될 유토피아적인 사회처럼 힘에의 의지를 단순히 위로함으로써 현재의 연약한 상태에 머물게 하는 것이 아니라 그것을 오히려 시련에 직면케 함으로써 자신을 단련하고 강화하도록 자극하는 가치이어야만 한다. 그리고 그러한 시련은 그것을 힘에의 의지가 흔쾌하게 받아들일 때 힘에의 의지가 최대의 힘을 갖게 되는 것이지 않으면 안 된다.[202]

힘에의 의지는 자신을 고양하기 위해서 그러한 최대의 시련, 자신이 극복해야 할 최대의 장애를 정립한다. 그리고 니체는 이러한 최고의 시련과 장애를 바로 근대인들이 처해 있는 니힐리즘의 상황에서 찾고 있다. 생이

---

202 | 마르틴 하이데거, 『니체 I』, 박찬국 옮김, 길출판사, 2010, 393쪽 참조.

이미 확정된 목적이 없이 무목적적인 것으로 드러날 때 생은 인간에게는 최대의 고통으로 나타난다. 따라서 생이 아무런 목표도 없이 자신을 반복할 뿐이라는 극단적 니힐리즘의 상태야말로 힘에의 의지에게 최고의 시련을 제공한다. 힘에의 의지가 그 앞에서 도피하지 않고 그것을 흔쾌하게 받아들일 경우에는 힘에의 의지는 지상의 삶의 순간순간을 있는 그대로 긍정할 수 있는 최고의 힘을 얻게 된다. 이 점에서 니체는 자신이 하나의 사유실험으로서 제시한 영원회귀사상은 사실은 힘에의 의지가 자신의 고양을 위해서 정립하는 가치라고 본다.

영원회귀사상은 그것이 갖는 엄청난 무게로 우리를 분쇄할 수도 있는 한편, 우리가 그것을 견디고 이를 통해 우리가 새로운 무게를 얻을 경우에는 니힐리즘의 극복을 위한 전환점으로 나타날 수도 있다. 이런 의미에서 니체는 영원회귀사상을 '가장 무거운' 사상이라고도 부르고 있다. 우리는 영원회귀사상이라는 가장 무거운 사상에 직면하면서 그 사상의 무게에 의해서 압살을 당한 것이냐 아니면 그 사상을 짊어지면서 가장 강한 인간으로 탄생할 것인가 하는 결단에 직면하게 된다는 것이다. 이 점에서 니체의 철학은 인간을 모든 고통이 사라진 피안과 미래라는 환상을 통해서 위로하고 달래는 값싼 위로의 철학이 아니라, 인간을 오히려 위험에 직면시키면서 그를 훈련시키려고 하는 해머(Hammer)의 철학이다.

따라서 니체는 영원회귀의 상태를 독사에 비유하면서 이러한 독사를 깨무는 목동이 그를 통해 어떻게 변화를 겪는가를 서술하고 있다. 영원회귀사상이란 우리가 그것을 단순히 이론적으로 이해하는 것이 아니라 독사를 깨무는 식의 실존적인 결단과 이를 통한 새로운 탄생을 요구하는 것이다.[203]

그리고 영원회귀의 상태에 대한 이러한 긍정을 통하여 그 전에 단순히

---

203 | 마르틴 하이데거, 『니체 I』, 429쪽 이하 참조.

허망하게 생성과 소멸을 반복하던 현실은 이제 완전히 다른 모습으로 나타난다. 즉, 극단적인 니힐리즘의 상태로서의 영원회귀의 상태에서나 니힐리즘을 극복한 상태로서의 영원회귀의 상태에서나 모든 것이 동일하게 영구히 회귀한다는 것은 마찬가지이지만, 그것들은 전혀 다른 의미를 갖게 되는 것이다. 극단적인 니힐리즘의 상태에서는 모든 것이 동일하게 영원히 회귀한다는 것은 모든 것이 무의미하다는 것, 그 아무것도 가치를 갖지 않으며 따라서 아무래도 좋은(gleichgültig) 것이란 염세주의적인 의미를 갖는 반면에, 니힐리즘이 극복된 상태로서의 영원회귀의 상태에서는 모든 것은 의미에 충만해 있으며 모든 순간이 절대적인 가치를 갖는다는 것을 의미한다.

다시 말해서 모든 것이 아무런 목적도 의미도 없이 영원히 반복된다는 것을 긍정하는 상태로 인간의 의지가 강화됨으로써 세계의 변용(Verklärung)이 일어나는 것이다. 이제 차안의 세계는 아무런 목표 없이 회전하는 허망한 세계가 아니라, 세계의 뭇사물들이 상호 간의 대립을 통해 서로의 고양을 추구하는 아름답고 충만한 세계로서 나타난다. 약한 자에게는 혼돈과 무질서로 가득한 것처럼 보이던 세계는 강한 자에게는 아름답고 힘에 충만한 세계로서 나타나며, 이제 존재자는 더욱 더 풍요롭고 투명하고 본질적으로 경험되는 것이다.

'동일한 것의 영원한 회귀'에서는 생성 소멸하는 세계의 밖과 위에 존재하는 모든 목적은 파괴되지만, 이렇게 소위 초감성적인 참된 세계가 제거됨으로써 또한 형이상학에 의해서 가상적인 것으로 간주되었던 감성계의 가상적인 성격도 소멸해 버린다. 그것은 형이상학이 그것에 부여한 무의미한 혼돈이라는 성격, 가상적인 성격에서 벗어나는 것이다. 이와 함께 세계에 그 전에 투입되었던 초감성적인 목적이나 죄, 섭리 등의 이념들은 의미를 잃고 세계는 이제 충만한 '영원의 원환'으로서 규정된다. 동일한 것의 영원한 회귀는 '기쁘면서도 고통스러운 생의 무궁한 충만'이다.

동일한 세계가 힘에의 의지가 강한 자와 약한 자 각각에게 전적으로 다르게 나타난다는 것은 언뜻 보기에는 불가해한 사상으로 여겨질지 모른다. 그러나 우리는 그것을 동일한 산이라도 약한 인간과 강한 인간에게 전적으로 다르게 드러난다는 사실을 고려해 보면 쉽게 이해할 수 있을 것이다.

험악한 산을 올라갈 경우 약한 인간에게 산은 자신을 괴롭히는 저주스러운 존재에 불과하며 산을 올라간다는 것은 무의미한 고행에 불과한 것으로 나타날 것이다. 그리고 그는 이러한 산을 올라가야만 하는 고통을 견뎌내기 위해서 산 정상에까지 올라가면 천국이나 유토피아가 기다리고 있다는 허구를 만들어 낼 수 있다. 이에 대해서 강한 인간은 산이 험난하면 험난할수록 그것을 즐기면서 자신의 힘이 고양되는 것을 느낄 것이다. 이와 함께 그에게 산은 험오스럽게 나타나는 게 아니라 오히려 아름다운 것으로서 나타난다. 이 경우 힘에의 의지가 강한 사람과 산 사이에는 적대적인 대립이 지배하는 것이 아니라, 상호대립을 통한 상호 간의 고양이 성립하게 된다. 양자 간의 투쟁은 서로를 고양하는 사랑의 투쟁이다.

니체는 영원회귀를 흔쾌하게 긍정하는 자에게 비추어진 세계를 바다에 비유하면서 이렇게 말하고 있다.

"그리고 그대들은 또한 나에게 '세계'란 무엇인지를 알고 있는가? 내가 그대들에게 이 세계를 나의 거울에 비추어 보여 주어야 할까? 이 세계, 그것은 시작도 끝도 없는 거대한 힘, 증대하는 일도 없으며 감소하는 일도 없고 소모되지도 않고 오직 변전할 뿐인 확고한 양의 힘이다. 이 세계는 그 상태에서는 변하지만 전체로서는 그 크기가 불변하며 지출도 손실도 새로운 증가나 수입도 없는 가계(家計)와 같다. 그것은 자기 자신의 한계를 갖는 것 이외에는 '무(無)'에 의해 둘러싸여 소진되지도 탕진되지도 않지만 무한한 연장(延長)을 갖지 않고 일정한 힘으로서 일정한 공간 속에 주어져 있다. 그러나 이 공간은 어떤 비어 있는 것이 아니다. 그것에는 힘들이 충만하여 있고 힘들의 유희, 하나이며 동시에 많은 힘의 파도, 이쪽에서 증가하면 저쪽에서는 감소하는, 자신 안에 광포하게 밀려들고 넘쳐나는 힘을 안고 있는 바다이다. 그것은 영겁의 시간과 더불어 영원히 변화하면서 영원히 달음질쳐 돌아오면서, 자신의 형성 활동을 때로는 소홀히 하며 때로는 애를 쓰며 가장 단순한 것에서 가장 복잡한 것 속으로 전진하면서 가장 조용하고 단단하고 냉랭한 것에서 탈피하여 가장 작렬하며 거칠며 자기모순적인 것으로 들어가서 다음에는 다시 충실한 것으로부터 단순한 것으로 돌아온다. 그것은 모순에 찬 유희에서 조화에 가득 찬 쾌감으로 되돌아가고, 이러한 전적으로 동일한 자신의 궤도와 연월을 더듬어 나아가면서도 자기 자신을 긍정하며 영원히 회귀하지 않을 수 없는 것이다. 그것은 어떠한 포만, 권태, 피로도 모르는 생성으로서 자기 자신을 축복하고 있는 것, 영원히 자신을 창조하고 파괴하는 이러한 나의 디오니소스적 세계……."*204

개개의 인간은 거친 파도가 일고 있는 바다로서의 광대한 세계에 비하면 그야말로 아무것도 아닌 조각배에 지나지 않을 것이다. 이러한 세계에 대해서 힘이 약한 인간은 겁을 집어 먹고 피안의 신에게 자신을 구해달라고 기도를 하거나 바다를 떠난 평화로운 세계를 상상할 것이다. 그러나 힘이 강한 자는 바다와 대결하면서 그러한 대결을 즐길 수 있으며 그러한 대결을 통해서 자신의 힘의 고양을 느낄 수도 있다. 그리고 이렇게 힘이 고양된 순간에 바다는 단순히 자신을 위협하는 존재로서가 아니라, 오히려 역동적인 힘을 간직한 충만한 존재로서 나타날 수가 있다. 아울러 그것은 나를 위협함으로써 나의 힘을 시험하게 하고 또한 그러한 시험을 즐길 수 있는 강력한 존재로 나를 변화시키는 데 결정적으로 기여하는 고마운 존재

---

204 | F. Nietzsche, *Der Wille zur Macht*, 1067번.

로서 나타날 수 있다.

이 경우 바다와 나 사이의 관계는 단순히 서로 적대적인 것으로서 나타나지 않고 오히려 서로의 투쟁과 갈등을 통해서 서로를 고양시키는 사랑의 투쟁관계로서 나타나게 될 것이다. 이러한 사랑의 투쟁관계를 니체는 우정이라고 말하고 있거니와 바다와 나 사이의 관계는 우정의 관계로 나타나게 되는 것이다.

(2) 영원회귀사상과 초인

우리는 이상에서 영원회귀사상을 우주에 대한 하나의 형이상학적인 이론이라기보다는 니힐리즘을 극복하기 위해서 니체가 도입한 사유 실험이라는 의미에서 고찰했다.

물론 니체는 영원회귀사상을 하나의 사유 실험에 불과한 것으로 보는 것을 넘어서 우주에 대한 하나의 과학적인 가설이라고까지 보면서 그것을 당시의 과학에 입각하여 증명하려고도 했다.[205] 그러나 필자는 이러한 증

---

205 | 니체는 영원회귀설이 모든 가능한 가설 중에서 가장 과학적인 가설이라고까지 말하고 있다.
F. Nietzsche, *Der Wille zur Macht*, 55번 참조.
니체는 마이어의 에너지 보존법칙에 의거하면서, 영원회귀사상을 두 개의 가정에 근거 짓는다. 그 중 하나는 시간은 무한한 반면에 공간은 한정되어 있다는 것이며, 다른 하나는 힘의 총량은 유한하다는 것이다. 니체의 이러한 가정은 우리가 앞에서 인용한 글에서도 이미 나타나고 있다. "이 세계, 그것은 시작도 끝도 없는 거대한 힘, 증대하는 일도 없으며 감소하는 일도 없고 소모되지도 않고 오직 변전할 뿐인 확고한 양의 힘이다. 이 세계는 그 상태에서는 변하지만 전체로서는 그 크기가 불변하며 지출도 손실도 새로운 증가나 수입도 없는 가계(家計)와 같다. 그것은 자기 자신의 한계를 갖는 것 이외에는 '무(無)'에 의해 둘러싸여 소진되지도 탕진되지도 않지만 무한한 연장(延長)을 갖지 않고 일정한 힘으로서 일정한 공간 속에 주어져 있다. [……] 그것은 영겁의 시간과 더불어 영원히 변화하면서 영원히 달음질쳐 돌아오면서, [……]."
즉, 니체는 이 인용문에서도 '이 세계는 시작도 끝도 없는 거대한 힘, 증대하는 일도 없으며 감소하는 일도 없고 소모되지도 않고 오직 변전할 뿐인 확고한 양의 힘'이라고 말하고 있으며, 그것은 '일정한 공간' 속에서 '영겁의 시간'과 함께 영원히 변화하면서 되돌아온다고 말하고 있는 것이다. 그러나 니체가 영원회귀설의 전제로 보고 있는 시간의 영원성과 공간의 한정성도 현대과학의 가설과는 부합되지 않는다. 현대물리학은 우주가 '빅뱅'과 함께 시작되었고 우주에 시간적인 한계가 있다고 주장한다. 또한 빅뱅 이전에 무엇이 존재했으며 우주가 사멸한 다음에 어떤 일이 일어날 것인지에 대해서는 아무것도 모른다고 하고 있다.
니체가 영원회귀사상을 하나의 과학적인 가설로 생각할 때 그것은 문자 그대로 세상의 모든 것이 일정한 기간을 두고서 반복한다고 주장하는 이론이 된다. 그러나 부처는 세계가 영원한지 아닌지

명은 불가능하며 그것이 문자 그대로의 의미에서 모든 것이 동일하게 회귀한다고 보는 하나의 형이상학적 이론일 경우에는 그것은 불가피하게 결정론으로 전락할 수밖에 없다고 본다.*206 이에 대해서 필자는 영원회귀사상을 니힐리즘의 극복이라는 니체의 궁극적인 관심사와 관련하여 고찰해야 한다고 본다.*207

영원회귀사상은 전통형이상학을 지배하던 덧없이 생성 소멸하는 세계에 대한 복수와 원한의 정신을 극복하는 것을 목표하는 사상이다. 형이상학은 덧없는 세계에 대한 복수와 원한의 정신에 사로잡혀 있다. 이러한 원한으로 인해서 형이상학은 생성 소멸하는 세계가 아닌 영원불멸의 세계와 존재자들 간의 갈등과 대립이 사라지고 평화만이 지배하는 세계를 고안해낸다.

이에 대해서 니체가 말하는 초인은 생성 소멸하는 세계에 대한 원한을 극복함으로써 고통과 갈등 그리고 대립에 가득 찬 영원회귀의 세계를 흔쾌히 받아들이면서 인생을 기쁜 마음으로 긍정하고 사랑하는 자이다. 영원회귀의 세계를 긍정한다는 것은 내가 겪고 있고 겪었던 모든 것이 다시 반복되기를 환희에 찬 마음으로 바란다. 약한 자는 다음 생에 희망을 걸고

에 대해서 침묵을 지켰던 것과 마찬가지로 우리가 경험하는 모든 것들이 그 전에 세상에서 이미 일어났던 것인지 아닌지에 대해서는 침묵을 지켰을 것이다. 부처는 그러한 문제도 인간이 고통에서 벗어나는 데는 도움이 되지 않는다고 보았을 것이다.

206 | Ivan Soll의 논문 "Reflections on Recurrence: A Re-examination of Nietzsche's Doctrine"은 니체의 영원회귀설을 우주론적인 가설로 보았을 때 그것이 갖는 문제점을 철저하게 파헤치고 있는 논문이라고 할 수 있다. 이 논문은 니체의 영원회귀설은 우주론적인 가설로서는 결정론으로 귀착될 수밖에 없다고 보고 있다. Ivan Soll, "Reflections on Recurrence: A Re-examination of Nietzsche's Doctrine", in: *Nietzsche: Critical Assessments* II, edited by Daniel W. Conway, New York, 1998, 376쪽 이하 참조.
Ivan Soll의 논문은 나름 치밀하게 쓰인 논문이지만 그럼에도 불구하고 그것은 니체가 영원회귀설을 창안하게 된 철학적·역사적 배경을 고려하지 않고 영원회귀설을 순전히 우주론적인 가설로 간주하면서 그것과 대결하고 있다는 점에서 근본적인 결함을 갖는 논문이라고 할 수 있다. 니체의 영원회귀설에 대한 해석은 니힐리즘과의 대결이라는 철학적·역사적 배경을 고려할 경우에만 그것의 진의가 이해될 수 있다.

207 | 영원회귀에 대한 필자의 이러한 입장은 Nehamas의 입장과 맥을 같이 하는 것이라고 할 수 있다. Nehamas는 니체가 영원회귀설을 우주론적인 가설로 봄으로써 이 사상과 관련된 가장 심오하고 가치 있는 측면들, 즉 회귀사상의 심리적 중요성과 이것이 삶에 미치는 영향을 은폐하게 되었다고 평가하고 있다. 네하마스, 『니체, 문학으로서의 삶』, 218쪽 참조.

살지만 강한 자는 자신이 겪었던 모든 기쁨과 고통이 반복되어도 좋다고 생각하는 것이다.

> "가장 낯설고 가혹한 삶의 문제들 가운데서도 찾아볼 수 있는 삶의 긍정, 가장 고귀한 삶의 전형을 희생시키면서도 자신의 고유한 무궁무진함에 환희를 느끼는 삶에의 의지 [······], 자신 안에서 생성의 영원한 기쁨을 실현하기 위해서, 파멸에 대한 기쁨까지도 포함하는 그 기쁨을 실현하기 위해서."[*208]

따라서 초인은 카오스적인 생성의 세계에 의해 휩쓸려 버리지 않고 오히려 그러한 세계의 무상함과 고통을 자신을 강화하고 자신의 힘을 즐길 수 있는 기회로 전환할 수 있는 강인한 정신력, 즉 건강한 힘에의 의지의 소유자다. 그는 카오스적인 생성의 세계를 인간을 압도하는 것으로서 경험하지 않고 오히려 생명력이 충만한 비극적인 아름다움의 세계로서 경험한다. 이러한 인간은 앞에서 이미 언급한 것처럼 험준한 산을 오르고 나서 그 산을 정복한 자신의 강인한 힘을 즐기고 그러한 산을 흐뭇한 심정으로 내려다보는 한 인간의 모습에도 비유할 수 있을 것이다. 이러한 인간이 갖는 희열은 기독교의 신을 대신하여 그 자신이 하나의 신적인 상태로 고양된 강한 인간이 경험할 수 있는 희열이다.

(3) 유희로서의 세계

니체는 세계는 피안이나 유토피아와 같은 목적이나 목표를 가지고 있지 않다고 본다. 만약 세계가 그러한 목적이나 목표를 가지고 있었다면 세계

---

208 | F. Nietzsche, *Götzen-Dämmerung*, 154쪽.

의 무한한 시간 속에서 그것은 이미 실현되었을 것이라는 것이다. 세계에는 힘에의 의지들 사이의 저항과 투쟁, 반작용만이 있을 뿐이다. 이런 맥락에서 니체는 헤라클레이토스가 보았던 세계가 세계의 실상을 반영하고 있다고 보았다.

> "우리에게 지속적인 것으로 나타나는 특정한 성질들은 한 전사(戰士)의 순간적 우위만을 표현할 뿐이다. 그러나 투쟁은 이로써 끝나는 것이 아니라, 결투는 영원히 계속된다. 모든 것이 분쟁에 따라 생겨나고, 분쟁이 바로 영원한 정의를 계시한다. 분쟁은 영원한 법칙에 묶여 있는 엄격하고 통일적인 정의의 지속적 지배라고 고찰한 것은 헬레니즘의 가장 순수한 샘물에서 길어낸 경이로운 표상이다. 오직 한 명의 그리스인만이 이 표상을 우주정당화의 토대로서 재발견할 수 있었다. 그것은 헤시오도스의 불화의 여신 에리스를 세계원리로 변용시킨 것이다. 그것은 또한 개별적인 그리스인과 그리스 국가의 투기(鬪技) 사상을 체육관과 운동장, 예술인들의 경쟁장, 정당과 도시국가들의 분쟁으로부터 가장 일반적인 것으로 전용한 것이다."*209

헤라클레이토스가 말하는 것처럼 이렇게 투쟁과 대립, 갈등으로 가득 찬 세계는 온통 평화와 사랑만 존재하는 선한 세계를 이상으로 하는 도덕적인 척도로부터 볼 때는 도저히 정당화될 수 없다. 그러한 세계는 힘에의 의지가 강한 자에게 그 모든 갈등과 폭력에도 불구하고 아름답고 숭고하게 나타나는 것에 의해서만 정당화될 수 있다. 니체가 이 세계는 미학적으로만 정당화될 수 있다고 말하는 것은 바로 이와 같은 의미에서다. 따라서 신정론이 아니라 우주정론(Kosmodizee)이 니체의 주요한 관심사가 되며,

---

209 | F. Nietzsche, "Die Philosophie im tragischen Zeitalter der Griechen", *Nachgelassene Fragmente Anfang 1888 bis Anfang*, 319쪽.

니체는 그동안 이원론적인 철학에 의해서 박탈되었던 신성하고 완전한 성격을 세계에게 되돌려 주려고 한다. 이와 함께 니체는 세계는 굳이 피안이라든가 유토피아를 통한 교정을 필요로 하지 않을 정도로 그 자체로 완벽하다고 본다.

"존재하는 것에서 뺄 것은 하나도 없으며, 없어도 되는 것은 없다."*210

니체에게 세계란 이런 의미에서 힘에의 의지로서의 모든 존재자들이 서로 힘을 겨루면서 사멸하기도 하고 새로운 존재로 창조되기도 하는 유희의 장이다. 이러한 세계란 모순에 차 있으면서도 조화로운 세계이고 모든 것들이 서로 필연적으로 결합되어 있는 세계다. 니체는 힘에의 의지들이 유희하는 이 세계를 신적인 것으로 사유하고 있으며 그것을 디오니소스라고 부르고 있다. 이러한 신은 전통적인 형이상학이나 기독교의 신처럼 피안에서 인간을 동정하고 위로하면서 인간을 무력하고 약하게 하는 신이 아니며 또한 도덕적으로 선한 신도 아니다.

또한 이 신은 기독교에서처럼 피안에 거주하는 것이 아니라 어떠한 의미도 없이 영원히 회귀하는 세계 자체이며, 피안에서 차안을 내려다보고 심판하는 엄격한 도덕적인 신이 아니라 선악의 피안에서 자신의 유희에 몰두하는 '춤추는' 세계 자체이다. 인간이 자신의 힘에의 의지에 충실하면서 이 세계의 삶을 닮을 때 인간은 디오니소스 신을 닮게 된다. 영원회귀의 유희에 몰두하는 인간은 이 우주적인 신의 유희를 반복하는 것이다. 그리고 니체가 말하는 초인은 이렇게 세계의 창조적인 유희에 부응하면서 그 스스로 창조적으로 유희하는 자이다.

---

210 | F. Nietzsche, *Ecce homo*, 'Die Geburt der Tragödie', 2번.

(4) 창조적인 정신으로서의 아이의 정신

니체는 세계를 유희의 세계로서 경험하고 또한 삶을 창조적인 유희로서 사는 인간을 초인이라고 부르면서 초인을 어린아이에 비유했다.

> "아이는 순진무구이며 망각이요, 새로운 시작, 놀이, 스스로의 힘에 의해 돌아가는 바퀴, 최초의 운동, 거룩한 긍정이다.
> 그렇다. 나의 형제들이여. 창조의 놀이를 위해서는 거룩한 긍정이 필요하다."[*211]

니체는 아이는 '순진무구이며 망각'이라고 규정하고 있는데, 이 경우 '순진무구'하다는 것은 그 어떤 경직된 규범이나 가치에도 구속되지 않고 순수한 마음으로 매 순간에 몰입한다는 것을 의미한다. 아울러 '망각'이라는 것은 아이가 과거에 매어 있지 않다는 것을 의미한다. 이렇게 경직된 규범이나 과거에 매이지 않는 정신이야말로 우리가 매 순간 새롭게 시작하고 창조적으로 놀이할 수 있는 근본적인 조건이다.

창조적으로 행위하기 위해서는 우리는 과거에 매이지 말아야 한다. 우리는 보통 어떤 사람을 대하든 어떤 사건을 대하든 과거의 경험에 따라서 그것들을 평가하고 그것들에 반응한다. 특히 과거에 어떤 사람에게서 상처를 받았을 때 우리는 그 과거에 구속되어 그 사람이 그동안에 변했을 경우에도 그 사람을 흔쾌한 마음으로 대하지 못한다. 그 사람에 대한 원한에 구속되어 그 사람과의 창조적인 관계는 불가능하게 되는 것이다.

니체는 우리가 창조적으로 살기 위해서는 흘러간 과거에 대한 원한에서 벗어나야 한다고 본다. 과거에 대한 원한을 니체는 '그랬었다'(Es war)에 대한 원한이라고 불렀다. 이미 흘러가 버린 과거를 우리는 되돌릴 수 없

---

211 | 니체, 『차라투스트라는 이렇게 말했다』, 정동호 옮김, 책세상, 2000, 41쪽.

다. '그때 내가 이렇게 했어야 했는데'라고 아무리 후회해도 과거는 돌이킬 수 없다. 그러나 흘러가버린 과거의 시간에 대해서 후회에 사로잡히면서 지나치게 자신을 자책한다는 것은 아직 과거에 구속되어 있다는 것을 의미한다. 이 경우 우리는 자기 자신을 자신이 범한 특정한 행위와 동일시한다. 그러나 우리는 그러한 행위 이상의 존재다.[212]

이런 맥락에서 니체는 우리가 진정으로 건강하게 살기 위해서는 기억과 망각의 능력을 적절하게 가지고 있어야 한다고 말하고 있다. 우리는 우리의 삶을 건강하게 만드는데 도움이 되는 것은 기억해야 하지만 그렇지 않은 것은 망각할 줄 알아야 한다. 이는 건강한 신체를 유지하기 위해서 적절한 영양섭취가 필수적이지만 또한 불필요한 것을 배설하는 것도 필수적인 것과 마찬가지다. 이와 관련하여 니체는 근대의 역사학이 시시콜콜하게 과거의 모든 사실들을 탐색하면서 그것들을 기억에 담으려고 하는 것은 하나의 병적인 현상이며 또한 인간의 건강한 삶을 해칠 것이라고 보았다.[213]

따라서 니체는 망각 역시 수동적으로 일어나는 것이 아니라 하나의 능동적인 능력이라고 말하고 있다. 그는 망각이 없다면 현재와 미래에 대해서 탄력성 있게 움직이는 것은 불가능하다고 보는 것이다. 따라서 과거에서 삶의 성장을 위해서 필요한 것만을 남겨두고 나머지는 쉽게 잊어버리

---

212 | 자신이 가지고 있는 이러한 풍요로운 가능성을 망각하면서 자신을 과거의 그릇된 행위와 동일시하면서 자신을 자학하는 데 몰두하는 사람들을 『차라투스트라는 이렇게 말했다』에서는 '창백한 범죄자들'이라고 부른다.
"한 표상이 이 창백한 사람을 창백하게 만들었다. 그가 행동으로 옮기자 그는 자신의 행위에 필적할 만한 자가 되었다. 그러나 행위 이후에 그 표상을 더 이상 견뎌낼 수가 없었다.
그는 언제나 그 자신을 한 행위의 행위자로 간주해왔다. 나는 그것을 광기라 부른다. 그에게는 예외적인 것이 본질이 된 것이다." 니체, 『차라투스트라는 이렇게 말했다』, 58쪽.
창백한 범죄자는 과거의 의미는 고정되어 있는 것으로 생각한다. 그러나 과거에 내가 겪었던 사건의 의미는 시간이 가면서 다르게 해석된다. 따라서 우리는 과거를 우리의 성장을 위해서 새롭게 해석해야만 한다. 이에 반해서 과거를 이미 흘러가버린 것으로 생각하면서 그것의 의미는 돌이킬 수 없게 이미 고정되어 있다고 생각할 때 우리는 과거의 관성에 이끌리고 과거의 무게에 짓눌려서 현재뿐 아니라 미래에 대해서도 창조적으로 살 수 없다.

213 | F. Nietzsche, *Unzeitgemäße Betrachtungen*, 245쪽 이하 참조.

는 것이야말로 건강한 힘에의 의지의 필수적인 조건이다.

> "자기의 적이나 자기의 재난, 심지어 자신의 잘못된 행위마저도 오랫동안 기억에 담아두지 못하는 것 – 이것이 강자의 증거다. 그는 조형하고 형성하는 힘과 치유하고 망각하는 힘이 넘치는 자다."[*214]

이와 같이 순진무구와 망각의 정신인 아이의 정신은 그 모든 기성의 가치규범에 의존하지 않고 자신의 창조적인 정신에만 의거하는 강한 정신이며, 과거의 구속에서 벗어나 현재와 미래의 모든 새로운 것들에 자신을 흔연히 여는 열린 정신이다.

더 나아가 니체의 영원회귀사상은 우리가 과거에서 기억할 것은 기억하고 망각할 것은 망각해야 할 뿐 아니라 과거에 경험했던 모든 상처나 고통도 얼마든지 반복되어도 좋다고 긍정함으로써 과거에 대한 원한을 극복해야 한다고 말하고 있다. 이 경우 과거는 '그랬었다'가 아니라 '내가 그렇게 원했다'로 전환된다. 이 경우 과거는 용서될 뿐 아니라 현재의 나의 성장을 위해서 필연적으로 요청되었던 것으로 해석되면서 감사의 마음과 함께 받아들여진다. 이렇게 과거에 대한 원한을 해소한 자만이 현재도 미래도 기쁜 마음으로 긍정할 수 있다.

> "지난날의 사람들을 구제하고 일체의 '그랬었다'를 '나는 그렇게 되기를 원했다'로 전환시키는 것, 내게는 그것만이 구제다!
> 의지, 그것은 해방시키는 자의 이름이며 기쁨을 가져오는 자의 이름이다."[*215]

---

214 | F. Nietzsche, *Zur Genealogie der Moral*, Erste Abhandlung, 10번.
215 | 니체, 『차라투스트라는 이렇게 말했다』, 231쪽.

또한 니체는 세계의 모든 것은 다 연결되어 있기에 일순간이라도 긍정하는 자는 모든 것을 다 긍정하는 자라고 말하고 있다.

"'너, 내 마음에 든다. 행복이여, 찰나여! 순간이여!'라고 말한 일이 있다면, 그대들은 모든 것이 되돌아오기를 소망한 것이 된다! 모든 것이 새롭고, 모든 것이 영원한, 모든 것이 사슬로 연결되고, 실로 묶여 있고 사랑으로 이어져 있는, 오! 그대들은 이런 세계를 사랑한 것이다."*216

이렇게 과거에 대한 긍정은 자신이 처한 현재와 다가올 미래도 긍정하는 것이며 또한 과거와 현재, 미래의 세계 전체를 사랑하는 것이다.

---

216 | 니체, 『차라투스트라는 이렇게 말했다』, 521쪽.

3 불교의 열반사상

(1) 윤회설과 불교의 근본정신

일부 연구자들은 불교의 윤회설과 니체의 영원회귀사상을 유사한 것으로 보지만, 필자가 생각하기에는 불교의 윤회설의 근저에 깔려 있는 정신은 영원회귀사상의 정신과 대척적인 관계에 있다고 여겨진다. 모든 것이 계속해서 반복된다는 니체의 영원회귀사상이 흡사 전생과 그 다음 생을 인정하는 것처럼 보이기 때문에 불교의 윤회설과 니체의 영원회귀사상은 실로 유사하게 보일 수는 있다. 그러나 영원회귀사상은 생성 소멸하는 세계에 무구함을 다시 되돌려주는 사상이기 때문에 현재의 삶을 전생의 업보로 보는 윤회설과는 서로 부합될 수 없다. 이런 이유 때문에 필자는 이 장의 서두에서 영원회귀사상과 대응할 수 있는 것은 윤회사상이 아니라 열반사상이라고 보았다. 여기서는 우선 깨달은 자는 윤회를 어떻게 볼 것인가를 중심으로 하여 불교의 근본정신을 분명히 하고자 한다.

윤회설에 따르면 사람들이 현세에 고통을 겪고 있는 것은 과거에 악업을 쌓았기 때문인 것이다. 이 경우 현세의 삶은 과거에 쌓은 죄에 대한 형벌이 된다. 이 점에서 니체는 불교의 윤회설은 현세를 원죄의 결과 인간들이 처하게 된 눈물의 골짜기로 보는 기독교와 마찬가지로 현세에 대한 원한에 입각해 있다고 본다.[217]

---

217 | 물론 윤회설은 전생에 선을 행한 사람들은 현생에서 선한 과보를 받는다고 보기 때문에 현실을 고

아울러 니체는 불교는 궁극적으로 이러한 윤회의 사슬에서 벗어나기를 기대하는 종교이며 따라서 현실에서 벗어나는 것을 목표로 하는 종교라고 본다. 그리고 니체는, 불교가 윤회는 과거에 지은 업에 의해서 일어나고 이러한 업은 욕망에서 비롯되는 것으로 보기 때문에 모든 욕망의 불길을 끄면서 무로 화하는 것을 목표한다고 본다.[218] 이와 함께 니체는 불교의 윤회설과 업설도 삶의 고통을 흔쾌하게 긍정하지 못하는 피로한 자들이 사로잡혀 있는 현실에 대한 염증에 기초하고 있다고 본다.[219]

윤회에서 벗어나는 것을 문자 그대로의 의미에서 다음 세상에 태어나지 않는 것으로 해석하자면 윤회에서 벗어나려는 욕망은 니체가 해석하는 것처럼 생존에 대한 염증과 두려움에 기반하고 있는 것으로 보아야 할 것이다.

그러나 불교는 생로병사든 윤회든 그러한 현상 자체를 두려워하고 그것에서 벗어나려고 하는 것도 어떻든 하나의 두려움이며 허구적인 자기에 대한 집착에서 비롯된 것이라고 본다. 따라서 불교가 궁극적으로 설파하는 것은 윤회에서 벗어나려는 욕심마저도 버리고 오히려 생로병사의 현실을 평온한 마음으로 받아들이는 것이라고 할 수 있다. 설령 불교가 윤회로부터의 탈피를 지향한다고 하더라도 불교에서는 그러한 윤회에 대한 두려움마저도 극복한 사람들만이 윤회에서 벗어날 수 있다고 간주되며, 특히 대승불교에서는 중생을 구제하기 위해서 윤회세상으로 되돌아오는 것을

통으로만 차 있다고 보지는 않는다. 아울러 윤회설은 현실에서의 우리의 고통은 어떤 신적인 존재에 의한 벌이라고 보지 않고 우리 자신이 만들어낸 것이고 또한 우리 자신이 극복할 수 있다고 본다. 불교는 전생에서 악업을 쌓아 악한 과보를 받은 사람이라도 지금 당장 깨달으면 고통에서 바로 벗어날 수 있다고 보는 것이다. 따라서 불교는 업을 짓고 업의 굴레에서 벗어나는 것 모두가 인간 자신에 의한 것임을 강조한다. 윤회설과 기독교는 우리가 현실에서 겪는 고통을 과보라고 본다는 점에서는 동일하지만, 위 두 가지 점에서는 무시할 수 없는 차이가 있다.

[218] | F. Nietzsche, *Der Wille zur Macht*, 155번.
[219] | 이 점에서 니체와 함께 유다 유타카도 불교는 근본적으로 원한과 복수의 정신으로부터의 해방을 지향하면서도 윤회설에는 아직 생성에 대한 원한과 복수의 정신이 존재한다고 보고 있다. 유다 유타카, 유다 유타카(湯田豊), 『ニーチェと佛教』, 195쪽.

두려워하지 않는 자만이 진정으로 깨달은 자로 인정되는 것이다.[220]

아울러 불교는 자기중심적인 자아에서 벗어나 윤회의 현실마저도 담담하게 받아들일 정도로 깨친 마음에게는 자신의 삶이 윤회를 하느냐 하지 않느냐는 중요하지 않다고 본다. 깨달은 자는 윤회의 세계든 윤회를 벗어난 세계든 아무것도 집착하지 않고 걸림이 없이 오고갈 수 있는 사람이다. 이에 대해서 우리가 다음 세상에서 보다 나은 복을 갖고 태어나지 못할까봐 걱정하면서 선업을 쌓을 경우 그것은 아직 무상한 것들에 대한 집착에서 벗어나지 못했다는 것을 의미하며 따라서 윤회의 굴레에 계속해서 얽매이게 된다는 것을 의미한다.

니체가 해석하고 있는 열반의 상태에서처럼 윤회의 굴레에 빠지지 않기 위해서 모든 욕망과 행위를 기피하는 것도 아직은 윤회의 현실에 대한 두려움에 사로잡혀 있다는 것을 의미한다. 불교는 이러한 두려움마저도 버릴 것을 요구하며 따라서 내적인 평안에 대한 집착까지도 버릴 것을 요구한다. 이러한 내적인 평안에 대한 집착도 아직 우리의 마음이 모든 것을 여여하게 받아들이는 열린 마음이 되지 못한 채 어떤 특정한 상태에 구속되어 있는 상태이며, 내적인 평안을 훼방하는 것은 모두 나쁜 것으로 보면서 단죄하는 분별심에 사로잡혀 있기 때문이다.

이런 의미에서 니체와 불교 모두 궁극적으로는 현세에서의 삶을 원죄에 대한 형벌이나 전생의 업보로 생각하는 것을 넘어서는 상태를 지향한다고 할 수 있다. 니체는 생성 소멸을 이러한 형벌이나 업보라는 개념을 떠나서 사유하고자 하며 이와 함께 생성 소멸에게 무구한 성격을 돌려주려고 한다. 그러나 불교 역시 생성 소멸의 세계를 살아갈 때 무상한 것들에 집착하면서 이것은 나쁘고 저것은 좋다고 분별하는 것에서 벗어날 것을 요구

---

220 | 이러한 사상은 대승불교의 보디사트바 사상에서 잘 나타나고 있다. 보디사트바가 갖는 이러한 성격에 대해서는 김진의 「니체와 불교적 사유」, 『철학연구』 제89집, 대한철학회, 2004, 49쪽을 참조할 것.

한다. 따라서 불교는 궁극적으로는 이 세계 자체를 고통으로 여기면서 내면적인 황홀경으로 도피할 것을 요구하는 것이 아니라 현실이 괴롭다는 생각마저도 극복할 것을 요구하는 것이다. 이는 현실이 괴롭다는 생각마저도 즐거움에 대한 집착에서 비롯되기 때문이다. 이와 함께 불교는 니체가 말하는 것처럼 윤회를 두려워하면서 모든 욕망과 행위를 금하면서 생성 소멸하는 세계의 한가운데에서 '지혜와 자비'에 가득 찬 정신으로 행동할 것을 촉구한다.

(2) 영원회귀사상과 열반사상의 유사성

불교의 근본정신을 위와 같이 이해할 때, 니체가 말하는 아이의 정신은 불교가 말하는 무아 내지 무심의 정신과 무시할 수 없는 큰 유사성이 존재한다고 할 수 있다. 그리고 필자는 니체가 말하는 아이의 정신과 불교가 말하는 무심의 정신이야말로 창조적인 정신이라고 생각한다.

불교는, 마음은 어떤 고정불변의 실체로서 존재하는 것이 아니라 끊임없이 변한다고 본다. 마음은 변화하는 성질을 갖고 있기에 어제의 마음이 오늘과 같지 않고 어제 인격자였던 사람도 유혹에 빠져 타락할 수 있다. 그런데 불교는 이러한 변화가 어떤 연속성 가운데 일어난다고 본다.[221] 이러한 연속성으로 인해서 마음은 한편으로는 자신을 계속해서 정화해 나가고 심화해 나갈 수 있지만, 또 다른 한편으로는 과거의 마음의 습성이나 어릴 적부터 주위에 의해서 주입되어 온 사회적인 가치관에 의해서 구속되어 있을 수 있다.

따라서 불교가 무심을 말할 경우 이는 마음 자체를 없앤다는 것이 아니

---

221 | 칼루파하나는 부처가 마음을 고정된 실체처럼 보는 견해도 금하고 동시에 흄처럼 원자적인 구성물들이 결합한 것으로 보는 것도 금하면서 마음을 연속적인 흐름으로 본다는 점에서 근본적인 경험주의라고 보고 있다. D. J. 칼루파하나, 『인도불교사상』, 김종욱 옮김, 시공사, 1996, 100쪽 참조

라 과거의 마음에 구속되거나 사회적인 편견이나 선입견에 사로잡히지 않는다는 것을 의미한다. 무심은 이런 의미에서 니체가 말하는 아이의 정신과 유사한 마음의 상태라고 생각된다. 그것은 과거의 습성에도 기성의 가치관에도 얽매이지 않은 가장 자유롭고 창조적인 마음이다. 그것은 과거를 기억하되 현재와 미래의 창조적인 삶을 위해서 필요한 부분만을 기억하고 나머지는 흘려버리며 항상 맑고 평온한 마음으로 자신과 모든 것들의 공생과 성장을 도모하는 방식으로 행위한다. 무심의 마음에 세계가 어떻게 드러나는지를 선시 하나가 잘 보여주고 있다.

"기러기 장공(長空)을 지나니
그림자는 고요한 호수에 잠긴다.
기러기는 자취를 남길 뜻 없고
호수는 그림자를 받아들일 마음 없었네."

이러한 무심의 마음은 언뜻 보기에는 세계에 대한 수동적인 관조로 여겨질 수 있다. 그러나 그것은 무상한 것을 자신의 영구적인 소유로 만들려는 집착과 세계에 대해서 자신의 가치관이나 욕망을 무리하게 강제하려는 욕망을 버렸을 뿐 다른 인간들과 다른 존재자들의 성장을 도우려는 마음을 버린 것은 아니다. 이와 관련하여 미산은 이렇게 말하고 있다.

"연기법이라 해서 '모든 건 인연소생이거니' 하고 흘러가는 대로 내버려두고 수동적으로 살자는 것이 결코 아닙니다. 이럴수록 좋은 생각을 가지고 좋은 인연을 짓는 것은 우리의 의지입니다. 불교 용어로 하자면 '선업(善業)'을 짓는 것이죠."[222]

---

222 | 미산, 『미산스님 초기경전 강의』, 88쪽.

무심의 마음은 자신이 옳다고 생각하는 것을 다른 인간들의 구원을 위한 다는 이유로 집요하게 강제하지 않지만 그렇다고 해서 세계의 흐름을 무력하게 방관만 하지는 않는다. 그것은 자신에 대한 아만과 애착을 버렸기에 자신의 주위에서 다른 인간들을 포함한 모든 존재자들이 보여주는 성장의 가능성을 가장 잘 포착하면서 그러한 성장을 돕는 방향으로 행위할 수 있으며 이와 함께 자신이 처한 상황을 창조적으로 형성해 나갈 수 있다.

무심의 정신은 창조적인 정신이면서 유희의 정신이기도 하다. 유희의 정신에게는 지금 여기의 순간순간이 중요하며 자신의 의미를 미래의 특정한 목적을 구현하는 데 갖지 않는다. 그것은 이미 지나간 과거에 대한 후회도 아직 오지 않은 미래에 대한 걱정도 없이 맑고 밝은 마음으로 순간순간에 몰입한다.[223] 이러한 유희의 정신은 창조적 정신이기도 하다. 이는 진정한 의미의 창조적인 정신이야말로 어떤 고정된 가치나 목적을 실현하려는 강박관념에서 벗어나 있으며 또한 과거에 매이지도 않기 때문이다. 이와 관련하여 우리는 『아함경』에 나오는 다음과 같은 말을 참고할 수 있다.

"한 곁에 선 그 천신은 세존의 면전에서 게송으로 여쭈었다.
'저들은 숲 속에 거주하고 평화롭고 청정범행을 닦고 하루에 한 끼만 먹는 데도 왜 안색이 맑습니까?'

지나간 것에 슬퍼하지 않고
오지 않을 것을 동경하지 않으며

---

[223] 이와 관련하여 한형조의 다음과 같은 말을 참조하라.
"혜능은 깨달은 자의 징표 가운데 하나가 '밖으로 사람들의 실수와 악행을 덜 기억하고 곱씹는 것'이라고 적어 두었다."
한형조, 『허접한 꽃들의 축제. 한형조 교수의 금강경 소』, 문학동네, 2011, 54쪽.
"오늘 지은 업이 마음의 창고(여래장)에 아무런 찌꺼기나 흔적을 남기지 않고 또 내일 다가올 일을 걱정하지 않는 사람, 다름 아닌 그 사람이 부처입니다."
『붓다의 치명적 농담 - 한형조 교수의 금강경 별기』, 문학동네, 357쪽.

현재에 얻은 것으로만 삶을 영위하나니

그들의 안색은 그래서 맑도다.

[……]"*224

"과거에 매달리지 말라.

미래를 원하지도 말라.

과거는 이미 사라졌고

미래는 오직 오지 않았느니라.

꿈은 여기 현재의 일에서 가져야 할 것이니

이루고자 하는 뜻에 확고부동하여

흔들림 없이 자신의 능력을 계발하여야 하리.

오로지 오늘 해야 할 일에

최선을 다해 땀 흘려 노력하라.

[……]"*225

  깨달음의 마음은 세계에 대해서 악착같이 자신의 허구적인 자아를 주장하려는 집요함에서 벗어나 항상 넉넉한 마음으로 매사에 임하기 때문에 그것은 이 세계를 유희하듯이 산다. 유희가 진정한 의미의 유희일 경우에는 어떤 성과가 중요한 것이 아니라 유희 과정 자체가 중요하고 유희 속에서 접촉하는 존재자들과의 관계가 중요하다. 이와 마찬가지로 깨달은 마음은 자신이 접하는 존재자들과의 관계를 소중히 하고 그것에서 기쁨을 얻는다.

---

224 『상윳따 니까야』 1권 153쪽~154쪽(미산, 『미산스님 초기경전 강의』, 95쪽에서 재인용).
225 『맛지마 니까야』 Ⅲ. 187쪽. 『중아함경』 T. I. 168쪽 참조(미산, 위의 책, 100쪽 이하에서 재인용).

깨달음의 마음은 세계에 자신을 내세우면서 거슬리지 않고 세계가 펼치는 가능성의 파도를 타면서 그러한 가능성이 온전히 구현되도록 돕는 정신이기에 세계와 공명하는 정신이며 세계와 함께 기쁘게 춤추면서 유희하는 정신이다.*226

---

226 | 이에 반해서 유다 유타카는 "니체는 열반을 동양적인 '무(無)'라 하여 물리치고 창조성을 신격화했다"고 언급하면서 불교가 말하는 깨달은 정신을 니체가 말하는 창조적인 정신과 대립되는 것으로 보고 있다. 그러나 우리가 지금까지 행해 온 분석에 입각해 볼 때 이러한 유다 유타카의 견해는 니체의 견해와 마찬가지로 불교에 대한 오해에 입각해 있다고 볼 수밖에 없다. 유다 유타카, 『불교의 서구적 모색』, 이미령 옮김, 민족사, 1990, 77쪽 참조.
유다 유타카와는 달리 칼루파하나는 불교에서 말하는 깨달은 정신을 자유롭고 창조적인 정신으로 보고 있다. 칼루파하나에 의하면 깨달은 정신은 조금의 동요도 없는 안정된 행복 속에서 기존의 관념들에 얽매이지 않고 오히려 그러한 관점들을 새로운 정보와 다양한 관심사에 비추어 변형시킬 줄 아는 정신이라고 보고 있다. 특히 칼루파하나는 팔정도 중의 하나인 마음챙김(正念), 즉 항상 자신의 마음을 주시하는 태도야말로 정신을 못 차릴 정도로 복잡한 이 세상 속에서 적절한 행동방법을 찾기 위한 수단이 된다고 말하고 있다. D. J. 칼루파하나, 『인도불교사상』, 김종욱 옮김, 시공사, 1996, 158쪽 이하, 199쪽 참조.

4 영원회귀사상과 열반사상의 차이

이상에서 보듯이 니체가 말하는 영원회귀를 긍정하는 정신과 불교가 말하는 깨달음의 상태인 무심의 마음 사이에는 일정한 유사성이 존재한다는 것을 부인할 수 없다. 이런 맥락에서 불교의 정신과 니체가 말하는 유희하는 자유정신 사이의 유사성을 많은 연구자들이 지적했다. 예를 들어 김정현은 다음과 같이 지적하고 있다.

"세계의 모든 것은 생성 변화하며(제행무상), 생·노·병·사 등 인생의 모든 것은 고통이고(일체개고), 따라서 그 고통의 원인이 되는 자아라는 생각을 없애면(제법무아) 열반이 온다(열반적정)는 불교의 교리와 세계는 생성 변화하는 디오니소스의 세계이며, 이 가운데 이성적 개념적 언어로 포착한 '나'라는 개념의 허구를 자각하고 이로부터 벗어나는 자유정신을 추구하는 니체의 사상은 생성의 세계 속에서 진정한 정신적 깨달음과 자유를 추구한다는 점에서 사상적으로 공명한다." *227

그럼에도 필자는 이러한 유사성의 이면에 또한 간과해서는 안 되는 근본적인 차이가 존재한다고 생각한다.

---

227 | 김정현, 「니체와 불교의 만남 – 니체의 불교 이해 및 서양적 무아(無我)사상을 중심으로」, 『니체 연구』 제8집, 85쪽.

(1) 니힐리즘의 극복방식에서의 차이

우리는 앞에서 불교의 제행무상 사상이 모든 것이 아무런 의미도 목적도 없이 생성 소멸할 뿐이라고 보는 점에서 니체의 동일한 것의 영원회귀사상과 일맥상통한다는 사실을 보았다. 앞에서 보았지만 니체의 동일한 것의 영원회귀사상은 '모든 것이 동일하게 반복된다'는 데 중점을 두는 것이 아니다. 그것은 오히려 모든 것이 '아무런 의미도 목적도 없이' 그리고 '앞으로 더 나아질 것이라는 예약도 없이' 생성 소멸한다는 사실에 중점을 두고 있다.[*228] '모든 것이 동일하게 반복된다'는 표현은 이러한 사실을 보다 극단적으로 나타내기 위해서 사용된 것이라고 생각된다.

니체가 동일한 것의 영원회귀라는 사상으로 피안이나 미래의 유토피아와 같은 허구적인 관념을 파괴하면서 근대인들로 하여금 적나라한 현실에 직면하게 하는 것처럼, 불교 역시 제행이 무상하다는 사실을 드러냄으로써 사람들을 그 모든 허구가 탈락해 버린 적나라한 현실 앞에 직면하게 한다.[*229] 따라서 반복되는 이야기이지만 니체나 불교가 무상한 생성 소멸의 현실 앞에 사람들을 직면하게 하는 것은 염세주의에 빠뜨리기 위한 것이 아니라 허구적인 모든 것들에 대한 집착에서 벗어나게 하기 위해서다.

그러나 사람들이 아무런 의미도 목적도 없이 생성 소멸하는 세계에 직면해서 염세주의에 빠지게 되는 원인을 파악하는 것과 관련해서는 니체와 불교 사이에는 근본적인 차이가 존재한다.

불교는 사람들이 무상한 생성 소멸의 현실을 직시하면서 모든 것이 덧없고 무의미하다고 생각하는 염세주의에 빠지는 것은, 세계와 대립되고 다

---

228 | F. Nietzsche, *Der Wille zur Macht*, 55번 참조.
229 | 니체 역시 자신의 영원회귀사상과 불교의 제행무상 사상 사이에 존재하는 유사성을 알고 있었다. 바로 이러한 이유로 니체는 영원회귀설을 '불교의 유럽적 형식'이라고 부르고 있는 것이다.(F. Nietzsche, *Der Wille zur Macht*, 55번 참조) 물론 영원회귀설을 '불교의 유럽적 형식'이라고 말할 때 니체는 자신의 영원회귀설과 불교의 제행무상설 사이의 유사성 못지않게 차이도 염두에 두고 있는 셈이다. 니체는 자신의 영원회귀설은 지식과 힘이 기존의 목적과 가치를 부정할 정도로 강해진 결과 나타난 것으로 보는 반면에, 불교의 제행무상설은 힘에의 의지가 피로해지고 병약해진 결과 나타난 것으로 보는 것이다.

른 사람들과 비교되는 자아가 있다고 생각하면서 그것을 세계와 다른 사람들에 대해서 내세우고 싶어하고 영구하게 존속시키고 싶어하는 데서 비롯된다고 본다. 따라서 염세주의적인 상태에서의 우리의 마음은 세계가 생성 소멸한다는 사실을 인정하면서 자신의 자아도 그러한 생성 소멸의 와중에서 소멸해 가고 있다고 생각하면서 허망해 하는 것이며 그러한 생성 소멸의 현실에 대한 혐오감에 가득 차게 된다는 것이다. 이에 반해 니체는 우리가 생성 소멸을 혐오하는 염세주의에 빠지게 되는 것은 우리의 힘에의 의지가 약하다는 데서 찾고 있다.

따라서 니체는 염세주의를 극복하고 생성 소멸의 세계를 흔쾌하게 긍정하는 것은 힘에의 의지의 강화에 의해서 가능하다고 보지만, 불교는 그러한 긍정은 허구적인 자아에 대한 집착을 끊는 것에 의해서 가능하게 된다고 본다. 허구적인 자아에 대한 집착에서 벗어날 때 마음은 더 이상 자신을 세계와 대립되는 고립된 자아에 속하는 것으로 보지 않기 때문에 그러한 자아의 소멸과 함께 자신도 사라질까 두려워하지 않는다. 즉, 그것은 더 이상 생성 소멸을 두려워하지 않는다. 이 경우 마음은 생성 소멸하는 세계에 대해서 자신을 주장하려는 것이 아니라 오히려 세계의 생성 소멸을 여여(如如)하게 평정한 마음으로 받아들이는 거울과 같은 것이 된다. 이러한 경지를 유식불교에서는 대원경지(大圓鏡智)라고 부르고 있다.[230]

이러한 마음은 더 이상 세계에 대해서 자신의 자아를 주장하면서 자신의 자아를 영구적인 것으로 만들려고 하지 않는다. 이러한 마음에게는 자신의 삶도 세계도 더 이상 덧없고 무의미한 것으로 나타나지 않는다. 물론 이는 이러한 마음에게는 세계가 더 이상 생성 소멸하는 것으로 나타나지 않는다는 것을 의미하는 것은 아니다. 세계는 여전히 생성 소멸하지만 그러한 생성 소멸은 더 이상 덧없고 무의미한 것으로 나타나지 않고 모든 것

---

230 | 『성유식론 외』, 김묘주 역주, 동국역경원, 2008, 624쪽 참조.

들이 여여(如如)하게 자신을 보여주면서 사라지는 것으로 나타난다.

마음은 이제 더 이상 자기 자신을 중심으로 세계를 좋은 것과 악한 것으로 나누지 않으며 아름다운 것과 추한 것으로 분별하지 않는다. 마음은 이제 그러한 분별이란 세계와 대립되는 고립된 자아가 있다고 생각하면서 그러한 자아에 대한 집착이 만들어낸 것이라는 사실을 여실하게 통찰한다. 깨달은 마음은 이렇게 세상을 분별하지 않기에 어떤 것을 만나도 걸림이 없다. 그것은 자신이 마주하는 인연에 의해서 기뻐하거나 슬퍼하지 않고 그것들을 여여하게 존재하게 할 뿐이다.

이상과 같은 점을 고려할 때 삶에 대한 태도 면에서 부처와 니체의 초인 사이에는 무시할 수 없는 차이가 있다고 보아야 할 것이다. 앞에서 본 것처럼 부처가 삶에 대해서 대하는 태도를 우리는 진흙탕 속에서 싹트고 자라지만 결국에는 물 위로 올라가 그것에 의해서 더럽혀지지 않는 연꽃에 비유할 수 있다. 그것은 윤회의 세계를 규정하는 이득과 손실, 호평과 악평, 칭찬과 비난, 행복과 고통과 같은 것에 의해서 흔들리지 않고 항상 청정과 평안을 유지한다.

이에 반해 니체가 말하는 초인이 삶에 대해서 갖는 태도는 앞에서 이미 언급한 것처럼 험준한 산을 오르고 나서 그 산을 정복한 자가 자신의 강인한 힘을 느끼면서 그러한 산을 흐뭇한 심정으로 내려다보는 것에 비유할 수 있다. 이러한 흐뭇함은 산의 험준함을 한탄하지 않고 그 험준함을 가뿐하게 이겨내는 자신의 힘에 긍지를 느끼는 것이라고 볼 수 있다. 따라서 니체가 말하는 영원회귀의 경험과 운명애는 험준한 산을 오르고 나서 그 산을 정복한 자신의 강인한 힘에 대해서 긍지를 느끼고 그러한 산을 흐뭇한 심정으로 내려다보면서 그 산을 정복하는 과정이 얼마든지 반복되어도 좋다고 호쾌하게 부르짖는 자의 상태라고 할 수 있다.

니체가 말하는 초인의 정신은 바다와 같이 모든 것들을 감싸 안는 자아일지라도 그것은 자신의 거대한 힘을 의식하면서 긍지를 품는 자아이며 열등한 자아들은 자신의 지배를 받아야 한다고 생각하는 정신이다. 그것은 다른 인간들과 비교되고 대립된 자아에서 완전히 탈각한 것이 아니라 자신의 자아를 모든 것을 감싸 안을 때까지 확대하려고 한다. 그것은 자아의 포기가 아니라 강하고 거대한 자아의 구성과 창조를 목표하는 것이다. 그러나 불교는 이렇게 강하고 거대한 자아도 다른 인간들과 세계에 대한 대립의식을 완전히 벗어나지 못하고 있기 때문에 아직 미망에 싸여 있다고 볼 것이며, 자아의 진정한 확대는 이렇게 세계와 대립된 자아를 버리는 것에 의해서만 가능하다고 볼 것이다.

이와 같이 니체에게는 부처에게서는 볼 수 없는 세계에 대한 대결의식이 존재하지만, 이 경우 니체는 세계를 우리를 압살하려는 적으로 보지 않고 그것과의 대결을 통해서 우리가 성장할 수 있는 호적수로 본다. 바로 앞에서 니체의 초인을 험준한 산을 정복한 자에 비유했지만 이 경우 그는 자신이 대결한 험준한 산을 또한 숭고한 아름다움을 갖는 것으로서 긍정한다. 따라서 니체가 생각하는 세계와의 대결은 일종의 '사랑의 투쟁'인 것이다. 이에 반해 부처는 세계와 대립되는 자아라는 것을 인정하지 않기에 이 세계와의 모든 대결의식에서 넘어서 있다. 부처는 그 어떠한 것에도 흔들리지 않는 평정의 마음으로 세계의 인과적인 흐름을 정관하는 식으로 세계를 받아들일 뿐이다. 따라서 불교의 깨달은 자는 모든 종류의 투쟁심에서 벗어나 있지만 그렇다고 해서 니체가 말하는 것처럼 무기력하지 않다.[231]

더 나아가 초인은 세계에 대해서 대결의식을 가지면서도 세계의 모든 고통과 슬픔이 다시 반복되기를 원하는 운명애의 사상에서 보듯이 세계에 대한 강한 애정을 갖는다. 이에 반해 불교의 세계긍정은 세계에 대한 애정과 혐오 양자를 모두 넘어서 있으며 어떤 의미에서 조용한 정관에 의해서 규정되고 있다고 할 수 있다.

---

231 | 『숫타니파타』, 불전간행회 편, 석지현 옮김, 민족사, 1997, 124쪽 참조.

이와 같이 불교가 말하는 깨달은 자와 니체가 말하는 초인이 현실을 부정하지 않는다는 점에서 유사하게 보이면서도, 부처가 세계에 대해서 취하는 태도는 적극적인 부정과 긍정도 아닌 청정한 평안인 반면에, 니체는 세계에 대한 적극적인 긍정을 설파하고 있다는 점에서 양자 사이에는 미묘하면서도 중대한 차이가 존재하게 된다.

물론 대승불교에 오면 '번뇌세상이 바로 열반세상'이라는 선불교의 가르침에서 보는 것처럼 니체에서 보는 바와 같은 적극적인 현실긍정이 일정 부분 엿보인다. 선불교는 나무하고 물 긷는 것 자체가 참선이라고 보면서 일상적인 삶과 열반 사이의 차이를 인정하지 않고 있다. 이 점에서 니체와 불교의 유사성을 인정하는 연구자들은 초기불교보다는 대승불교와 니체 사이에서 유사성을 찾고 있다. 즉, 이들은 초기불교에서 깨달은 자는 열반을 얻었을 경우에도 이 세상에 대해서 초연한 태도를 취하는 반면에, 대승불교에서 깨달은 자는 세상에 대해서 긍정적인 태도를 취한다고 보면서 바로 그 점에서 니체와 대승불교 사이에는 큰 유사성이 있다고 본다.*[232]

그러나 필자는 대승불교, 특히 현세 긍정적인 노장사상의 영향을 받은 중국의 선불교와 초기불교 사이에 일정한 차이가 있다는 것을 인정하지만 그럼에도 불구하고 선불교를 포함한 대승불교와 니체 사이에도 본질적인 차이가 존재한다고 생각한다. 즉, 필자는 대승불교도 불교의 한 흐름인 한 그것의 현실긍정은 니체적인 현실긍정과는 다른 뉘앙스를 갖는다고 보는 것이다. 예를 들어 중국의 선승 천녕도해(天寧道楷, 1043년~1118년)는 죽음을 앞두고 다음과 같은 선시를 남기지만 이것에도 니체적인 현실긍정과는 달리 현실에 대해서 적극적인 긍정도 부정도 하지 않는 달관과 초연함이 나타나 있는 것이다.

---

[232] Bret W. Davis, "Zen after Zrathustra: The Problem of Will in the Confrontation between Nietzsche and Buddhism", *Journal of Nietzsche Studies* 28, 2004, 89쪽 참조. Robert G. Morrison, *Nietzche and Buddhism, A Study in Nihilism and Ironic Affinities*, 373쪽 참조.

"내 나이 일흔여섯
세상인연이야 지금 이미 넉넉하네.
살아서는 천당을 좋아하지 않았고
죽더라도 지옥 또한 두려워 않으리.
손 놓고 삼계 밖에 몸 누이니
인연 따라 자유로워 그 무엇에 걸리랴!"[233]

불교는 선불교를 포함한 대승불교에서도 삶에 대한 긍정을 말해도 그것을 꿈과 물거품과 같은 것이라고 보면서 그것에 집착하지 말 것을 촉구하는 것이다. 이런 의미에서 황준연은 선불교의 생사관을 다음과 같이 정리하고 있다.

"도를 통한 이는 이 몸을 그림자로 보고, 꿈속의 일로 본다. 따라서 그림자나 꿈속에서 보았던 일은 꿈이 깨고 나면 헛것이듯, 삶도 또한 그렇게 간주하는 것이다. 그러므로 도인에겐 생사가 없다."[234]

이와 같이 선불교를 비롯한 대승불교도 열반과 현실적인 삶을 분리하지 않지만 현실적인 삶에 대해서 니체에서 보는 바와 같은 적극적인 긍정보다는 적극적인 긍정도 부정도 아닌 달관의 자세를 취할 것을 촉구하는 것이다. 불교는 어떠한 영구적인 실체는 없고 일체가 무상하다고 보기 때문에 사물에 집착하거나 매달리면 반드시 배신당한다고 보면서 소승불교든 대승불교든 모두 사물에 대한 집착을 버릴 것을 요구한다. 불교는 일상을 긍정해도 그것에 집착하지 않는 방식으로 긍정하는 것이다. 이에 대해서

---

[233] 禪林僧寶傳 卷 17, 卍新撰續藏經 79, p.527 상(황준연, 「선불교의 생사관 : 생사가 일여하니, 죽음이란 낡은 옷 벗는 것일뿐」, 박찬욱 기획/한자경 편집, 정준영 외 공저, 『죽음 : 삶의 끝인가 새로운 시작인가』, 운주사, 2011, 163쪽에서 재인용).

[234] 황준연, 위의 글, 166쪽 참조.

니체에게서 긍정은 현실에 대한 강렬한 애정의 성격을 띠고 있다고 여겨진다. 따라서 자기극복에 대한 니체와 불교의 견해를 비교할 때 다시 보겠지만 니체와 불교는 동일하게 자기극복을 이야기해도 서로 다른 길을 취하게 된다. 불교에서 자기극복은 모든 종류의 집착을 버리는 형태로 나타나는 반면에 니체에게는 그 어떠한 고통도 흔쾌하게 긍정할 정도로 의지를 강화하는 형태로 나타나는 것이다.

(2) 세계관의 차이

니체와 불교 사이의 유사성을 주장하는 거의 모든 연구자들은 앞에서 언급한 것처럼 니체와 불교 모두가 이른바 고정 불변의 자아를 비롯한 모든 실체를 부정한다는 사실을 근거로 하여 니체의 세계관과 불교의 세계관 사이의 유사성을 주장하고 있다. 특히 이들은 니체의 영원회귀설과 불교의 연기설 사이의 강한 유사성을 주장한다.[235]

그러나 우리는 니체의 세계관과 불교의 세계관 사이의 관계에 대해서 논할 때 불교가 말하는 연기의 세계는 니체가 생각하는 관계의 세계보다도 훨씬 더 넓다는 사실을 간과해서는 안 될 것이다. 부처가 생각하는 연기의 세계는 신들의 세계까지 포함하는 육도윤회(六道輪廻)의 세계다. 이에 대해서 니체는 오직 우리가 그 안에서 살고 있는 이 세계만이 존재한다고 본다. 부처는 윤회를 인정하면서 마음(識)의 정화 수준에 따라서 우리는 보다 높거나 낮은 세계에서 살 수 있다고 보지만 니체는 오직 이 세계만이

---

[235] 예를 들면 박경일과 이주향이 실체개념과 주체개념에 대한 니체의 해체와 무아사상에 입각한 불교의 연기사상을 서로 상통하는 것으로 보면서 양자의 유사성 내지 동일성을 드러내는 데 집중하고 있다. 이와 관련된 박경일의 논문으로는 「불교, 니체, 그리고 포스트모더니즘」(『동서비교문학저널』, 제2호, 한국동서비교문학학회, 1999), 「탈근대 담론들에 나타나는 관계론적 패러다임들과 불교의 공」(『인문학연구』, 제2호, 경희대학교 인문학연구소, 1998), 「니체와 불교 : 비교방법론 서설」(『동서비교문학저널』, 제5호, 한국동서비교문학학회, 2001), 「니체와 불교 그리고 해체철학」(『불교평론』, 제9호, 불교시대사, 2001)이 있으며, 이주향의 논문으로는 「니체와 예수, 그리고 금강경 : 실체성 부정에 관한 고찰」(『니체 연구』, 제8집, 한국니체학회, 2005)이 있다.

존재한다고 보는 것이다.

  이와 관련하여 우리는 종종 제기되곤 하는 다음과 같은 견해, 즉 붓다의 관심이 전적으로 해탈에 있기 때문에 윤회와 재생은 부처의 가르침의 본질적인 부분이 아니라는 견해에 대해서 폴 윌리엄스·앤서니 트라이브가 제기하고 있는 비판에 귀를 기울일 필요가 있다. 이들에 따르면 부처는 윤회사상을 수용했기 때문에 해탈을 구하는 것은 부처에게 아주 중요한 문제였다. 그렇지 않다면 한 번에 그치는 생로병사는 두려운 일이 아니었을 것이라는 것이다. 사람들은 인생이 고통스럽다고 생각하면 자살하면 되는 것이며 죽음과 함께 탐진치와 고통은 모두 소멸하게 될 것이다. 그러나 폴 윌리엄스·앤서니 트라이브는 부처는 생은 이 한 번으로 끝나지 않고 윤회로 이어지는 것이라고 보았기 때문에 그에게는 깨달음이 절실한 문제였다고 보고 있다.[236]

  이렇게 볼 때 부처는 해탈을 위해서는 생로병사의 세계에 대한 집착뿐 아니라 그것에 대한 염증으로부터도 벗어나야 한다고 생각하지만, 아수라의 세계보다는 인간의 세계가 좋고 인간의 세계보다는 신들의 세계가 좋다고 생각하며 더 나아가 윤회에서 벗어나게 되는 것이 최상의 것이라고 본다. 이런 의미에서 우리가 경험하는 생성 소멸의 세계에 대해서 부처는 니체가 자신의 영원회귀사상이나 운명애의 사상에서 주장하는 것처럼 그것이 '다시 반복되어도 좋다'고 생각하지는 않으며 또한 그것에 대한 사랑을 역설하지도 않는다고 볼 수 있다. 다시 말해서 불교가 지향하는 것은 영원회귀의 긍정이 아니라 윤회의 수레바퀴로부터의 해방인 것이다. 이에 따라서 불교는 고통과 불행에 대해서 혐오하지는 않겠지만 그것을 니체처럼 기꺼이 요청하지는 않을 것이다. 불교는 생성 소멸에 대한 애착도 염증도 벗어나 항상 평정한 마음을 유지할 것을 요구할 뿐이다.

---

236 | 폴 윌리엄스·앤서니 트라이브, 『인도불교사상』, 2001, 78쪽 참조.

또한 화엄경이나 선불교에서 말하는 깨달은 자에게 보이는 세계와 초인에게 보이는 세계는 똑같이 완전한 것으로 드러나는 세계라도 미묘하면서도 중대한 차이를 갖고 있다.

니체는 초인에게 보이는 세계를 모든 존재자들이 거리의 파토스를 통해서 서로 경쟁하면서 자신들을 강화해 나가는 세계로 그리고 있다. 이러한 세계는 우리가 앞에서 본 것처럼 헤라클레이토스가 말하는 전쟁이 만물의 원리인 세계다. 그러나 이 경우 전쟁은 서로가 서로를 압살하려는 전쟁이 아니라 모든 것들이 거리의 파토스에 사로잡혀서 전쟁과 투쟁을 통해서 서로를 강화하고 고양하는 '사랑의 투쟁'이다.

또한 니체는 이 세계는 빼놓을 것이 하나도 없을 정도로 완전하다고 보지만, 이러한 완전함은 불완전한 인간들을 자신의 본질적인 구성부분으로서 포함하는 것으로서 완전하다고 본다. 니체는 결코 완전하게 될 수 없는 불완전한 자들이 있다고 보며 대다수의 인간들은 그렇다고 본다. 그리고 이러한 인간들은 노동에 종사함으로써 탁월한 소수가 위대한 문화를 건립하기 위한 지반으로서의 역할을 해야 한다. 이는 높은 문화는 범용한 인간들의 뒷받침을, 즉 단조롭고 비창조적인 육체노동을 전담할 노예계급을 필요로 하기 때문이다.[237] 『안티크리스트』에서 니체는 이렇게 말하고 있다.

"불완전, 우리의 발 아래 있는 모든 것, 사람과 사람 사이의 거리, 이 거리의 파토스. 찬다라족 자체가 바로 그 완전에 포함된다."[238]

이에 대해서 불교에서 깨달은 자에게 보이는 세계는 모든 것들이 서로에게 의존하면서 서로가 서로를 돕는 상의상자(相依相資)하는 세계다.

---

[237] 니체는 이렇게 말하고 있다.
"이제까지 '인간'이라는 유형이 모든 면에서 향상되어 온 것은 인간과 인간 사이에 가치의 차이와 많은 등급으로 이어진 계급의 위계가 존재함을 믿으면서 어떤 의미에서든 노예제도를 필요로 하는 귀족 사회의 덕분이었고 앞으로도 그럴 것이다."
F. Nietzsche, *Jenseits von Gut und Böse*, 257번.

[238] F. Nietzsche, *Der Antichrist*, 57번 참조.

"공의 세계는 시적 세계와 마찬가지로 모든 것이 서로 통하며, 모든 것이 될 수 있으며, 사물들이 고립과 단절을 넘어서 서로가 서로를 향해 열려 있으며 서로 받아들이고 감싸고 있는 그러한 세계인 것이다. 화엄철학에서는 이것을 사사무애의 진리라 한다. 공은 사물의 차별성을 습관적으로 강조해 온 무지가 사라진 지혜와 평등성의 세계다."[239]

이러한 상의상자(相依相資)의 세계에서는 어떤 것이 다른 것보다 더 소중하다거나 보잘 것 없다거나 하는 식의 차별은 존재하지 않는다. 그러나 이렇게 차별이 사라졌다고 해서 각각의 존재자들이 모두 동일하다는 것은 아니다. 그것들은 각각 차이를 갖는다. 꽃은 자신을 활짝 꽃피우고 싶어 하며 말은 활발하게 달리고 싶어 한다.

"만물이 각기 자신의 자성을 가지고 있지 않고 남에 의존해서 존재함에도 불구하고 그런 대로 각기 이름을 갖고 존재한다는 것이다. [……] 공은 평등성 못지않게 차별성도 의미한다. 만물은 자성이 없으므로 모두 다 실속 없는 텅 빈 존재라는 점에 있어서는 평등하다고 말할 수 있으나, 그럼에도 불구하고 각기 다른 모습을 띠고 차별상을 노정하고 있다."[240]

불교는 이렇게 모든 것들이 서로 차이를 가지면서도 서로 떼려야 뗄 수 없이 한몸이 되어 있다는 사태로부터 우리가 자비행을 실천하지 않을 수 없는 근거를 끌어낸다.[241] 깨달은 마음은 여유와 평정의 마음으로서 모든 존재자들이 자신들의 고유한 본질을 구현하도록 도우려고 한다.
니체의 사회철학이 귀족주의적 위계사회를 지향하는 반면에 불교가 사해동포주의와 평등주의를 지향하는 것의 근저에는 이상과 같은 세계관이

---

239 | 길희성 외, 『오늘에 풀어보는 동양사상』, 철학과현실사, 54쪽.
240 | 길희성 외, 위의 책, 56쪽.
241 | 미산, 『미산스님 초기경전 강의』, 82쪽 참조.

차이가 놓여 있다.

니체와 불교 사이에 존재하는 이러한 차이로 인해서 니체와 불교가 똑같이 창조적인 유희의 정신을 주창하더라도 그러한 정신 역시 근본적으로 다른 방식으로 나타나게 된다. 이러한 사실은 불교가 창조적인 유희의 정신을 가장 잘 구현하고 있는 사람을 종교적인 성인에서 찾는 반면에, 니체는 괴테와 같은 예술가나 카이사르나 나폴레옹과 같은 정치가들에서 찾고 있다는 사실에서 단적으로 입증된다. 또한 니체는 망각의 정신을 가장 잘 구현한 대표적인 사람으로 프랑스혁명 당시의 정치가인 미라보를 들고 있다.[242]

따라서 니체가 말하는 창조적인 인간은 그야말로 선악의 피안에서 유희하지만, 불교가 말하는 창조적인 인간은 자기중심적인 자아에서 벗어난 사람들이기 때문에 그의 유희는 항상 선한 유희의 성격을 띤다. 니체는 카이사르나 나폴레옹 같은 자들이 과거의 습성이나 사회적 가치관에 구속되지 않고 전쟁을 수행하면서 그것에 몰입하는 것도 하나의 창조적인 유희로 볼 것이며, 또한 카르멘이 하바네라를 춤추면서 그것에 몰입하는 것도 하나의 창조적인 유희로 볼 것이다.[243]

니체는 창조적으로 유희하는 세계를 디오니소스 신이라고 부르고 있지만 니체는 또한 그리스 신화의 올림푸스 신들의 삶도 창조적으로 유희하는 신으로 볼 것 같다. 이들은 우리가 Ⅱ장에서 이미 언급한 것처럼 흔히 신들의 속성으로 간주되는 사랑과 자비 그리고 도덕적인 고상함이나 정의만을 표현하지 않고 오히려 선악의 피안에서 거만하고 승리감에 차 의기양양한 상태로 산다.[244] 이에 반해서 불교에서 깨달은 자가 행하는 창조

---

242 | F. Nietzsche, *Zur Genealogie der Moral*, Erste Abhandlung, 10번 참조.
243 | 니체가 비제의 카르멘을 높이 평가했다는 사실은 잘 알려져 있다. 니체의 카르멘 해석에 대해서는 Martin Lorenz, *Die Metaphysik-Kritik in Nietzsches Carmen-Rezeption*, Würzburg, 2005을 참조할 것.
244 | 니체, 『비극의 탄생』, 71쪽 이하 참조.

적인 유희는 항상 다른 존재자들을 존중하고 그것들과 순수한 교감을 즐기는 선(善)한 방식으로 행해지며, 모든 것에 대한 집착과 격정에서 벗어난 평정의 상태에서 행해진다.

또한 니체는 단조로운 육체노동을 노예가 수행할 작업으로 보면서 창조적인 유희의 범주에서 배제하지만, 불교 특히 선불교는 빨래하고 밥 짓고 물 긷는 것과 같은 가장 단순한 노동 자체가 존재자들과의 순수하고 창조적인 교감이 일어나는 장이라고 본다. 불교에서 깨달은 자가 행하는 창조적인 유희는 모든 사람들의 존엄성을 존중할 것을 요구하는 전통도덕과 배치되는 것이 아니라 오히려 그것을 완성하는 것이다.

니체가 말하는 창조적인 유희의 정신과 불교가 말하는 무아의 정신은 그동안 많은 연구자들에 의해서 동일한 사태를 가리키는 것으로 간주되어 왔다. 그러나 필자는 이러한 동일시는 니체와 불교 사이에 성립하는 표면적인 유사성에만 주목하면서 그러한 표면적 유사성의 근저에 놓여 있는 근본적인 차이를 간과한 것이라고 생각한다. 니체와 불교는 똑같이 망각과 창조적인 유희의 정신을 말한다는 점에서 양자 사이에는 실로 일정한 유사성이 존재하지만, 이렇게 유사하게 보이는 것들도 그것들의 근저에 존재하는 양자 사이의 사회관과 인간관 및 세계관의 차이와 함께 본질적으로 다른 뉘앙스와 의미를 갖게 되는 것이다.

5 이 장을 맺으면서

필자는 이상에서 영원회귀사상과 열반사상 사이에 존재하는 차이를 가능한 한 선명하게 드러내려고 했다. 필자의 연구 중 아마도 이 부분에 대해서 가장 많은 이의가 제기될 수 있을 것 같다. 필자 역시 니체의 영원회귀사상과 불교의 열반사상의 관계에 대해서는 두 사상의 어떤 점을 강조하느냐에 따라서 두 사상 사이에는 상당한 접점이 존재할 수 있다고 생각한다. 그리고 이는 니체의 힘에의 의지의 사상에 대해서도 마찬가지라고 생각한다. 불교의 열반도 어떤 의미에서는 우리의 힘이 고양될 수 있는 사건으로 해석될 수 있기에 그것은 니체의 힘에의 의지 사상에 입각해서도 설명될 수 있을 것이다.

필자가 니체와 불교의 차이를 드러내기 위해서 Ⅰ장 서문의 3절에서 언급한 세 번째 연구방향에 속하는 다른 연구들과는 달리 니체의 힘에의 의지나 영원회귀사상을 주요한 비교의 실마리로 삼지 않았던 것은 바로 그 때문이었다. 따라서 필자는 차라리 양자 간의 차이가 가장 구체적이고 분명하게 드러나는 양자의 사회사상과 양자가 지향하는 인간상과 덕을 비교의 실마리로 삼으면서 그것에서부터 영원회귀사상과 열반사상 사이의 차이도 구명하는 방식을 취했다.

그러나 필자는 니체가 다면적인 얼굴을 가지고 있고 특히 그의 영원회귀사상은 상당한 진폭을 갖는 사상이기에 불교의 열반사상과 일정한 유사성을 갖는 측면이 존재할 수도 있다고 생각한다. 특히 니체가 영원회귀사상에 도달하게 된 경위를 보면 그것은 불교에서 말하는 돈오의 체험과 상당히 유사한 면이 있다고 여겨진다.

니체는 실로 영원회귀사상을 실험적인 사상으로 간주하면서 그러한 사상을 우리가 흔쾌하게 받아들일 때 생성 소멸하는 세계를 긍정하는 상태에 진입할 수 있다고 말하고 있다. 그런데 그러한 실험적인 사상을 받아들인다는 것이 단순히 지적으로 그 사상을 이해하면서 그럴 수도 있겠다고 생각하는 것을 의미하지 않는다는 사실은 분명하다. 따라서 니체는 그러한 사상을 받아들이는 것을 독사의 머리를 깨무는 식의 결단에 비유하고 있다.[245] 그러나 니체의 이런 비유에도 불구하고 독사의 머리를 깨무는 식으로 결단한다는 것이 무엇을 의미하는지는 불분명하다.

그것이 이 세계를 모든 것이 동일하게 회귀하는 세계로 보겠다고 마음으로 굳게 결심하는 것을 의미한다고 할 경우, 과연 그렇게 단순히 결심하는 것만으로 이 세계가 초인이 보듯이 아름답고 숭고한 세계로 나타날 수 있을 것인가? 필자는 그것은 불가능하다고 생각한다.

니체 자신만 하더라도 세계와 자신의 운명을 전폭적으로 긍정하는 운명애의 사상을 갖게 된 것은 하나의 사유실험에 의해서가 아니라 오히려 실즈 마리아에 있는 실바프라나의 호수를 지날 때 니체를 엄습했던 일종의 신비 체험에 의한 것이었다.[246] 니체는 그러한 체험을 해발 6,000피트에 이르는 곳에 있는 실바프라나 호수에 있는 차라투스트라의 바위를 지나면서 벼락에 얻어맞은 것처럼 갖게 되었다고 말하고 있다. 그리고 니체는 이

---

245 | 니체, 『차라투스트라는 이렇게 말했다』, 260쪽 참조.
246 | 물론 니체는 '영원회귀가 진리가 아니라도 그것이 진리로 믿어진다면 모든 것이 변화되고 모든 것의 방향이 바뀔 것'이라고 말하고 있다. F. Nietzsche, *Nachgelassene Fragmente Frühjahr-Herbst 1881*, Nietzsche Werke, Kritische Gesamtausgabe, V-2, Berlin · New York, 1973. 11[203], 421쪽 참조. 그러나 필자는 니체처럼 하나의 영감에 의해서 사로잡히듯 영원회귀사상에 의해서 사로잡히지 않는다면, 과연 누가 영원회귀사상을 진리로 믿을 수 있을 것인지에 대해서 의문이 든다.

러한 신비 체험의 한가운데에서 '모든 것이 반복되어도 좋다'라고 말할 수 있었지만 또한 이렇게도 말할 수 있었다고 생각된다.

"자아의 오류를 발견하자! 이기주의를 오류로 보자! 이타주의를 그 반대로 이해하지 말자! 이것이 소위 말하는 다른 개인들에 대한 애정일 것이다! 아니다! '나'와 '너'를 넘어서자! 우주적으로 느끼자!"*247

특히 필자는 니체가 자신의 영원회귀사상이 괴테와 스피노자의 명랑한 운명애의 사상을 이어받는 것이라고 말할 때 니체의 영원회귀사상과 불교의 열반사상 사이에는 일정한 유사성이 있다는 것을 인정한다. 그리고 이 점에서 니체와 불교 사이에 존재하는 근친성을 드러내었던 그 간의 연구들의 성과도 일정 부분 긍정적으로 평가할 수 있다고 본다. 그럼에도 불구하고 니체가 괴테를 찬양하는 부분에서 또한 나폴레옹에 대한 찬양도 덧붙이고 있다는 사실을 우리는 잊어서는 안 된다고 생각한다.*248 바로 이 때문에 운명에 대한 니체의 긍정과 인연에 대한 불교의 긍정은 둘이 가장 가깝게 보이는 순간에도 서로 다른 뉘앙스를 갖게 되는 것이다.

---

247 | F. Nietzsche, *Nachgelassene Fragmente Frühjahr 1881 bis Sommer 1882*, 341쪽.
248 | 니체는 괴테에게 나폴레옹은 가장 현실적인 존재(ens realissimum[중세철학에서 신을 가리키는 용어])로 여겨졌으며 나폴레옹과의 만남은 일생을 통틀어서 가장 큰 체험이었다는 사실을 지적하고 있다. F. Nietzsche, *Götzen-Dämmerung*, 145쪽 참조.

VII

자기극복에 대한 니체와 불교의 사상에서 보이는 유사성과 차이

니체와 불교 사이의 본질적인 유사성을 주장하는 연구자들은 니체와 불교 사이의 가장 큰 유사성을 니체의 영원회귀사상과 불교의 열반개념에서뿐 아니라 자기극복에 관한 양자의 사상에서도 발견한다.[249]

실로 니체와 불교는 인간이 고정불변의 실체로서 존재한다는 사실을 부인한다. 니체와 불교는 인간은 우선적으로는 자신이 통제하지 못하는 탐욕이나 열정에 의해서 지리멸렬하게 분열되어 있다고 보며, 엄격한 자기극복과 수행을 통해서만 인간은 자신의 주인이 되고 진정한 의미의 통일적인 주체가 될 수 있다고 말하고 있다. 전통적인 서양형이상학이나 우파니샤드가 인간의 본질을 영원불변의 영혼이나 아트만으로 보는 반면에 니체와 불교는 인간을 창조되어야 할 어떤 존재로 보고 있는 것이다.[250]

아울러 니체와 불교는 자기극복을 위한 길로서 방종과 금욕주의 양자를 배격하고 있다. 이에 따라서 불교가 윤회로 이끈다고 보는 욕망이나 열정은 니체가 병적인 것으로 보는 것들과 상당 부분 겹친다. 그러한 욕망이나 열정은 탐욕이나 증오, 원한, 무분별한 성욕 그리고 격정적인 사랑과 같은 것들이지만 그것들은 니체 자신도 경계하면서 적절하게 승화할 것을 요구하고 있는 것들이다.

그러나 필자는 자기극복이란 문제와 관련해서도 니체와 불교 사이에는 간과할 수 없는 본질적인 차이가 존재한다고 생각한다. 이는 필자가 니체

---

249 | 이와 관련된 대표적인 연구는 Robert G. Morrison의 *Nietzsche and Buddhism, A Study in Nihilism and Ironic Affinities*이라고 생각한다. Morrison은 특히 이 책의 '자기극복' 장에서 니체와 불교의 사상이 서로 유사하다고 보는 입장에서 니체와 불교의 자기극복 사상을 매우 세밀하게 분석하고 비교하고 있다. 더 나아가 Morrison은 자기극복에 대한 불교의 사상이 니체의 사상에 비해서 더 정치하다고 보면서 자기극복에 대한 니체의 사상을 불교에 의해서 보완할 수 있다고 보고 있다. Robert G. Morrison, *Nietzsche and Buddhism, A Study in Nihilism and Ironic Affinities*, Oxford& New York, Oxford University Press, 163쪽 이하 참조.
250 | 유다 유타카도 우파니샤드의 아트만은 시간과 공간을 초월하여 일체의 변화를 벗어나 있는 이념적인 존재인 반면에, 불교는 니체와 마찬가지로 경험에 주어져 있고 변화하는 존재만을 인정한다고 보고 있다. 유다 유타카, 『불교의 서구적 모색』, 이미령 옮김, 민족사, 1990. 99쪽 참조.

의 영원회귀사상과 불교의 열반 개념 특히 선불교를 중심으로 한 대승불교의 열반 개념 사이에 생성 소멸하는 세계에 대한 긍정이라는 면에서 일정한 유사성이 존재한다는 사실을 인정하면서도 양자가 주창하는 삶의 태도와 세계관에서 근본적인 차이가 존재한다고 보았던 것과 마찬가지다.

다음에서는 일단 자기극복에 대한 니체와 불교의 사상을 고찰한 후 양자의 근저에 존재하는 유사성과 차이를 드러낼 것이다.

1 자기극복에 대한 니체의 사상

(1) 자기극복의 병적인 형태로서의 금욕주의

니체는 자기극복을 위해서는 개개인의 노력 이외에도 엄격한 교육과 훈육이 요구된다고 말하고 있다.

"…… 모든 상황에서 가장 바람직한 것은 적당한 시기에, 다시 말하면 많은 것을 요구받는 데서 자랑을 느끼는 나이에 엄격한 교육을 받는 것이다. 왜냐하면 엄격한 학교가 좋은 학교로서 다른 학교와 구분되는 것은 많은 것이 요구되고, 칭찬이 드물고, 관용이 없고, 재능이나 신분에 관계없이 준엄하고 객관적인 비난이 퍼부어진다는 점이기 때문이다. 이러한 학교는 모든 관점에서 필요하다. 그것은 신체적인 것과 정신적인 것에 모두 해당된다. 여기서 이 양자를 구분하는 것은 치명적인 오류가 될 것이다! 동일한 훈련이 군인과 학자를 유능하게 만든다. 더 정확히 고찰해 보면, 유능한 군인의 본능을 체내에 갖고 있지 않은 유능한 학자는 존재하지 않는다. 명령을 할 수 있고 자랑스럽게 복종하는 것, 열을 지어 서지만 동시에 항상 인솔하는 것, 안락보다 위험을 좋아하는 것, 허용된 것과 허용되지 않는 것을 장사치 저울로 달지 않는 것, 속이고 간사하고 기생충같이 구는 것을 악보다도 더 적대시하는 것."[251]

---

[251] F. Nietzsche, Werke(Klein- und Großoktavausgabe), XVI, Leipzig 1895, 312쪽 이하(강대석, 『니체 평전』, 한얼미디어, 2005, 52쪽 이하에서 재인용)

위의 인용문에서 우리는 니체가 흔히 오해되는 것처럼 정열이나 본능을 거리낌 없이 방출할 것을 요구하는 사람이 아니라는 사실을 분명하게 알 수 있다. 오히려 니체는 정열이나 본능의 무분별한 방출은 우리의 인생을 망칠 수 있는 어리석음이라고 본다. 따라서 니체는 이원론적인 형이상학이나 종교와 마찬가지로 정열이나 본능의 극복을 주창하지만, 이원론적인 형이상학이나 종교와는 달리 정열이나 본능의 근절이 아니라 승화를 주창한다.

니체에 따르면 서양의 전통형이상학과 기독교는 정열과 본능을 악으로 보면서 근절하려고 했지만 이러한 시도에 의해서 그러한 정열과 본능이 근절되기는커녕 오히려 인간의 정신이 왜곡되게 되었다고 본다. 니체는 본능과 정열을 근절하려는 시도는 정신을 몸과 대립되는 순수한 것으로 보면서 몸을 학대하고 육체적인 열정을 억압함으로써 사람들을 만성적인 신경과민에 빠뜨렸다고 말하고 있다.

" '순수한 정신'에 대한 편견. – 순수한 정신에 대한 교설이 지배한 곳에서는 어디서나 그것의 극단성으로 인해서 그것은 사람들의 신경을 파괴했다. 그것은 몸을 폄하하고 소홀히 하며 혹은 괴롭히는 것을 가르쳤다. 그것은 몸이 갖는 모든 충동을 이유로 내세워 인간 자신을 괴롭히고 폄하할 것을 가르쳤다. 그것은 음울하고 긴장에 사로잡혀 있고 억압되어 있는 혼의 소유자들을 낳았다. 이 사람들은 더 나아가 이러한 비참한 감정의 원인을 알고 있으며 그 원인을 아마 제거할 수 있다고 믿었다! '그러한 원인은 몸에 있음에 틀림이 없다! 몸은 여전히 지나치게 번성하고 있다!' 그들은 그렇게 결론지었다. 몸은 자신이 계속해서 조소당하는 것에 대해서 자신의 고통을 통해서 거듭하여 이의를 제기했음에도 말이다. 일반적인 만성 신경과민이 마침내 저 덕이 높은 순수한 정신적인 인간들의 운명이 되었다."[252]

---

[252] 니체, 『아침놀』, 39번.

이 인용문에서 보듯이 니체는 순수한 정신을 가정하고 몸을 폄하하고 괴롭힐 때는 그 정신도 음울하고 만성적인 신경증에 걸릴 수밖에 없다고 말하면서 몸에서 벗어난 순수정신이라는 것은 없음을 시사하고 있다. 정신은 몸과 긴밀하게 결부되어 있는 만큼 몸에 대해서 적절하게 관계하는 것이야말로 정신의 건강을 위해서 불가결하다고 니체는 보고 있는 것이다. 이러한 니체의 입장은 몸을 괴롭히는 고행이 정신의 깨달음에 아무런 도움이 되지 않는다고 보면서 몸의 자연스런 욕망을 적절하게 존중할 것을 가르친 부처의 태도와도 유사하다고 볼 수 있다.

부처 역시 처음에는 니체가 비판했던 일종의 이원론에 사로잡혀서 금욕주의적인 고행에 의해서 해탈을 얻으려고 했지만 그것이 잘못되었다는 사실을 깨닫게 된다. 고행주의자들 역시 고통과 고뇌로부터 벗어나는 것을 목표하지만 이들은 고통과 고뇌의 원인을 몸에서 찾았다. 그러나 부처는 고통과 고뇌의 원인은 결국은 세계와 대립되는 하나의 자아가 있다고 믿으면서 그러한 자아와 자아에 속한다고 생각하는 모든 것들에 집착하는 데서 비롯된다는 사실을 깨닫게 된다. 즉, 부처는 고통의 원인을 마음에서 찾았으며 그러한 마음의 무지와 착각에서 찾았다.

(2) 자유와 주체 개념에 대한 니체의 사상

부처는 인간의 고통은 몸이나 몸과 결부된 자연스런 욕망이나 정열에서 비롯되는 것이 아니라 우리의 왜곡된 생각에서 비롯된다고 보았다. 이와 마찬가지로 니체도 고통의 원인을 몸에서 찾는 것이 아니라 병약한 힘에의 의지에서 찾는다. 부처가 무상한 것들에 대한 마음의 집착을 극복함으로써만 고통은 사라질 수 있다고 보는 것처럼, 니체는 몸을 괴롭힘으로써가 아니라 힘에의 의지를 건강하게 만들 경우에만 고통을 극복할 수 있다고 본다. 그러면 니체는 힘에의 의지를 어떻게 건강하게 만들 수 있다고 보는가? 이에 대한 니체의 생각을 우리는 자유와 주체라는 개념에 대한 니체의 생각을 고찰하는 방식으로 살펴볼 것이다. 이는 니체에게 힘에의 의지를 강화하는 것은 자기극복을 통해서 이루어지며 이러한 자기극복은 자유와 주체라는 문제와 밀접하게 결부되어 있기 때문이다.

1) 전통적인 자유의지 개념에 대한 비판

이원론적인 입장에 서 있는 모든 철학은 인간이 신체적인 충동과 본능에서 벗어나 순수한 초감성적인 가치에 따를 수 있는 주체성과 자유의지를 갖는다고 주장한다. 그것은 우리가 자신의 본능이나 욕망을 마음대로 좌우할 수 있는 자유의지를 갖는다고 보는 것이다. 그러나 니체는 우선 대부분의 경우 의식은 우리가 의식하지 못하는 욕동에 의해서 지배되고 있다고 본다. 아울러 니체는 몸의 운동과 변화도 의식에 의해서 일어나기보다는 대부분 몸 자체의 메커니즘에 의해서 일어난다고 말하고 있다.

> "몸의 운동과 변화에 대해서 말하자면 [⋯⋯] 우리는 목적을 결정하는 의식의 관점에서 이들 운동과 변화를 더 이상 설명하지 않게 되었다. 그러한 소박한 믿음을 오래 전에 버렸던 것이다. 대부분의 운동은 의식과 아무 상관이 없다. 감각과도 상관이 없다. 매 순간 발생하는 수많은 사건들에 있어서 감각과 사유가 차지하는 역할은 거의 무시해도 좋을 정도이다.
> [⋯⋯] 우리는 의식에 대해서 겸손해진 시대에 살고 있는 것이다."[*253]

가장 가까운 예를 들자면 우리는 우리 몸의 주체라고 생각하지만 몸이 병이 들면 내 몸을 내 자신이 임의로 움직일 수 없으며 심지어 의식의 운동마저도 원활하지 않게 되는 것이다. 니체는 자유의지라는 것도 우리가

---

253 | F. Nietzsche, *Der Wille zur Macht*, 676번.

자유롭게 상상의 나래를 펼 수 있는 것에 입각한 극히 피상적인 생각에 입각한 것이라고 본다.

"'자유의 영역'에 대해서. ― 우리는 우리가 행하고 경험하는 것보다 훨씬 더 많은 것들을 생각할 수 있다. 이는 우리의 사유가 피상적이며 그러한 피상적인 것에 만족한다는 사실을 의미한다. 그뿐 아니라 그것은 자신이 그렇게 피상적이라는 사실조차 알아채지 못한다. 만약 우리의 지성이 엄격하게 우리의 힘의 정도와 힘을 행사하는 정도에 따라서 발달해 있다면 우리는 우리가 할 수 있는 것만을 파악할 수 있다는 것을 ― 도대체 파악이라는 것이 있다면 ― 사유가 따라야 할 최고의 원칙으로 가질 것이다. 목이 마른 자는 물을 가지고 있지 않다. 그러나 그의 공상은 마치 그것만큼 입수하기 쉬운 것은 없는 것처럼 끊임없이 물을 그의 눈앞에 날라 온다. 피상적이고 쉽게 만족하는 종류의 지성은 정작 무엇이 필요한 지를 파악하지 못하면서도 자신이 보다 우월하다고 느낀다. 이 지성은 보다 많은 것을 할 수 있고 보다 빨리 달리고 눈 깜짝할 사이에 거의 목표에 도달하는 것을 자랑한다. 이렇게 사유의 영역은 행위와 의지 그리고 체험의 영역에 비해서 자유의 영역인 것처럼 보인다. 이미 말한 것처럼 그것은 단지 피상과 자기만족의 영역인 것에 불과한 것인데도 말이다."[*254]

그런데 이러한 사실에도 불구하고 우리 인간은 왜 자신을 자유의지를 갖는 순수한 주체로 보게 되는가?

그 원인을 니체는 첫째로 우리가 주어와 술어로 구성되어 있는 언어의 구조에 의해서 보통 현혹되어 있기 때문이라는 데서 찾는다. 언어는 모든 작용의 주체를 가리키는 주어와 그 주어에게 귀속되는 작용들을 가리키는

---

254 | 니체, 『아침놀』, 125번 참조.

술어로 구성되어 있고, 이러한 언어구조에 의해 현혹되어 우리는 우리의 의식과 정신이 모든 생각과 행위의 자유로운 주체라고 생각하게 된다는 것이다. 니체는 이렇게 말하고 있다.

> "활동, 작용, 생성의 배후에는 어떠한 존재도 없다. 작용을 일으키는 주체란 활동에 덧붙여진 것일 뿐이다. [……] 모든 과학은 그 모든 냉정성, 냉담성에도 불구하고 여전히 언어의 유혹에 사로잡혀 있으며, '주체'라는 기형아에 대한 미신에서 벗어나지 못하고 있다."[*255]

둘째로 니체는 이렇게 자유로운 주체라는 관념의 이면에는 신학자들의 계급적 이해가 작용하고 있다고 믿는다. 신학자들은 인간에게는 자유의지라는 것이 존재하기에 우리가 임의로 자신의 자연스런 본능과 정념을 제거할 수 있다고 보면서 우리가 그것들을 제거하지 못할 경우에 비난하고 탄핵하게 된다는 것이다. 그리고 사람들은 그렇게 자신의 자연스런 본능과 정념을 제거하지 못할 경우에 죄책감을 갖게 되면서 죄의 용서를 얻기 위해서 성직자들에게 의존하게 된다고 보는 것이다.

> "자유의지란 신학자들이 인류를 소위 책임질 수 있는 존재로 만드는, 다시 말해서 인류를 신학자들에게 의존하도록 만드는 데 사용하는 가장 못된 기술이다."[*256]

---

255 | F. Nietzsche, *Zur Genealogie der Moral*, Erste Abhandlung, 13번. 불교 역시 언어가 실재를 가리고 사고를 규정하고 있다는 사실을 강조하고 있다. 이렇게 언어가 실재를 가릴 때 불교는 그러한 언어를 희론(戱論)이라고 부른다. (湯田豊, 『ニーチェと佛敎』, 世界聖典刊行協會, 1987, 32쪽) 우리는 일반적으로 사고와 행위가 어떤 자발적인 주체에서 비롯된다고 생각하지만, 불교의 입장에서도 이러한 생각은 주어와 술어로 이루어져 있는 언어의 구조에 의해서 우리가 현혹되기 때문에 생기는 것으로 간주될 것이다.

256 | F. Nietzsche, *Götzen-Dämmerung*, 89쪽.

니체의 이러한 생각은 자아라는 관념을 허구적인 관념으로 보는 불교의 입장과 상통하는 점이 있다. 불교 역시 우리가 흔히 주체적인 자아라고 생각하는 것은 사실은 오온의 화합물에 불과하다는 사실을 밝히고 있다. 그러한 오온이 인연에 따라서 결합하고 해체되는 것처럼 니체도 우리는 하나의 통일적인 주체라기보다는 우선 대부분의 경우에는 몸과 다양한 충동들과 열정들 그리고 다양한 생각들로 이루어져 있다고 보는 것이다.

2) 니체의 자유개념

　니체와 불교는 이렇게 자유의지나 통일적인 주체를 부정하지만 그렇다고 해서 그들이 인간을 전적으로 수동적이거나 분열된 존재라고 보는 것만은 아니다. 니체와 불교가 말하는 것은 오히려 우리가 진정으로 능동적이고 통일적인 주체가 되기 위해서는 우리 자신이 우선 대부분의 경우 얼마나 수동적이고 분열된 존재인지를 통찰하는 것에 의해서만 가능하다고 보는 것이다. 그러한 사실을 통찰함으로써만 우리는 병적인 정열들과 욕동들에 대해서 거리를 취할 수 있고 그것들을 긍정적인 방향으로 승화시킬 수 있다. 그러나 사실은 우리가 가장 수동적이고 분열적인 상태에 있을 때에 자신을 자유로운 통일적인 주체라고 생각하는 경우가 많다.

　따라서 니체가 우리의 의식이 생리적인 상태나 욕망이나 정념의 지배를 받고 있다고 말할 때 이는 우리의 의식이 전적으로 수동적이라고 말하는 것은 아니다. 니체는 인간의 의식이나 이성이 본능이나 정열의 노예라고 주장하는 것은 아니며 니체 역시 의식과 이성은 정열이 승화되는 데 불가결한 역할을 할 수 있다고 본다.

　"우리가 자유롭게 할 수 있는 것. - 우리는 우리의 충동을 정원사처럼 처리할 수 있다. 그리고 소수만이 알고 있는 사실이지만 분노, 동정, 심사숙고, 허영심의 싹을 격자 울타리에 달린 아름다운 과일처럼 생산적이고 유용한 것으로 키울 수 있다. 우리는 정원사의 훌륭한 취미와 조악한 취미와 함께 그렇게 할 수 있으며, 말하자면 프랑스식 혹은 영국식 혹은 네덜란드식 혹은 중국식으로 할 수 있다. 우리는 또한 자연을 스스로 자라게 하고 단지 이곳저곳만을 약간 꾸미고 깨끗이 할 수 있다."*257

이상과 같이 니체는 한편으로는 우리의 의식은 욕동의 지배를 받지만 다른 한편으로는 욕동이나 충동을 다스릴 수 있는 능력을 가지고 있다고 보는 것이며 우리가 그러한 능력을 발휘할 것을 촉구하고 있는 것이다.

따라서 필자는 니체가 부정하는 것은 자유의지와 자유 자체가 아니라 자유의지와 자유에 대한 왜곡되고 병적인 이해라고 본다. 즉, 그것은 자유의지를 초감성적인 선과 감성적인 악 중에서 초감성적인 선을 선택하는 절대적인 자발성으로 보는 이해다. 아울러 필자는 니체가 비판하는 것은 주체라는 개념 자체가 아니라 주체라는 개념에 대한 왜곡된 이해라고 본다. 그가 비판하는 것은 인간의 정열이나 충동과 같은 조건들로부터 독립해서 존재하는 순수한 자유의지나 주체라는 관념일 뿐이다. 또한 니체는 이성 자체의 힘을 부정하는 것은 아니고 현세의 삶을 부정하는 이원론에 입각하여 몸과 정념에 대해서 자신을 대립적인 것으로 보는 이성을 부인할 뿐이다.

니체에게 인간의 자유와 통일성은 단순히 우리가 인간이라는 이유로 주어지는 것이 아니라 우리가 구현해야 할 과제로서 주어져 있다. 니체는 그러한 자유와 통일성은 강한 힘에의 의지를 구현함으로써만 우리에게 주어진다고 말하고 있다. 이런 의미에서 니체는 몸과 정념으로부터 자유로운 자유의지가 존재하는 것이 아니라 몸과 다양한 정념들을 통일적으로 결합할 수 있는 강한 의지와 그렇지 않은 약한 의지만이 존재한다고 본다.

---

257 | 니체, 『아침놀』, 560번.

니체는 자신이 생각하는 자유의 진정한 의미에 대해서 이렇게 말하고 있다.

> " '의지의 자유'라고 불리는 것은 본질적으로 자신에게 복종해야만 하는 상대방에 대한 우월의 정서다. 곧 '나는 자유로우며, 그는 복종해야만 한다.' 이러한 의식이 모든 의지에 들어 있다. [……] 의지하는 자는 자신 안에 있는 복종하는 것, 또는 복종할 거라고 생각되는 어떤 것에게 명령을 내린다. [……] 우리는 주어진 조건 아래에서 명령하는 자인 동시에 복종하는 자이기 때문에, [……] '의지의 자유'는 의지하는 자, 곧 명령하는 자인 동시에 자신을 명령의 수행자와 동일시하는 자인 복합적인 기쁨의 상태를 일컫는 말이다."[258]

니체가 힘에의 의지로 모든 현상들을 설명하려고 했다고 해서, 과거의 형이상학자들이 모든 현상들을 신과 같은 실체로부터 설명하려고 했듯이 니체가 힘에의 의지라는 하나의 실체로부터 모든 것을 설명하려고 한다고 보아서는 안 된다. 니체가 말하는 힘에의 의지는 어떤 단일하고 독자적인 실체로 존재하는 것이 아니라 복합적인 정동(情動)들 간의 관계에 의해서 성립하는 것이다. 구체적으로 말해서 우리가 힘에의 의지를 느낄 때는 명령의 감각이 그 밖의 다른 감정을 완전히 지배했을 때다.

예를 들어서 내가 오늘 열심히 공부하겠다고 결심하면서 게으름을 피우고 싶어 하는 감정을 지배했을 때 거기에 바로 힘에의 의지가 작용하고 있는 것이다. 니체는 이런 의미에서 우리가 '의지'라고 인식하는 것은 명령하는 행위라고 말하고 있다. 이러한 명령의 배후에 있으면서 명령의 형태로 자신을 나타내는 '의지 자체'와 같은 것은 존재하지 않는다. 다시 말해서 다른 것들에 대해서 명령하고 그것들을 압도하는 명령하는 의지작용만이

---

258 | F. Nietzsche, *Jenseits von Gut und Böse*, 19번.

있을 뿐이다.

따라서 힘에의 의지란 항상 복종하는 다양한 정동들을 상정한다. 우리의 영혼은 하나의 단일한 실체로 존재하는 것이 아니라 이렇게 명령하려고 하는 의지작용과 그것에 반항하려고 하는 정동들의 복합체로 존재한다. 이런 의미에서 니체는 우리는 주어진 조건 아래에서 명령하는 자인 동시에 복종하는 자라고 말하고 있다.

니체는 이러한 통찰에 입각하여 의지의 자유에 대한 하나의 새로운 현상학적인 분석을 제시하고 있다. 니체가 말하는 의지의 자유란 자기 내면에서 일어나는 충동에 휩쓸리는 방종이 아니지만 또한 칸트가 말하는 것처럼 자연의 필연적인 인과법칙으로부터 벗어나 무조건적인 도덕법칙에 복종하는 것도 아니다. 그것은 그동안 복종을 거부했던 다른 정동들이 그것들에게 명령하는 의지작용에 기꺼이 복종하게 되고 그러한 의지작용이 목표하는 것을 구현하는 데 기여하고 있는 상태다. '의지의 자유'는 우리가 자신을 의지하고 명령하는 자로 느끼는 동시에 기꺼이 이 명령을 수행하는 자로 느끼는 상태다. 이렇게 자신의 복합적인 정동들이 하나로 통합되었을 때 우리는 기쁨을 느끼고 진정한 자기를 구현하고 있다고 느낀다. 이런 맥락에서 니체는 다시 이렇게 말하고 있다.

우리가 자신을 하나의 통일적인 주체로 경험하는 것은 이렇게 우리 안의 다양한 복합적인 정동들이 명령하는 의지작용 아래에서 통일을 경험할 때다. 이렇게 통일적인 주체로서의 나라는 것은 이미 주어져 있는 것이 아니라 내가 구현해야 할 하나의 과제로서 주어져 있는 것이다. 이런 맥락에서 니체는 의지작용에서 중요한 것은 다수의 '영혼들'로 구성된 공동체를 토대로 한 명령하기와 복종하기라고 말하고 있다. 힘에의 의지는 지배와 복종의 관계를 형성하는 여러 정동들의 조직 내에서 명령하는 의지작용으로서만 존재하는 것이다. 이러한 조직은 생명체나 인간 개인이나 사회나 국가, 우주로서 나타날 수 있다.

니체는 이러한 상태를 다음과 같이 묘사하고 있다.

"[……] 행동하고 창조하고 일하고 의욕하는 와중에서의 원숙함과 지배력의 표현 — 평안한 호흡, 획득된 '의지의 자유' [……]"*259

니체는 이러한 상태에 도달한 인간을 주권적인 개인, 즉 자신의 다양한 충동들에 대해서 주인으로 존재하는 인간이라고 부르고 있다. 이러한 인간은 자신에 대한 약속과 결심을 지킬 수 있는 인간이다. 이러한 인간은 자신에 대해 긍지를 갖는 바, 이러한 긍지를 니체는 참된 의미의 양심이라고 부르고 있다. 이에 대해서 기독교나 전통도덕에서 말하는 양심은 자신이 자신에게 한 약속을 지키지 못한다고 자신을 죄인으로 간주하면서 자신을 학대하는 양심이다.

"주권적 개인은 오직 자기 자신과 동일한 개체이며, 관습의 도덕에서 다시 벗어난 개체이고, 자율적이고 초도덕적인 개체(왜냐하면 자율적이라는 것과 도덕적이라는 것은 서로 배타적이기 때문이다), 즉 간단히 말해 자기 자신의 독립적이고 지속적인 의지를 지닌, 약속할 수 있는 인간이다. — 그와 같은 인간 안에는 마침내 성취되어서 자기 안에서 살아 있는 것이 된 것에 대해서 모든 근육을 경련시킬 정도로 자랑스러운 의식이, 본래의 힘과 자유에 대한 의식이, 인간 그 자체에 대한 완성된 감정이 보인다. 실제로 약속할 수 있는 자유롭게 된 인간. 이 자유의지의 지배자, 이 주권자 — 이는 지배자다. [……] 책임이라는 이상한 특권에 대한 자랑스러운 인식, 이 희한한 자유에 대한 의식, 자기 자신과 운명을 지배하는 이 힘에 대한 의식은 그의 지배적인 본능이 되었다. 이 지배적인 본능을 무엇이라 부르게 될 것

---

259 | F. Nietzsche, *Götzen-Dämmerung*, 79쪽.

인가? 그러나 의심할 여지없이 이 주권적 인간은 그것을 양심이라고 부른다."*260

이러한 주권적인 개인은 저절로 이루어지는 것이 아니라 끊임없는 자기훈련과 자기극복을 통해서만 도달될 수 있다. 그리고 이렇게 자신을 극복할 수 있는 의지는 강한 의지다. 따라서 니체는 이른바 자유로운 의지란 바로 강한 의지라고 보고 있다. 니체는 절대적인 자율성과 전적인 타율성으로서의 선한 자유의지와 악한 부자유스런 의지란 허구적 관념에 지나지 않는다고 보면서, 실제의 삶에서는 자유로운 의지 대 부자유한 의지의 대립 대신에 강한 의지와 약한 의지 사이의 대립이 존재할 뿐이라고 보고 있다.*261

"다양하고 흩어진 충동들과 이들을 결합하는 체계적인 질서기 부재할 때 '약한' 의지가 생겨난다. 이들이 하나의 지배적인 충동 밑에 통합되면 '강한 의지'로 변한다. 약한 의지가 중력이 없이 동요하는 것인 반면, 강한 의지는 방향의 정확성과 선명성을 의미한다."*262

다시 말해서 강한 의지란 다양한 충동들에 강압적으로 명령을 내리는 것이 아니라 그것들을 하나의 지배적인 충동 아래 체계적으로 통일시킬 수 있는 의지를 의미한다. 이에 대해서 약한 의지란 충동들을 지배하는 힘을 상실한 채 다양한 충동들이 무질서하게 동요하도록 방치하는 의지를 말한다. 예를 들어서 금욕주의는 자신의 본능적인 욕망을 억압하려고 하지만 그것은 자신 내에 본능적인 욕망을 억압하려는 충동과 그것에 반항하는

---

260 | F. Nietzsche, *Zur Genealogie der Moral*, Zweite Abhandlung, 2번.
261 | F. Nietzsche, *Jenseits von Gut und Böse*, 21번 참조.
262 | F. Nietzsche, *Der Wille zur Macht*, 46번.

욕망들 사이의 대립과 분열을 만들어 낸다. 이 점에서 니체는 금욕적으로 자신을 억압하는 의지는 그것이 아무리 강하게 자신을 억압해도 강한 의지가 아니라 약한 의지라고 보는 것이다.

개인뿐 아니라 어떤 민족의 문화만 해도 그렇다. 어떤 문화든 하나의 통일적인 양식을 가져야 한다. 그렇지 않고서는 그 문화가 현대처럼 아무리 많은 지식과 학식을 가지고 있어도 그것은 야만적인 문화다. 니체는 그리스문화야말로 다양한 요소들이 혼합된 자신 안의 혼돈을 하나의 통일적이면서도 독특한 형식으로 구현해 낸 문화라고 본다.

이렇게 모든 것을 독자적인 방식으로 종합하고 통일하는 상태와는 달리 자신이 경험한 모든 것들과 자신의 주변의 것들을 통합할 능력을 상실한 상태를 니체는 데카당스라고 부르고 있다. 이러한 상태에서는 모든 것이 지리멸렬하게 분산되어 있다. 전체적인 통합력을 상실한 이러한 데카당스의 스타일은 그럼에도 개별적인 요소들을 자극적이고 선정적인 것으로 만듦으로써 사람들의 주목을 끌고 사람들을 흥분시킨다. 이러한 데카당스의 스타일은 그것과 마찬가지로 자신을 통합할 능력이 없는 데카당스한 인간들에게 강력한 효과를 미친다. 그리고 그것은 이렇게 사람들에게 미치는 강한 영향력을 근거로 하여, 자신이 실제로 강한 것처럼 착각한다. 니체는 문학에서도 데카당스는 각각의 낱말이 따로 놀면서 전체성이 상실되어 있는 것이라고 말하고 있다. *263

---

263 | 물론 그렇다고 해서 이는 Nehamas가 『문학으로서의 삶』에서 주장하고 있는 것처럼 어떠한 종류의 양식이든 하나의 개성적인 통일을 보여주면 된다는 것은 아니다. Nehamas는 도스토예프스키의 『카라마조프가의 형제들』에 나오는 표트르 카라마조프와 같이 병적인 사람들도 하나의 개성을 보여주고 있다고 보면서, 니체 철학이 지향하는 것은 사람들이 어떠한 양식이든 간에 하나의 개성을 구현하도록 촉구하는 것으로 보고 있다. 네하마스, 위의 책, 279쪽 참조.
그러나 필자는 Nehamas의 이러한 견해에 동의하기 어렵다. 필자는 니체가 설파하는 것은 어떠한 양식이든 그것이 하나의 개성을 보여주면 된다는 것이 아니라 고전적인 우아함을 갖춘 양식을 구현해야 한다는 것이라고 생각한다. 데카당한 삶이라도 사람마다 각각 독특한 개성을 보여줄 수 있다. 그러나 어떤 개성적인 특징을 소유했다고 해서 그 사람이 자신의 충동과 본능들, 그리고 자신의 과거와 미래를 통일적으로 지배하고 있다는 것은 아니다.

3) 정념의 지배와 승화

이렇게 강하고 통일된 의지는 정념을 근절하려고 하는 것이 아니라 자유롭게 지배한다.

> "정념을 약화시키거나 근절하지 말고 지배하라! 의지의 지배력이 커질수록 정념에 더 많은 자유가 주어진다."*264

이러한 인용문들에서 보듯이 니체가 비판하는 것은 정열과 본능을 근절하려는 불가능하고 잘못된 노력일 뿐이며 오히려 니체는 아리스토텔레스와 마찬가지로 정열과 본능의 절도 있는 구현을 주장하고 있다는 사실을 알 수 있다.

우리가 앞에서 본 것처럼 서양의 전통적인 종교와 철학을 지배해 온 이원론은 우리의 미덕은 영원불변의 참된 세계와 순수한 영혼에서 비롯되는 것인 반면에 악덕은 생성 변화하는 지상과 몸에서 비롯되는 것으로 보고 있다. 그에 반해서 니체는 합리성이 비합리성에서, 살아 있는 것이 죽은 것에서, 논리는 비논리에서, 사심 없는 관조는 탐욕스러운 의욕에서, 이타주의는 이기주의에서, 진리는 오류에서 비롯되는 것과 마찬가지로 이른바 미덕은 악덕의 승화라고 말하고 있다. 이러한 승화에서는 원래의 바탕이 되었던 요소는 거의 사라져 버린 듯 보이기 때문에 미덕과 악덕은 전혀 다른 기원을 갖는 것처럼 보이지만, 우리가 엄밀하게 관찰할 경우 미덕의 근원은 악덕이라는 사실이 드러난다는 것이다.

> "선한 행동과 악한 행동 사이에는 종류의 차이가 없다. 기껏해야 정도의 차이만 있을 따름이다. 선한 행동이란 숭고해진 악한 행동이다. 또 악한

---

264 | F. Nietzsche, *Der Wille zur Macht*, 933번.

행동이란 속화되고 마비된 선한 행동이다."*265

이런 맥락에서 니체는 성욕이나 명예욕, 권력욕과 같은 정념이 악의 원천으로 지탄받아 왔지만 이러한 정념이야말로 바로 생명력의 원천이라고 보고 있다. 따라서 정념이 배제된 생명은 더 이상 생명이 아니라 죽은 것이며, 그러한 정념을 제거하고 근절하는 것은 그것이 아무리 미덕의 탈을 쓰고 있더라고 사람들의 생명력을 고갈시키고 병들게 하는 것이기 때문에 사실은 가장 큰 악덕이라는 것이다. 이러한 악덕은, 미덕의 원천으로서 강인하고 풍요로운 생명력을 가진 원초적인 악덕이 아니라 어떠한 긍정적인 가능성도 품고 있지 않은 죽음의 상태다. 니체는 이렇게 말하고 있다.

"교회는 결코 '욕망을 어떻게 정신화하고, 아름답게 만들고, 신적인 것으로 만들 수 있는가?'라고 묻지 않는다. 교회는 언제나 계율의 주안점을 (관능, 교만, 권력욕, 소유욕, 복수심 등의) 근절에 두었다. 그러나 정념을 뿌리에서부터 공격한다는 것은 삶을 뿌리에서부터 공격한다는 것을 의미한다."*266

이런 이유로 니체는 거대한 사악함이, 그러한 사악함의 원천이 되는 정념이 완전히 근절된 선함보다 더 바람직하다고 본다. 왜냐하면 그것은 가능성을 가지고 있기 때문이다. 거대한 죄악이 있는 곳에는 또한 거대한 활력과 거대한 힘에의 의지가 있기 때문에, 그것은 '자기 극복'을 통해서 보다 더 높은 가능성을 낳는다. 어떠한 덕도 그것이 미덕이 되기 위해서는 정념들을 제거하는 것이 아니라 그것들을 승화시키고 절도 있게 지배하고 우리에게 이롭게 활용하는 것이 필요하다.

---

265 | 니체, 『인간적인, 너무나 인간적인 I』, 김미기 옮김, 책세상, 2001, 107번.
266 | F. Nietzsche, *Götzen-Dämmerung*, 77쪽.

"정념의 극복? – 이것이 의미하는 바가 정념의 약화나 절멸이라면 우리는 그것을 받아들여서는 안 된다. 오히려 정념으로 하여금 우리에게 봉사하도록 만들어야 한다. 이것은 또한 정념을 (개인적 차원에서만이 아니라 집단적·민족적 차원에서도) 장기적인 폭정의 지배 아래 둔다는 것을 의미할 것이다. 그래서 마침내 정념은 다시 우리의 신뢰를 받는 가운데 자유를 얻게 된다. 곧 그것은 충실한 종으로서 우리를 사랑하며, 우리에게 가장 이로운 방향으로 자진해서 나아간다."[267]

니체는 흔히 사랑이나 겸손, 양보나 이웃사랑과 같은 전통적인 미덕을 폐기처분하고 그 대신에 관능적 쾌락, 지배욕, 이기심과 같은 악덕을 조장하려는 사람으로 치부되어 왔다. 그러나 니체에게는 모든 가치의 원천은 힘에의 의지다. 즉, 미덕이든 악덕이든 그것이 인간의 생명력을 증대시키는 데 기여하면 니체는 그것을 긍정하지만 그렇지 않으면 그것을 부정하는 것이다. 즉, 니체는 사랑이나 겸손, 양보나 절제와 같은 것이 힘에의 의지를 강화하는 데 도움이 된다면 그것을 장려해야 한다고 보지만 그렇지 않으면 그것은 폐기되어야 한다고 보는 것이다.

이러한 예로서 우리는 절제에 대한 니체의 해석을 고찰할 필요가 있다. 절제 자체가 자신의 생명력을 건강하면서도 풍요롭게 유지하기 위한 수단이 되지 않고 목적으로 추구될 경우에는 그것은 금욕주의적인 이상이 되어버리면서 억압적인 성격을 띠게 된다. 그러한 종류의 절제는 자신의 정념들에 대한 분별 있고 유연한 지배가 아니라 그러한 정념들에 대한 두려움에 사로잡혀서 그것들을 무분별하면서도 경직된 태도로 제압하려고 하는 것이다. 그것은 자신의 정념들에 대한 공격처럼 보이지만 사실은 그것들에 대한 두려움에서 비롯되는 과잉방어다.

---

[267] F. Nietzsche, *Der Wille zur Macht*, 384번.

"너무나 의지가 박약하거나 너무나 타락해서 자신을 적절히 절제할 수 없는 사람들만이 …… 거세나 절멸을 본능적으로 택한다."[268]

"양심적인 사람들. - 그대들은 어떤 종류의 인간들이 가장 엄격하게 양심을 지키는 것을 가장 가치 있게 여기는지에 대해 주목한 적이 있는가? 그들은 자신 안에서 많은 비참한 감각들을 의식하고 자신과 타인들에 대해서 불안해하고 자신의 내면을 가능한 한 숨기려고 하는 사람들이다. 그들은 양심과 의무를 엄격하게 지키는 것을 통해서 다른 사람이(특히 부하가) 그로부터 받게 될 것임에 틀림없는 엄격하고 가혹한 인상을 통해서 자기 자신에게 외경의 염을 일으키게 하려고 하는 것이다."[269]

위에서 니체는 자신의 충동을 절도 있게 지배하지 못하는 자들이 오히려 엄격한 양심이나 의무 그리고 고상한 이상을 내세우게 된다고 말하고 있다. 그들은 이러한 양심이나 의무를 엄격하게 지킴으로써 다른 사람들의 외경심을 불러일으키려고 한다. 그러나 이는 사실은 자신의 충동을 적절하게 통제하지 못하는 내적인 허약함을 위장하려는 몸부림이며, 자신에게 결여되어 있는 자긍심을 타인의 인정을 통해서 보완하려는 몸부림이다. 이들은 자기 내부에서 절도 있는 지배력과 조화를 확보하고 있지 않기 때문에, 외부에 대해서 자신을 과시하고 자신을 강요하는 권위적이고 경직된 태도를 보이게 된다.

이와 관련하여 니체는 우리가 근엄한 인간이 아니라 우아하고 고귀한 인간이 될 것을 주창하고 있다. 우아한 인간이란 자신의 다양한 충동들에 대해서 적절한 지배력을 소유하고 있어서 내적으로 평온하고 자신에 대해서 긍지를 갖고 있는 자이다. 니체는 힘에의 의지가 강한 인간은 자신도 모르

---

[268] F. Nietzsche, *Götzen-Dämmerung*, 77쪽.
[269] 니체, 『아침놀』, 233번.

게 이러한 우아한 인간이 되려고 하지만, 힘에의 의지가 약한 인간은 인간을 죄 많은 존재로 격하하면서 자신의 자연스런 본능과 충동을 제거하려고 하는 방식으로 자신을 강화하려고 한다고 말하고 있다.

"우아함의 추구. – 강한 성격의 소유자가 잔인한 성향을 갖지 않고 언제나 자신에 사로잡혀 있지 않다면, 그는 자신도 모르게 우아함을 추구한다. 이것이 그의 표지다. 이에 대해 약한 성격의 소유자들은 가혹한 판단들을 좋아한다. 그들은 인간을 경멸하는 영웅들과 존재를 종교적으로 혹은 철학적으로 비방하는 사람들과 사귀게 되거나 엄격한 윤리와 고통스런 '소명(김命)' 배후에 틀어박힌다. 이를 통해서 그들은 하나의 성격과 일종의 강함을 창조하려고 노력한다. 그리고 그들은 이것도 똑같이 자신도 모르게 행하는 것이다."[*270]

이상의 고찰에 입각할 때 니체는 전통적인 금욕주의적인 억압을 배격하면서 정념들의 해방을 말하지만 그렇다고 해서 그러한 정념을 야만적인 형태로 무분별하게 발산할 것을 주장하지는 않는다는 사실을 알 수 있다. 성욕과 같은 본능적인 욕망을 찬양하더라도 니체는 그것이 우아하면서도 우리의 힘을 강화시키는 방향으로 구현될 때만 찬양하는 것이다.

4) 주체에 대한 니체의 새로운 해석

우리는 흔히 우리가 하나의 불변적인 실체라고 생각한다. 이러한 불변적인 실체가 생각도 하고 행위도 한다는 것이다. 그러나 니체는 우리의 자아는 끊임없이 자신을 창조하고 형성하는 것이라고 본다. 니체는 우리가 자아를 생각할 때는 보통 그것이 자신을 형성하는 정신적 활동을 고려하지 않기 때문에 자아를 이미 하나의 불변적인 실체라고 생각하게 된다고

---

[270] | 니체, 『아침놀』, 238번.

보았다. 사실상 데카르트와 같은 사람은 의심, 이해, 긍정, 욕망, 저항감, 상상 및 지각과 같은 정신적 활동들을 우리 자신의 자아로부터 분리할 수 있다고 보았다.

이에 반해서 니체는 자아에 통일성이 존재한다면 그러한 통일성은 다양한 정신적 활동들을 조직하고 일관성 있게 만드는 활동에서 찾아야 한다고 보았다. 이러한 활동의 통일성이 비로소 자아에 통일성을 부여하는 것이지, 우리가 흔히 생각하는 것처럼 이미 존재하는 하나의 통일적인 자아가 우리에게 존재하는 모순적인 성향들을 통일하는 것은 아니라는 것이다. 자아에 정체성을 부여하는 자아의 통일성은 주어진 것이 아니라 성취되어야 하는 것이며 출발점이 아니라 목표다.

> "주관이라는 원자는 없다. 주관의 영역은 계속 증대하거나 감소하며 그 체계의 중심점은 계속해서 변하고 있다. 주체가 알맞은 구조를 갖추지 못하면 그것은 두 부분으로 쪼개진다. 반면 주체는 보다 약한 주체를 파괴하는 대신에 그것을 변형시켜 스스로의 하수인으로 만들고 어느 정도까지는 그것과 새로운 통일성을 이룩할 수 있다. 주체는 '실체'가 아니라 보다 강해지려고 노력하고 그 자신을 단지 간접적으로만(즉 자신을 초극함으로써) 보존하기 위해 노력하는 무엇이다."[271]

자아는 사소한 과거는 잊어버리거나 그것을 유용한 자산으로 삼아야 한다. 우리는 과거가 자아에 미치는 영향을 심각하게 생각할 필요가 없다. 자아 자체는 부단히 변화하기 때문이다. 모든 개별적인 사건은 그것이 부단히 변하는 자아 전체에 대해서 갖는 궁극적인 영향에 따라서 그 의미가 결정된다. 자아는 기존의 행동을 끊임없이 재해석하면서 자신을 창조해 간다.

---

271 | F. Nietzsche, *Der Wille zur Macht*, 488번.

자아는 불변의 실체가 아닌데도 우리는 자아를 하나의 고정된 실체라고 생각하면서 그것이 무엇인지를 인식에 의해서 알아낼 수 있다고 본다. 그러나 자아가 무엇이고 무엇을 할 수 있는지는 자아의 자기창조 활동에 의해서만 알려진다. 자아란 발견되는 것이 아니라 창조되는 것이다. 예를 들면 괴테는 처음부터 괴테인 것이 아니라 자신을 괴테라는 하나의 인물로 창조해 나간 것이다.

이와 동일한 맥락에서 니체는 우리가 자신의 진정한 자아를 발견하는 방법으로 자신이 본받고 싶은 사람이나 자신이 사랑하고 자신의 열정을 불러일으키는 이상을 떠올려 보라고 하고 있다. 우리 자신의 진정한 본질은 우리 안에 깊숙이 묻혀 있는 것이 아니라 우리 위의 높은 곳에 있다는 것이다.*272

---

272 | F. Nietzsche, *Unzeitgemäße Betrachtungen*, 336쪽.

2 불교와 자기극복

(1) 불교와 자기극복

니체는 우리를 정원사에 비유하면서 어떤 정열을 살리고 어떤 정열은 제어하면서 하나의 통일적인 스타일을 형성해야 한다고 말하고 있다. 그러나 어떤 방법으로 우리가 그렇게 정열을 가꿀 수 있는지에 대해서는 니체는 아무런 말도 해주지 않고 있다.

이에 대해서 자기극복과 관련하여 불교는 팔정도(八正道)라는 구체적인 방법을 제시하고 있다.[273] 팔정도는 고집멸도(苦集滅道)라는 불교의 사성제에 포함되어 있다. 주지하듯이 사성제는 모든 것이 고통이지만(苦) 고통의 근원은 집착에 있으며(集) 따라서 집착을 버리면 고는 사라진다(滅)고 말하면서 집착을 멸할 수 있는 길로서 팔정도를 제시고 있다.[274]

팔정도는 첫째로 바른 소견(正見), 즉 사성제를 잘 이해하는 것, 둘째로 바른 사유(正思惟), 즉 세속적 쾌락에 대한 집착이나 이기주의에서 벗어나 자비심에서 생각을 내는 것, 셋째로 바른 말(正語), 즉 거짓말이나 불화를 일으키는 말을 하지 않고 선한 말만 하는 것이며, 넷째로 바른 업(正業), 즉 생명체를 죽이거나 남의 것을 훔치거나 잘못된 성관계를 하지 않고 선한 행동을 하는 것, 다섯째로 바른 생활(正命), 즉 정당한 직업과 방법으로

---

[273] 이 점에서 Morrison도 불교는 니체의 자기극복에 대한 사상을 보완하고 완성시킨다고 말하고 있다. R. G. Morrison, *Nietzsche and Buddhism, A Study in Nihilism and Ironic Affinities*, Oxford& New York, Oxford University Press, 1997, 171쪽 참조.

[274] 『한글 아함경』, 483쪽 참조.

의식주를 구하는 것, 여섯째로 바른 노력(正精進), 즉 탐진치의 선하지 않은 마음이 일어나는 것을 막고 선한 마음을 일깨우기 위해서 끊임없이 노력하는 것, 일곱 번째로 마음챙김(正念), 즉 신체와 마음의 움직임과 느낌을 주시하면서 오온에 실체가 본래 없다는 것을 보는 것, 여덟 번째로 바른 집중(正定), 즉 마음을 집중하는 것으로 이루어져 있다.[275]

팔정도 중에서 가장 근본이 되는 것은 마음챙김(正念)과 바른 집중(正定)이다. 마음챙김이란 모든 현상세계의 생성 소멸의 모습을 정관(靜觀)하면서 일체가 무아라는 것을 깨닫는 것이고 바른 집중이란 마음을 집중하는 것이다. 바른 집중에 의해서 요동하는 자신을 고요하게 하면서 마음이 자신의 움직임을 챙겨볼 때, 마음은 자신에게서 저절로 일어나는 욕망이나 느낌에 의해서 사로잡히는 상태에서 벗어나게 된다.

우리에게서 우선 대부분의 경우 자발적으로 일어나는 생각과 느낌 그리고 욕망과 열망들은 아견(我見)과 아만(我慢)과 아애(我愛) 그리고 아치(我癡)에 물들어 있고 성격적인 취향이나 사회적인 가치관 등에 의해서 물들어 있다.[276] 아치란 자신이 집착하는 자아가 사실은 공이며 무아라는 것, 인연소생이며 오온의 화합이라는 사실을 알지 못하는 것을 말한다. 아견은 이러한 아치에 입각하여 다른 자아들로부터 고립되어 있고 그것들과 끊임없이 비교되는 고정불변의 자아가 있다고 생각하는 것이다. 아만은 이러한 자아가 가장 잘 났고 가장 우대받아야 한다고 생각하면서 그것을 세상에서 가장 좋은 것으로 보면서 자랑하고 싶어 하는 것이다. 그리고 아애는 그러한 자아를 사랑하면서 집착하는 것이다.

그러나 우리의 마음은 이렇게 아치와 아견 그리고 아만과 아애에 의해서 침윤되어 있는 생각과 욕망, 열정의 움직임에 휩싸이지 않고 그것들을 지켜 볼 수 있는 능동적인 능력을 갖고 있다. 그러면서 우리는 그러한 생각

---

275 | 『한글 아함경』, 486쪽 참조.
276 | 『성유식론 외』, 김묘주 역주, 동국역경원, 2008, 258쪽 참조.

과 욕망, 열정이 유지하고 강화하려고 하는 허구적인 자아에 대한 집착에서 벗어날 수 있다.

이러한 마음챙김과 바른 집중은 오온에 대한 집착을 털어내는 수행이다. 우리는 어떤 통일적이고 자유로운 실체로서의 자아가 있다고 생각하면서 그것이 오온을 자유롭게 통제한다고 생각한다. 그리고 이러한 자아는 세계와 대립되고 다른 사람과 비교되는 자아다. 따라서 우리가 이러한 자아에 집착하면서 내는 모든 생각과 느낌 그리고 욕망은 모두 아만과 아애에 물들어 있다. 그러나 이러한 자아는 오온을 떠나서 독립적인 실체로서 존재하는 것이 아니라 사실은 오온의 화합물에 불과한 것이기 때문에, 우리가 집착하는 자아라는 것도 결국은 아만과 아애에 의해서 철저하게 물들어 있는 오온에 지나지 않는다. 따라서 우리는 오온이 위태롭게 되면 자신의 지위도 위태롭게 된다고 생각하고 그것이 소멸하면 자신도 소멸한다고 생각한다.

그러나 이러한 오온은 사실은 무상한 것이기에 그것에 대한 집착은 우리에게 절대로 영원한 평정을 가져다 줄 수 없다. 따라서 마음챙김과 바른 집중은 오온에 대한 집착이 우리가 희구하는 영원한 평정을 가져다 줄 수 없고 오히려 고통만을 가져다준다는 사실을 깨닫고 그것에 대한 집착을 버리는 것이다. 그러면 마음이 오온을 집착하는 상태에서 벗어날 수 있는 구체적인 방법은 무엇인가? 이를 위해서 우리는 무상한 것들에 대한 집착의 성격을 갖는 것은 모두 떨쳐버려야 한다. 단적으로 말해서 우리는 '자신에게 있되 영원하지 않은 것은 모조리 털어내야만 한다'.[277] 이 경우 영원하지 않은 것이란 인연에 의해서 생성된 무상한 것들이며 그것들을 털어낸다는 것은 그것에 집착하지 않는다는 것을 의미한다.

인연에 의해서 생성된 무상한 것들에 집착한다는 것은 그것들을 고립된

---

277 | E. 콘즈, 『한글세대를 위한 불교』, 48쪽 참조.

자신에 속하는 것으로 생각하고 그것들을 다른 사람의 것들과 비교하면서 우월의식에 사로잡히거나 열등의식에 사로잡히는 것을 의미한다. 예를 들어서 자신의 외모는 인연에 의해서 생겨나서 자신에게 주어진 것이고 그것을 자신의 것으로 생각하면서도 다른 사람의 외모와 비교하여 우쭐해하거나 의기소침해 하는 것이다. 그러나 외모뿐 아니라 의식에 저절로 떠오르는 모든 생각이나 느낌에 대해서도 우리는 그것들을 자신의 생각이나 느낌으로 생각하면서 그것에 집착하지 말아야 한다. 여기서 그것들에 집착하지 않는다는 것은 그것들을 자신의 것으로 붙잡고 싶은 마음이 일어나자마자 그것을 알아채고 흘러 사라지게 한다는 것을 의미한다.

이 점에서 불교적인 수행방식은 정신분석학적인 치유방법과 근본적으로 다르다고 할 수 있다. 정신분석학은 우리가 아직 이성이 성숙하지 않을 때 겪었기 때문에 적절하게 처리하지 못해서 상처로 남게 된 일을 기억하게 하면서 보다 성숙한 이성을 통해서 대결하게 하지만, 불교에서는 그것의 무상함을 깨닫게 해서 흘러가게 한다. 불교는 증오나 분노 등과 같은 부정적인 감정들에게 우리가 의식의 힘을 빌려주는 한에서만 그것들이 우리를 고통스럽게 한다고 본다. 따라서 우리는 그러한 부정적인 감정들이 인연에 따라서 오고 가는 것이며 어떠한 견고한 성격도 갖고 있지 않다는 것을 깨달으면서 그러한 것들에 대해서 더 이상 힘을 실어주지 말아야 한다.

그런데 우리가 무상한 것들에 대해서 이렇게 집착하지 않기 위해서 우리의 의식은 항상 깨어 있어야 한다.

> "우리들은 감관에 부딪치는 대상에 넋을 빼앗기지 않도록 우리들의 정신과 마음과 생각을 지켜야 한다. 자극이 마음의 성 안으로 들어왔을 때 불건전한 정념이 그 주위에 모여들어 점점 새로운 중심점을 반복, 강화해 나가지 않도록 자신을 훈련시켜야 한다."[278]

---

[278] E. 콘즈, 『한글세대를 위한 불교』, 141쪽 이하.

그리고 우리는 생각하고 느끼고 행하는 모든 것은 오온이라는 비인격적 힘들의 상호작용이라고 생각하는 습관을 들임으로써 그것들을 '나의 것'이라고 생각하는 생각을 버려야 한다. 이러한 과정은 동시에 나를 고립된 자아로 생각하면서 다른 인간들이나 세계와 분리시키는 주객대립의 상태에서 벗어나는 과정이며, 아견과 아치 그리고 아애와 아만에서 벗어나는 과정이다.

"너희들의 소유가 아닌 물건은 마땅히 다 버려야 한다. 그 법을 다 버린 뒤에는 긴 밤 동안에 안락하리라. 어떤 것을 너희들의 소유가 아니라고 하는가. 이른바 눈이니 눈은 너희들의 소유가 아니다. [······] 귀·코·혀·몸·의지에 있어서도 또한 그와 같느니라."[*279]

"선정의 내성 속에서 모든 객관으로부터 가차 없이 시선을 거두어야만, 비로소 우리는 궁극적 주관을 향해 나아가기를 기약할 수 있다. 나라고 하는 개인이 자신을 의식하는 상황 안에서는 주체는 언제나 모종의 객관과 결합되어 있다. 그런데 이와 달리 주관에 대립하는 객관이 없다면, 즉 객관과 관련된 어떠한 복합체도 없다면 그때 나는 순수한 내면의 자아를 깨달았다고 할 수 있다. [······] 내적 자아는 '대상'이나 '생각'이 없이 [생각은 대상과 얽힌 불순한 복합체다] 홀로 서 있을 때만 깨달아진다. '붙들 대상이 없는 곳에 붙드는 활동도 없다'."[*280]

우리는 이렇게 마음챙김과 바른 집중에 의해서 우리의 생각과 행동을 통상적으로 규정하는 모든 무의식적인 갈망들과 습성들을 완전하게 인식하게 된다. 이와 함께 우리는 생각과 행동에서 맹목적인 인과의 사슬에 의해 사로잡히지 않고 자비롭고 지혜로운 마음으로 생각하고 행동하게 된다.

---

279 | 『한글 아함경』, 333쪽.
280 | E. 콘즈, 『한글세대를 위한 불교』, 228쪽.

이런 의미에서 마음챙김과 바른 집중으로 구성되는 명상은 도피와 안일의 수단이 아니라 오히려 인격의 완성을 가능하게 하는 것이다.

(2) 의식, 말나식, 아뢰야식

그런데 우리는 허구적인 자아에 대한 집착을 쉽게 버릴 수 없다. 우리는 의식차원에서는 모든 사람들에게 베풀면서 살겠다고 생각하면서도 막상 실제로 그렇게 베풀어야 할 때가 오면 아까운 생각이 다시 의식을 점령해 버린다. 미운 사람을 더 이상 미워하지 않겠다고 생각하지만 막상 그 사람을 만나면 다시 미운 생각이 의식을 사로잡고 만다. 이는 왜 그런가? 의식은 끊임없이 변하는 것이기에 집착도 쉽게 버릴 수 있을 것 같은데 왜 우리의 의식은 그렇게 할 수 없는가?

니체는 이러한 어려움의 원인을 우리의 의식이 우리가 보통 의식하지 못하는 힘에의 의지에 사로잡혀 있다는 데서 찾는다. 우리의 힘에의 의지는 보통 병들어 있고 우리의 의식은 이러한 힘에의 의지에 의해서 규정되지만 이러한 사실을 대부분의 경우 자각하지 못한다. 예를 들어 인격신이 다스리는 천국의 존재를 믿는 사람은 자신이 진리를 믿고 있다고 생각할 뿐 자신의 이러한 믿음이 병든 힘에의 의지에 의해서 규정되어 있다는 사실을 자각하지 못한다. 따라서 우리의 의식은 우리의 본체를 이루고 있다기보다는 사실은 표면에 나와 있는 빙산의 일각과 같은 것일 뿐이다.[281]

니체의 이러한 견해는 불교 중에서 특히 인간 심리를 치밀하게 천착한 유식불교의 통찰과 유사하다. 필자는 자기극복에 대한 불교의 입장은 유식불교에서 가장 섬세하면서 깊이 있는 형태로 개진되었다고 생각한다.

---

281 | 이렇게 볼 때 니체가 말하는 힘에의 의지는 우리의 의식적인 의지활동을 가리킨다기보다는 의식적인 의지활동마저도 규정하는 우리 인격의 전체적인 상태를 가리킨다고 볼 수 있다. 즉, 천국의 존재를 믿는 사람이 천국에 가기 위해서 수행하는 갖가지 의식적인 행위들도 그가 의식하지 못하는 병약한 힘에의 의지에 의해서 규정되어 있는 것이다.

따라서 필자는 아래에서 자기극복에 대한 불교의 사상을 유식불교를 중심으로 고찰할 것이다.

우리의 의식은 어떤 것은 좋은 것으로, 어떤 것은 나쁜 것으로, 어떤 것은 아름다운 것으로, 어떤 것은 추한 것으로 분별하는 성격을 갖기 때문에 유식불교에서는 분별사식(分別事識)이라고 불린다. 모든 사람들의 의식이 이렇게 분별사식의 성격을 가지고 있다는 것은 사실이지만 그렇다고 해서 모든 사람들이 다 동일한 방식으로 분별하는 것은 아니다. 즉, 사람들의 가치기준은 사람들마다 다르다. 예를 들어 어떤 사람이 아름답다고 생각하는 것을 다른 사람은 추하다고까지는 보지 않아도 덤덤하게 받아들일 수 있다. 사람들의 타고난 취향에 따라서 동일한 사물이라도 어떤 사람은 좋아하고 어떤 사람은 무덤덤하게 느끼든가 싫어할 수 있는 것이다. 그러한 취향은 의식이 독자적으로 형성한 것이기보다는 오히려 의식이 분별하는 틀을 의식의 이면에서 규정한다.

이렇게 우리의 의식을 규정하는 근본틀을 유식불교에서는 아뢰야식이라고 부른다.[282] 아뢰야식은 우리가 타고난 성격이나 생리적인 조건을 가리킨다. 우리의 의식은 우리가 자각하지 못하지만 이러한 성격적인 경향이나 생리적인 조건에 의해서 규정되고 있다. 이 점은 니체도 순수의식의 존재를 상정하는 전통형이상학을 비판하면서 끊임없이 강조하고 있는 것이다. 최근의 생물학에서는 각 개인의 성격적인 경향이나 생리적인 조건은 각 개인들이 타고난 유전자에 의해서 규정된다고 보겠지만 불교는 사람들이 수억겁의 전생에서 쌓아온 업에 의해서 규정된다고 본다. 아뢰야식은 과거의 경험이 축적된 것이며 이렇게 축적된 과거의 업은 '현재나 미래를 낳게 하는 종자'가 된다.

이러한 아뢰야식은 불변부동의 실체는 아니기에 끊임없이 변하고 있지

---

[282] 『성유식론 외』, 불전간행회 편, 214쪽 이하 참조.
『해심밀경』, 묘주 옮김, 민족사, 2002, 37쪽 참조.

만 그럼에도 어떤 연속성을 가지고 있다. 따라서 우리는 어떤 사람을 오랜만에 만났을 때에도 그 사람으로 인지할 수 있다. 그 사람의 신체적인 조건이나 성격에는 일정한 연속성이 존재하기 때문이다. 그리고 우리가 의식을 바꾸기 어려운 것은 의식이 이렇게 일정한 연속성을 갖는 아뢰야식에 구속되어 있기 때문이다.

> "단편화와 고착의 뿌리는 대상을 선별하는 욕구다. 이전의 경험은 의식적·무의식적으로 기억에 저장되고 기억은 미래를 끌어당기는 바람에 '현재적 경험의 직접성'(이것이 불교에서 말하는 '초월'이다)을 바로 보지 못하게 된다. 대상을 갈라봄(분별)은 고착·집착(망집)과 연결되어 있다. 요컨대 세속의 언어와 사유는, 한번 맛본 경험을 연장시키려는, 또는 일어나지 않게 하려는 음모의 소산이다. [⋯⋯] 기억과 기억에 대한 반응이 사태를 판단하고 행위를 선택하는 과정은 행태주의적 관찰이 가능할 정도로 일관성·연속성·계속성이 있다."[283]

사람들이 보통 자기라고 생각하면서 집착하는 것은 사실은 이러한 아뢰야식이다. 그것은 사실 어떤 고정불변의 실체가 아님에도 불구하고 우리는 그것을 고정불변의 실체로 생각하면서 그것을 세상에 내세우고 주장한다. 이러한 아뢰야식은 여러 가지 조건의 결합에 의해서 지금 이 모습으로 존재하는 것에 불과하다. 따라서 그것은 무아(無我)이고 무상(無常)한 존재이며 '폭포의 흐름과 같다'.[284]

아뢰야식에 우리가 무엇을 쌓고 우리의 아뢰야식이 어떤 성격을 갖느냐에 따라서 우리의 의식이 상대하는 대상세계의 양상이 변하게 된다. 우리가 의식 차원에서 보고 듣는 세계는 과거의 집적에 지나지 않는 아뢰야식

---

283 | E. 콘즈, 『한글세대를 위한 불교』, 80쪽.
284 | 『해심밀경』, 불전간행회 편, 묘주 옮김, 민족사, 2002. 39쪽 참조.

이 펼쳐놓은 영상에 지나지 않는 것이다. 그런데도 우리는 그 영상을 진실한 대상이라고 믿으면서 그것들에 집착하고 기뻐하고 슬퍼한다.

마음은 끊임없이 변화하는 아뢰야식을 고정된 실체로 생각하면서 그것을 자신의 자아라고 여기고 집착하면서 이러한 아뢰야식에서 비롯된 생각이나 의견, 느낌도 자유로운 통일적인 주체로서의 자신에 속하는 것으로 생각하면서 그것에 집착한다. 물론 우리의 마음은 자신의 생각이나 의견, 느낌을 아뢰야식에 바탕을 둔 주관적인 것이라고 생각하지 않고 객관적이고 가장 합당한 것으로 생각하면서 다른 사람들이 존중해야 할 것으로 내세우고 싶어 한다. 그러나 우리가 집착하는 모든 생각이나 욕망들은 사실은 아뢰야식에서 비롯된 것이며 그것들은 여러 가지 조건들의 인연에 의해서 생겨난 무상한 것에 지나지 않는다. 그런데도 우리는 그것들이 인연소생임을 잊어버리면서, 자신이 보고 듣고 생각하는 것이 실재 자체라고 생각하면서 그것들에 집착하는 것이다.

이렇게 의식의 바탕을 형성하는 아뢰야식을 자신의 것으로서 집착하고 동시에 아뢰야식에서 비롯된 모든 생각이나 의견 그리고 느낌 혹은 생리적·신체적인 현상을 자유로운 통일적인 주체로서의 자신의 것으로 생각하면서 집착하는 뿌리 깊은 경향성을 유식불교에서는 말나식이라고 부른다.[285]

우리들의 생각이나 행동이 더럽혀지는 것은 이 말나식 때문이다. 아뢰야식에 존재하던 선한 종자가 떠오르면서 착한 생각이 일어나더라도 그것은 말나식을 거치면서 '나는 이렇게 착한 생각을 하니 다른 사람보다도 더 낫다'고 생각하는 아만과 아애와 결합된다. 우리의 의식뿐 아니라 감각마저도 항상 말나식의 필터를 거치며 아만과 아애의 색깔을 띨 수밖에 없게 되는 것이다. 그리고 이렇게 말나식의 필터를 거친 생각과 의지와 행위가 다시 아뢰야식을 물들인다.

---

285 | 『성유식론 외』, 258쪽 이하, 316쪽 이하 참조.

이렇게 자아에 대한 집착이 모든 잘못된 생각과 행동의 근원에 해당하기에 불교에서 가장 강하게 부정되는 것은 말나식과 그것이 갖는 네 가지 성격인 아치, 아견, 아만, 아애이다. 말나식은 항상 이 아치와 아견 그리고 아만과 아애라는 네 가지의 번뇌와 함께 기능한다. 이러한 말나식의 영향 때문에 우리는 모든 일에서 항상 자신을 내세우고 다른 사람과 자신을 비교하면서 자신이 우월하다고 생각하면 거들먹거리고 그렇지 않다고 생각하면 의기소침해진다.

따라서 우리의 의식은 두 번의 왜곡을 거친다.[286] 즉, 아뢰야식에 축적된 과거의 업과 그것에 대한 말나식의 애착에 의해서 왜곡되는 것이다. 사람들은 감각기관을 통해서 들어오는 여러 가지 정보들을 의식을 통해서 종합하고 평가하지만 이러한 종합과 평가는 순수하게 일어나는 것이 아니라 아뢰야식과 말나식에 의해서 규정되는 것이다. 따라서 우리는 실재 그 자체를 본다고 생각하지만 사실은 아뢰야식과 아견과 아집과 아만 등에 의해서 왜곡된 실재를 본다. 이런 의미에서 우리의 의식은 마음의 표층에 해당하며 아뢰야식과 말나식은 의식을 규정하는 마음의 심층에 해당한다고 할 수 있다.

불교가 이렇게 의식이 심층의식인 아뢰야식과 말나식에 의해서 규정되고 있다고 보는 것과 마찬가지로 니체 역시 우리의 의식이 자신이 의식하지 못하는 전체적인 힘에의 의지의 상태에 의해서 규정되고 있다고 보고 있다. 니체는 이러한 전체적인 힘에의 의지의 상태를 몸이라고 부르고 있다. 니체에 따르면 우리의 모든 생각, 느낌, 의지 등은 우리의 전체적인 몸 상태의 표현이다. 그러나 여기서 몸은 전통형이상학에서처럼 정신에 대립된 부분으로서의 몸을 말하는 것이 아니라 정신과 몸의 분리 이전의 힘에의 의지로서의 인간의 전체적인 실존을 말한다고 볼 수 있다. 니체는 인간

---

286 | 『성유식론 외』, 272쪽 이하 참조.

을 정신과 몸으로 분리될 수 없는 통일체로 보는 것이다. 니체는 이 전체로서의 실존을 또한 자기라고도 말하고 있다.

> "감각과 정신이란 도구이자 장난감일 뿐이다. 그들 뒤에는 자기(das Selbst)라는 것이 있다. 자기는 감각의 눈을 도구로 하여 탐색하며 정신의 귀를 도구로 하여 경청한다.
> 자기는 언제나 경청하며 탐색한다. 그것은 비교하고, 강제하고, 정복하며 파괴한다. 자기는 지배하는 존재인 바, 자아를 지배하는 것도 그것이다.
> 형제여, 너희의 사상과 생각과 느낌 뒤에는 더욱 강력한 명령자, 알려지지 않은 현자가 있다. 이름하여, 그것이 바로 자기다. 이 자기는 너의 신체 속에 살고 있다. 너의 신체가 바로 자기다."[287]

이러한 몸은 우리의 충동과 열정 그리고 성격적인 특성의 총합이다. 이러한 몸이 병약하면 의식이 아무리 객관적으로 사유하려고 해도 그것은 항상 병적으로 사유할 수밖에 없다. 기독교인들은 아무리 객관적으로 사유하려고 해도 몸이 병약해 있기에 기독교식으로 사유할 수밖에 없다. 니체에서는 이렇게 모든 것이 인식 작용과 의식(perception)의 영역으로부터가 아니라 힘에의 의지의 생리학으로부터 철저하게 사유되고 있는 것이다.

우리의 의식은 니체가 말하는 이러한 몸에 의해서 규정되어 있지만 우리가 경험하는 사건들 중의 극소수만이 아니 사건의 아주 작은 부분들만이 우리의 의식 속에 들어온다. 그러나 의식은 이러한 작은 부분들이 그것의 근저에 있는 거대한 맥락과 결부되어 있다는 사실을 망각하면서 이 작은 부분이 자신의 객관적인 사유에서 비롯된 것이라고 생각하면서 집착한다. 즉, 우리는 하나의 생각, 하나의 욕망, 하나의 소망 및 하나의 믿음이 서로 따로따로 존재한다고 생각하면서 그것들을 객관적으로 올바른 것으로 내

---

[287] 니체, 『차라투스트라는 이렇게 말했다』, 52쪽.

세우는 것이다.

(3) 전식득지(轉識得智)로서의 자기극복

의식은 이렇게 아뢰야식과 말나식에 의해서 규정되지만 그럼에도 불구하고 가장 큰 능동성을 갖는 것이다. 그것은 자신에 대한 성찰능력을 갖는다. 우리가 현재 이 글을 읽고 이해하는 것은 의식, 즉 분별사식에 의한 것이지만, 그것은 이러한 독서를 통해서든 아니면 독자적인 자기반성에 의해서든 자신이 아뢰야식과 말나식에 의해서 규정된다는 사실도 자각할 수 있다. 그리고 이와 함께 그것은 아뢰야식과 말나식에 의해서 지배되는 상태에서 벗어나려고 노력할 수도 있다.

이런 의미에서 우리의 의식은 하나의 대상처럼 고정된 성질을 갖고 있는 것이 아니다. 그것은 어떤 고정된 것으로 확정될 수 없다. 의식은 어떤 것으로 고정되자마자 그것을 반성하면서 초월할 수 있다.

> "우리는 의식을 우리 앞에 있는 어떤 대상처럼 직접 체험할 수 없다. 우리가 주관을 향해 바라보는 즉시 그것은 객관이 되어버리기 때문에 더 이상 주관이 아니다. [……] 그것은 초월적이다. 거기에 도달하려고 하는 것은 불가능한 시도다. 이것이 유식학파가 밝히고자 노력한 것이다."*[288]

니체 역시 의식의 한계를 말하지만 의식 자체의 능동적인 성격을 전적으로 부정하는 것은 아니다. 니체도 의식이 자신이 그동안 병든 힘에의 의지에 의해서 지배당했다는 사실을 깨달을 경우에만 의식은 그러한 의지에 의해서 지배되던 상태에서 벗어날 수 있다고 말하고 있다. 따라서 유식

---

[288] E. 콘즈, 『한글세대를 위한 불교』, 227쪽 이하.

불교와 마찬가지로 니체가 의식의 한계를 말하는 것은 의식이 수동적으로 자신에 대해서 체념해야 한다고 보기 때문이 아니라 의식이 자신의 한계를 깨달을 경우에만 그것은 그러한 한계에서 벗어날 수 있기 때문이다.

이런 맥락에서 볼 때 니체와 유식불교에서 가장 중요한 것은 사실은 의식이라고 할 수 있다. 실로 우리가 의식하지 않는 가운데 의식을 점령하는 모든 생각과 느낌은 말나식에 의해서 오염되어 있는 아뢰야식의 현현이다. 그러나 의식은 다른 한편으로는 그러한 사실을 깨닫고 그러한 생각과 느낌에서 거리를 취할 수 있는 것이다. 니체도 힘의 증대를 위해서는 의식이 유용하고 필요하다고 보며, 우리의 열정이 괴물과 같은 것이 되는 것은 자기관찰의 결여 때문이며 자극에 반성적으로 반응하지 않고 직접적으로 반응하기 때문이라고 보고 있는 것이다. 니체는 의식도 유식불교와 마찬가지로 삶의 고양을 위한 종합적인 부분으로 생각하는 것이며, 의식이 자기극복에서 아무런 역할도 하지 못한다면 우리는 우연의 희생자가 될 것이라고 보는 것이다.

물론 니체에서는 의식의 증가가 목표가 아니라 힘의 증대가 목표이다.[289] 이는 유식불교에서도 단순히 의식을 증대하는 것이 목표가 아니라 우리의 의식을 포함하여 아뢰야식과 말나식 심지어 우리의 감각적인 능력을 포함하는 전체가 다 정화되면서 우리가 새로운 존재로 다시 태어나는 것이 목표인 것과 유사하다고 할 수 있다.

그런데 의식이 실재를 반영한다고 생각했던 자신의 모든 생각들이 사실은 실재가 아니라 허상이라는 것을 알게 될 때 의식은 무엇에 의지해야 하는가? 의식이 그동안 의지해 왔던 종교체계나 철학체계 등을 믿지 못하고 그것들이 사실은 허상이라는 사실을 깨달을 때 의식은 당장은 자신이 의지할 데가 없다고 생각하는 허무주의에 빠지게 된다.

---

[289] F. Nietzsche, *Der Wille zur Macht*, 711번 참조.

그동안 의식은 아뢰야식과 말나식에서 비롯된 자기중심적인 욕망과 열정에 사로잡혀서 돈이나 권력 혹은 명예를 쌓거나 아니면 어떤 종교적·정치적 교리를 이해하고 신봉하는 데 이용되어 왔다. 그러나 의식이 이제 이러한 모든 것들이 무상하다는 사실을 깨달을 때 의식은 어떠한 열정에 의지해야 하는가? 어떤 것이 좋고 나쁘다는 것을 분별하는 기능인 의식 자체의 힘만으로는 의식이 의거하면서 수용해야 할 욕망이나 열정은 생기지 않는다. 그리고 인간은 니체가 말하는 것처럼 단순히 순수한 의식만 가지고는 살 수 없으며 의식에게 힘을 부여하는 욕망이나 열정에 근거해서만 힘 있게 살아나갈 수 있다.

니체 역시 의식은 서로 갈등하는 열정 중에서 어떤 열정의 편을 든다고 말하면서 의식에게 일정한 독립성을 인정하면서도, 의식은 그러한 열정 자체를 산출할 수는 없다고 말하고 있다. 어떤 열정에 반하는 것은 의식 자체가 아니라 또 다른 종류의 열정이며 의식은 그러한 열정들 중에서 취사선택하면서 어떤 특정한 열정의 실현을 돕는 역할을 한다는 것이다.

유식불교는 아뢰야식에는 과거의 집적에 지나지 않고 이기적인 성질과 번뇌에 물들어 있는 유루종자도 있지만 다른 한편으로는 이기적인 성질과 번뇌에 물들지 않은 청정한 무루종자(無漏種子)가 있다고 본다.[290] 이러한 무루종자는 부처가 되는 것을 가능하게 하는 맑고 깨끗하며 성스러운 성질로서 아뢰야식에 잠재되어 있는 긍정적인 덕성들인 청정심과 자비심 등을 가리킨다. 유루종자가 사람들을 번뇌로 몰아가는 욕망을 담고 있는 반면에, 청정한 무루종자는 다른 존재자들에게 지혜에 입각한 사랑을 구현하려는 열망을 담고 있다. 의식은 이러한 열망이 자신이 의지하고 구현시켜야 할 기반이라는 사실을 깨닫고 그러한 열망으로부터 생각을 내고

---

290 | 무루종자에 대해서는 『성유식론 외』, 634쪽 참조. 여기서 무루종자는 다음과 같이 설명되고 있다. "모든 번뇌를 영원히 끊어서 번뇌를 따라 증성해지지 않으며, 체성이 청정하고 원만하여 지혜롭기 때문에 '무루'라고 이름한다."

행위를 해야 한다.

　우리는 청정한 교설을 들으면 흐뭇한 즐거움을 느끼고 그러한 가르침대로 살아야겠다는 열망을 갖게 된다. 이는 우리 자신 속에 선하고 아름다운 것을 받아들이는 소질이 있기 때문이다. 우리가 부처의 가르침이든 예수의 가르침이든 그러한 가르침을 들으면 감동하게 되는 것은 바로 그러한 가르침이 우리의 말나식의 횡포를 깨고 우리 속에 존재하는 무루종자를 일깨우기 때문이다. 이러한 무루종자가 일깨워지고 우리의 의식이 그것에 자신을 맡기면서 그것에서 생각과 행동을 낼 때, 우리는 과거의 종자와 말나식에 의해 규정되는 상태에서 벗어날 수 있게 된다.

　따라서 의식은 독자적으로 아뢰야식과 말나식의 변화를 일으키는 것이 아니라 아뢰야식 속에 잠재해 있던 무루종자가 자신을 구현하려는 성향과 호응하고 그것에 의지하면서 그러한 변화를 일으킨다.

　보다 구체적으로 말하자면 우리의 의식이 그동안 자신이 의지해 왔던 것들이 실재가 아니라 허상이라는 것을 깨닫게 되는 것도 사실은 우리 의식이 마음대로 할 수 있는 것이 아니라 아뢰야식에 잠재해 있던 무루종자가 자신을 고지해 오는 것에 의해서 가능하다. 우리는 어느 날 자신이 추구하고 의지해 왔던 재산이나 명예가 허망한 것이라는 것을 깨닫게 되지만 이는 우리가 원한다고 해서 깨닫는 것이 아니라 어느 날 갑자기 우리는 그러한 허망감에 사로잡히게 된다. 물론 우리가 언젠가는 죽는다는 사실은 초등학생도 다 아는 사실이지만 그렇다고 해서 초등학생 정도의 연령에서 우리가 자신이 살아 온 인생의 무상함을 절절하게 실감하게 되는 것은 아니다. 이때 우리는 인생의 무상함을 느끼고 싶어서 느끼는 것이 아니라 자신도 모르게 그러한 무상감에 사로잡히게 되는 것이다.

　이렇게 우리가 무상감을 느끼는 사건은 단순한 주관적인 기분에 불과한 것이 아니라 우리가 집착해 왔던 것들의 무상함을 깨닫게 되는 사건이다. 이러한 사건을 원효와 같은 사상가는 우리 마음에 잠재되어 있는 본래적인 가능성, 즉 여래장이 자신을 고지해 오는 것이라고 부르고 있다.[291] 우리의 마음에는 아뢰야식을 고정된 자아로 보면서 집착하는 것에서 비롯되는 탐진치에 찌들어 있는 마음상태만이 존재하는 것이 아니라 그것을 넘어서 청정심과 자비심 그리고 지혜로 가득 찬 마음상태가 잠재해 있다. 따라서 누구나 탐진치에 시달리며 살면서도 어느 순간 그러한 삶의 허망함을 느끼면서 보다 참되고 풍요로운 삶을 열망하게 된다. 이는 우리의 마음에 진실된 삶의 가능성이 잠재해 있기 때문이며, 이러한 진실된 삶의 가능성이 우리 안에서 항상 자신을 고지해 오기 때문이다.

이런 의미에서 자기극복을 위해서 필수적인 것으로 요구되는 것은 극복되고 버려져야 할 욕망들에 대한 냉철한 자각과 우리가 의식적으로 키워야 할 선한 열망들이며 그러한 열망들을 실현하려는 강한 의지다.

아뢰야식에 축적된 과거의 업력과 말나식의 집요한 인력에서 벗어나기 위해서는 의식이 단순히 자신이 아뢰야식과 말나식에 의해서 규정되어 있다는 것을 깨닫는 것을 넘어서, 의식은 아뢰야식 내의 무루종자에 호응하고 그것에 귀를 기울이면서 그것의 힘으로 말나식 내의 아만과 아애를 극복하고 더 나아가 우리의 다섯 가지 감각기관, 즉 안이비설신(眼耳鼻舌身)이 갖는 감각능력의 성격조차도 정화해야만 한다.[292]

과거의 기억의 집적에 지나지 않는 아뢰야식은 모든 존재자들을 여여하게 수용하는 맑은 지혜인 대원경지(大圓鏡智)로 변화되어야 하며, 허구적인 자아에 대한 애착인 말나식은 모든 것들을 평등하게 대하는 지혜인 평등성지(平等性智)로 변화되어야 하고, 감각적인 능력조차도 중생의 수준과 상태에 맞추어서 몸과 입으로 중생의 이로움과 행복을 위해서 작용하

---

291 | 원효, 『대승기신론 소·별기』, 은정희 역주, 일지사, 1991, 283쪽 참조.
292 | 이 다섯 가지 감각기관은 유식불교에서는 전오식(前五識)이라고도 한다. 그리고 아뢰야식은 8식, 말나식은 7식, 분별사식은 6식이라고 한다. 불교는 우리의 마음뿐 아니라 우리의 육체와 감각기관도 청정하게 만들 수 있다고 본다. 즉, 마음이 맑아지면 육체를 구성하는 지수화풍 4대(四大)도 맑아진다고 보는 것이다. 이러한 사태를 불교는 오염된 사대가 청정한 명정(明淨) 사대로 바뀐다고 말하고 있다. 청화, 『청화스님 법어집 마음의 고향』, 광륜사, 2002, 224쪽 참조.

는 지혜인 성소작지(成所作智)로 변화되어야 한다.[293]

그리고 의식, 즉 분별사식도 번뇌와 망상에서 벗어나 모든 현상과 중생들의 공통점과 차이점을 정확히 꿰뚫어 보면서 중생의 근기에 맞추어서 진리를 가르치는 지혜인 묘관찰지(妙觀察智)로 변해야 한다. 묘관찰지는 사람들을 깨달은 사람과 그렇지 않은 사람으로 나누면서 자타와 주객을 분별하는 작용이지만, 그것은 모든 사람들의 근본적인 평등성을 인식하는 가운데 분별하는 것이며 사람들로 하여금 깨달음으로 나아가게 하기 위해서 분별한다.[294]

유식불교는 이러한 깨달음의 사건을 전식득지(轉識得智), 즉 식을 지혜로 변화시키는 것이라고 부르고 있다.[295] 이상에서 보듯이 이러한 전식득지의 과정은 의식과 아뢰야식 사이의 선순환적인 상호작용에 의해서 이루어진다. 의식도 아뢰야식과 말나식 그리고 전오식의 변화와 함께 변화하지만 동시에 아뢰야식과 말나식 그리고 전오식의 변화는 의식의 변화와 의식의 노력에 의거한다.

우리가 우리의 경험을 끊임없이 고착화하는 과거의 업의 총화로서의 아뢰야식과 아만과 아애에 쩌들어 있는 말나식이 우리의 의식을 지배하게 할 것인지 아니면 대원경지와 평등성지가 지배하게 할 것인지는 의식에 달려 있다. 명민한 인간이란 다름 아니라 이러한 의식이 밝은 사람을 말한다. 진아의 빛은 누구에게나 동일하게 존재하는 것이요 이러한 진아의 빛

---

[293] 『성유식론 외』, 624쪽 이하 참조.
   아뢰야식과 감각기관까지도 변한다는 것은 나의 성격이 변하고 나의 몸이 변한다는 것을 말하는데 유식불교는 아뢰야식과 감각기관의 완전한 변화는 수행이 최고도에 이르렀을 때에서야 일어난다고 말한다.
   "사물을 생각한다든지 판단한다든지 하는 '의식'은 그것보다 비교적 빠른 단계에서 변하기 시작한다고 하나, '전오식'과 '아뢰야식'은 마지막 끝까지 청정하게 되지 않는다고 한다. '전오식'이 청정하게 된 것을 성소작지, 아뢰야식이 그렇게 된 것을 대원경지라고 말하는데, '성소작지와 대원경지는 다만 수행의 완성 때에만 작용한다.'"
   오다 규기(太田久紀), 『불교의 심층심리』, 정병조 역, 현음사, 1992, 96쪽.
[294] 서광스님, 『현대심리학으로 풀어본 유식 30송』, 불광출판부, 2004, 147쪽.
[295] 전식득지에 대해서는 『성유식론 외』, 626쪽 참조.

에 자신을 맡기는 것은 의식의 깨달음과 정진(精進)에 달린 것이다. 따라서 모든 것은 우리가 의식을 어떻게 개발하느냐에 달려 있다.

> "우리들은 '무상(無相)', '무아'의 것으로서 '무상', '무아'의 존재의 하나로서 존재하고 있지만, 그 자기를 '무상', '무아'의 것이라고 스스로 깨닫는 것은 자기 자신 외에는 없는 것이며 자기 자신이라고 말한다 해도 그 자기 자신의 의식 이외에는 없는 것이다."[296]

의식이 이렇게 마음 안에 잠재해 있는 참된 가능성에 의지하고 그것을 실현하는 것이 바로 불교가 자기극복이라는 말로 가리키는 것이다. 이 점에서 우리는 의식은 보다 높은 마음상태, 즉 보다 높은 삶을 실현하는 데 봉사하는 것이라고 볼 수 있다. 이와 관련하여 니체도 의식은 몸의 표피적 기능, 즉 '보다 높은 삶과 삶의 향상에 봉사하는 수단이며 도구'일 뿐이라고 보고 있다.

(4) 마음의 정화로서의 자기극복

아뢰야식에서 저절로 일어나는 모든 생각이나 욕망들 그리고 느낌들에 집착하는 것은 의식이 원해서 그렇게 하는 것은 아니다. 우리의 의식은 말나식의 작용에 지배되어 자신도 모르게 그것들에 집착하게 된다. 따라서 그것들에 집착한다는 것은 사실은 그것들에 의해서 자신도 모르게 사로잡혀 있다는 것을 의미하며, 그것들에 대한 집착에서 벗어난다는 것은 그것들이 갖는 인력(引力)에서 자유롭게 된다는 것을 의미한다. 이렇게 의식이 무상한 것들을 자신의 것으로 집착하는 상태에서 벗어나고 말나식에 의해서 지배되던 상태에서 완전히 벗어날 때 우리의 의식은 인연에 의해서 생성하는 것들이 오고 가는 열린 터가 된다. 여기서 그는 그 전에는 자신이

---

[296] 오다 규기(太田久紀), 『불교의 심층심리』, 31쪽.

집착하는 것들을 세상에 내세우려고 했지만, 이제는 그것들이 인연의 흐름에 따라서 오고 가는 것을 넉넉하게 바라본다.

따라서 의식이 말나식이나 아뢰야식에 의해서 지배되던 상태에서 벗어난다는 것은 말나식이나 아뢰야식이 완전히 사라진다는 것이 아니라 그것들의 성질이 변화된다는 것을 의미한다. 말나식은 무아로서의 자신의 진상을 깨달으면서 다른 존재에 대한 경건한 자애로 변하게 된다. 즉, 악이 그대로 선하게 되는 것이다. 말나식이 이렇게 변화될 수 있는 것은 말나식이 갖는 이기적인 성질 자체가 결코 부정적인 역할만을 하는 것은 아니라는 것과 연관되어 있다. 말나식에서 비롯된 자신의 행복에 대한 염려 때문에 우리는 깨달음을 위해서 정진할 수도 있으며 또한 자신보다 더 깨달은 사람을 보면서 뒤떨어지지 않으려고 정진할 수도 있다. 그리고 말나식이 자애로운 평등성지가 되면서 아뢰야식 내의 유루종자는 무루종자로 바뀌게 되고 번뇌는 열반으로 전환된다.

따라서 니체가 말하는 것처럼 선과 악은 완전히 분리된 것이 아니라 선한 것은 악한 것에서 나올 수 있는 것이다.[297] 이기적인 마음을 우리가 악이라고 말할 수 있다면 악으로서 작용한 힘 그 자체가 자신의 성질을 전환하여 자비애타(慈悲愛他)의 정신으로 변화되는 것이다. 따라서 깨달은 마음은 번뇌에 시달렸던 마음이나 이기심과 본질적으로 다른 것이 아니라 그러한 마음이 전환된 것이다.[298] 이러한 사태를 유식불교에서는 전식득지라고 부른다는 사실은 앞에서 이미 보았다.

이러한 전환은, 세계와 대립된 고정된 실체로서의 허구적인 자아에 대

---

[297] 니체, 『인간적인, 너무나 인간적인 I』, 김미기 옮김, 책세상, 2001, 107번.
[298] 이런 의미에서 우리는 말나식이나 그러한 말나식을 규정하는 갈애는 니체가 말하는 힘에의 의지와 마찬가지로 윤리적으로 일단은 중립적인 것이지만 그것이 추구하는 것이 무엇이냐에 따라서 우리를 고통에 몰아넣기도 하고 선한 정동들을 일으키기 위한 조건이 되기도 한다고 할 수 있다. 말나식이 무상한 것들에 집착하면서 그것들을 영속화하려는 갈애에 사로잡혀 있을 때 그것은 우리를 고통에 몰아넣지만, 그것이 열반을 지향할 때 그것은 깨달음에 도달하게 하는 동력이 될 수 있는 것이다.

한 집착 때문에 번뇌와 이기심에 물들어 있던 우리의 마음이 허구적인 자아에 대한 집착을 버리면서 평온해지고 개방적이 되는 것을 의미한다. 즉, 우리의 마음이 세계와 대립되는 협소한 자아에 대한 집착 때문에 스스로의 잠재적인 가능성을 억누르면서 편협한 것이 되었었다면, 자아에 대한 집착을 버림으로써 마음은 자신에게 숨겨져 있던 잠재적인 가능성들을 온전하게 구현하게 되는 것이다.

마음이 생성 변화하는 세계 앞에서 경험하는 불안과 두려움을 극복하기 위해서는 마음은 자신을 특정한 몸이나 특정한 성격을 갖는 자아에 속하는 것으로 생각하지 말고 자신을 그 어떠한 것에도 집착하지 않고 세계의 생성 변화를 여여하게 받아들이는 열린 마음과 동일시해야 한다. 이 경우 마음은 더 이상 생성 변화의 세계에 대항하면서 자신의 자아를 주장하려고 하지 않기 때문에 세계가 자신의 뜻대로 되지 않는 것에 의해서 고통을 받지 않게 된다. 아울러 마음은 자신이 생성 변화의 세계 속에서 자신도 소멸해야만 한다는 생각에서 벗어나 생성 소멸에 의해서 요동하지 않는 평정심과 다른 존재자들에 대한 자비심을 구현하게 된다.

아울러 이 경우 우리가 다른 인간들이나 존재자들에 대해서 느끼는 자비심은 어떤 의무감에서 비롯된 것이 아니라 내적인 여유와 충만에서 비롯된 것이다. 이러한 내적인 여유와 충만에서 비롯되지 않는 사랑은 항상 남에게 베풀면서도 아깝다는 생각이 남게 된다. 그리고 이렇게 내가 내적으로 충만해 있을 때 세계는 더 이상 나를 위협하는 것으로서 나타나지 않는다. 그 경우 나는 다른 사람들이 소유하고 싶어 하는 것들, 즉 재산이나 명예 등을 둘러싸고 싸우지 않기 때문이다.

이와 함께 이제 우리는 더 이상 우리 자신의 본질을 무상한 몸이나 재산 혹은 명예 등에서 찾지 않고, 평정심과 자비심과 같은 완전히 구현된 이성적인 덕에서 찾게 된다. 이러한 이성적인 덕을 자신의 본질로 생각하기에 우리는 더 이상 생성 소멸의 한가운데에서도 불안해하지 않으며 죽음 앞에서도 그러한 덕을 구현하면서 자신의 힘을 즐길 수 있다.

이러한 깨달음의 상태를 불교에서는 상(常)·락(樂)·아(我)·정(淨)의 상태라고 말하고 있다.[*299] 즉, 그러한 상태는 깨닫지 못한 채 외적인 조건들에 따라서 끊임없이 부침하는 마음과는 달리 생사에서 벗어나 상주한다는 의미에서 상(常)이며, 마음에서 괴로움이 완전히 사라지고 항상 즐겁다는 의미에서 락(樂)이고, 외적인 인연들에 의해서 흔들리지 않고 도처에서 주인으로 존재한다(隨處作主)는 의미에서 아(我)이며, 마음에서 모든 오염이 사라지고 청정하다는 의미에서 정(淨)이다.

이런 맥락에서 볼 때 불교의 무아설은 우리가 허구적인 자아의 존재뿐 아니라 마음의 존재마저도 부정해야 한다고 주장하는 것은 아니다. 불교는 오히려 우리의 마음에게 허구적인 자아에 대한 집착을 버리고 자신 속에 잠재되어 있는 풍요로운 가능성을 드러낼 것을 촉구하는 것이다. 우리가 우리의 마음이 가지고 있는 위와 같은 풍요로운 가능성을 참다운 의미의 나라고 부른다면, 불교는 나의 존재를 부정하는 것이 아니라 거짓된 나에 대한 집착을 깨고 참된 나를 찾게 하는 것을 목표한다고 할 수 있다.[*300]

---

299 | 『성유식론 외』, 647쪽 참조. 또한 원효, 『대승기신론 소·별기』, 은정희 역주, 일지사, 1991, 300쪽 참조.

300 | 이런 맥락에서 길희성은 부처는 무아설이 아니라 비아(非我)설을 말했다고까지 주장하고 있다.
"우선, 석존은 오온의 어느 것도 우리의 자아가 아니지, 자아가 없다고 얘기하지는 않았다는 것이다. 사실, 석존은 소승 경전 어디에서든 '아트만'이라는 것이 존재하지 않는다고 한 번도 명시적으로 말한 적이 없다. 즉, 그는 문자 그대로의 의미에서 무아설을 주장한 일이 없다는 사실이다. 석존의 설을 문자 그대로 보면 무아설이라기보다는 '비아설'이라고 해야 합당할 것이다."
길희성 외, 『오늘에 풀어보는 동양사상』, 철학과현실사, 1999, 36쪽.
이러한 종류의 비아설에 대해서 한자경은 이렇게 비판하고 있다.
"비아론자는 '색수상행식은 자아가 아니다'라는 것은 오히려 오온이 아닌 참된 자아, 상일주재적 자아의 존재를 전제하므로 불교는 무아가 아니라 비아를 주장할 뿐이라고 논한다. 그러나 이것은 상일주재(常一主宰)의 자아란 단지 관념이고 말에 지나지 않는 가설(假設)일 뿐이라는 불교의 핵심 주장을 간과한 것이다." 한자경, 『불교의 무아론』, 이화여자대학교 출판부, 2006, 29쪽.
길희성이 위의 인용문에서 말하는 아트만이라는 것이 부처가 비판하는 것처럼 번뇌하는 마음을 떠나서 독립적으로 존재하는 고정불변의 실체라면 부처는 이러한 종류의 아트만은 부정했다고 말해야 할 것이다. 그 점에서 부처의 설을 무아설이라고 부르는 것은 타당할 것이며 비아설에 대한 한자경의 비판은 타당할 것이다. 그러나 길희성도 오온을 떠난 어떤 독립적이고 영구적인 실체로서의 아트만을 인정한다고 보기는 어려울 것 같다. 그럼에도 불구하고 길희성이 부처가 비아설을 주장했다고 보는 이유는, 열반이라는 것이 우리의 마음이 완전히 사라지고 문자 그대로 적멸에 빠지게 되는 것으로 해석되는 것을 막기 위해서라고 여겨진다.

우리가 버려야 할 '나'는 남과 비교대상이 되는 '나'이다. 그것은 특정한 신체와 특정한 성격 그리고 특정한 정신적인 자질들과 소질들로 이루어진 자기이다. 우리의 마음은 보통 이러한 것들을 자신이 소중하게 여겨야 할 자기라고 생각하면서 그것들을 꼭 붙잡고 있고 그것들을 '남들'의 것과 비교하면서 어떤 때는 우쭐해하고 어떤 때는 우울해한다. 이에 대해서 우리가 찾아야 할 진정한 나는 모든 것들에 대해 사랑이 넘치는 마음이다.*301 이러한 마음은 자신을 다른 것과 대립시키지 않고 차별하지 않기 때문에 내 것이 아니다. 그것은 세상과 하나인 마음이다.

이러한 깨달음 내지 열반은 깨달으려는 욕망을 포함한 모든 갈애를 포기할 때 도달되며, 이 점에서 그것은 언뜻 보기에는 니체가 말하는 것처럼 모든 욕망과 행동을 포기하고 식물적인 상태로 들어가는 것처럼 보인다. 이 점에서 유다 유타카와 같은 사람은 불교의 열반에 대한 니체의 이해와 평가를 수용하면서 열반을 수상행식이 다 끊어진 깊은 휴식의 상태로 본

---

301 | 이러한 진정한 나는 물론 우파니샤드에서 말하는 아트만처럼 오온 이면에 존재하는 어떤 실체는 아니다. 폴 윌리엄스와 앤서니 트라이브는 부처가 상주성과 주재성을 갖는 자아와 같은 것이 전혀 존재하지 않는다고 말하지는 않지만 그렇다고 해서 부처가 그러한 자아가 존재한다고 말하고 있지도 않은 점에 주목하게 한다. 그리고 그들은 부처가 그러한 자아가 있다고 생각했으면 분명히 그에 대해서 언급했을 것이라고 말하고 있다. 부처는 단지 자아가 존재하지 않음을 깨달아 모든 갈애와 집착을 놓아버림으로써 해탈이 가능하다고 말하고 있을 뿐이며 이것이 자아에 대해서 부처가 말하고 있는 전부라는 것이다. 폴 윌리엄스·앤서니 트라이브, 『인도불교사상』, 안성두 옮김, 도서출판 씨아이알, 2011, 84쪽 이하 참조.
필자가 언급하고 있는 '진정한 나'도 오온 이면의 어떤 독자적인 실체가 아니라 오온의 정화된 상태를 가리킬 뿐이다. 오온이 정화될 때 우리의 마음은 어떠한 조건들에 의해서도 흔들리지 않는 평정심을 유지한다는 점에서 주재성과 상주성을 경험하는 것이며, 이 점에서 오온의 정화된 상태를 우리는 진정한 나라고 말할 수 있다는 것이다.
따라서 열반은 개인적인 인격성이 사라지는 것이 아니라 그것이 보다 높고 정화된 수준으로 고양되고 완성되는 것을 의미한다. 탐진치를 절멸하는 것은 개인의 절멸을 의미하지 않고 오히려 열반은 개인적인 성장의 정점이며 이러한 완성은 기쁨을 수반하는 것이다. Lincourt, Jared, "Revaluating Nietzsche and Buddhism: Active and Passive Nihilism", http://organizations.oneonta.edu/philosc/papers09/Lincourt.pdf, 6쪽 이하 참조.
따라서 열반은 색수상행식 자체가 사라진 것이 아니라 자기중심적이고 자기주장적인 색수상행식이 사라지는 것을 의미한다. 열반은 색수상행식이 정화되는 것을 의미하며 그렇게 정화된 상태에서 생각을 내고 행동하는 것을 의미한다. 이런 의미에서는 한형조와 마찬가지로 끊임없이 일어났다가 사라지는 우리의 마음, 즉 생멸심(生滅心)에는 두 가지 뜻이 있다고 할 수 있을 것이다. 하나는 자연스런 표현으로 활동(생멸)하는 마음이고(자각적인 마음), 또 다른 하나는 불교가 부정적으로 생각하는, 구원을 방해하는 장애물로서의 생멸심(자기 망각의 마음)이다. 한형조, 『허접한 꽃들의 축제, 한형조 교수의 금강경 소』, 문학동네, 2011, 263쪽 참조.

다.[302]

  그러나 열반의 상태에서 갈애는 소멸해서 무가 되는 것이 아니라 오히려 열반을 통해서 충족되고 만족된다. 탐진치에 시달리고 있는 일상적인 삶에서도 갈애가 궁극적으로 추구하는 것이 어떠한 조건에 의해서도 영향 받지 않는 영원한 행복이라면 그러한 갈애는 열반에 의해서 최종적으로 충족되는 것이다. 더 나아가 탐진치에 시달리던 삶에서 자기중심적인 자아의 욕망을 충족시키기 위한 에너지로 작용했던 갈애는 이제 아직 깨우치지 못한 대중들을 깨우치려는 열망과 에너지로 작용하게 된다. 따라서 필자는 열반은 수상행식의 절멸이 아니라 수상행식의 정화라고 본다. 수상행식에서 끈끈한 집착의 성격이 사라지고 수상행식이 맑게 발현되는 상태가 열반이라고 보는 것이다.[303]

---

302 | 유다 유타카, 『ニーチェと佛敎』, 149쪽 참조.
303 | 이런 의미에서 열반은 우리가 일상적으로 집착하는 어떤 영구적으로 지속하는 실체나 자아가 아니라 그러한 자아가 없다는 사실에 대한 통찰을 통해서 획득되는 해방의 상태라고 말할 수 있다. 따라서 열반은 마음에서 온갖 망집과 망념이 사라진 기쁨의 상태일 뿐이며, 기독교적인 신비주의에서 말하는 것처럼 시간과 공간을 넘어선 어떤 초월적인 실재와의 합일 같은 것도 의미하지 않는다. 이와 관련하여 미산의 다음과 같은 말도 참고할 만하다.
"괴로움이 '무상·무아'라는 것, 즉 괴로워하는 내가 없음을, 괴로움이 영원히 지속되는 것이 아님을 직관하는 순간 – 대승불교에서 말하는 '공'함을 깨닫는 것 – 그 자리가 열반적정의 자리라는 것입니다. 그래서 열반과 번뇌는 손바닥과 손등의 관계와 같다고 하는 거죠."
미산, 『미산스님 초기경전 강의』, 244쪽 이하.

3 자기극복에 대한 니체와 불교의 사상에서 보이는 유사성과 차이

자기극복에 대한 니체와 불교의 사상을 고찰하면서 기회가 있을 때마다 언급한 것처럼 자기극복에 대한 양자의 사상에는 일정한 유사성이 존재한다. 이러한 유사성을 우리는 다음과 같이 정리해 볼 수 있을 것이다.

첫째, 의식을 인간의 가장 핵심적이고 주도적인 부분으로 보았던 서양의 전통철학과는 달리 니체와 불교는 의식의 역할과 기능을 의식을 넘어선 힘에의 의지나 아뢰야식과 말나식에 의해서 규정되는 것으로 보고 있다. 흔히 우리의 의식은 자신이 세계를 객관적으로 파악하고 있다고 생각하지만 사실은 자신이 의식하지 못하는 마음의 전체적인 상태에 의해서 규정된다. 힘에의 의지가 약한 자에게는 세계는 고통스럽고 혐오스런 것으로 나타나는 것처럼, 아뢰야식에 대한 집착에 의해서 사로잡혀 있는 말나식에 의해서 규정된 의식은 이 세상을 투쟁과 갈등으로 가득 차 있다고 보게 된다. 이런 맥락에서 니체와 불교는 인간을 절대적인 자유의지를 갖는 순수한 의식 주체로 보는 통상적인 관념을 비판하고 있다.

둘째, 니체와 불교는 정념과 열정을 부정하고 제거하려는 금욕주의적인 자기극복 방법을 비판하면서 정념과 열정의 승화를 주창하고 있다.

셋째, 니체와 불교는 의식의 절대적인 자유를 부정하고 있지만 그럼에도 불구하고 의식이 우리의 고양과 성장을 위해서 능동적인 역할을 할 수 있다고 본다.*304 이와 함께 니체와 불교는 기독교에서 말하는 영혼이나 우파니샤드에서 말하는 아트만처럼 어떤 고정불변의 자아가 있다고 보는 것이 아니라 자아는 구성되고 창조되는 것이라고 본다. 양자는 이른바 참된 자아는 우리가 자신의 일상적인 충동들과 열정들을 승화하고 정화함으로써 실현해야 하는 정신의 이상적인 상태일 뿐이라고 본다.

이상과 같은 유사성 때문에 많은 연구자들이 주체와 자유의지에 대한 니체의 해체작업과 불교의 무아사상 사이에서 유사성을 보았다. 예를 들어서 김정현은 이렇게 말하고 있다.

"니체의 주체의 해체작업과 불교의 무아사상이 더불어 공명하는 현대의 의미공간에서 우리는 또한 서양 근대의 주객이분법적인 개념구분이 파생시킨 독소, 즉 인간과 자연, 나와 타인, 나와 또 다른 타자로서의 나의 내면(das Alter ego) 사이의 분리라는 근원적인 독소를 해독시킬 철학적 치료제를 발견할 수 있을 것이다."*305

그러나 앞에서 본 것처럼 니체가 이상으로 하는 인간상이 종교적인 성자가 아니고 그리스·로마적인 인간인 한, 자기극복과 관련해서도 니체와 불교 사이에는 근본적인 차이가 존재한다. 이와 관련하여 니체가 주체와 자유의지라는 개념을 비판하고 부정하는 주요한 맥락과 불교가 주체와 자

---

304 | 한형조는 불교의 입장에서 자유의지론과 결정론 양자를 다음과 같이 비판하고 있는데 이는 니체의 입장과 동일하다고 생각된다.
"자유의지는 인간의 의지를 지나치게 뻥튀기한 상견이고 결정론은 인간의 발심과 역할을 하찮게 여긴 단견에 해당할 것입니다."
한형조, 『붓다의 치명적 농담 - 한형조 교수의 금강경 별기』, 문학동네, 2011, 205쪽.
305 | 김정현, 「니체와 불교의 만남 - 니체의 불교 이해 및 서양적 무아(無我)사상을 중심으로」, 『니체연구』 제8집, 91쪽.

유의지라는 개념을 비판하고 부정하는 맥락이 서로 다르다는 데 주목해야 한다.

불교가 주체와 자유의지에 대한 부정을 말하는 맥락은 사람들로 하여금 오온(五蘊)의 집합체에 불과한 것을 영구적이고 독립적인 실체로서 집착하면서 그것을 존속시키기 위해서 안간 힘을 쓰는 갈애의 고통에서 벗어나게 하려는 것이다. 불교는 모든 사람을 고통에서 벗어나게 하려는 자비에 가득 찬 원력(願力)의 맥락에서 주체 개념과 자유의지 개념을 비판한다.

이에 반해 니체가 주체 개념과 자유의지 개념을 비판하는 주요한 맥락 중의 하나는 '힘에의 의지가 강한 자들'로 하여금 그들의 자연스런 힘에의 의지를 자유롭게 발산하게 하면서 자연적인 본성에 따라서 살게 하려는 것이다. 니체에 따르면 사자가 토끼를 잡아먹고 독수리가 양을 채가는 것이 자연스러운 것처럼 '힘에의 의지가 강한 자들'이 자신의 힘을 발산하면서 약한 자들을 지배하는 것은 자연스러운 현상이다. 그러나 유대교와 기독교는 이러한 자연스런 차원을 초월해 있는 순수한 정신과 주체를 상정함으로써 '힘에의 의지가 강한 자들'로 하여금 자신의 자연스런 힘의 분출과 발산을 억제하도록 강요한다.

기독교는 인간은 순수한 자유의지를 갖고 있기 때문에 자신의 타고난 성정을 마음대로 바꿀 수 있는 것처럼 상정하면서, 강자가 약자를 지배하려고 할 경우 그것을 자연스런 것으로 보지 않고 강자가 신의 계율이나 순수한 양심의 목소리를 거스르는 것으로 보면서 지탄한다. 그리고 이와 함께 기독교는 강한 자들의 내면에 죄책감을 심으려고 한다.

번개와 번개 치는 사건이 분리할 수 없음에도 불구하고 우리는 번개가 어떤 의지를 가지고서 행위하는 주체인 것처럼 생각한다. 이와 마찬가지로 우리는 활동의 활동이라고 말해야 할 것을 '주체의 활동'이라고 말하면서 그 활동에 대해서 주체가 책임을 져야 하는 것처럼 생각한다. 니체는 이는 마치 독수리가 토끼를 잡아먹는 자신의 행위에 대해서 책임을 져야 한다고 주장하는 것과 다를 바 없다고 본다. 니체는 이러한 논리는 강자에 대한 약자의 복수라고 본다. 현실에서 복수할 수 없었던 약자들은 이른바 자유의지와 정의의 이름으로 강자들을 자신들의 지배욕을 억제하지 못하는 악한 인간으로 단죄하면서 강자에게 정신적으로 복수한다.*306

다시 말해서 주체 개념과 자아 개념에 대해 니체가 비판할 때 니체의 주요한 목표 중의 하나는 '강력한 힘에의 의지의 소유자들'이 힘에의 의지가 약한 자들과 이들을 이용한 교활한 사제계급들의 교묘한 이데올로기 주입에 의해서 억압받고 있는 사태를 극복하는 데 있다. 힘에의 의지가 약한 다수의 민중들과 사제계급은 인간이 이른바 주체로서 자신의 자연스런 본성을 임의로 바꿀 수 있는 존재라는 이데올로기를 사람들에게 주입함으로써, 힘에의 의지가 강한 자들로 하여금 모든 사람들을 평등하게 대우할 것을 요구하는 법과 양심에 복종하게 만들려고 한다는 것이다.

이렇게 볼 때 니체가 부정하는 것은 모든 자연적인 충동에서 벗어난 순수한 영혼을 상정하는 것이지 로마인들에게서 보는 것처럼 자신들이 우월하고 강한 존재라고 생각하면서 자신들의 의지를 다른 사람들에게 강제하는 것은 아니다.*307 이에 반해서 불교는 니체가 이렇게 자연스런 열정이

---

306 | Deleuze는 약자들의 이러한 논리를 독수리 앞에서 두려워 울부짖는 새끼 양의 추론법과 동일한 것으로 본다.
"맹금은 악하다.
그러나 나는 맹금의 반대이다.
따라서 나는 선하다."
소전제, 즉 '그러나 나는 맹금의 반대이다'에서 맹금은 자신의 힘을 드러낼 수밖에 없으며 그것의 존재는 그러한 활동과 분리될 수 없는 것으로 파악되고 있다. 맹금은 자신의 넘치는 힘 때문에 양을 잡아먹으려고 하며 그것은 맹금의 본질에 속한다는 것이다. 그러나 대전제, 즉 '맹금은 악하다'에서 맹금은 자신의 힘을 드러내지 않을 수도 있는 것으로 추정된다. 그것은 자신의 힘을 억제할 수 있고 그러한 힘으로부터 자신을 분리시킬 수 있는 데도 그렇게 하지 않기 때문에 악한 것으로 간주된다. 따라서 하나의 동일한 힘이 고결한 새끼 양에서는 억제되지만 사악한 맹금에서는 억제되지 않고 있는 것으로 간주된다.
질 들뢰즈, 『철학의 주사위』, 신범순·조영복 옮김, 인간사랑, 1994, 211쪽 이하 참조.
307 | 두행숙과 같은 사람이 니체는 동양사상보다는 자아 관념을 버리지 못하는 서구사상에 여전히 구속되어 있다고 말할 때 아마 니체 사상의 이와 같은 점을 염두에 두었을 것이라고 생각한다. 두행숙, 「프리드리히 니체의 동양사상으로의 접근과 일탈에 대한 고찰」, 『카프카 연구』 제8집, 84쪽 참조. 아베 마사오 역시 이런 맥락에서 니체의 한계를 지적하고 있다. 아베 마사오·히사마쯔 신이찌, 『선과 현대철학 - 선의 철학적 자리매김은 가능한가?』, 231쪽 참조.

라고 생각하는 힘에의 의지마저도 자기중심적인 자기에 대한 집착에서 비롯되는 갈애로 보면서 그것은 우리에게 고통을 초래한다고 생각한다. 이 경우 이러한 자기집착에서 집착되고 있는 자기는 니체가 말하는 것처럼 자연적인 열정을 넘어선 순수한 영혼이나 자유의지로서의 자기가 아니라 자신이 다른 존재자들로부터 고립되어 있고 자신과 다른 사람들을 끊임없이 비교하면서 다른 사람들보다도 자신이 우월한 존재로 인정받아야 된다고 생각하는 자기다. 따라서 니체에게는 이른바 도덕적인 순수자아의 해체가 문제가 되는 것에 반해서, 불교에게는 자기중심적 자아의 해체가 문제가 되고 있는 것이다.

그런데 니체와 불교를 비교하는 그동안 연구들에서는 주체 개념에 대한 니체의 해체작업이 행해지는 이상과 같은 맥락을 고려하지 않고 그것을 불교의 무아사상과 일치한다고 보는 경향이 있으며 이러한 방향에서 많은 연구들이 행해졌다. 물론 필자는 주체 개념에 대한 니체의 해체가 필자가 언급하고 있는 맥락에서만 행해진다고 생각하지는 않으며 따라서 주체 개념에 대한 니체의 해체작업과 불교의 무아사상에는 일정한 부분에서 서로 상통하는 면이 있다고 생각된다. 그러나 필자는 주체 개념에 대한 니체의 해체작업은 필자가 언급하고 있는 힘에의 의지가 강한 자들에 대한 이데올로기적인 억압을 해체한다는 것을 주요한 목표들 중의 하나로 삼고 있음을 잊어서는 안 된다고 생각한다.

다시 말해서 주체 개념에 대한 니체의 비판은 우리가 위에서 살펴본 니체의 귀족주의적 정치철학을 정당화하는 것과 밀접한 관계에 있지만, 주체 개념에 대한 불교의 비판은 니체가 비판하듯이 모든 계급과 갈등이 사라진 평화운동에 통하는 것이다.

이렇게 주체와 자유의지를 부정하는 맥락이 서로 다르기 때문에 니체와 불교가 자기극복의 방법과 자기극복을 통해서 도달하려는 상태에 대한 파악도 달라진다.

불교는 어디까지나 종교적인 성자를 지향하기 때문에 불교가 자기극복의 방법으로 택하는 것은 승화라기보다는 오히려 정화(淨化)라고 할 수 있다. 불교는 우리의 자연스런 욕망이나 충동을 억압하고 부정하려고 하지는 않지만 보통 그것들에 집요하게 붙어 있는 자기중심적인 성격을 제거하여 그것들을 정화하려고 한다. 다시 말해서 불교는 우리의 오관과 그것의 즐거움을 배격하지는 않지만 그것을 청정하게 만들어서 다른 존재자들과의 순수한 교감을 가능하게 만들려고 한다. 예를 들어 불교는 식욕만 해도 단순히 음식물을 먹어서 허기를 채운다는 차원을 넘어서 음식물과의 교감을 나누려는 욕망으로 정화하려고 한다. 사람들과의 관계에서도 불교는 사람들을 단순히 우리의 물질적인 이익을 증대하고 우리의 힘을 강화하기 위한 수단으로 삼는 것을 넘어서 사람들과의 순수한 교감을 지향한다.

니체가 이른바 사심(私心) 없는 자아라는 것을 약한 자들이 강한 자들을 지배하기 위한 이데올로기적인 허구로 보는 반면에, 불교는 그러한 사심 없는 자아를 실현하는 것을 목표한다고 할 수 있다. 따라서 불교가 마음챙김을 주요한 수행방법으로 택할 때 그것은 우리의 육체나 재산이나 명예와 같은 소유물뿐 아니라 우리에게 끊임없이 떠오르는 자기중심적인 생각이나 욕망 등에 사로잡히지 않는 것을 목표한다.

이에 반해서 니체는 우리가 현실에서 고통을 경험하면서 염세주의에 빠지게 되는 것은 연약한 의지 탓이라고 보기 때문에 이러한 염세주의는 강인한 의지를 육성하는 것에 의해서만 극복될 수 있다고 본다. 그리고 니체는 이러한 강인한 의지는 고통과 장애와의 대결을 통해서만 육성된다고 본다. 이런 의미에서 니체는 자유로운 사람을 하나의 전사(戰士)에 비유하면서, 개인이나 민족에 있어서 자유는 극복되어야 할 저항과 드높은 지위에 머무르기 위해서 치르는 노력에 의해서 측정된다고 말하고 있다. 이런 의미에서 니체는 우리가 그의 영원회귀사상을 고찰하면서 본 것처럼 '모든 것이 아무런 의미도 목표도 없이 반복하는 현실'이야말로 인간이 극복해 내야 할 최대의 저항으로 보았으며 그러한 최대의 저항을 극복한 인간이 야말로 가장 자유로운 인간으로 보았다. 이와 함께 니체는 특히 자신이 말 하는 의미의 자유를 성취하는 대표적인 사람으로 카이사르를 들고 있으며 공동체로서는 로마나 베니스식의 귀족주의적 공동체를 들고 있다.

> "개인에게서나 민족에게서 자유는 무엇에 의해서 측정되는가? 극복되어야 할 저항에 의해서. 드높은 곳에 머무르기 위해서 치르는 노력에 의해서 측 정된다. 폭정에서 한 다섯 걸음쯤 떨어지고, 복종이라는 위험의 문턱이 가 까이 있는 곳에서 말이다. 여기서 '폭군'을 자기 자신에 대한 최대의 권위 와 규율을 요구하는 무자비하고도 끔찍한 본능으로 이해한다면, 그것은 심 리학적으로 맞는 말이다. — 그 가장 훌륭한 전형은 율리우스 카이사르라 할 것이다. — 그런데 그것은 정치적으로도 타당한 말이다. [⋯⋯] 강한 인 간과 그지없이 강한 종류의 인간을 위한 위대한 온실이었던 로마나 베니스 의 귀족 공동체 국가는 내가 '자유'를 이해하는 바와 동일한 의미로 자유를 이해하고 있었다. 즉, 사람이 갖고 있으면서도 갖고 있지 않은 것, 사람이 원하는 어떤 것, 사람이 쟁취하는 어떤 것으로서 말이다."*308

이와 함께 니체와 불교는 자아는 구성되고 창조되는 것이라는 생각을 공 유해도 자아를 창조하는 방법과 관련해서 양자 사이에는 현저한 차이가 존재하게 된다. 니체가 말하는 초인은 강한 의지로 자신을 단련하고 훈육 함으로써 일상적인 자아보다도 더 위대하고 강력한 자아를 형성한 자이 다.*309 이러한 자아는 모든 객체를 감싸 안을 정도로 폭넓고 강한 자아

---

308 | F. Nietzsche, *Götzen-Dämmerung*, 134쪽.
309 | Soraj Hongladarom, "The Overman and the Arahant: Models of Human Perfection", *Asian Philosophy*, Vol. 21, No. 1., 59쪽 참조.

다. 니체는 우리의 강력한 의지를 발동하여 자아를 강건한 자아로 구성해야 한다고 말하는 것이다. 이에 반해서 불교는 우리가 겪는 모든 고통과 염세주의는 결국 세계와 대립되고 다른 사람들과 비교되는 자아에 대한 집착에서 비롯된다고 본다. 따라서 불교는 자아의 의지적 구성에 대해서 반대하면서 오히려 모든 종류의 구성된 자아에 대한 집착을 버릴 것을 주장한다. 불교는 이러한 집착을 버리면 우리에게 존재하는 무루종자 내지 불성이 저절로 개화되면서 우리의 오온이 정화된다고 보는 것이다.

니체는 연약한 힘에의 의지가 고통과 염세주의의 원인이라고 보기 때문에 의지의 강화를 위해서는 단련과 훈육이 필요하다고 보지만, 불교는 자아의 실상에 대한 무지가 고통과 염세주의의 원인이라고 보기 때문에 한 생각만 바꾸면 그러한 고통과 염세주의에서 벗어날 수 있다고 본다. 따라서 불교가 제시하는 자기극복의 방법은 끊임없이 자신의 생각을 주시하면서 마음을 챙기는 것이다. 즉, 우리는 생각마다 허구적인 자아에 대한 집착과 그것에 입각한 삿된 생각이 끼어들지 않도록 항상 깨어있을 것만을 요구하는 것이다.[310]

이와 함께 니체가 지향하는 이상적인 자아와 불교가 지향하는 이상적인 자아는 근본적으로 다른 성격을 갖게 된다. 니체가 지향하는 이상적인 자아는 그야말로 선악의 피안에 있는 강한 자아인 반면에, 불교가 지향하는 이상적인 자아는 자기중심성이 철저하게 사라진 선한 자아다. 이러한 근본적인 입장 차이로 인해서 니체는 일상적인 인간들을 넘어서 초인의 경지에 근접했던 사람으로 괴테와 같은 사람뿐 아니라 카이사르와 나폴레옹과 같은 사람을 들 수 있었다. 그러나 불교의 입장에서는 카이사르나 나

---

[310] 한형조는 이러한 자각적 주시는 우리의 고통을 1차원으로 묶어놓는다고 말하고 있다. 삶의 고통은 환경이나 상황보다도 그것을 이해하고 해석하는 심리적·정서적 개입과 증폭에 더 의존하기 때문에 불교는 자각적인 주시에 의해서 의식의 개입이나 오해로 하여 2차적 고통이 증폭되거나 파생되는 것을 차단한다는 것이다. 한형조, 「붓다의 치명적 농담 – 한형조 교수의 금강경 별기」, 문학동네, 2011. 434쪽 참조.

폴레옹과 같은 사람이 강한 자아를 구성했다는 것은 인정하겠지만 그들이 자기중심성을 넘어선 자아를 형성했다고 보지는 않을 것이다.

이런 의미에서 니체는 부정적인 욕망들과 정열들의 승화를 추구하는 반면에, 불교는 그것들의 정화를 추구한다고 할 수 있다. 일례를 들자면 니체는 경쟁자를 제거하려는 원한과 증오를 선의의 경쟁심으로 승화할 것을 촉구하고 있다. 니체는 이렇게 말하고 있다.

"교회는 항상 자신의 적을 파멸시키고 싶어 했다. 우리들 부도덕자이나 반기독교인들은, 교회의 존재가 우리들에게 이롭다는 사실을 알고 있다. …… 정치의 세계에서도 적의는 훨씬 정신적인 것이 되었고, 훨씬 신중하고, 훨씬 사려 깊고, 훨씬 인내심 있는 것이 되었다. 어느 당파든 반대당이 쇠락하지 않는 것이 자신의 자기보존에 이익이 된다는 사실을 대개는 알고 있다. 똑같은 사실이 위대한 정치에도 해당된다. 특히 새로 창조되는 것, 이를테면 새로운 국가는 친구보다는 적을 더 필요로 한다."[*311]

이와 같이 니체는 경쟁심이 상대방을 제거하고 싶은 원한이나 증오로 타락하는 것은 비판하지만 그렇다고 해서 경쟁심 자체를 부정해야 한다고 보지는 않는다. 니체는 경쟁이 인간의 마음을 황폐하게 만든다고 하여 사회주의 사회에서처럼 경쟁을 폐기할 때 그 사회는 생명력과 창조력을 결여하게 된다고 본다. 니체에 따르면 인류는 경쟁을 통하여 오늘날의 문화를 이룬 것이다. 따라서 니체는 경쟁의 폐기가 아니라 공명정대한 경쟁에로의 승화가 필요하다고 보는 것이다.

이에 반해서 불교는 상대방을 제거하려는 원한이나 증오를 니체와 마찬가지로 부정적으로 보면서도 그것을 선의의 경쟁심으로 승화할 것을 촉구

---

311 | F. Nietzsche, *Götzen-Dämmerung*, 78쪽.

하지 않고 오히려 그러한 선의의 경쟁심에서도 벗어날 것을 촉구한다. 불교는 이러한 선의의 경쟁심이 깨달음을 위한 자극제로서 일시적으로는 사용할 수 있다는 것은 인정하지만 진정으로 깨달은 상태는 이러한 선의의 경쟁심에서마저도 벗어난 상태라고 보는 것이다. 이는 이러한 선의의 경쟁심도 남과 비교되는 허구적인 자아에 대한 애착에 입각해 있기 때문이다.

더 나아가 니체는 자신의 귀족주의적인 정치철학에 상응하여 탁월한 소수와 그렇지 않은 범용한 다수를 길러내는 데에 있어서도 서로 다른 방법이 필요하다고 본다. 이에 따라서 니체는 자기극복의 방법으로 길러냄(Züchtung)과 길들임(Zähmung) 사이를 구별하고 있다.[312] 길러냄은 사람들을 강한 힘에의 의지의 소유자로 길러내는 것이지만 길들임은 인간들의 자연적인 본능과 욕망을 금하면서 인간을 병들게 만드는 것이다. 니체는 서양의 기독교 도덕은 인간을 개선시킨다는 명분 아래 실질적으로는 길들여 오면서 병들게 하고 왜곡시켰다고 본다.

니체는 이렇게 기독교 도덕을 인간을 길들이는 도덕의 전형으로 보는 반면에, 인도의 마누법전에 표현되어 있는 도덕이야말로 인간을 건강하게 길러내는 도덕의 전형이라고 보고 있다. 니체에 따르면 마누법전은 성직자 계급, 전사 계급, 상인 및 농민 계급을 각 계급의 순수혈통을 철저하게 유지하는 방식으로 동시에 길러내려고 한다. 이에 따라서 그것은 각 계급들 간의 철저한 분리와 각 계급에 맞는 도덕적 요구를 제시한다.

그런데 니체는 이러한 위계사회에서는 길들임의 도덕도 어떤 의미에서 필요하다고 본다. 그것은 다수를 차지하고 있는 천민 계층을 '위험하지 않게끔' '병들게' 만들어야 하기 때문이다. 물론 마누법전의 도덕은 기독교 도덕이 모든 인간을 병든 죄인으로 만들었던 것과는 달리 천민 계층만을 병자로 만들어 그들이 노예상태에 자족하도록 만든다.

---

312 | F. Nietzsche, *Götzen-Dämmerung*, 93쪽 참조.

"그렇지만 마누의 체제 역시 두려운 것이 될 필요가 있었다. - 그런데 이 경우에는 야수와의 싸움이 아니라, 부드럽고 이성적인 인간의 반대개념인 사육되지 않은 인간, 잡탕인간, 찬달라[천민]와의 싸움이다. 그런데 이 체제 역시 찬달라를 병들게 만드는 것을, 그들을 위험하지 않게, 약하게 만드는 유일한 수단으로 삼고 있었다. - 그것은 대다수와의 싸움이었다."[313]

이상에서 보듯이 니체는 길러냄의 도덕과 길들임의 도덕은 서로 보완적인 관계에 있다고 본다. 즉, 탁월한 계급에게는 길러냄의 도덕이 적용되어야 하지만 열등한 대다수에게는 길들임의 도덕이 유용하다고 보는 것이다. 이런 의미에서 니체는 귀족주의적인 위계사회를 바탕으로 한 위대한 정치가 구현되기 위해서는 과도적으로 오히려 민주주의가 필요하다고 말하기도 한다. 이는 그가 민주주의를 통해서 순순히 복종하는 길들여진 인간들이 양산된다고 보았기 때문이다.

"왜냐하면 민주적 유럽에서 인간은 매우 길들이기 쉬워졌다. 인간들은 쉽게 규칙을 배우고 자신을 끼워 맞춘다. 지능이 높은 군축동물(Herdentier)이 준비되었다. 명령하고자 하는 자는 순종하는 자를 찾아야만 한다. 나는 예를 들자면 나폴레옹과 비스마르크를 생각한다."[314]

니체는 당시의 유럽인들을 말세인이라고 부르면서 말세인의 근본적인 특징을 순종적이고 유화적인 데서 찾고 있다. 이러한 인간들은 자기 한 몸에만 아무 일이 없으면 된다고 생각하는 인간이며 따라서 니체는 이러한

---

313 | F. Nietzsche, *Götzen-Dämmerung*, 94쪽.
314 | F. Niezsche, *Nachgelassene Fragmente*, 11, 270쪽. 최순영, 「니체의 기독교 이해에 대한 비판적 고찰」, 「니체 연구」 14집, 200쪽에서 재인용.

인간들은 길들이기가 쉬운 동물이라고 보고 있는 것이다. 그리고 니체는 어떤 의미에서 말세인을 불교적인 인간으로 보고 있으므로 불교적인 인간도 길들이기 쉬운 동물로 볼 것이다.

　마지막으로 자기극복과 관련하여 니체와 불교 사이에 존재하는 차이는 니체가 자기극복을 위한 구체적인 방법을 제시하고 있지 않는 반면에, 불교는 팔정도라는 형태로 분명하게 제시하고 있다는 점을 들 수 있다. 니체는 생성 소멸의 세계를 전폭적으로 긍정하는 것을 최고의 힘으로 보면서도 우리가 어떻게 하면 생성을 전폭적으로 긍정할 정도로 힘을 강화하고 정신적인 고양을 이룰 수 있는지에 대해서 아무런 길도 제시하지 않고 있다. 그는 그러한 길로서 다만 '모든 것이 동일하게 반복된다고 하더라도 그러한 사태를 받아들일 것인지 아닌지'를 사상적으로 실험하는 것 정도를 제시하고 있다. 그러나 앞에서 이미 언급한 것처럼 이러한 사유실험에 의해서 과연 인간이 변할 수 있는지에 대해서는 회의적이다.

VIII

니체의 종교관에 대한 비판적 검토
: 프롬의 종교관과의 비교를 통해서

❂

    우리는 이상에서 니체와 불교의 사상을 다각도에서 비교하면서 양자 사이의 유사성과 아울러 이러한 유사성의 이면에 깔려 있는 근본적인 차이를 드러내었다. 그런데 불교에 대한 니체의 이해와 평가는 종교 일반에 대한 니체의 이해에 입각해 있다. 따라서 불교에 대한 니체의 이해와 평가가 갖는 문제점과 한계를 파악하기 위해서는 종교 일반에 대한 니체의 이해에 대한 검토가 필요하다. 아래에서는 종교 일반에 대한 니체의 이해를 종교에 대한 프롬의 견해와 비교하면서 검토할 것이다. 종교 일반에 대한 니체의 이해를 프롬의 견해와 비교하는 것은 종교에 대한 니체의 이해와 가장 대극점에 서 있으면서 불교의 종교 이해와 가장 가까운 종교 이해를 제시하고 있는 사람이 프롬이라고 여겨지기 때문이다. 예를 들어 불교에 대한 입장을 살펴보아도 니체는 불교를 대표적인 수동적인 니힐리즘으로 보는 반면에 프롬은 불교를 최고의 인본주의적 종교로 보면서 찬양하고 있는 것이다.

    우선 여기서는 종교에 대한 프롬의 견해를 살펴 본 후 그것을 니체의 견해와 비교하면서 니체의 견해를 비판적으로 검토할 것이다.

1 종교의 전개과정에 대한 프롬의 견해
: 기독교를 중심으로

프롬의 종교사상은 『너희도 신처럼 되리라(You shall be as Gods)』라는 책에서 가장 집약적으로 제시되고 있다.[315] 프롬은 이 책에서 종교를 권위주의적 종교와 인본주의적인 종교로 대별하고 있다. 이 경우 프롬은 어떤 종교가 인격신의 존재를 인정하느냐 아니냐는 중요한 것이 아니라고 생각하며 그러한 신이 어떠한 종류의 신이냐가 더 중요하다고 생각한다. 즉, 신이 권위주의적인 성격을 가진 신인지 아니면 인본주의적인 성격을 갖는지가 더 중요하다고 보는 것이다.

이와 관련하여 프롬은 종교의 역사를 살펴볼 경우 신이란 관념은 인간이 추구하는 최고의 가치 내지 최상의 선을 상징한다고 말하고 있다. 따라서 각 인간이 무엇을 최고의 가치로 여기고 있느냐에 따라 신이란 개념은 다른 의미를 가질 수 있다. 이런 맥락에서 프롬은 어떤 사람이 가지고 있는 신에 대한 개념의 본질을 이해하기 위해서는 신을 숭배하는 사람의 정신적인 상태나 성격구조를 파악하지 않으면 안 된다고 말하고 있다. 이렇게 신이라는 관념을 신을 숭배하는 사람들의 정신적인 상태나 성격구조에 입각해서 파악해야 한다고 보는 면에서 프롬은 우선은 니체와 본질적으로 동일한 지반 위에 서 있다고 할 수 있다.

프롬에 의하면 인간 역사의 초기단계에서 인간은 아직 자신을 자연으로

---

315 | 우리나라에서는 『인간과 종교』라는 제목으로 최혁순에 의해서 번역되었다. 한진출판사, 1983년.

부터 독립적인 존재로 볼 수 없었기 때문에 강력한 힘을 가진 동물을 신으로 숭배했다. 그러다가 인간의 기술이 발달하면서 인간은 자신들이 금이나 은을 가지고 만들어 낸 우상을 숭배한다. 그리고 마침내 인간이 자연으로부터 자신을 독립적인 존재로 생각하고 자신을 가장 고귀한 존재로 생각하게 되면서 인간은 신을 인간적인 모습을 한 것으로 생각하게 된다.

그러나 이렇게 인격신 개념이 형성되게 된 초기단계에서 신은 자의적이고 전제적이며 질투심 많은 부족장의 모습을 띠게 된다. 이때 신은 당시의 인류가 추구했던 것으로 보이는 최고의 가치인 '무한하고 전제적인' 힘을 상징한다고 할 수 있다. 예를 들어 구약성서에서 신은 인간이 지혜의 열매를 먹고 신처럼 되려고 했다는 이유로 인간을 낙원으로부터 추방한다. 신은 자신이 총애하는 노아를 제외하고는 홍수로 인류를 멸망시키며, 아브라함의 복종심을 시험하기 위해서 아브라함의 외아들 이삭을 죽이라고 요구한다. 이 점에서 프롬은 구약성서의 처음에 나오는 신은 극히 권위주의적인 성격을 띠고 있다고 말하고 있다.

그러나 이와 동시에 새로운 단계가 시작된다. 신은 다시는 인류를 멸망시키지 않겠다는 계약을 노아와 맺으면서 인간과의 계약에 자신을 속박하게 된다. 이와 함께 신은 자신의 약속에 의해서 속박될 뿐 아니라 정의의 원리에 의해서도 속박당하게 된다. 신은 전제적인 부족장의 형태로부터 자애로운 아버지의 형태를 띠게 되며, 신약성서의 단계로 오면 아버지의 모습에서 '정의와 진리와 사랑의 원리'에 대한 상징으로 변한다. 이와 함께 프롬은 신약성서에서 신은 권위주의적인 성격을 벗고 인본주의적인 성격을 띠게 된다고 보고 있다.

즉, 프롬은 신약성서에서 신은 사람이나 남성이나 아버지가 아니라 현상의 다양성의 배후에 존재하는 통일 원리에 대한 상징이며 '인간의 내면에 있는 위대한 잠재적 능력과 인간이 추구하는 위대한 가치들을 상징하는 것'으로 보는 것이다. 신은 현상적 우주의 근저에 있는 통일성, 곧 모든 존재의 근거인 일자로 간주되는 동시에 진리·사랑·정의라는 가치 자체로 간주된다. 따라서 인간은 이러한 가치를 구현하면 할수록 신에 가까운 존재가 되고 신적인 존재가 된다.

프롬은, 신 내지 존재의 궁극적 근거를 사랑과 정의 그리고 이성의 상징으로 보는 신 관념은 기독교에서뿐 아니라 야스퍼스가 말하는 차축시대, 즉 기원전 5, 6세기경에서 기원후 2, 3세기에 걸쳐서 중국의 공자와 노자, 인도의 부처, 그리스의 철학자들, 팔레스타인의 예언자들 그리고 이사야, 예수, 소크라테스, 이슬람교 등에서 성취되었다고 보고 있다.[316] 이런 의미에서 프롬은 유신론적인 기독교와 초기불교·도교·유교 등의 비유신론적 관점은 서로 다르기는 하지만 서로 싸울 필요가 없다고 보고 있다.[317] 프롬은 이러한 종교들을 모두 인본주의적인 종교라고 부르고 있다.

따라서 권위주의적 종교와 인본주의적 종교의 차이는 유신론과 무신론의 차이가 아니다. 물론 프롬은 유신론적인 견해와 초기의 불교나 도가에서 볼 수 있는 비유신론적 체계 사이에는 차이가 있다는 것을 인정하고 있다. 모든 유신론적 체계는 심지어 그것 내의 신비주의적 흐름조차도 인간을 초월해 있는 인격적인 신의 실재를 가정하고 있다. 이에 대해서 비유신론적 체계는 인간의 밖에 있거나 인간을 초월해 있는 인격적인 신은 존재하지 않는다고 본다. 프롬은 이렇게 양자 간의 차이를 인정하는 한편, 개인적으로는 유신론적 관점보다는 비유신론적인 관점을 수용하고 있지만 유신론적 관점과 비유신론적인 관점은 적어도 신 내지 존재의 궁극적 근거가 갖는 근본 성격을 진리·사랑·정의로 보는 점에서는 본질적으로 동일하다고 보고 있다.

---

316 | 야스퍼스는 사해동포주의적인 이념과 아울러 살아 있는 모든 것들에게 신성을 인정하는 사상이 세계 도처에서 생겨난 '기원전 800년 전부터 기원 후 200년 사이의 시대'를 그 이전 시대의 목적이고 그 이후의 시대의 기원이 된다는 의미에서 세계사의 차축시대라고 부르고 있다. 차축시대에 대해서는 K. Jaspers, *Vom Ursprung und Ziel der Geschichte*, München, 1963, 327쪽과 『철학적 사유의 소학교』, 황문수 역, 문예출판사, 1972, 34쪽 참조할 것.

317 | 프롬, 『인간과 종교』, 최혁순 옮김, 한진출판사, 1983, 102쪽 참조.

이와 관련하여 프롬은 '종교냐 무종교 혹은 유신론이냐 무신론이냐가 아니라 그것이 인본주의적인 성격을 갖고 있느냐 아니냐'가 더 중요한 문제라고 생각한다. 다시 말해서 어떤 종교가 인간 특유의 능력의 전개를 촉진시키는 것인지 아니면 저해하는지가 중요하다는 것이다.

권위주의적 종교에서 신은 전지전능하다고 생각되고 있는 반면 인간은 무력하고 천하다고 생각되고 있다. 여기서 신은 무엇보다 이성과 사랑의 상징이기보다는 자의적인 권력과 힘의 상징이다. 프롬은 이러한 권위주의적인 종교에는 이른바 공식적으로 종교로 인정되는 것들 외에도 권위주의적인 세속종교들도 속한다고 본다. 이것들은 권위주의적인 종교와 동일한 원리에 입각해 있다. 그것들에서는 '신' 대신에 영도자나 '인민의 아버지' 혹은 국가나 민족 등이 숭배의 대상이 되고 개인의 삶과 가치는 무의미한 것으로 간주된다. 권위주의적 종교는 인간의 현실적인 생활과는 전혀 관계없는 추상적이고 동떨어진 이상을 요구한다. '죽은 후의 삶'이라든가 '인류의 장래'와 같은 이상 때문에 지금 여기에 살고 있는 사람들의 생활과 행복이 희생의 제물이 된다. 이러한 목적이 온갖 수단을 정당화하고 신이나 인민이나 국가의 대리인을 자처하는 종교적·세속적인 '엘리트들'이 동료인간들의 삶을 좌우하게 된다.[318]

이에 반해서 인본주의적 종교는 인간과 인간의 힘 그리고 인간이 이상으로 여기는 가치들인 이성과 사랑, 정의를 중심으로 삼는다. 이러한 종교에서 인간 삶의 목적은 자신의 무력함을 깨닫고 전능한 신에게 자신을 내맡기는 것이 아니라 자신의 최대의 힘을 달성하는 것이다. 미덕은 복종이 아니라 자기실현에 있다. 이러한 인본주의적 종교가 유신론적인 형태로 나타날 경우에 신은 인간이 자신의 삶 속에 실현하려고 하는 '인간 자신의 힘'의 상징이며, '인간을 압제하는 힘'을 지닌 권력이나 지배의 상징이 아

---

[318] | 프롬, 『인간과 종교』, 40쪽~42쪽 참조.

니다.

 권위주의적 종교에서는 자신이 신적인 계율이나 명령을 제대로 이행하지 못하고 있을까 두려워하는 비애와 죄악감이 지배적인 반면, 인본주의적 종교에서는 자신의 무한한 힘에 대한 신뢰와 그것을 실현했을 때의 기쁨이 지배적이다. 프롬은 특히 인본주의적 종교의 가장 좋은 본보기로 초기 불교를 들고 있다. 불교의 가르침에 따르면, 인간은 자신의 한계를 깨달아야 하는 한편 자기 안에 있는 힘도 자각해야만 한다. 깨달은 자가 도달하게 되는 마음의 상태인 열반은 무력함과 굴복의 상태가 아니라 인간이 가지고 있는 최고의 힘을 발전시킨 상태다.

2 프롬과 니체의 견해 비교

 이처럼 프롬이 종교를 크게 권위주의적인 종교와 인본주의적인 종교로 대별하는 것은 어떤 면에서는 니체가 종교를 힘에의 의지를 강건하게 만드는 종교와 그것을 약화시키고 병들게 하는 종교로 대별하는 것과 유사하다. 니체가 어떤 종교의 좋고 나쁨은 그 종교가 실재를 얼마나 반영하느냐가 아니라 인간을 얼마나 강건한 존재로 만드느냐에 달려 있다고 보는 것처럼, 프롬 역시 어떤 종교의 좋고 나쁨은 그 종교가 인간을 얼마나 정신적으로 성숙한 존재로 만드는지에 달려 있다고 본다.
 프롬이 권위주의적인 종교가 인간의 잠재력과 능력을 폄하하면서 인간들을 무력감과 죄책감에 사로잡히게 한다는 것과 동일한 이유로 니체 역시 바울의 기독교를 비판하고 있다. 니체가 기독교의 유신론적이고 초자연적인 성격과 권위주의적인 성격을 비판한 것은 그것들이 허구적인 것이라는 것뿐 아니라 인류의 정신적인 성장에 방해가 된다는 것 때문이었다. 이 점에서 기독교의 권위주의적 성격에 대한 니체의 비판은 프롬의 비판과 내용상 대동소이하게 보인다. 그리고 이런 맥락에서 프롬은 일정한 부분에서는 니체 역시 마르크스나 프로이트를 비롯한 계몽주의 사상가들과 마찬가지로 인본주의적인 종교성을 띠고 있다고 말할 것 같다. 니체도 인간의 독립성과 자주성과 같은 인본주의적인 가치를 앙양시키려고 했다는 것이다. 더 나아가 니체가 제도화된 기독교와 예수를 구별하면서 예수와 불교가 서로 동질성을 갖는다고 보는 것처럼 프롬은 예수와 부처가 말하려고 하는 것은 본질적으로 동일하다고 본다.

이렇게 보면 니체와 프롬은 사실상 부처와 예수에 대해서 거의 동일한 견해를 갖고 있는 것처럼 보인다. 그러나 프롬이 부처와 예수를 인류가 추구해야 할 이상적인 가치를 제시하고 구현한 인류의 사표로 보는 반면에, 니체는 부처와 예수를 결국은 힘에의 의지가 약했던 데카당으로 본다는 점에서 양자는 사실상 입장을 전적으로 달리 한다고 보아야 할 것이다. 프롬이 인본주의적인 성격의 기독교와 불교를 종교의 역사에서 정점에 해당한다고 보는 반면에, 니체는 그리스인들과 로마인들의 종교야말로 그것을 신봉하는 사람들을 강건하게 만들었던 최고의 종교라고 본다. 그리고 프롬의 인본주의적인 입장에서 볼 때 로마제국은 반인본주의적인 정치를 가장 대표적으로 구현한 제국에 불과한 반면에, 『안티크리스트』에서의 니체는 로마제국을 이상적인 문명으로 보면서 그것이 기독교에 의해서 파괴된 것을 안타까워하고 있다.

니체와 프롬에서 보이는 이러한 차이는 구약성서와 신약성서에 대한 평가에서 극명하게 나타난다. 프롬은 구약성서와 구약성서의 신을 신약성서와 신약성서의 신의 경우보다 상대적으로 훨씬 더 권위주의적이고 미성숙한 단계에 있는 정신의 산물로 본다. 이에 반해 니체는 구약성서와 구약성서의 신이야말로 오히려 건강하고 힘 있는 정신의 산물로 본다. 심지어 니체는 어떤 사람이 구약성서를 어떻게 평가하느냐에 따라서 그 사람이 '위대한' 인간이냐 '왜소한' 인간이냐가 결정된다고 하면서 아마도 왜소해질 대로 왜소해진 오늘날의 유럽인들은 이른바 은총의 서(書)인 신약성서를 더 좋아할 것이라고 말하고 있다. 이와 함께 니체는 신약성서에는 연약하면서도 둔감한 맹신자와 왜소한 인간의 체취가 잔뜩 배어 있다고 말하면서, 신약성서가 로코코식인 반면에 구약은 위대한 책이라고 말하고 있다.[*319]

니체는 구약성서의 신, 특히 왕조 시대에 유대인들이 믿었던 신들은 자

---

319 | F. Nietzsche, *Jenseits von Gut und Böse*, 52번.

신들이 가지고 있던 힘에 대한 의식의 표현이었고 그들 자신에 대한 기쁨, 그들 자신에 대한 희망의 표현이었다고 보았다. 그들은 신이 자신들의 편이라고 믿었고 신은 자신들에게 승리와 구원을 가져다 줄 것이라고 믿었다. 그 신은 훌륭한 군인이기도 하고 정의로운 심판자이기도 한 왕의 형상을 지니고 있었으며, 도움을 주고 수단을 강구해 주며 근본적으로 용기와 자기 신뢰를 불어 넣어주는 모든 행복한 영감의 대명사였다. 그것은 그야말로 이스라엘 민족의 생존과 성장 조건의 표현이었으며 그 민족의 가장 깊은 삶의 본능이 표현된 것이었다.[*320]

이런 맥락에서 니체는 인간들에게 죄악감을 심어주고 하나님의 은총만을 기다리게 하는 바울의 이념뿐 아니라 예수의 이념도 유대민족의 자존심이나 자긍심과는 아무 관련이 없었다고 비판하고 있다. 예수는 계급, 특권, 위계에 반항하면서 유대민족을 신의 선민으로 보는 것을 단호하게 거부했다.[*321] 예수는 모든 종류의 지배자들을 불신했으며 심지어 성직과 신학자적인 모든 것을 거부했다. 이 점에서 니체는 예수를 거룩한 무정부주의자라고까지 부르고 있다.

기독교와 예수의 이념에 대한 니체의 이러한 평가는, 근본적으로 니체가 건강한 종교를 프롬처럼 인본주의적인 가치를 구현하는 종교가 아니라 어떤 민족의 자부심과 자긍심을 표현하는 종교라고 보는 데 근거하고 있다. 니체는 이렇게 말하고 있다.

> "아직도 자기 자신을 믿는 민족은 또한 자기 고유의 신을 가지고 있다. 신을 숭배하면서 그 민족은 자신들이 정상에 서는 것을 가능하게 한 조건들, 즉 자신들의 미덕을 숭배한다. 그 민족은 자신들에 대한 기쁨을, 자신들이 힘을 가지고 있다는 느낌을 자신들이 감사를 표할 수 있는 어떤 존재에 투사

---

320 | F. Nietzsche, *Der Antichrist*, 25번 참조.
321 | F. Nietzsche, 위의 책, 27번 참조.

한다. 부유한 자는 베풀고자 한다. 자부심을 갖는 민족은 희생물을 바치기 위해서 신을 필요로 한다. …… 그러한 전제들 하에서 종교는 일종의 감사를 표하는 한 형식이다. […] 그러한 신은 이로울 수도 있고 해로울 수도 있으며, 친구도 될 수 있고 적도 될 수 있어야 한다. ─ 신은 선한 점과 악한 점에서 모두 숭배받는다. 신을 반자연적으로 거세하여 단순히 선하기만 한 신으로 만드는 것은 이 경우에는 전혀 바람직한 일이 아니다. 사람은 선한 신 못지않게 악한 신을 필요로 한다. 사람들은 반드시 관용과 호의 덕분에 생존하는 것은 아니다. …… 분노, 복수, 시기, 조소, 간계, 폭행을 알지 못하는 신이 무슨 가치가 있겠는가? 아마도 승리와 파괴의 황홀한 열정조차도 알지 못할 신이 말이다. 사람들은 그런 신은 이해하지 못할 것이다. 무엇 때문에 그러한 신을 사람들이 가져야 한다는 말인가? ─ 물론 어떤 민족이 몰락할 때, 어떤 민족이 미래에 대한 믿음, 자유에 대한 희망이 완전히 사라졌다고 느낄 때, 가장 이로운 것이 복종이고, 복종하는 자들의 덕목이 생존의 조건이 된다고 그들에게 의식될 때, 그때에는 그 민족의 신조차도 변화될 수밖에 없다. 신은 이제 음험한 위선자가 되고 겁도 많아지고 겸손하게 되면서 '영혼의 평화'를 가르치고, 더 이상 증오하지 말고, 관용을 베풀고 친구와 적까지도 '사랑'할 것을 권한다. 그 신은 끊임없이 도덕을 설교하며, 모든 사적인 덕목의 동굴 속으로 기어들어가 모든 사람들을 위한 신이 되고 사인(私人)이 되며 사해동포주의자가 된다. …… 이 전에는 신은 한 민족을 대표했으며, 한 민족의 강력한 힘과 한 민족의 혼에서 나오는 공격적인 모든 것과 힘에의 갈망을 나타냈다. 그런데 이제 신은 선량한 신에 불과하다. …… 실로 신들은 다음 두 가지 중 하나일 뿐이다. 신들은 힘에의 의지이든가 ─ 이럴 경우에는 신들은 민족의 신들이 된다 ─ 아니면 힘에의 무기력이든가 ─ 이럴 경우에는 신들은 필연적으로 선량한 신이 된다 ─ 이다."*[322]

---

[322] F. Nietzsche, *Der Antichrist*, 16번 참조.

프롬이 인본주의적인 종교와 인본주의적인 가치라고 부르는 것의 기원을 이와 같이 니체는 어떤 민족이 겪게 된 힘의 약화에서 찾고 있다. 니체는 구약성서의 신이 권위주의적인 신이라는 사실을 부인하지 않는다. 다만, 니체가 말하는 맥락에서 보면 니체는 권위주의적인 종교를 다시 두 가지로 나눌 것 같다. 즉, 니체는 그리스인들이나 구약성서의 신들과 마찬가지로 인간들에게 어떤 죄책감을 강요하는 신이 아니라 그 민족의 영광과 그 민족의 힘을 상징하는 신을 신봉하는 권위주의적인 종교와 이에 반해서 바울이 말하는 신처럼 지상의 힘이나 쾌락을 죄악시하고 끊임없는 회개를 강요하는 신을 신봉하는 종교로 나누고 있다고 할 수 있다.

니체의 이러한 종교적인 입장에는 니체의 정치적인 입장이 상응한다고 볼 수 있다. 니체는 민주주의나 사회주의를 연약하고 천한 자들의 반란이라고 보면서 인류를 하향평준화한다고 비판한다는 점에서 분명히 정치적으로 권위주의적인 엘리트주의를 지향한다.*323 물론 니체는 이러한 권위주의적인 엘리트가 일정한 자격을 갖추어야 한다고 본다. 니체는 민주주의나 사회주의와 같은 평등주의적인 이념의 도래를 초래한 사람들은 네로와 같이 자신을 극복할 힘도 없었던 타락한 귀족들이라고 보고 있다. 귀족들이 이렇게 타락하고 유약하게 됨으로써 평민들이 귀족들을 우습게 보는 결과가 빚어졌다는 것이다. 이렇게 타락한 귀족들에 반해서 니체는 적어도 융성기의 로마귀족은 용기와 지혜 그리고 절제와 자긍심을 갖춘 건강한 자들이었다고 보고 있다.*324 이 점에서 니체는 로마제국과 같이 잔악한 노예제도를 운영한 권위주의적인 정치체제라도 병든 체제와 그렇지 않은 체제를 구별하고 있는 셈이다.

이런 맥락에서 니체는 프롬이 구약성서의 신을 권위주의적인 신이라고 배격할 때 그것은 정복당한 자들의 복수심을 반영한다고 볼 것이다.

---
323 | F. Nietzsche, *Der Antichrist*, 59번 참조.
324 | F. Nietzsche, 위의 책, 58번 참조.

"[……] 정복당한 자들은 그들의 신을 '선 자체'로 끌어내릴 때의 본능과 동일한 본능을 가지고 그들의 정복자들의 신에게서 선한 속성들을 박탈해 버린다. 정복당한 자들은 자신들의 지배자들의 신을 악마로 만듦으로써 자신들의 지배자들에게 복수를 한다. – 선한 신과 악마, 양자 모두가 데카당스의 산물이다. 기독교 신학자들은 신 개념이 민족의 신인 '이스라엘의 신'으로부터 모든 선의 총괄개념인 기독교적 신으로 전개된 것을 진보라고 공언한다. [……]"[*325]

위와 같이 니체는, 프롬이 진보라고 생각하는 과정을 오히려 후퇴라고 생각하고 있다. 프롬은 유대민족의 신인 야훼가 갈수록 사해동포주의적인 신의 성격을 띠고 정의나 사랑이라는 원리에 의해서 구속되고 종국에는 그러한 원리와 동일시되어가는 과정을 인류의 정신적인 성장과정으로 보고 있다. 이에 반해 니체는 그러한 과정을 유대민족이 자신들의 자부심을 상실하면서 무력하게 되어가는 과정과 동일시한다. 니체에게 신이라는 개념은 그것이 건강한 것인 한에서는 어디까지나 한 민족이 자신들의 강력한 힘과 영광에 대해서 갖는 의식의 표현이다.

동일한 맥락에서 니체는 더 나아가 불교나 기독교가 추구하는 인본주의적인 가치들을 허약하고 비겁한 정신에서 비롯된 가치들로 비판하고 있다. 불교가 말하는 자비든 예수가 말하는 사랑이든 사실은 자신들에 대한 공격을 적극적인 반격으로 물리치지 못하는 무력한 연약함과 비겁함이 만들어낸 가치들이라고 보는 것이다. 즉, 그것들은 자신들의 자존심을 상하지 않고 마음의 평안을 유지하는 교묘한 방법이라는 것이다.

예수와 부처에 대한 이러한 니체의 평가를 프롬은 어떻게 볼 것인가? 프롬은 자비와 사랑과 같은 가치는 예수나 부처가 자의적으로 만들어 낸 가

---

325 | F. Nietzsche, *Der Antichrist*, 17번 참조.

치들이 아니라 인류의 정신이 성숙해 가는 과정에서 정신의 커다란 각성과 함께 출현하게 된 가치라고 보고 있다. 더 나아가 프롬은 이러한 가치는 모든 인간들이 근본적으로 추구하는 가치이기 때문에 어떤 특정한 사회에서 형성된 상대적인 가치가 아니라고 본다. 인간은 인간인 한에서 궁극적으로는 이러한 가치를 추구할 수밖에 없으며, 이러한 가치를 실현하지 않는 한 인간은 항상 자신의 삶에 대한 의식적·무의식적인 불만이나 허무감을 가질 수밖에 없다는 것이다. 따라서 니체가 건강한 정신의 표본으로 본 로마인들이 예수의 가르침에 동화되어 사랑의 가치를 추구하게 되었다면 그것은 기독교의 교활한 술책에 넘어가기보다는 오히려 자신들에게 존재하는 인본주의적인 성향이 발휘된 것이라는 것이다.

아울러 니체는 앞에서 이미 살펴보았지만 프롬이 인간이 경험할 수 있는 최고의 체험으로 보는 신비 체험, 즉 인간이 자신과 다른 인간들뿐 아니라 우주 전체와 하나가 되는 체험이 갖는 긍정적 성격을 부인한다. 니체는 이러한 신비 체험을 프로이트와 유사하게 평가하고 있다. 프로이트는 신비 체험을 인간의 개성과 자각이 소실되는 대양감정(大洋感情)이라고 부르면서 자기도취적인 퇴행으로 보았다.

이에 반해서 프롬은 사람들에게 진정한 의미의 신적이고 절대적인 차원이 개시되는 종교적인 황홀경과 도취가 있을 수 있다고 생각하며 이러한 체험을 통해서 사람들은 약하고 의존적인 인간이 되는 것이 아니라 오히려 깊은 이성적인 통찰과 사랑의 마음으로 가득 찬 새로운 인간존재로 태어난다고 본다. 다시 말해서 프롬에게 신비 체험은 인간에게 깃든 자비와 지혜라는 최고의 잠재적인 능력들이 최고도로 구현되는 체험이다. 그러한 체험에서는 우리가 다른 존재자들에 대해서 갖는 대립이 소멸되고 합일이 지배하게 되면서도 우리의 의식은 명징하게 각성된다. 프롬은 이러한 종류의 신비 체험은 불교뿐 아니라 기독교적인 신비주의와 유대교적 신비주의에서도 나타난다고 본다.

이러한 신비 체험에서 우리는 우리 내면에 존재하는 진정한 잠재력인 불성 내지 하느님의 마음을 경험한다. 이렇게 자기애착과 주객분리에서 벗어난 하느님의 마음이나 불성은 우리에게 진정으로 모든 것을 껴안을 수 있는 진정으로 강한 힘을 부여한다.

3 로마의 정신인가
예수와 부처의 정신인가

우리는 이상에서 불교와 기독교를 중심으로 프롬과 니체의 종교관을 비교해 보았다. 니체가 기독교와 불교에 대해서 거리를 취하고 있는 반면에, 프롬은 2500여 년 전에 탄생한 기독교와 불교에서 여전히 인류가 실현해야 할 미래의 철학을 본다.

니체와 프롬의 차이는 궁극적으로는 『안티크리스트』에서의 니체가 사해동포주의적인 사랑을 주창하는 계몽주의적이고 휴머니즘에 대해서 비판적인 입장을 취하고 있는 것에 반해, 프롬이 그것을 적극적으로 받아들이고 있다는 데에서 비롯된다. 니체가 계몽주의뿐 아니라 불교나 기독교에 나타나고 있는 사해동포주의적인 사랑을 힘이 약한 자들의 자기 기만 정도로 보는 반면에, 프롬은 오히려 진정한 내적인 힘에서 비롯되는 사해동포주의적인 사랑이 존재하며 그러한 정신적인 능력을 구현하는 것이야말로 우리 인간이 추구해야 할 가치라고 보고 있는 것이다.

프롬이 인류의 미래가 사해동포주의적인 사랑을 실현할 수 있는지에 달려 있다고 본 반면에, 니체는 사해동포주의적인 사랑이라는 가치와 그에 입각한 민주주의나 사회주의라는 이념이 득세하고 있는 근대유럽의 현실에서 유럽의 몰락을 보았다. 니체가 보기에 생은 근본적으로 정복과 착취인데 그러한 가치와 이념들은 인간들을 무기력한 수동성으로 몰아갈 수 있다고 보는 것이다. 그러면 이러한 사해동포주의적인 사랑이라는 가치 대신에 니체는 앞에서 본 것처럼 "긍지, 거리를 두는 파토스, 큰 책임, 원기 발랄함, 멋진 야수성, 호전적이고 정복적 본능, 열정과 복수와 책략과 분노와 관능적 쾌락과 모험과 인식의 신격화"[326]와 같은 가치를 주창하고 있다.

니체는 이러한 가치를 로마제국을 지배한 가치라고 보며 이러한 가치의 몰락이 서양의 몰락을 초래했다고 본다. 이에 반해서 프롬은 현대서양의 근본적인 문제점을 예수와 기독교의 근본이념이 제대로 실현되지 못했다는 데서 찾고 있다. 프롬은 로마제국이 기독교로 개종하고 유럽 전체가 기독교로 개종했다고 하지만 몇몇 예외적인 경우를 제외하고는 진정한 의미에서의 개종, 즉 진정한 기독교인으로의 사람들의 인격적 개종은 일어나지 않았다고 생각한다.

물론 프롬은 신약성서에는 구약성서에서보다는 인본주의적인 성격이 강하게 나타나지만 여전히 권위주의적인 성격도 상당히 존재한다고 보며, 특히 제도화된 기독교회는 로마제국의 이해와 결합되면서 권위주의적인 성격을 강하게 띠게 된다고 보고 있다. 프롬의 이러한 견해는, 니체가 신약성서에는 예수의 정신과 바울의 정신이 병존하고 있다고 보지만 제도화된 기독교교회에서는 바울의 병적인 정신이 승리하고 있다고 보는 것과 유사하다.

(1) 기독교 신비주의의 정신

그러나 프롬은 인본주의적인 요소는 기독교의 역사에서 끊이지 않았으며 이 요소는 기독교 신비주의에서 가장 명확하게 나타났다고 보고 있다.

---

326 | 니체, 『유고 1887년 가을-1888년 3월』, 니체 전집 20권, 백승영 옮김, 책세상, 2004, 481쪽.

마이스터 에크하르트를 비롯한 신비가들은 인간은 신을 닮았으며 인간이 신을 필요로 하는 것처럼 신은 인간을 필요로 한다고 생각하고 있다. 그들은 인간이 신의 형상대로 만들어졌다는 말을 신과 인간의 근본적인 일치로 해석하였다. 신에 대한 두려움과 굴복이 아니라, 인간 자신의 힘에 대한 긍정이 신비주의의 요체를 이루고 있다. 신비주의에서 신은 인간을 제압하는 힘의 상징이 아니라 인간 자신의 힘의 상징이다.

마이스터 에크하르트에서 종교적 신앙은 어떤 확고하게 정립된 교의나 관념이나 사제나 권력자에 대한 믿음이 아니라 진정하게 절대적이고 무한한 것에로 귀의하는 것이며 이러한 무한하고 절대적인 것과의 합일을 통하여 인간 역시 신과 같이 절대적이고 무한한 존재로 고양되는 것을 의미한다. 즉, 이러한 신앙은 인간 자신 속에 있는 신적 자질에 대한 내적 경험이다. 그것은 능동적인 자기 창조 내지 마이스터 에크하르트 식으로 말하면 그리스도가 부단히 우리의 내부에서 태어나는 과정이다. 이러한 신앙은 나 자신의 내적인 경험에 입각한 확신이며 어떤 것을 믿도록 명령하는 권위에 대한 복종에 근거하는 것은 아니다.

이러한 기독교적 신비주의는 인간을 근본적으로 신적인 존재로서, 즉 무한한 신성을 갖는 자로서 생각하고 있으며 따라서 이러한 무한한 신성을 실현하는 것을 인간의 사명으로 보고 있다. 이러한 무한한 신성은 무한하기에 어떠한 대립자도 갖지 않으며 인간이 그것을 실현할 경우에는 그는 모든 사물들과 조화를 이루고 그러한 사물들이 자신의 진정한 본성을 실현하는 것을 도울 수 있게 된다. 인간은 이러한 무한한 신성에 고행이나 외면적인 종교적인 의례를 통해서 도달할 수는 없다. 고행이란 이미 자신의 육체에 대한 고행이며 그것은 육체를 적대시하는 방식으로 이미 자신의 대립자를 가지고 있기 때문에 자신의 대립자를 전혀 갖지 않는 무한한 신성에 도달하는 길이 될 수 없는 것이다.

우리 인간은 항상 자신의 대립자를 갖는 유한한 것들을 갈망하거나 집착함으로써 자신을 유한하게 만들고 이를 통해서 자신의 본래적인 무한한 신성을 은폐하고 있다. 따라서 신이 자신 안에서 활동하도록 하기 위해서는 우리는 자신을 철저히 비우지 않으면 안 된다. 이를 에크하르트는 '자기'를 버린다고 말하고 있다. 이 경우의 자기는 자신과 분리되어 있는 다른 존재자들을 갖는 유한한 존재자이며 결코 인간의 본래적인 '자기'인 무한한 신성은 아니다. 이러한 자아는 우리 자신이 가장 소중하게 여기는 일종의 재산으로 간주되며 신체, 이름, 사회적 지위, 지식, 소유물, 자기 자신에 대해서 갖고 있는 이미지, 타인이 자기에 대해 갖기를 바라는 이미지 등을 내포하고 있다. 따라서 인간이 모든 갈망을 버린다는 것은 달리 말하면 이러한 유한한 자기, '비본래적인 자기'에 대한 모든 동일시에서 벗어난다는 것을 의미한다.

더 나아가 에크하르트는 모든 의지를 버릴 것을 주장하는데 이 경우 의지는 인간이 그것에 의해서 '움직여지는' 의지, 즉 외부의 사물에 의해서 움직여지는 갈망과 동일한 뜻이다. 따라서 에크하르트는 더 나아가 신을 열망해서도 안 된다고 말하고 있다. 왜냐하면 그것도 신을 자신의 것으로 하려는 일종의 갈망이기 때문이다. 인간이 신이든 사물이든 어떤 것을 갈망하는 한 인간은 그것과 구별되고 고립되어 있는 '자기'를 상정하고 있다. 그리고 그 경우 신은 인간의 갈망의 대상으로서 인간과 구별된 것으로서 유한한 것이 되고 말며 신의 무한한 신성은 제거되고 만다. 신은 소유될 수 있는 존재자로 간주되고 유한한 우상으로 전락하는 것이다. 인간은 신에 대한 갈망조차 버림으로써 신의 무한한 신성이 자신을 드러내도록 하지 않으면 안 된다.

프롬은 이러한 에크하르트의 사상은 불교 사상과 본질적으로 동일한 것으로 본다.

(2) 그리스 · 로마문명에 대한 프롬의 견해

프롬은 유럽의 역사가 13세기 기독교 신비주의의 정신으로 계속 이어졌다면 그리고 그것이 과학적인 지식과 개인주의의 정신을 서서히 발전시켜 왔더라면 서양인들은 지금 행복한 상태에 있게 되었을지도 모른다고 말하고 있다. 그러나 이성은 조작적인 지성으로, 그리고 개인주의는 이기심으로 타락하기 시작했고 서양은 그리스 · 로마의 이교(異敎)로 되돌아갔다.[327]

니체가 유대의 정신과 로마의 정신 사이의 대립을 서양의 역사를 결정한 가장 결정적인 대립으로 보면서 로마의 정신에 대해서 유대의 정신이 승리했다는 데서 서양의 불행이 비롯된다고 보는 반면에, 프롬은 마이스터 에크하르트의 신비주의에 구현된 기독교의 진정한 이념이 망각되고 결국 그리스 · 로마의 정신이 승리한 데서 서양의 불행을 본다.

프롬은 기독교의 영웅을 순교자로 보고 있다. 무엇보다 예수 자신이 순교자였다. 그는 사랑의 영웅이며 권력 없는 영웅이었다. 그는 '소유'하기를 바라지 않고 지배하기를 바라지 않았으며 남에게 주고 나누어 갖는 영웅이었다. 기독교의 최고의 목표는 신 또는 동포를 위해서 자신의 생명을 바치는 것이었다.

이러한 순교자는 그리스와 게르만의 영웅들로 대표되는 이교의 영웅들과는 정반대이다. 이들 영웅들의 목표는 정복하고 승리하고 파괴하고 강탈함으로써 권력과 명예를 획득하는 것이었으며, 그들이 숭상한 가치는 그러한 권력과 명예를 획득하기 위해서 필요한 용기와 교활한 지혜였다. 따라서 프롬은 호머의 『일리아드』는 정복자와 도적을 장려(壯麗)한 시로 미화하고 있는 작품으로 보고 있다.

나아가 프롬은 이교의 영웅상을 모권중심사회에 대한 가부장제의 승리

---

327 | 에리히 프롬, 『소유냐 존재냐』, 김진홍 옮김, 홍성신서, 1977, 173쪽 참조.

와 관련이 있는 것으로 보고 있다. 여자에 대한 남자의 우위는 최초의 정복행위이자 최초의 착취적인 힘의 행사였다. 남자가 승리를 거둔 이후의 모든 가부장제 사회에서 이교적인 영웅상이 남자의 성격의 기초가 되었다. 프롬은 유럽의 역사와 현재의 유럽을 실질적으로 지배하고 있는 것은 이러한 이교적 영웅상이라고 보고 있으며, 니체와는 정반대로 이러한 이교적 영웅들이 구현하고 있는 남성적인 덕의 승리에서 서양의 불행을 본다.

"유럽과 북미의 역사는 기독교로의 개종에도 불구하고 정복과 자만과 탐욕의 역사이며, 우리의 최고 가치는 남들을 정복해서 착취하는 것이다. 이 가치들은 '남성다움'이라는 우리의 이상과 일치한다. 그래서 싸우고 정복할 수 있는 사람만이 남성이고, 힘을 행사함에 있어서 강하지 못한 사람은 약한 자이며 '남자답지 못한' 자이다."[*328]

프롬은 기독교적 이상이 아닌 그리스·로마의 이교적 이상이 유럽을 실제로는 지배하고 있다는 것을 보여주는 증거로서 과거 2세기 동안 일어난 여러 전쟁에 참가한 사람들이 보여준 격렬하고 광적인 열광과 현대의 올림픽 경기에서 나타나는 광적인 민족주의를 들고 있다. 프롬이 보기에 올림픽의 인기 그 자체는 그리스·로마적인 이교의 상징적인 표현이다. 올림픽은 승자와 가장 강한 자, 가장 강하게 자신을 주장하는 자를 찬양하는 것이다. 이에 대해서 기독교의 진정한 올림픽은 인류를 위해서 자신을 희생하는 수난극이다.

프롬이 여기서 묘사하고 있는 기독교의 진정한 정신과 그리스·로마의 정신의 대립은 실질적으로 불교의 정신과 그리스·로마 정신의 대립이라고도 할 수 있다. 물론 필자가 이렇게 말할 때 이는 불교와 기독교가 전적

---

[328] 에리히 프롬, 『소유냐 존재냐』, 175쪽.

으로 동일하다는 것이 아니라, 사해동포주의와 자비와 사랑의 덕을 중시하는 태도가 기독교 못지않게 불교의 본질적인 내용을 형성하고 있다는 것을 의미한다. 아울러 필자는 그리스·로마의 정신에 대한 프롬의 파악이 동일한 정신에 대한 니체의 정신과 동일하다고 보는 것은 아니다. 아래에서 보겠지만, 니체가 파악하는 그리스·로마의 정신은 프롬이 파악하는 것처럼 단순히 약육강식의 정신 내지 힘없는 자들을 마음대로 약탈해도 된다는 식의 강도(強盜)들의 정신은 아닌 것이다. 그럼에도 불구하고 필자가 니체의 불교 해석과 평가의 근저에 놓여 있는 종교관을 그것과 전적으로 대척적인 관계에 있는 프롬의 종교관과 대비하면서 고찰한 것은, 종교와 서양역사의 본질에 대한 니체의 견해와는 전적으로 다른 견해가 존재할 수 있다는 사실을 보여주는 한편, 니체가 주창하는 그리스·로마의 정신과 불교와 예수의 정신 사이의 본질적인 차이를 보다 분명하게 드러내기 위해서였다.

IX

맺으면서

❀

　니체와 불교 사이에 차이보다는 유사성이 존재한다고 보는 많은 연구자들은 니체가 불교를 오늘날처럼 제대로 접할 수 있었다면, 니체는 자신의 철학과 불교 사이의 유사성을 인정하게 되었을 것이라고 말하고 있다. 이들은 불교에 대한 니체의 비판은 순전히 불교에 대한 니체의 오해에 입각해 있다고 보고 있는 것이다. 그러나 필자는 니체와 불교 사이의 강한 유사성을 주장하는 연구자들처럼 니체가 불교를 오해했다는 사실을 인정하면서도, 니체가 불교를 제대로 알았다고 하더라도 니체는 불교에 대해서 비판적인 입장을 견지했을 것이라고 생각한다.

　이는 니체가 예수의 근본정신과 제도화된 기독교 사이의 차이를 분명히 인정하면서도 예수의 근본정신마저도 데카당한 것이라고 보는 것과 마찬가지다.*[329] 불교는 니체가 묘사하고 있는 예수의 근본정신과 마찬가지로 무사(無私)의 정신을 육성하려고 한다. 그러한 정신은 다른 모든 인간들과의 비교의식에서 해방되고 세계와 자신 사이의 모든 대립에서 벗어난 정신이며 따라서 살아 있는 모든 것들에 대해서 자비와 사랑을 갖는 평화주의의 정신이다.

　물론 필자는 니체와 불교 사이의 관계에 대한 필자의 이러한 해석에 대해서 니체의 글들에 입각하여 많은 반론이 제기될 수 있을 것이라고 생각한다. 이는 주지하듯이 니체의 글들에서는 서로 모순되는 구절들도 숱하게 발견되기 때문이다. 니체의 철학을 무정부주의와 가까운 것으로 보는 것에서부터 나치즘에 가까운 것으로 보는 것에 이르기까지 니체의 철학에 대해서 다양한 해석이 제기될 수 있었던 것도 바로 그 때문일 것이다.

　그럼에도 불구하고 필자는 필자가 드러낸 니체의 귀족주의적 사회철학

---

[329] F. Nietzsche, *Der Antichrist*, 29번, 30번, 31번 참조.

과 그가 지향했던 덕들과 인간상 그리고 그의 귀족주의적 사회철학은 『우상의 황혼』과 『선악을 넘어서』, 『도덕의 계보학』 그리고 무엇보다도 『안티크리스트』와 같은 그의 후기의 글들에서 부인할 수 없을 정도로 분명하게 제시되고 있다고 생각한다. 그리고 그것들은 힘에의 의지와 영원회귀에 대한 니체의 형이상학적인 사상과 별개의 것이 아니라 이것들에 기초해 있으며 이것들과 긴밀한 연관을 맺고 있는 것이다.

앞에서 본 것처럼 니체와 불교 사이의 차이는 양자의 사회사상과 양자가 지향하는 인간상과 덕들에서도 가장 현저하게 드러난다. 그러나 니체와 불교를 비교하는 그 간의 연구들은 대부분의 경우 이러한 것들을 도외시하고, 언뜻 보기에 차이보다는 유사성이 보다 현저한 것으로 보이는 영원회귀설과 열반설, 혹은 순수한 의식 주체나 자유의지와 같은 주제들을 중심으로 양자를 비교하는 경우가 많았다. 니체와 불교를 비교하는 그동안의 연구에서 양자의 차이보다는 유사성을 보다 강조하는 연구가 다수를 차지했던 것도 바로 이러한 연구의 정황 때문이었다고 여겨진다. 물론 영원회귀설과 열반설을 서로 비교하는 연구들도 양자 사이의 유사성보다는 차이를 드러낸 연구들이 상당히 존재하지만, 이러한 연구들도 정작 양자 사이의 차이가 가장 현저하게 나타나는 주제들에 대한 연구를 도외시했기에 니체와 불교 사이에 존재하는 차이를 선명하게 보여줄 수는 없었다고 생각된다.

그동안의 연구들과는 달리 본 연구는 니체와 부처의 사회사상과 양자가 지향하는 인간상과 덕을 주요한 단서로 하면서 양자 간의 유사성과 차이를 선명하게 드러내려고 했다. 바로 이 점에 니체와 불교에 대한 비교철학적 연구의 역사에서 본 연구가 갖는 일차적인 의의가 존재한다고 생각한다. 본 연구는 니체와 불교 사이에 일종의 구조적 유사성이 존재한다는 사실을 인정하면서도 그러한 구조를 채우는 구체적인 내용면에서는 근본적인 차이가 존재한다는 사실을 보여주면서, 구조적인 차원에서는 유사하게 보이는 것들도 사실은 이러한 구체적인 내용상의 차이로 인해서 서로 다른 뉘앙스와 의미를 갖게 된다는 사실을 보여주려고 했다. 예를 들어 니체와 불교는 현실긍정을 이야기하고 또한 방종도 금욕주의도 아닌 자기극복을 지향한다는 점에서는 동일하지만 현실을 긍정하는 각각의 방식과 자기극복이 지향하는 궁극적인 상태와 그것의 구체적인 방법에는 무시할 수 없는 차이가 존재하는 것이다.

그런데 본 연구는 니체와 불교를 순수하게 학문적인 차원에서 비교하는 학술적인 논문 이상의 의미를 갖는다고 생각한다. 이상의 연구에 의해서 우리는 니체의 이상과 불교의 이상이라는 서로 다른 삶의 이상 앞에 직면하게 되며 그 중의 어떤 것을 선택할 것인가라는 결단에 직면하게 되는 것이다.

니체와 불교가 지향하는 삶의 이상의 차이는 이 연구의 도처에서 제시되고 있지만 특히 니체와 프롬을 비교하는 부분에서 가장 선명하게 제시되고 있다. 니체가 말하는 것처럼 사람들이 살고 있는 세상은 대립과 투쟁으로 가득 찬 삶일 것이다. 니체는 이러한 대립과 투쟁은 모든 존재자들의 근본적인 성격이 힘에의 의지인 한 불가피하다고 본다. 따라서 니체는 이러한 투쟁과 대립 속에서 건강하게 자신의 힘을 실현하는 방법을 강구한다.

그러나 부처와 예수는 그러한 투쟁과 대립이 불가피하다고 보지는 않는다. 예수와 부처는 그러한 대립과 투쟁이 우리 각자가 우리 자신의 자기중심성을 버리지 못한 데서 비롯된다고 보면서 우리에게는 그러한 자기중심성을 넘어선 하느님의 마음 내지 불성이 존재한다고 본다. 이런 맥락에서 볼 때 니체가 힘에의 의지의 강화라고 본 것을 부처는 자기 애착의 강화에 지나지 않는 것으로 볼 것이다. 오히려 부처는 진정한 힘은 우리가 그러한 자기애착을 버리고 살아 있는 모든 것들에 대해서 자비심을 갖는 것과 함께 생긴다고 본다.

니체와 프롬을 비교한 부분에서 이미 말한 것처럼, 니체는 근대의 서양에서는 그리스·로마의 정신은 몰락했고 이원론적인 기독교의 병적인 정신이 득세하고 있다고 보는 반면에, 프롬은 오히려 그리스·로마의 정신은 몰락하기는커녕 오히려 극성을 부리고 있다고 보고 있다. 그리고 니체는 유대교와 기독교의 정신이 승리하고 로마의 정신이 패배하게 된 데서 유럽의 몰락을 보았던 반면에, 프롬은 예수의 사해동포주의적인 정신이 패배하고 그리스·로마의 정신이 승리한 데서 서양의 불행을 보았다. 니체와 프롬은 동일한 서양의 역사를 문제 삼고 있지만 그것의 본질을 전적으로 달리 파악하고 있는 것이다.

필자가 생각하기에 오늘날의 세계에는 니체가 회복하려고 했던 그리스·로마의 정신도 여전히 살아 있으며 예수와 부처의 정신도 여전히 살아 있다고 생각한다. 그리고 또한 니체와 불교 모두가 비판하는 이원론적인 사고방식을 비롯하여 다양한 병적인 정신들도 여전히 함께 존재한다. 니체와 불교 모두가 비판하는 다양한 병적인 정신들이 우리의 이상이 될 수 없다는 것은 말할 나위가 없을 것이다. 이러한 상황에서 우리는 여전히 그리스·로마의 정신을 택할 것인가 아니면 예수와 부처의 정신을 택할 것인가라는 결단 앞에 세워져 있다. 필자는 우리가 택해야 하는 것은 예수와 부처의 사해동포주의적인 정신이라고 생각한다.

그러나 이는 필자가 니체의 철학이 전적으로 오류이며 오늘날의 현실에서 아무런 의의도 갖지 못한다고 생각하고 있다는 것은 아니다. 사회구성원들과 기업들 그리고 민족들과 국가들 간의 경쟁과 대결이 여전히 치열한 현실에서 예수와 부처의 사상은 사실상 비현실적인 것으로 보일 수도 있으며, 오히려 니체의 사상이 보다 현실을 반영하면서도 그러한 경쟁사회가 나아가야 할 바람직한 방향을 제시하는 것으로 보일 수도 있다.

물론 우리가 니체의 사상을 오늘날 우리의 이상으로 삼더라도, 노예제를 긍정하고 귀족주의적 정치체제를 주창하는 니체의 사상이 그대로 우리의 이상이 될 수는 없을 것이다. 그것은 도덕적 정당성 여부를 떠나서 오늘날의 현실에서는 실현될 수도 없을 것이다. 다시 말해서 오늘날 민주주의가 정착되고 사람들의 기본적인 인권이 보장되는 나라들에서 노예제나 귀족주의적 정치체제를 되살린다는 것은 불가능하다. 그러나 그러한 나라들에서도 개인들이나 기업들을 비롯한 집단들 간의 경쟁은 경제와 정치의 차원에서든 문화의 차원에서든 여전히 치열하다. 필자는 이러한 상황에서 니체의 사상은 경쟁이 수행되어야 하는 바람직한 방식과 그러한 경쟁에서 사람들이 갖추어야 할 미덕을 제시하는 것으로 파악될 수 있다고 생각한다.*330

니체는 사람들 간의 경쟁은 서로를 고양시키는 '사랑의 투쟁'이 되어야 한다고 말하고 있다. 이는 사람들이 자신보다 더 약한 사람이나 기업 혹은 국가를 경쟁의 상대로 택해서는 안 되고 자신보다 우월하거나 최소한 자신과 동등한 사람이나 기업 혹은 국가를 경쟁의 상대로 택해야 한다는 것을 의미한다. 니체는 경쟁이나 전쟁은 경쟁하는 자들이 동등할 경우에만 정당화된다고 보면서 이렇게 말하고 있다.

"적과 대등하다는 것 – 이것이 대개 성실한 결투의 첫째 전제다. 상대방을 얕보고 있는 경우, 전쟁은 할 수 없다. 명령을 하는 것 같은 경우, 무언가를 내려다보고 있는 것 같은 경우에는 전쟁을 할 것까지도 없다.

---

330 | 이와 관련하여 우리는 Mark Warren과 함께 과연 니체의 철저한 엘리트주의가 니체의 힘에의 의지의 사상이나 자아관과 부합되는지라는 의문을 제기할 수 있다. 니체는 힘에의 의지나 인간의 자아는 고정된 것이 아니라 변화되며 건강한 힘에의 의지와 건강한 자아는 창조되는 것이라고 보았다. 이렇게 건강한 힘에의 의지와 자아가 창조되는 것일 경우 니체가 오직 예외적인 소수에게만 그러한 창조의 가능성을 인정해야만 하는 필연성은 사라지게 된다. 따라서 Mark Warren은 니체의 엘리트주의는 니체의 힘에의 의지사상과 자아관에서 필연적으로 따라 나오는 것이 아니라 오히려 니체 당시의 보수반동적 사조에 의해서 영향을 받은 것으로 해석하고 있다.
Mark Warren, "Nietzsche and Political Philosophy", in: *Nietzsche: Critical Assessments* Ⅱ, edited by Daniel W. Conway, London, 1998.
필자는 Mark Warren의 니체 해석을 니체에 대한 창조적 해석으로 보면서 긍정적으로 받아들이고 있지만, 백승영은 Mark Warren의 해석에 대해서 비판적이다. 백승영, 「니체와 실천철학 : 니체 정치철학과 포스트모던 정치철학 – 워렌의 "포스트모던 힘의 철학"에 대한 비판적 숙고」, 「니체 연구」, 17권, 2010 참조.

나의 병법은 네 개의 조항으로 요약된다.

첫째, 나는 승리를 뽐내고 있는 것 같은 일에만 공격을 가한다. ‒ 사정에 따라서는 그것이 승리를 뽐내기까지 기다린다.

둘째, 나는 동맹자를 찾아 낼 수도 없을 성싶은 일에 대해서만 고군분투하게 될 것 같고, 나만을 위험에 부딪히게 할 성싶은 일에 대해서만 공격한다. 나 자신을 위험에 직면하게 하지 않는 것 같은 일은 나는 공적으로는 한 번도 한 적이 없다. 이것이 올바른 행위라는 것에 대한 나의 기준이다.

셋째, 나는 결코 개인을 공격하지 않는다. 나는 일반적이면서도 기어다니고 있어서 붙잡기 어려운, 어떤 처치가 곤란한 것을 눈으로 볼 수 있게 하는 일종의 도수가 높은 확대경으로서 개인을 사용할 뿐이다. [……]

넷째, [……] 그뿐 아니라 공격을 가하는 일은 내 경우에는 호의의 하나의 징표이며, 때로는 감사의 징표다. 내 이름을 어떤 일과 어떤 이름과 결부시킴으로써 나는 적의를 나타내며 표창하는 것이다."[*331]

또한 경쟁이 이렇게 '사랑의 투쟁'이라는 형식으로 수행되기 위해서는 사람들은 일정한 덕을 갖추어야 할 것이다. 이러한 덕에 대해서 니체는 이렇게 말하고 있다.

"네 가지 미덕. ‒ 우리 자신과 평소에 우리의 친구인 사람에 대한 성실, 적에 대한 용기, 패자에 대한 관용, 항상 공손할 것. 이 네 가지 주요한 덕은 우리가 그렇게 존재하기를 원한다."[*332]

위 인용문에서 보듯이 니체는 피정복자나 패배자에게 관대하고 예의를 갖출 것을 요구하고 있다. 이러한 덕들 외에 오늘날에도 예를 들어 하나의

---

331 | F. Nietzsche, *Ecce Homo*, 'Warum ich so weise bin', 7번.
332 | 니체, 『아침놀』, 556번.

기업이 경쟁에서 승리하기 위해서는 기업의 리더는 그리스·로마의 지도자들과 마찬가지로 사해동포주의적인 인도주의 정신보다는 자신에 대한 긍지와 용기 그리고 기민하게 상황을 파악하는 지혜가 필요할 것이다. 이런 의미에서 필자는 니체가 다시 회복하고 싶어 하는 그리스·로마의 귀족주의적 정신은 오늘날의 현실에서도 건설적이고 생산적인 의미를 가질 수 있다고 본다. 니체가 회복하려고 하는 그리스·로마의 정신은 프롬이 묘사하는 그리스·로마의 정신처럼 약자들을 무자비하게 약탈하는 강도(強盜)의 정신은 아닌 것이다.

 불교가 기독교와 마찬가지로 궁극적으로는 모든 사람들이 자기중심적인 자기를 버리고 서로를 형제처럼 사랑하는 사회를 지향한다면 니체는 그러한 사회는 불가능하다고 본다. 그렇다고 해서 니체가 이기주의적인 인간상을 주창하는 것은 아니지만 니체는 인간이 자기중심적인 자기를 온전히 버린다는 것은 불가능하다고 보며, 자기에 대한 이러한 애착을 오히려 인간의 강화와 고양의 발판으로 삼아야 한다고 본다. 니체가 실로 위대한 인간들로 평가했던 카이사르나 나폴레옹과 같은 사람들은 자기를 버렸다고 할 수 없는 인간들이지만, 니체는 이러한 자기애착에 입각한 서로 간의 경쟁에 의해서 인간들과 문화가 성장할 수 있다고 보았다.

 필자는 이러한 니체의 사상이 틀렸다고 생각하지는 않는다. 심지어 필자는 어쩌면 니체의 사상이야말로 인간의 현실을 가장 정확하게 꿰뚫어 보고 있는 사상일 수 있다고까지 생각한다. 이에 반해서 불교나 기독교의 이상은 참으로 고원(高遠)한 이상이다. 부처와 예수의 이념을 숭배한다고 하는 사람들은 많지만 부처와 예수의 가르침대로 살아가는 사람들은 보기 어려운 것이 현실이다. 예를 들어 진정한 의미의 불교도와 기독교도에게는 조국도 민족도 없고 모든 인간들이 한 형제이지만, 모든 불교도와 기독교도가 지상의 모든 살상 무기를 폐기할 것을 촉구하는 평화운동에 나서기보다는 이른바 조국을 위해서 무기를 드는 것이 현실이다. 이러한 현실에서 과연 부처의 이상과 예수의 이상이 실현될 수 있을 것인지를 누구나 의심할 수 있다.

그리고 바로 이러한 이유로 니체도 모든 인간들이 성인이 될 수 있다는 부처나 예수의 생각은 공상에 불과하다고 보았다. 이와 동일한 맥락에서 니체는 또한 모든 사람들이 능력에 따라서 일하고 필요에 따라서 갖는다는 마르크스의 이상도 공상에 불과한 것으로 보았을 것이다. 실질적으로 마르크스의 이상은 예수의 이상을 천국이 아닌 이 현실에 실현시키려는 것이었다고 볼 수 있기 때문이다. 이 점에서 우리는 니체야말로 인간과 인간 삶의 현실에 가장 충실하면서 우리가 어떠한 인간과 어떤 사회를 추구해야 할 것인지를 가장 냉정하게 사유한 사상가라고 볼 수 있다.

필자 역시 니체가 말하는 것처럼 부처나 예수의 이상은 비현실적일 정도로 고원한 이상이라는 사실을 인정한다. 그럼에도 불구하고 필자는 부처와 예수의 이상은 니체가 말하는 것처럼 비겁하고 연약한 정신이 만들어낸 허구가 아니라 모든 인간들을 사로잡는 힘을 가지고 있다고 생각한다. 부처의 말이나 예수의 말을 들으면서 우리는 감동을 한다. 그것들은 우리를 근저에서부터 뒤흔드는 힘을 갖고 있는 것이다. 이러한 사실은 부처와 예수의 이상이 단순히 공상이고 허구만은 아니고 현실화될 수 있는 힘도 가지고 있다는 것을 입증한다고 생각한다. 또한 세계에는 한편으로는 여전히 전쟁과 갈등이 횡행하고 있지만 다른 한편으로는 부처와 예수의 이상에 따라서 전쟁과 갈등을 개탄하고 그것들을 극복하려는 노력도 존재한다.

오늘날에는 사회의 차원에서도 개인의 차원에서도 니체의 이상과 부처의 이상이 함께 병존하고 있다. 물론 이는 현실에서는 니체의 이상이 지배하고 있고 부처의 이상은 한갓 이상으로 그치고 있다는 말은 아니다. 오히려 현실에서, 특히 국제정치의 현실에서 여전히 가장 강하게 지배하고 있는 것은 니체의 이상도 불교의 이상도 아닌 약육강식의 타락한 정신이다. 니체의 이상도 불교의 이상과 마찬가지로 작금의 현실에서는 이상으로 머물고 있는 것이다. 그럼에도 불구하고 니체의 이상은 불교의 이상과는 전적으로 다른 길을 가리키고 있다. 이 점에서 필자는 두 이상은 서로 타협될 수 있는 것이 아니라 서로 대립적인 관계에 있다고 생각한다.

필자는 경쟁적인 현실사회에서 니체의 이상이 갖는 건설적이고 생산적인 의의를 무시할 수 없다고 보지만, 부처의 이상은 예수의 이상과 마찬가지로 야스퍼스가 말하는 차축시대 이후 우리 인류가 지향해야 할 궁극적인 이상이라고 생각한다.*[333] 필자는 니체의 이상보다는 불교의 이상을 인류가 추구해야 한다고 보는 것이다.

차축시대란 기원전 800년 전부터 기원후 200년 사이의 시대를 말한다. 이 기간 동안에 중국, 인도, 이란, 팔레스티나, 그리스에서 서로 아무런 관계도 없이 지금까지의 우리의 의식을 형성한 정신적 사건이 일어났다. 이 시대에 종족이나 신분을 불문하고 모든 인간들을 동일한 존엄성을 갖는 것으로 보는 사해동포주의적인 이념과 더 나아가 불교처럼 인간뿐 아니라 살아 있는 모든 것들에게까지 신성을 인정하는 사상이 세계 도처에서 생겨났다. 야스퍼스는 이 시대를 그 이전 시대의 목적이고 그 이후의 시대의 기원이 된다는 의미에서 세계사의 차축시대라고 부르고 있다.

차축시대 이전에는 사람들의 이상이 아직 부족이나 종족의 차원을 넘어서지 못했었기 때문에 인류의 정신은 차축시대에서 획기적인 도약을 한 것은 사실이지만, 차축시대에 건립된 이상은 아직도 현실이 되지 못하고 이상으로 머물고 있다. 그럼에도 불구하고 필자는 인류가 걸어온 몇 만 년의 역사에 비하면 차축시대 이후 지금까지의 기간은 극히 짧은 기간이며, 이러한 짧은 기간 동안 인류의 정신은 차축시대에 건립된 이상을 향해서 상당한 진화를 해 왔다고 생각한다. 차축시대의 이상이 처음 등장했을 때에는 극소수의 사람들만이 그것을 자신들의 이상으로 삼았지만 오늘날 차

---

[333] 차축시대에 대해서는 K. Jaspers, *Vom Ursprung und Ziel der Geschichte*, München, 1963, 327쪽 참조. 『철학적 사유의 소학교』, 황문수 역, 문예출판사, 1972, 34쪽 참조할 것.

축시대의 이상은 수많은 사람들이 자신들의 이상으로 삼고 있다. 이 점에서 필자는 인류의 정신이 진화해 왔다고 생각한다.

물론 니체는 차축시대에 건립된 이상이 인류의 정신이 진화해 온 데서 생긴 것이 아니라 강자들에 대한 약자들의 원한에서 비롯된 이데올로기라고 보고 있다. 이러한 니체의 견해에 일말의 진실이 있는 것은 사실이지만, 필자는 차축시대의 이상이 건립되고 그것이 수많은 사람들에게 받아들여져 온 데는 니체가 말하는 약자들의 원한만이 작용했다고 생각하지는 않는다. 선각자들의 가르침과 모범과 함께 인류의 정신은 그동안 진화를 이룩해 온 측면도 있는 것이다. 따라서 필자는 차축시대의 이상은 차축시대 이후의 인류가 인간들 사이의 차별과 불평등, 부정의를 극복하는 데 지속적으로 기여해 왔다고 생각한다. 이 점에서 필자는 부처의 이상은 단순한 공상만은 아니라고 보며 인류의 정신적인 진화를 가능케 하는 자극제가 될 수 있다고 본다.

참고 문헌

1. 니체의 저작

Unzeitgemäße Betrachtungen, Nietzsche Werke, Kritische Gesamtausgabe, Ⅲ-1, Berlin · New York, 1972

Menschliches, Allzumenschliches I, Nietzsche Werke, Kritische Gesamtausgabe, Ⅳ-2, Berlin 1967

Menschliches, Allzumenschliches Ⅱ, Nietzsche Werke, Kritische Gesamtausgabe, Ⅳ-3, Berlin 1967

Jenseits von Gut und Böse, Nietzsche Werke, Kritische Gesamtausgabe, Ⅵ-2, Berlin, 1968

Götzen-Dämmerung, Nietzsche Werke, Kritische Gesamtausgabe, Ⅵ-3, Berlin, 1969

Fröhliche Wissenschaft, Nietzsche Werke, Kritische Gesamtausgabe, Ⅵ-3, Berlin, 1973

Also sprach Zarathustra, Nietzsche Werke, Kritische Gesamtausgabe Ⅵ-1, Berlin, 1968

Zur Genealogie der Moral, Nietzsche Werke, Kritische Gesamtausgabe, Ⅵ-2, Berlin, 1968

Der Antichrist, Nietzsche Werke, Kritische Gesamtausgabe, Ⅳ-3, Berlin 1969

Ecce homo, Nietzsche Werke, Kritische Gesamtausgabe, Ⅵ-3, Berlin · New York, 1968

Nachgelassene Fragmente Herbst 1887 bis März 1888, Nietzsche Werke, Kritische Gesamtausgabe, Ⅷ-2, Berlin · New York, 1970

Nachgelassene Fragmente Anfang 1880 bis Frühjahr 1881, Nietzsche Werke, Kritische Gesamtausgabe, V-1, Berlin · New York, 1971

"Die Philosophie im tragischen Zeitalter der Griechen", in: *Nachgelassene Fragmente Anfang 1888 bis Anfang Januar 1889*, Nietzsche Werke, Kritische Gesamtausgabe, Ⅲ-2, Berlin · New York, 1973

Nachgelassene Fragmente Anfang 1888 bis Anfang Januar 1889, Nietzsche Werke, Kritische Gesamtausgabe, Ⅷ-3, Berlin · New York, 1972

Nachgelassene Fragmente Frühjahr 1881 bis Sommer 1882, Nietzsche Werke, Kritische Gesamtausgabe, V-2, Berlin · New York, 1973

Nachgelassene Fragmente Juli 1882 bis Winter 1883/84, Nietzsche Werke, Kritische Gesamtausgabe, Ⅶ-1, Berlin · New York, 1977

Der Wille zur Macht, Stuttgart, Alfred Kröner Verlag, Stuttgart, 1996

『비극의 탄생』, 박찬국 옮김, 아카넷, 2007

『인간적인 너무나 인간적인 I』, 니체 전집 7권, 김미기 옮김, 책세상, 2001

『선악의 저편 · 도덕의 계보』, 니체 전집 14권, 김정현 옮김, 책세상, 2002

『아침놀』, 니체 전집 10권, 박찬국 옮김, 책세상, 2004

『즐거운 학문』, 니체 전집 12권, 안성찬 · 홍사현 옮김, 책세상, 2005

『차라투스트라는 이렇게 말했다』, 정동호 옮김, 책세상, 2000, 24쪽

『바그너의 경우 · 우상의 황혼 · 안티크리스트 · 이 사람을 보라 · 디오니소스 송가 · 니체 대 바그너』, 니체 전집 15권, 백승영 옮김, 책세상, 2002

『유고 1887년 가을-1888년 3월』, 니체 전집 20권, 백승영 옮김, 책세상, 2004

2. 불교 관계 문헌

고익진 편역, 『한글 아함경』, 동국대학교 출판부, 1996

고형곤, 『선의 세계』, 운주사, 1996

권서용, 「연기에 관하여 - 세친과 근대불교학자들의 해석을 중심으로」, 『철학논총』 제34집, 새한철학회, 2003

권오민, 『인도철학과 불교』, 민족사, 2004

권오민, 『유부아비달마와 경량부철학의 연구』, 경서원, 1994

권오민, 『아비달마 불교』, 민족사, 2003

길희성 외, 『오늘에 풀어보는 동양사상』, 철학과현실사, 1999

길희성, 『인도철학사』, 민음사, 1995

김동화, 『불교학개론』, 보연각, 1984

김묘주 역주, 『성유식론 외』, 동국역경원, 2008

김종욱, 『불교에서 보는 철학, 철학에서 보는 불교』, 불교시대사, 2002

김종욱, 『용수와 칸트』, 운주사, 2002

박소정, 「연기(緣起)를 통해서 본 인과 확장론」, 『과학철학』 1권, 한국과학철학회, 1998

불전간행회 편, 『숫타니파타』, 석지현 옮김, 민족사, 1997

불전간행회 편, 『해심밀경』, 묘주 옮김, 민족사, 2002

미산, 『미산스님 초기경전 강의』, 명진출판, 2010

미산, 『초기불교와 상좌부불교에서 마음의 전개 : 변화무쌍한 마음을 어떻게 바로잡아야 하는가?』, 『마음, 어떻게 움직이는가』, 박찬욱 기획/김종욱 편집, 미산 외 공저, 2009

서광스님, 『현대심리학으로 풀어본 대승기신론』, 불광출판, 2004

서광스님, 『현대심리학으로 풀어본 유식 30송』, 불광출판부, 2004

심재룡, 『중국불교철학사』, 철학과현실사, 1994

원효, 『대승기신론 소・별기』, 은정희 역주, 일지사, 1991

원효, 『금강삼매경론』, 은정희・송진현 역주, 일지사, 2000

윤원철, 「선불교에서 마음의 전개 : 마음을 가져와라」, 박찬욱 기획/김종욱 편집, 미산 외 공저, 『마음, 어떻게 움직이는가』, 운주사, 2009

이덕진, 「선불교의 욕망이해 : 욕망의 바다에서 유영하기」, 박찬욱 기획/김종욱 편집, 정준영 외 공저, 『욕망 : 삶의 동력인가, 괴로움의 뿌리인가』, 운주사, 2008

이승종, 「비트겐슈타인과 용수」, 백련불교논집, 8집8, 장경각, 1998

정승석, 『인간을 생각하는 다섯 가지 주제』, 대원정사, 1997

정준영, 「초기불교의 욕망이해 : 욕망의 다양한 의미」, 박찬욱 기획/김종욱 편집, 정준영 외 공저, 『욕망 : 삶의 동력인가, 괴로움의 뿌리인가』, 운주사, 2008

정준영, 「초기불교의 생사관 : 슬퍼할 것도 두려워 할 것도 없다」, 박찬욱 기획/한자경 편집, 정준영 외 공저, 『죽음 : 삶의 끝인가 새로운 시작인가』, 운주사, 2011

정호영, 『여래장 사상』, 대원정사, 1993

청화, 『청화스님 법어집 마음의 고향』, 광륜사, 2002

한자경, 『불교철학과 현대윤리의 만남』, 예문서원, 2008

한자경, 『불교의 무아론』, 이화여자대학교 출판부, 2006

한자경, 『유식무경』, 예문서원, 2002

한자경, 「유식불교의 욕망이해 : 욕망세계의 실상과 그 너머로의 해탈」, 박찬욱 기획/김종욱 편집, 정준영 외 공저, 『욕망 : 삶의 동력인가, 괴로움의 뿌리인가』, 2008

한자경, 「유식불교에서 마음의 전개 : 마음 활동의 두 층위」, 박찬욱 기획/김종욱 편집, 미산 외 공저, 『마음, 어떻게 움직이는가』, 2009

한형조, 『붓다의 치명적 농담 - 한형조 교수의 금강경 별기』, 문학동네.
『허접한 꽃들의 축제, 한형조 교수의 금강경 소』, 문학동네, 2011

황준연, 「선불교의 생사관 : 생사가 일어나니, 죽음이란 낡은 옷 벗는 것일 뿐」, 박찬욱 기획/한자경 편집, 정준영 외 공저, 『죽음: 삶의 끝인가 새로운 시작인가』, 운주사, 2011

월폴라 라훌라, 진철승 역, 『붓다의 가르침』, 대원정사, 1990

T. R. V. 무르띠, 『불교의 중심철학』, 김성철 옮김, 경서원, 1995

장-프랑수아 르벨 · 마티유 리카르, 『승려와 철학자』, 이용철 옮김, 이끌리오, 2003

J. 스태프니 외, 『서양철학과 禪』, 김종욱 역, 민족사, 1994

프레데릭 J. 스트렝, 『용수의 공사상 연구』, 남수영 옮김, 시공사, 1999

루네 E. 요한슨, 『불교 심리학』, 시공사, 1996

폴 윌리엄스 · 앤서니 트라이브, 『인도불교사상』, 안성두 옮김, 도서출판 씨아이알, 2011

테오도르 체르바츠키, 『소승불교개론』, 권오민 옮김, 경서원, 1985

D. J. 칼루파하나, 『불교철학사』, 김종욱 옮김, 시공사, 1996

E. 콘즈 외, 『불교사상과 서양철학』, 김종욱 역, 민족사, 1993

E. 콘즈, 『한글세대를 위한 불교』, 한형조 옮김, 세계사, 1990

E. 콘즈, 『인도불교철학사』, 안성두 · 주민황 옮김, 민족사, 1988

다카사키 지키도(高崎直道), 『유식입문』, 이지수 옮김, 시공사, 1989

다케무라 마키오(竹村牧男), 『유식의 구조』, 정승석 옮김, 민족사, 1989

가와이 하야오, 『불교와 심리치료』, 최정윤 · 이재갑 옮김, 시그라프레스, 2004

구모이 쇼젠, 『붓다와의 대화 - 초기불경 숫타니파타를 읽다』, 이필원 옮김, 심산, 2005

사이구사 미쓰요시(三枝充悳), 『세친의 삶과 사상』, 송인숙 역, 불교시대사, 1993

『인간론, 심리학』, 김진무 역, 불교시대사, 1996

『존재론 · 시간론』, 김재천 옮김, 불교시대사, 1995

아베 마사오 · 히사마쯔 신이찌, 『선과 현대철학 - 선의 철학적 자리매김은 가능한가?』, 변선환 엮음, 대원정사, 1996

오다 규기(太田久紀), 『불교의 심층심리』, 정병조 역, 현음사, 1992

요꼬야마 고우이찌(橫山紘一), 『유식철학』, 묘주 역, 경서원, 1989

3. 니체와 불교를 비교하는 문헌

곽만연, 「불교의 공사상과 니체의 니힐리즘의 현대적 의의」, 『니체 철학의 현대적 이해와 수용』, 정영도 외 공저, 세종출판사, 1999

김정현, 「니체와 불교의 만남 - 니체의 불교 이해 및 서양적 무아(無我)사상을 중심으로」, 『니체 연구』, 제8집, 한국니체학회, 2005

김진, 「니체와 불교적 사유」, 『철학연구』 제89집, 대한철학회, 2004

두행숙, 「프리드리히 니체의 동양사상으로의 접근과 일탈에 대한 고찰」, 『카프카 연구』, 제8집, 한국카프카학회, 2000

박경일, 「불교, 니체, 그리고 포스트모더니즘」, 『동서비교문학저널』 제2호, 한국동서비교문학학회, 1999

박경일, 「탈근대 담론들에 나타나는 관계론적 패러다임들과 불교의 공」, 『인문학연구』 제2호, 경희대학교 인문학연구소, 1998

박경일, 「니체와 불교 : 비교방법론 서설」, 『동서비교문학저널』 제5호, 한국동서비교문학학회, 2001

박경일, 「니체와 불교 그리고 해체철학」, 『불교평론』 9호, 불교시대사, 2001

성진기, 「니체와 불교」, 『니체 이해의 새로운 지평』, 철학과현실사, 2000

손경민, 「니체의 예수 해석 - 창조의 철학의 관점에서」, 『철학연구』 제107집, 대한철학회, 2008

아베 마사오 · 히사마쯔 신이찌, 「선과 니체」, 『선과 현대철학 - 선의 철학적 자리매김은 가능한가?』, 변선환 엮음, 대원정사, 1996

이주향, 「니체와 예수, 그리고 금강경 : 실체성 부정에 관한 고찰」, 『니체 연구』 제8집, 한국니체학회, 2005

이진우, 「니체와 아시아적 사유」, 『철학연구』 제53집, 철학연구회, 203쪽~224쪽, 2001

이진우, 「니체와 동양 허무주의 : 영원회귀인가 아니면 운명의 사랑인가」, 『니체, 실험적 사유와 극단의 사상』, 책세상, 2009

정철호, 「허무주의에 대한 니체와 초기 불교의 연관성」, 『니체 철학의 현대적 이해와 수용』, 정영도 외 공저, 세종출판사, 1999

정영도, 「니체의 힘에의 의지에서 본 기독교와 불교의 Realität」, 『니체 철학의 현대적 이해와 수용』, 정영도 외 공저, 세종출판사, 1999

Bilimoria, Purushottama, "Nietzsche as 'Europe's Buddha and 'Asia's Superman", *Sophia* 47, 2008

Brobjer, Thomas H. "Nietzsche's reading about eastern philosophy". *Journal of Nietzsche Studies 28*, 2004

Davis, Bret W., "Zen after Zrathustra: The Problem of Will in the Confrontation between Nietzsche and Buddhism", *Journal of Nietzsche Studies 28*, 2004

Dumoulin, Heinrich, "Buddhism and Nineteenth-Century German Philosophy", *Journal of the History of Ideas(JSTOR)*, Vol. 42, No. 3(Jul. - Sep., 1981),

Elman, Benjamin A, "Nietzsche and Buddhism", *Journal of the History of Ideas*, Vol. 44(4), 1983

M. D. Faber, "Back to a Crossroad: Nietzsche, Freud, and the East", *New Ideas in Psychology*, Vol. 6. No. 1, 1988

Figal, Johann, "Nietzsche's Early Encounters with Asian Thought", in: Graham Parkes, Ed., *Nietzsche and Asian Thought*, Chicago and London, University of Chicago Press, 1996

Hanson, Jim, "Searching for the Power–I: Nietzsche and Nirvana", *Asian Philosophy*, 18(3), 2008

Hongladarom, Soraj, "The Overman and the Arahant: Models of Human Perfection", *Asian Philosophy*, Vol. 21, No. 1, 2011

Keiji, Nishitani, *The Self-Overcoming of Nihilism*(Albany: SUNY Press), 1999

Lincourt, Jared, "Revaluating Nietzsche and Buddhism: Active and Passive Nihilism", http://organizations.oneonta.edu/philosc/papers09/Lincourt.pdf

David Loy, "Beyond good and evil? A Buddhist Critique of Nietzsche", *Asian Philosophy*, 6(1), 1996

Morrison, Robert G., *Nietzsche and Buddhism, A Study in Nihilism and Ironic Affinities*. Oxford& New York, Oxford University Press, 1997

Mystry, Freny, *Nietzsche and Buddhism: Prolegomena to a Comparative Study*. Berlin & New York, W. de Gruyter, 1981

Okochi, R, *Nietzsches Amor fati im Lichte von Karma des Buddhismus*, in: Nietzsche-Studien Band 1, Berlin · New York, 1972

Omar, Moad, "Dukkha, Inaction, and Nirvana: Suffering, Weariness, and Death? - A Look at Nietzsche's Criticisms of Buddhist Philosophy", The Philosopher, Volume LXXXXII No. 1. http://www.the-philosopher.co.uk/buddhism.htm.

Parkes, Graham. Ed, *Nietzsche and Asian Thought*, Chicago and London, University of Chicago Press, 1996

Rudolph, Arthur W., "Nietzsche on Buddhism, Nihilism and Christianity", *Philosophy Today* 13: 1, 1969

Skowron, Michael, *Nietzsche·Buddha·Zarathustra - eine West-Ost Konfiguration*, Daegu: Kyungpook National University Press, 2006

Sprung, Mervyn, "Nietzsche's Trans-european Eye", in *Nietzsche and Asian Thought*, Chicago and London, University of Chicago Press, 1991

Welbon, Guy, *The Buddhist Nirvana and its Western Interpreters*, Chicago, 1968

新田 章(닛타 아키라), 「「ヨーロッパの佛陀' 對 'インドの佛陀'」, 『ニーチェ』, 實存思想論集 Ⅸ(제2기 제1호), 理想社, 1994

湯田豊(유다 유타카), 『ブッダ vs. ニーチェ』, 大東出版社, 2001

湯田豊(유다 유타카), 『ニーチェと 佛教』, 世界聖典刊行協會, 1987

湯田豊(유다 유타카), 『불교의 서구적 모색』, 이미령 옮김, 민족사, 1990

Welbon, Guy, *The Buddhist Nirvana and its Western Interpreters*, Chicago, 1968

Müller-Lauter, Wolfgang: Das Willenswesen und der Übermensch. Ein Beitrag yu Heideggers Nietzsche-Interpretationen, in: *Nietzsche-Studien* 10/11, Berlin/New York, 1982

Solomon, Robert C., "A More Severe Morality: Nietzsche's Affirmative Ethics", in: Charles Guignon(edited), *The Existentialists - Critical Essays on Kierkegaard, Nietzsche, Heidegger, and Sartre*, Lanham · Boulder · New York · Toronto · Oxford, 2004

4. 니체 관련 문헌

강대석, 『니체 평전』, 한얼미디어, 2005

김정현, 『니체의 몸철학』, 지성의 샘, 1995

백승영, 『디오니소스적 긍정의 철학』, 책세상, 2005

백승영, 「니체의 생성의 철학」, 『신학과 철학』 1권, 서강대 비교사상연구원, 1999

백승영, 「니체 철학 개념 연구1 - 같은 것의 영원회귀」, 『철학』 63집, 한국철학회, 2000

백승영, 「니체와 실천철학 : 니체 정치철학과 포스트모던 정치철학 – 워렌의 "포스트모던 힘의 철학"에 대한 비판적 숙고」, 『니체 연구』 17권, 2010

손경민, 「니체의 예수 해석 – 창조의 철학의 관점에서」, 『철학연구』 제107집, 대한철학회, 2008

성진기 외, 『니체 이해의 새로운 지평』, 철학과현실사, 2000

이주향, 「기독교 '죄' 개념에 대한 니체의 비판과 '죄' 사유의 긍정적 실천」, 『니체 연구』 제14집, 한국니체학회, 2008

정낙림, 「니체의 현대성 비판과 정치사상」, 『니체 연구』 제19집, 2011

최순영, 「니체의 기독교 이해에 대한 비판적 고찰」, 『니체 연구』 제14집, 한국니체학회, 2008

Cesana, A., 「칼 야스퍼스와 프리드리히 니체」, 김미기 역, 『니체 철학의 현대적 이해와 수용』, 정영도 외 공저, 세종출판사, 1999

알렉산더 네하마스, 『니체, 문학으로서의 삶』, 김종갑 옮김, 책세상, 1994

질르 들뢰즈, 『철학의 주사위』, 신범순·조영복 옮김, 인간사랑, 1994

J. P. 스턴, 『니체』, 임규정 옮김, 지성의 샘, 1993

한스 큉, 『신은 존재하는가 I』, 성염 옮김, 분도출판사, 1994

오이겐 핑크, 『니체철학』, 하기락 옮김, 형설출판사, 1984

마르틴 하이데거, 『니체 I』, 박찬국 옮김, 길출판사, 2010

Arendt, H., "Nietzsche's Repudiation of the Will" in *Nietzsche Critical Assessments* Vol. II, ed. by Daniel Conway, London, 1998

Danto, A. C., *Nietzsche as Philosopher*, New York: The Macmillan Company, 1965

Jaspers, Karl, *Nietzsche: Einführung in das Verständnis seines Philosophierens*, Berlin, 1936

Jaspers, Karl, *Nietzsche und das Christentum*, Hameln, 1946

Kaufmann, W., *Nietzsche: Philosopher, Psychogist, Antichrist*. Princeton, 1974

Klossowski, Pierre, Nietzsche's Experience of the Eternal Return, in: *Nietzsche: Critical Assessments* II, edited by Daniel W. Conway, London, 1998

Löwith, Karl, *Heidegger-Denker in dürftiger Zeit,* Stuttgart, 1984

Lorenz, Martin, *Die Metaphysik-Kritik in Nietzsches Carmen-Rezeption*, Würzburg, 2005

Müller-Lauter, Wolfgang, Das Willenswesen und der Übermensch. Ein Beitrag zu Heideggers Nietzsche-Interpretationen, in: *Nietzsche-Studien* 10/11, Berlin/New York, 1982

Müller-Lauter, Wolfgang, Nietzsches Lehre vom Willen zur Macht, in: *Über Werden und Wille zur Macht*, Berlin, New York, 1999

Nolte, Ernst, *Nietzsche und der Nietscheanismus*, Frankfurt/Main · Berlin, 2000

Nussbaum, Martha C., The Transfiguration of Intoxication: Nietzsche, Schopenhauer, and Dionysus, in: *Nietzsche: Critical Assessments* Ⅰ, edited by Daniel W. Conway, London, 1998

Skowron, M., "니체와 역설종교(Nietzsches paradoxe Religiositat)", 이희주 옮김, 『동서정신과학』 4권, 한국동서정신과학회, 2001

Soll, Ivan, Reflections on Recurrence: A Re-examination of Nietzsche's Doctrine, in: *Nietzsche: Critical Assessments* Ⅱ, edited by Daniel W. Conway, New York, 1998

Solomon, R. C., A More Severe Morality: Nietzsche's Affirmative Ethics", in: Charles Guignon(edited), *The Existentialists - Critical Essays on Kierkegaard, Nietzsche, Heidegger, and Sartre*, Lanham · Boulder · New York · Toronto · Oxford, 2004

Stambaugh, Joan, Thoughts on the Innocence of Becoming, in: *Nietzsche: Critical Assessments* Ⅱ, edited by Daniel W. Conway, New York, 1988

Warren, Mark, Nietzsche and Political Philosophy, in: *Nietzsche: Critical Assessments* Ⅱ, edited by Daniel W. Conway, London, 1988

5. 기타

박찬국, 『에리히 프롬과의 대화』, 철학과현실사, 2001

에리히 프롬, 『인간과 종교』, 최혁순 옮김, 한진출판사, 1983
　　　　　『소유냐 존재냐』, 김진홍 옮김, 홍성신서, 1977

마르틴 하이데거, 『니체 Ⅰ』, 박찬국 옮김, 길출판사, 2010

Heidegger, M., *Sein und Zeit*, Tübingen, 1972

Kierkegaard, S., *Der Begriff Angst*, Emanuel Hirsch 옮김, Düsseldorf, 1952

Schopenhauer, Arthur, *Die Welt als Wille und Vorstellung* I, Zweiter Teilband, Werke in Zehn Bänden, Zürich, 1977

니체와 불교

초판발행	2013년 6월 19일
초판 2쇄	2019년 10월 4일
초판 3쇄	2024년 7월 31일

저　　자	박찬국
펴 낸 이	김성배
펴 낸 곳	도서출판 씨아이알

책임편집	정은희
디 자 인	구수연, 정은희
제작책임	김문갑

등록번호	제2-3285호
등 록 일	2001년 3월 19일
주　　소	(04626) 서울특별시 중구 필동로8길 43(예장동 1-151)
전화번호	02-2275-8603(대표)
팩스번호	02-2265-9394
홈페이지	www.circom.co.kr

I S B N	979-89-97776-64-1 03220
정　　가	25,000원

ⓒ 이 책의 내용을 저작권자의 허가 없이 무단 전재하거나 복제할 경우 저작권법에 의해 처벌받을 수 있습니다.